JN225415

武田考玄 訳著

滴天髄真義 巻四

秀央社

目次

『滴天髄』の考玄再編構成原文（続）

事象論

〈何知論〉

何知其人富。財氣通門戸。〔輯要・闡微・徴義・補註〕
《何ぞ其の人の富むるを知るや。財氣門戸に通ずるなり。》

原　注

財旺身強であって、官星衛財する、印を忌むに財が壊印する、印を喜ぶに財が生官する、傷官重くとも財に流通する、財が重くとも傷官に限界がある、無財ではあるが暗に財局を成す、財露して傷露する。これらは皆、財氣門戸に通ずるもので、富となる所以です。財と妻とは相通ずるものですが、妻賢にして財薄きもの、財富にして妻傷するものあるは、刑冲会合を看るべきです。財神清く身旺なるは妻は美で、財神濁にして身旺なるは家富むものです。

任氏増注

財旺身弱にして、無官なるものは、必ず食傷あるを要し、身旺財旺にして食傷なきは、必ず官殺あるを要し、身旺印旺で食傷軽きものは、財星得局を要し、身旺で印重く、官衰なるは、財星当令を要し、身旺劫旺にして財印なく食傷あるもの、身弱、財重にして官印なく比劫あるもの、皆財氣門戸に通ずるのです。財は妻、財清なれば妻美、濁は家富むというのは正しいとはいえなお深くはありません。身旺で印あり官星洩氣して、四柱食傷がないとか、財生官して食傷なく財が浅いとかするは、妻は美ですが財薄いものです。身旺で印なく官弱く傷に逢うとか、財が化傷し生官して通根し、また、官を助けるとかするは、妻は美であるだけでなく富も厚いものです。身旺で官弱く食傷重見、財と官が通じないのは、家富むも妻は必ず陋です。身旺で無官、食傷有氣、財と劫とが連ならない、無印にして妻財共に美、有印は財旺じて妻傷となります。この四者を宜しく研究してください。

〔456〕

甲	申	大運	
丙	子	丁丑	庚辰
壬	寅	戊寅	辛巳
辛	亥	己卯	壬午

壬水仲冬生、羊刃当権、年月木火無根、日支食神沖破、日寅時亥は木火の生地で喜となり、寅亥合して木火の氣はいよいよ貫通。子申会し、食神は反って生扶を得、財氣門戸に通ずるものです。富百余万、巨富の命で財星多からず、ただ生化有情なるを要するものです。これが「財氣通門戸」なのです。財が旺地に臨むなら、官を見るは宜しからず、日主失令するなら、比劫の助あれば美です。

〔457〕

壬　申　**大運**　庚戌
丙　午　丁未　辛亥
癸　亥　戊申　壬子
戊　午　己酉

癸水仲夏に生まれ、午時に逢い財官太旺、日元得地を喜び、さらに妙は年干劫で申の長生に坐し、財星有氣、また無木を喜び、無木は水の洩とならず、助火しないからです。壬水得用、運走西北、金水得地、遺産豊かではなかったのですが、自己四、五十万を創る。一妻四妾八子。

徐氏補註

各種の格局にはそれぞれ皆「成敗」があり、富貴、貧賤があるものです。富は、必ず財を用とするとも限らないのです。しかし、財が門戸に通ぜず、富んだものはありません。同じ美格でも、一は富となり一は貴となるは、何の業をなすか、環境人事によって転移するもので、絶対視はできないものです。ただ、「財通門戸」は、富を決定するもので、貴を決定するものではないのです。

では、「通門戸」とはどういうことかと言いますと、財星当令、得氣得地し、配合が有情なるものです。財を喜用とすることも、もとより有情なるものですし、財太旺にして身衰、原局に祿比暗蔵するのもまた有情で、運が身旺比劫の郷に至れば、必ず富むものです。原注で論じているところは均しく富貴兼全の象でして、純粋の富格ではありません。つまり、富んで不貴なるもの、意氣不足するのです。譬えば、財太旺、日主弱、あるいは財星微弱で有氣、原局に「病」があるもの貴ではないのです。行運その病を去らし、財星が有情なれば、富は有り余ることとなります。傷官生財して帯官するは、貴論をもってすべきです。貴となることで富となる、もしくは富となることで貴となるものです。これらは、富とのみ推すものではありません。純粋の富造はそう多く見かけないのです。

考玄解註

貧と富とは対照的用語ではありますが、「清濁」のように、おおよそ「清」でない命は、おおよそ「濁」である、おおよそ寿でないものは、おおよそ夭であるというように、貧でないものは、富であるというようには言えないものです。この点は貴賤という社会的地位の分別の視点にも同じようなことが言えるのです。貧でもなければ、富とも言えない階層が非常に多いものです。では、富とはどういうことか、と言いますと、

〝その人が一生の間に蓄積した、もしくは蓄積されるであろうあらゆる財産が、社会一般の通念として、富と認められる。〟

としか言えないのです。つまり、その人が知力・体力で稼ぎ出し、蓄積した財産であって、遺産や贈与を受けた財は入りません。当然、精神も肉体も健全であって、社会的経済活動ができて、ある程度寿命も長くない以上、財の蓄積は不可能なことですから、貧富を見るということは、寿の長短が分からないことには貧富の分別はできないし、当然のことながら、大運中にて、一、二、三運の初運期において財利得るも、後運が忌神の運が巡るのは富とはなり得ません。また、忌神運長くして、晩年の第六運とか第七運、第八運に、財利得る喜神運が巡りましても、大体は富とはなり得ない、ということも常識的なことなのです。また当然のことですが、一生俸給生活をする人は、なかなか富となることは無理なことであって、富とする俸給生活者は大変稀であり

ます。

しかし、富という観念が、その時代の社会的通念として、富と認められるもの、といった表現しかできないものですし、その人の全財産を克明に調査することなどは不可能なことですから、前述の定義の富という視点にのみ絞って論ずることは、あまり現実的ではないのです。ですから、この富ということは、

〝財の利向上し、生活に十二分のゆとり、財の蓄積も多大となる。〟

というように解するのが妥当と言えるのです。

そのように、財利向上多大である、ということは、「財氣通門戸」である、と言っているのです。原注も任氏増注も、原局のみのことにしておりますが、あらゆる事象というものは運歳の間に発生するものである以上、貧富も運歳の間に生ずるものなのです。わかりやすく結論を一言で言いますと、

原局、運歳の間にあって、財の喜の作用が発生する、

ということです。「財氣」の喜の作用が、財の門、財の戸となって、通じ、発生することなのです。すなわち、流通の通なのですから、「流清」となって、原局、運歳の「始終」が財の喜を有力にさせる、ということに外なりません。いくら、原局で「財氣通門戸」となっても、運歳が忌である、「流濁」であっては、富とはなり得ないのです。

また原注も任氏増注も、「妻財」として、妻の美とか不美とかを言っておりますが、これは全く無視して然るべきです。これは、六親のところで論じられることなのです。

〔456〕

甲	申	**大運**
丙	子	丁丑　辛巳
壬	寅	戊寅　壬午
辛	亥	己卯

庚辰

壬日子月水旺に生まれる「建禄格」か「陽刃格」です。調候丙火急を要するに、月干に透丙し、年干甲木生丙し、日支の寅に有情な根はあるものの、寅亥は合去、申子水局半会して接近し、「病」となるのに、戊土の「薬」はありませんが、相令の陽干甲がよく納水して「薬」となっています。日干強となる、丙壬輔映湖海の象で、用神は去ることのない丙火財、喜神木火、忌神金水、閑神土とする「源清」の命と言えます。

第一運丁丑、亥子丑北方全となって、寅支が原局に戻り、月干丙火に有情有気、また、甲木は納水してよく護財します。立運不明ですが、生家の環境は財の面にて向上することになるのです。

第二運戊寅、木旺運、戊甲尅、戊壬尅の情不専、寅申冲、寅亥合の情不専で、申子水局半会、寅亥合去のままの戊寅運で、忌の水は喜の旺木を生じ、木の洩秀の喜にて、喜の丙火を強化し、喜の丙火は閑神の戊土を生じ、土は金水と流通して、また旺木の喜を生じる「始終」となるのです。忌の水も喜の作用、水智発達し、よく才能を発揮して生財の喜となるのですが、立運不明ですので、傾向性としては、生家財の環境向上して、学業向上抜群であるのは、壬丙の輔映湖海の象によるものなのです。

第三運己卯、木旺運、己甲合去するも、卯亥木局半会の情にて寅亥合去は原局に戻り、「始終」よろしく、喜用の木火強化されること多大。学術優秀にて科甲の試験にも抜群の成績で合格し、官吏ともなれば、地位向上することによって俸禄も増加、財利向上していきます。しかしながら、

第四運庚辰に至るや、申子辰の水局全くして、庚辛金が生水し、甲木もやや漂木、生火無力となって、比劫

の水の忌にて、才能発揮の方向性を誤り、地位下落し、財利減じ、不遇となる傾向性大なる運。もともとは賢明ですから、自己の非を悟り、自戒するものです。

第五運辛巳、火旺運、喜の財の旺火を甲木が生じる、輔映湖海の象にて、才能を学術にて発揮することが財につながり、財利の向上多大の傾向性となる運です。こうした命は、商業等による財利の富ではないものです。

第六運壬午、火旺運、前運の喜の後遺・累積によって、喜の傾向性が続きます。

任氏解命は誤りが多々あり、これを「財氣通門戸」であるから、大運を一切問題にせずして、〈富百余万、巨富の命〉と言っておりますが、いつの時点で〈百余万〉なのか、またその財をいかなる手段によって、何年かかって得たのか、一切触れておりません。

〔457〕

壬 申	**大運**	庚戌	癸日午月火旺に生まれ、壬丙尅去、癸戊干合火旺ゆえ化火し、癸は
丙 午	丁未	辛亥	丁、戊は丙となります。申は、庚金生壬の調候であり、かつ、日支亥
癸 亥	戊申	壬子	も壬水にて「化火格」とはならず、日干丁となった「月劫格」か「建
戊 午	己酉		禄格」です。用神壬は有力なる真神得用、喜神土金水、忌神木火とな

る、「源清」とは言えます。しかし、

第三運己酉、己癸尅にて、癸戊干合を解いて、癸日となり、「偏財格」か「正財格」となり、喜神金水、忌神木火土と変化する金旺運で、喜の金旺生水し、財利ある運となります。

第四運庚戌、壬丙解尅して、「月劫格」か「建禄格」に戻ります。戊午午の火局半会以上、大運干庚は申に根あり、財利はあるものの、それほどの大財とはなりません。

第五運辛亥、水旺運、辛丙合の情あって、壬丙尅去は原局に戻り、水旺・金休令の辛亥運ですので、地位向上しながら、財利多大となります。

第六運壬子、前運までの後遺・蓄積にて、地位向上大となります。

大運中、格局が変わっても忌とならず、「流清」にして、財利、社会的地位共に向上することになります。

任氏の解命、癸戊干合化火を全く忘れております。亥中甲あるのに〈無木〉とし、調候さえ全く忘却し、格局、「清濁」もすべて忘れ、〈自己四、五十万を創る。〉と言っているのです。

何知其人貧。財神反不眞。〔闡微・徴義・補註〕
《何ぞ其の人の貧なるを知るや。財神反って眞ならざるなり。》

何知其人貧。財神終不眞。〔輯要〕

原　注

財神が「不眞」ということは、ただ洩氣被劫するだけではないのです。傷が軽く、財重氣浅だとか、財軽官重で財氣洩とか、傷が重く、印軽身弱だとか、財が重く、劫軽身弱だとかするのは皆「財神不眞」です。中に一味の清氣あれば賤ではありません。

任氏増注

「財神不眞」には九つあります。すなわち、
一、財重くして、食傷多。
二、財軽くして、食傷を喜ぶに印旺じる。
三、財軽くして劫重く食傷不現。
四、財多で劫を喜ぶに、官星制劫。
五、喜印なるに財星壊印する。
六、忌印なるに財が生官する。
七、喜財なるに財が閑神と合して化す。
八、忌財にして、財が閑神と合して、財に化す。
九、官殺旺じ印を喜とするに、財局を成す。

が九つの「不眞」なるものです。そして貧なる者は多く、富める者は少ないもので、貧にも富にも等級があって一概には言えないものです。貧で貴なるもの、貧にて正しきもの、貧にて賤なるものがあります。財軽官衰、食傷に逢って印綬を見るとか、印を喜ぶに、財星壊印し、官星を得て解くもの、等は貴で貧です。官殺旺じ身弱、財生官殺し、印があって一衿を得やすいのですが、無印なれば老いても儒冠、共に清貧の格で、所行皆正なるものです。財多は財を貪る志あり、官旺は立身出世を人一倍欲求するものです。非合に合、不従に従、合して不化、従の不眞なる命は、富貴を見ればへつらい、財利を見れば義理人情を忘れる、貧にして賤なるもの

です。僥倖《ぎょうこう》を得て富となりはしても、貴不足するものです。およそ敗業破家の命、初めちょっと見は佳美に似ても財官双美ではなく、干支双清ならず、殺印相生せず、財旺地に臨んでも、財官が養命榮身するを知らないのです。必ず日主旺相を要し、財官に任じ得ることが大切なのです。太過したり不及したりするのは、皆「不眞」です。不眞なるは散耗して、終には富貴に致らざることとなるのです。こうした命が最も多いもので、枚挙にいとまないほどと申せます。

〔458〕

壬子	**大運**	壬子
戊申	己酉	癸丑
戊戌	庚戌	甲寅
辛酉	辛亥	

戊土孟秋に生まれ、申酉戌西方全くして、秀氣流通、格局は本來佳ですので、出身大富です。嫌うところは、年干壬水が通根・会局し、財星不眞となることです。しかも西北の金水地巡り、軽財重義の所以で、耗散異常でした。ただ、戊運には入伴し得子したものの、辛亥・壬子運、貧乏堪えられず。

〔459〕

癸卯	**大運**	庚戌
甲寅	癸丑	己酉
丁巳	壬子	戊申
己酉	辛亥	

この造は、財蔵殺露、殺印相生、また連珠相生して、貴格に似ています。祖業二十余万ある所以です。年干の殺は無根で、その菁華ことごとく印綬に竊去《せっきょ》され、癸水用とならぬのは明らかです。必ず酉金を用とし、蓋頭の土あって有情のようですが、木旺ですので土虚、相火逢生して、巳酉不会、財不眞となるものです。一たび壬子運に巡るや、洩金生木して、一敗如灰、亥運に至り、餓死しました。

〔460〕

庚午　**大運**　丙戌
壬午　癸未　丁亥
丙寅　甲申　戊子
庚寅　乙酉

夏火逢金、財滋弱殺し、兩支不雑、殺刃神清にて、名利双全と見るは誤りです。地支は木火、金水を不戴、杯水車薪であって、制火できぬだけでなく、反って財の氣を洩らし、敗絶の夏月の庚金、不眞を知るべきです。早運の癸未・甲申・乙酉の土金の地では豊衣食足、一たび丙戌運に入るや、火局全く、刑妻尅子、破耗異常で、数万の家業を失いました。丁亥運、合壬寅化木、孤苦堪えられず死亡しました。

〔461〕

乙卯　**大運**　辛巳
乙酉　甲申　庚辰
庚寅　癸未　己卯
壬午　壬午

秋金乗令、財官並旺、食神吐秀、一見して富貴の造の如きも左にあらず。財太重、官星拱局、日主反って弱まり、財官に耐えられず、すべて劫刃の扶身を頼むに、卯の冲、午の尅にあい、時干壬水は尅火不能で、反って日元の氣を洩らす、財不眞の命です。初運甲申運、祿旺、早年入泮しましたが。その後南方運を巡り、貧乏堪えられません。

〔462〕

辛丑　**大運**　壬辰
丙申　乙未　辛卯
癸巳　甲午　庚寅
庚申　癸巳

財星坐祿、一殺独清、佳美に似て然らず、嫌うところは、印太重、丑土生金洩火、丙辛合化水、財は劫に化す。申巳合、財さらに不眞となるものです。初運乙未・甲午運、木火並旺、祖業豊かでしたが、一交癸巳運、皆申に合従、一敗如灰、乞食となる。

〔463〕

庚	**辰**	**大運**	
乙	**酉**	丙戌	庚寅
丁	**丑**	丁亥	辛卯
乙	**巳**	戊子	

丁火日元、時逢旺地、兩印が生身し、火焔金疊。富格に似て然らず、乙庚干合化金し、支金局全、四柱は皆財となって、反不眞。祖業豊か、初運丙戌・丁亥運、幇身、戊子・己丑運、生金晦火して、財散人離、凍餓死。

徐氏補註

財不眞一～九の任氏の言は大変詳しいものです。貧は富に対する反対の言葉です。社会的に富者が少なく、貧者が多いもので、格局、配合に欠点があって、佳運の助けなくては、青雲の志を遂げ、富貴となることできません。滔々天下皆是。財神不眞の象は、その貧なるを決定して可なるものです。財多身弱の如きは、富屋貧人と称するものです。従することできなければ、財を用とはできず、坐食消耗するのではなく、財に因って禍を招く、富むといえど貧、財神不眞の象これにあるものです。月垣財星用をなすに、干に比劫透って争財し、官殺なく制劫できないのも、財神不眞の象です。運財旺じて宜しきも、財を見て必ず比劫の争いを引き起こすもので、永く致富の可能性なきものです。そして貧と言うは、衣食に困窮し下賤に淪落することとは限らず、時に事業声誉あり、相当なる地位にあっても、財の蓄積なく、富有の人とは言えないことを言うのです。財神不眞を一概に劣悪と決め付けてはならないのです。

考玄解註

貧も運歳の過程にて発生する事象ですので、原局のみで貧と断定してはならないのです。ですから、「財神反不眞」ということは、

〃「源濁」にして、運歳の間に、財が喜となる作用が生じない「流濁」である。〃

としてよろしいのです。ここまで命理を理解してきたのですから、原局の条件のみで、貧富を論じることは、反って混乱を招くものです。例えば、任氏が「財神反不眞」に九つありとして挙げている一をもって言いますと、〈財重くして、食傷多。〉であるとしても、また、従格とならないとしても、日干陽干で、比劫が透出し、印もあって、用神が陽干の比劫であり、大運が比劫旺運に巡っても、干が印で食傷を十分制するなら、財が喜の作用をすることもあるのです。以下、挙げている八つもすべてについて大運が喜用の運を巡り、「流清」となるなら、貧とは言えないのです。

ここでも、調候必要であるのに調候なく、火炎土燥であるとか、池塘氷結、金寒水冷であるとかで、たとえ財が喜であり、財運に巡ったとしても、調候がない限り、財の喜の作用は生じないものです。

〔458〕

壬 子　**大運**
戊 申　己酉　壬子
戊 戌　庚戌　癸丑
辛 酉　辛亥　甲寅

戊日申月金旺に生まれ、壬戊尅去し、申酉戌西方全くして透辛しても、印となる調候丙火がないために、「従児格」の「真」となるものです。一応は用神従神の庚、喜神金水木、忌神火、閑神土とはしましても、調候がないので、喜の財運・水旺運に巡っても、金寒水冷で、財利ないものなのです。

任氏の解命、〈嫌うところは、年干壬水が通根。会局し、財星不眞〉と言っておりますが、『滴天髓』に、

「一出門來只見兒。吾兒成氣構門閭。從児不管身強弱。只要吾兒又得兒。」

とあったことも、

「方是方兮局是局。方要得方莫混局。」

とあったことも「天道有寒暖」もすべて忘れて、普通格局のように解しているのは、いかがなものでしょうか。

これが、任氏が言っている、「財神反不眞」の〈一、財重くして、食傷多〉であるとしているのです。

〔459〕

癸　卯　　**大運**　　　庚戌
甲　寅　　癸丑　　己酉
丁　巳　　壬子　　戊申
己　酉　　辛亥

丁日寅月木旺・火相令に生まれる「傷官格」か「印綬格」です。月干に透甲し、年支卯木、しかも年干癸水が旺強の印をさらに滋木培木しており、また調候とも幇身ともなる丙火が日支にありますが、巳酉金局半会して、丙火を失っている印旺強太過の木多火熄の命です。時柱の己土の洩もあり、用神取るものなく、喜神火のみ、忌神土金水木となる、「源濁」と言うべき凶命です。

第一運癸丑、巳酉丑金局全くして任財不能、癸水は印を強め、大忌。

第二運壬子、水旺運、攻身するとともに旺強太過する木の忌を強め、日干無依となって前運同様大忌の大忌。

「源濁流濁」と言うべき夭凶命です。

任氏の解命、〈一たび壬子運に巡るや、洩金生木して、一敗如灰。亥運に至り、餓死しました。〉と言ってお

りますが、日干丁火は任財不能で、「財神輾轉攻」の大運が続いているのです。

〔460〕

庚午　**大運**

壬午　丙戌

丙寅　癸未　丁亥

庚寅　甲申　戊子

乙酉

丙日午月火旺に生まれる「建禄格」か「陽刃格」です。午寅火局半会するのに、調侯とも「薬」ともなる壬水月干に透出し、去ることなき用神壬、喜神は一応土金水、忌神木火とはしますが、湿土一点もなく、金水の根なく、生時庚寅では、原局は「源半濁半清」となります。

第一運癸未、湿土となって生金する喜の作用あって、生家の財の環境良化の傾向性ある運。

第二運甲申、金旺の財旺運、化殺生身の甲も死令の甲で、水智向上もすれば、生家の財の利となり、

第三運乙酉、財利あるものの、

第四運丙戌、寅寅午午戌の全支火局となり、透丙して、火多金熔、火多水沸となって、この運中必死の大忌の大忌、夭凶運となるのです。

〔461〕

乙卯　**大運**

乙酉　辛巳

庚寅　甲申　庚辰

壬午　癸未　己卯

壬午

庚日酉月金旺に生まれる「建禄格」か「陽刃格」です。調侯丙火必要ですが、寅午火局半会して、蔵干三丙一丁の「病」となる。壬水は「薬」であり、卯酉冲去し、寅午は年月のほうへ移動。乙庚干合金旺にて化金し、乙は辛となります。日干無根となり、用神取るものなく、

喜神一応土金、忌神水木火となる「源濁」の命です。

第一運甲申、金旺運、申寅冲で火局半会を解き、甲庚尅にて乙庚干合を解き、殺印相生の寅に根ある甲乙を制財するのに堪えられず、財に困窮、生家財困の悪環境となる傾向性ある運。

第二運癸未、壬癸に洩身の忌、湿土生庚するも、喜とはならず。

第三運壬午、午午寅の火局半会以上の情あるものの、午酉蔵干の尅により、午支個有支、卯酉冲去のまま。壬水「薬」となって、金熔となるのは救われはしますが、洩身の忌の水は、また財を生財することにより、財の忌の傾向性。

第四運辛巳、巳酉金局半会の情にて卯酉解冲し、寅中蔵干二丙から尅される火旺運で、やや忌の傾向性。

第五運庚辰、寅卯辰の東方の情にて、卯酉解冲し原局に戻り、財の喜の傾向性とはなるものの、四運の忌の後遺・累積あって、急には良化せず、徐々に食傷の喜、財の喜になってはいくものの、
第六運己卯、二卯一酉冲で、原局解冲するものの、徐々に財困となっていきます。こうした命運は、「流濁」としてよいものです。

〔462〕

辛丑	**大運**	壬辰	
丙申	乙未	辛卯	
癸巳	甲午	庚寅	
庚申	癸巳		

癸日申月金旺に生まれる「印綬格」です。調候丙火必要なるに、月干丙火辛金と合去して一調候を失うものの、日支巳は調候にて、二申一巳の合は不去。二申中二壬蔵し、天干癸庚、移動・接近して丑に水源深き癸水あり、相令の癸水強化される。用神丙とするが、無木、喜

神木火、忌神金水、閑神土となります。食傷洩秀のない「源半濁半清」の命です。

第一運乙未、未丑冲去し、乙木洩秀して生財する財の喜は、生家の環境が良化されるのみです。

第二運甲午、甲庚尅去、生家財の環境向上するとも、本人の利財という点においては、立運如何にもよるものの、それほどの利なく、
第三運癸巳、財旺運なるも、癸水丙困、また巳中の丙火は丑に晦光され、大した喜とならないのは、洩秀の才能・能力発揮の木が断節しているためです。

第四運壬辰、壬丙尅で辛丙解合するものの、比劫奪財し、用神の巳火財は晦火され、辰は生金し、なお比劫太過して、貧とさえなっていく「流濁」です。

〔463〕

庚　辰	**大運**	己丑
乙　酉	丙戌	庚寅
丁　丑	丁亥	辛卯
乙　巳	戊子	

丁日酉月金旺に生まれ、庚乙干合金旺にて化金し、乙は辛金となる。支は、辰酉合により巳酉丑金局不成にて、全支個有の支。調候は巳中にあるが不及で、日干の根ともなる、時干に乙あることにより不従で、「正財格」か「偏財格」です。嫡母の甲なく、時支巳は丑に晦光され、巳中蔵庚、財多身弱にて、やむなくの用神丙、喜神木火、忌神土金、閑神水となり、「源濁」の命となるものです。

第一運丙戌、丙庚尅にて庚乙解合するも、丙火は丑・辰・戌土を生土して土多金埋となり、財の金が喜の作用発することなく、生家環境もともと悪いところを、さらに悪化させる傾向性大。

第二運丁亥、水旺運、忌の傾向性にて疾病続発。
第三運戊子、水旺運、湿土が晦火して生金する大忌。
第四運己丑、湿土が晦火晦光し、洩身太過の上にさらに生金する忌大。
甚だしき「流濁」にて、夭折しても不思議ではないのです。

つまり、「財神反不眞」とは、原局と運歳において、「始終」が財の喜を強化することがない、と定義付けるのが正しいし、解りやすいと言えるのです。こうした「始終」となるのは「流濁」と言えます。こうしたことから、富ということも、原局と運歳の「始終」において、財が大変多大なる喜の作用となり、かつ、この喜が適切なる大運期に長く続き、「流清」となることを富と言うこともできるのです。つまり、『滴天髓』を我々が理解して、共通認識の用語に集約されるものであって、生尅名をあれこれと並べ立てて、反って混乱や矛盾さえ生じるような難解な註など必要ではないのです。

何知其人貴。官星有理會。〔輯要・闡微・徵義・補註〕

《何ぞ其の人の貴なるを知るや。官星理會あるなり。》

原　注

官旺身旺、印綬衛官、劫を忌むに官能去劫、印を喜ぶに官能生印、財神旺じて官星に通達、官星旺じて財神有氣、無官であっても暗に官局を成す、官星蔵して財神また蔵する、等は皆官星理会あるものです。貴とする所以です。官と子は相通じます。しかし、子が多くて無官なるものあり、出世して子なきものあるは、刑沖会合を看るべきです。ただし、官星清く身旺なるもの必ず貴、官星濁って身旺なるもの必ず多子です。命造よろしく美なるものは、妻子富貴兩全です。

任氏増注

身旺官弱、財能生官する、官旺身弱、官能生印するもの、印旺官衰、財能壊印するもの、印衰官旺、財星不現とか、劫重財軽とかするを、官能去劫するもの、財星壊印するを官が生印するもの、用官なるに官蔵財蔵するもの、用印なるに印露また官露するもの、等は皆「官星理会」あるというものです。ですから貴顕れる所以です。例えば、身旺官旺じ、また印も旺じて、格局最清、四柱食傷一点も不混、財も出干せず、官星の情は印に依り、印の情は日主に依って、ただ一箇の本身のみが生得する如きは、有官無子なのです。よしんばたとえ、やや食傷あったとしても印の尅するところとなるので子に難。また、身旺官旺じ印弱く、食傷暗蔵して官を不傷、印の尅も受けないのは、貴にして有子。また、身旺官衰、食傷有氣、印あるも財能壊印、無財で暗に財局を成すは不貴・多子にして必ず富むものです。また、身旺官衰、食傷旺じ無財は、有子必ず貧。また、身弱官旺、食傷旺じ無印は、貧にして無子です。印があって財に逢うも同様です。

〔464〕

	大運		
癸 卯	己未		
癸 亥	壬戌	戊午	
丁 卯	辛酉	丁巳	
辛 亥	庚申		

官殺乗権、元來は畏るべきものですが、支が印局を成し、水勢を流通せしめ、「官星有理會」となるを喜ぶものです。辛酉・庚申運、生殺壊印を忌み、功名はばまれ、己未運は印局を全くし干透食神、雲程直上、仕は尚書に至る。運を得ることなければ一介の寒儒です。

〔465〕

癸酉　大運　癸丑
丁巳　丙辰　壬子
丙午　乙卯　辛亥
壬辰　甲寅

丙火孟夏生、坐祿臨旺、巳酉金局を喜び、財生官、官制劫、さらに妙なるは時透壬水、官星助起し、既済となる。三旬外、運北方水地、登科発甲、名利双輝となる。官殺混雑を嫌う、としてはいけません。身旺は官殺混雑して発するのです。

〔466〕

甲午　大運　庚午
丙寅　丁卯　辛未
辛酉　戊辰　壬申
己丑　己巳

財臨旺地、官は長生に遇い、日主坐祿、印綬通根。天干四字、地支皆祿旺に臨み、五行無水。「清」にして純粋。春金弱ではあるものの、時印通根して得用するを喜ぶもので、庚運幇身、癸酉年登科、午運殺旺、病晦刑喪、辛運己卯年、発甲して詞林に入り、後金水運幇身、仕路向上は量り知れません。

〔467〕

乙巳　大運　丁丑
辛巳　庚辰　丙子
庚辰　己卯　乙亥
甲申　戊寅

庚金立夏前五日生、土当令し、火はまだ司権せず、庚金の生ずるに実あり、かつ支辰申あって、生扶並旺、身強殺浅く、財露無根にして劫に逢うを嫌う。貧寒の出身、丁運官星元神発露、戊寅年、己卯年、財運得地、喜用斉來、科甲聯登、詞林に入る。書にいう、「以殺化権。定顕寒門貴客。」がこの謂いであります。

徐氏補註

貴は、必ずしも官を用とすることではありません。しかし「官星有理會」にして貴ならざるものはないのです。昔は命を論じるのに財官を重んじ、これが喜用となるをよしとしたものですが、貴はそうとは限らぬものであります。「有理會」とは、得時得地、配合が有情、日主の需要に適する、ということです。干支順遂精粋、氣勢清純、喜用時令を得、生旺の氣あるものなれば、貴ならざるものなく、あるいは、日主得局朝垣、用神が需要に合致して損傷なきものも必ず貴です。例えば、夏葛冬裘、旺ずれば貴、そうでなければ不貴です。財官印の三奇を論ぜず、生に逢わぬは夏裘冬葛の如くで、それは大変素晴らしいものであっても、世の重んずるところではないのです。

考玄解註

封建時代にあっては、官吏をもって貴とする、という思想がありましたが、現代では、官吏や大臣をもって貴などとは言えません。貴とは、現代では社会的地位、社会的貢献度が高いことと解すべきで、これもまた、その段階差が無限にあるのですが、財産の多寡を明確に分別するよりは解りやすいとは言えます。しかしどういう条件、どういう基準をもって貴とするか、という点ではやはり明確な一線はないと言えます。ただ、社会的一流人、社会的貢献度の高いとされる貴の範疇に入れられる条件として、寿が長いという絶対条件があるのは、突然変異的に貴とはならないからです。

「官星有理會」を、原注と任氏増注、徐氏補註すべて、原局の八字の生尅名をもって述べておりますが、富、貧のところで定義付けをしましたように、貴も次のように言えるのです。

〃貴とは、「源清」にして、運歳の間に、その「始終」が、官殺の喜の作用が長く続く「流清」である。〃

と言えるのです。

原注、任氏増注、徐氏補註で、〈官星理會あるものです〉と言っている、その内容が理解される人は恐らくいないと思われます。例えば、原注、〈官旺身旺〉であるという条件、この官と言っているのは、正官のみのことか、あるいは偏官をも含めての官であるか、また、官も強く、身も強いということは、全く力量同じ強さか、もし一方が他より強いとするとどうなるのか、日干のほうが官より強い、あるいは官のほうが日干より強いとどうなるのか、〈官旺身旺〉であって、〈印綬衛官〉する、印は助身するのか、〈衛官〉とは、食傷が制官するのを妨げていることであるか、官が生印しないのか、〈官旺身旺、印綬衛官、劫を忌むに官能去劫〉しても、〈官旺身旺〉であるのか。後の食傷と財とはどういうことになるのか。そんなことに無関係であって、〈官旺身旺、印綬衛官、劫を忌むに官能去劫〉であるのか。これは三つの「官星有理會」であるとしているのか、一つの「官星有理會」であると言っているのか。お解りになられた方がいらっしゃるのでしょうか。また、任氏増注はもう少し解りやすい、〈身旺官弱〉で〈財能生官する〉のを〈官星理会あるというものです〉としておりますが、食傷・財・印など四柱構造の有り様も、「清濁」にも、用神・喜忌閑神にも関係なく、大運の干も支も全く関係なく、〈貴顕れる所以〉と言っているのです。

こうした註があるために、『滴天髓』は難解である、とされているのです。

また原注も任氏増注も、子の多寡等を言っておりますが、官だけで子の有無・多寡や賢不賢など論じられないのです。この詳細は六親のところで論ずることなのです。

〔464〕

癸　卯　大運
癸　亥　壬戌　戊午
丁　卯　辛酉　丁巳
辛　亥　庚申　己未

丁日亥月水旺・火死令に生まれ、二癸透出する「正官格」です。調候丙火急を要するに一点もなく、支は亥卯木局半会が二つあって、蔵干六甲二乙、旺令の癸水、死令の丁火を攻身して、日干無根。用神取るものなく、喜神火のみ、池塘氷結、金寒水冷、寒凍の木、木多火熄となる夭凶命にて、「濁」の最たるものです。生まれてこなかったか、生まれても先天的障害、精神薄弱にて、夭折の凶命です。

〔465〕

癸　酉　大運
丁　巳　丙辰　壬子
丙　午　乙卯　辛亥
壬　辰　甲寅　癸丑

丙日巳月火旺に生まれる「建禄格」です。癸丁尅去、調候壬水が時干に透り、水庫辰に坐して、日干丙は日支午に坐し、巳にも通根して、日干は旺強、火旺・金死令にて酉巳金局半会は不成、輔映湖海の象。用神去ることのない壬、喜神土金水、忌神木火、となります。「始終」は、金水となって、なまじ木に流通しない点がよろしく、火の忌から、癸水蔵する辰土となり、一応は五行具備する「源清」の命です。生家の環境よろしく、第一運丙辰、湿土辰が晦火晦光し、知能発達、生家の財も地位も向上し、環境さらによろしくなる傾向性ある運。

第二運乙卯、木旺運、卯酉冲し、それほどの忌とはならず、
第三運甲寅、木旺運、寅午火局半会を湿土の辰と壬水が「薬」となり、印の忌象あるも、それほどの忌でなく、水智は十分発し、才能も発揮はするものの、実りは少ないものです。
第四運癸丑、癸丁解尅、巳酉丑金局全くして、喜用運となり、水智・才能洩秀し、地位向上して財利につながる好環境となる。「始終」は、辰中乙木が生火して、火は喜の辰湿土に洩秀して、丑中蔵干二辛金の財の喜を生じて、喜の癸水を生じる、財と官殺の喜となって、輔映湖海の象を助けることになり、相当なる地位向上していく傾向性ある運。
第五運壬子、前運に引き続いて官殺の喜の作用大となり、上昇気流、地位高登していき、
第六運辛亥、亥巳冲するとも忌とならず、用神、調候運の喜の傾向性、前二運の財・官殺の喜の累積にて、地位さらに向上していきます。
「流清」と言うべきで、二運続いての、財官の喜ですので、社会的地位が高くなっていくものです。

〔466〕

	大運	
甲午		庚午
丙寅	丁卯	辛未
辛酉	戊辰	壬申
己丑	己巳	

辛日寅月木旺に生まれる「印綬格」か「正官格」か「正財格」です。

調候丙火は必要ではあるが、月干に丙火透出し、午寅火局半会、丙辛干合丙火倍力にて、調候太過の忌の「病」に「薬」がありません。さらに、旺木の甲が助火し、酉丑金局半会しても、丙火が貫通して己土に遇っても、尅金甚だしく、用神己と取っても、己甲合去して、印の

用をなさず、かといって庚金を取っても太過の火に熔金されて用をなさず、結果として用神取るものなく、喜神も喜の用をなさない土金です。後の水はともかくとして、木火は大忌となる、「源濁」の甚だしい命です。

第一運丁卯、木旺運、卯酉冲にて、金局半会を解くとも、忌大の傾向性。

第二運戊辰、戊甲尅去し、辰酉合で酉丑金局半会解け、湿土生金はしても喜大とも忌減ともならず、忌は大したことなく、

第三運己巳、火旺運、己甲合去し、原局火太過して尅金甚だしく、巳酉丑金局全不成となり、巳火旺じ、忌となることあっても、喜となること全くなく、

第四運庚午、午寅火局半会と大運支午に熔金されるのみならず、酉丑金局半会さえ金熔する大忌の大忌。官殺の忌が強化されるようなことがあっても、喜の作用生ずることなど一運もない、「流濁」となるものです。

任氏解命は大誤であって、事象は虚偽です。

〔467〕

乙	**巳**	**大運**	丁丑	
辛	**巳**	庚辰	丙子	
庚	**辰**	己卯	乙亥	
甲	**申**	戊寅		

任氏は〈庚金立夏前五日生、土当令し、火はまた司権せず〉と言っており、庚辰月土旺生を上記の辛巳月火旺生の八字で挙例しています。いずれが正しいのか確認しようがありませんので、上記八字で解命することにします。

庚日巳月火旺に生まれる「偏印格」か「偏官格」です。調候壬水の水源として有情なる申支あり、乙辛尅去、庚甲接近して、日支辰は湿土にて晦火晦光して生庚、日干は強、「始

終」は木火土金水木となります。用神は甲、喜神水木火、忌神土金となる、「源清」となるものです。

第一運庚辰、忌の傾向性となり、環境が悪化。

第二運己卯、原局と大運の「始終」、木旺の財の喜が強化され、喜の二巳火を生火することになり、環境良化。

第三運戊寅、寅申冲去、日干無根となり、調候も失い忌の傾向性。

第四運丁丑、乙辛解剋し、湿土の丑が生金して庚金劈甲引丁、丁火煅庚。この運中、やや環境良化はします。

第五運丙子、申子辰水局全となり、洩身太過の忌に財官の忌大となる大凶の運となります。必死とさえ言える大忌の運。

「流濁」となり、一運くらい多少よいくらいで、貴などと言うべきではありませんし、丙子運、丙火二巳火に根あって攻身し、申子辰水局全は蔵干三壬三癸にて、洩身太過の大忌。つまり、剋洩交加の大忌の水はまた生甲して、甲また生火攻身、必死と言うべきです。「官星有理會」の命として挙げる命ではないのです。


何知其人賤。官星還不見。〔闡微・徴義・補註〕

《何ぞ其の人の賤なるを知るや。官星還って不見なるなり。》

何知其人賤。官星總不見。〔輯要〕

原　注

官星不見とは、ただ失令被傷するのみではないのです。身軽官重、官軽印重、財重無官、官重無印、等が官星不見なのです。中に一点の濁財でもありましたなら、不貧。用神が無力で忌神太過し、忌を制し得ず、用を助力できず、歳運も命を輔けなければ、貧にして賤となります。

任氏増注

ここの原注は太略されてはいますが、それにしても、富貴なるものに賤はなく、貧賤のものに貴なるものはないものです。賤ということは難しい要素を含んでいます。身弱官旺、印綬化官を用とできずして、傷官強にして制官するとか、身弱印軽、官が生印することできず、財星壊印するとか、財重身軽、比劫幇身をもってせず、反って比劫奪財を忌むとかする、これらは、聖賢の明訓を忘却し、祖父の積徳を思わず、もって不測の災いを招いて、殃はその子孫にも及ぶものであります。

身弱印軽、官旺無財、あるいは、身旺官弱、財星不現とかするものは、貧困に処するにその節を改めず、富貴に遇ってもその志を易えず、非礼不行、非義不取、金品財帛を貪恋し、一時辛い思いをしても、甘美安楽、長く令名を残すものがあります。次に、官星不見を三等類に分けますと、

官軽印重身旺、官重印軽身弱、あるいは、官印両平、日主休囚、これらは上等の部の官星不見です。

官軽劫重無財、官殺重無印、財軽劫重官伏、これらは中等の部の官星不見であります。

官旺喜印なるに、財星壊印する、あるいは、官殺重無印、食傷強制する、あるいは、官多忌財なるに、財得局する、あるいは、官星を喜ぶに、官が合して化傷する、あるいは、官を忌むに、他神を合して化官せしむ、これらは下等の部の官星不見なのです。

以上を細究すれば、貴賤が分明できるだけでなく、賢不肖もまた了然となるものです。

〔468〕

丁　丑　**大運**
壬　子　辛亥　丁未
丁　亥　庚戌　丙午
甲　辰　己酉

丁火仲冬生、壬水透り亥子丑北方全く、官星旺格、辰は湿土にて制水不能です。反って晦火、日主虚弱、甲木凋枯《ちょうこ》、湿木不能生無焔之火、清枯の象、官星不眞なるものです。無金を喜ぶ、氣勢純情、人となり学問を深く愛し、処世は苟《かりそめ》にせず、行い正しく、清貧苦守、上等の官星不見です。

〔469〕

丙　辰　**大運**　甲午
庚　寅　辛卯　乙未
丙　午　壬辰　丙申
壬　辰　癸巳

財絶無根、官また無氣、さらに運走東南、幼年にして父を喪い、母は再婚し他姓を名乗る。数年にして母も死亡。牧牛により生活していましたが、少し長じて傭工《ようこう》〔やとわれた職工〕となったものの、後、兩眼失明し、働くことができず、乞食となる。

〔470〕

丁　卯　**大運**　庚子
甲　辰　癸卯　己亥
辛　亥　壬寅　戊戌
癸　巳　辛丑

春金逢火、用印化殺宜しきも、財星壊印、癸水尅丁、巳亥冲、制殺有情に似て然らず。春水休囚、木火並旺して、尅火できぬのみならず、反って生木洩金、日主財官に任じ得ず、出身微賤、梨園に習うも耳を悪くし、随官す。人間的に極めて伶俐で、要領を心得、数年にして、主人に背いて発財、捐納して出仕、威光を笠に着て福を作すも、後悪事によって罷免され、落魄しました。

徐氏補註

賤は貴に対して言うものです。今と昔とは同じではありません。専制時代は、ただただ官爵を貴としましたが、今は地位声望、社会の尊敬するをもって貴とするのです。貴と権勢とは同じでありません。格局清純、配合適宜、用神得時得地し、需要に合するものに貴ならざるはないのです。これに反して、格局が乖悖混乱、用神は失地失時して、無情・無力、これらは皆賤です。賤とは用を顕すことができないことを言うのでして、下賤の謂いではないのです。貴格は官を用としないものが多いのです。「官星有理會」が貴なのです。官を見ないから賤と言うのは絶対に誤りです。格局清純、喜用配合適宜、特に失時失地、あるいは得時しても、局中有病無薬であるのは、官吏として出世はできず、大体商人に多いものです。さらに、格局が乖悖・混乱する、喜用に閑神の牽制あって配合が無情、これらは下格で、平々凡々にして、社会に無声無臭、しかし賤とは言えないものです。賤と凶も同じではないのです。凶とは流離顛沛し、淪落災厄、命宮に坐するものです。富貴の命を除いては、大まかに言って、賤と通称するのみで、いちいち挙例することはないものです。

考玄解註

貴を現代ではどう理解すればよいか解りましたなら、貴の反対である賤もおおよそ解ることと思います。つ

まり、

〃賤とは、一生を通じてその社会的地位低く、一般的に財も名も顕れることのない、下層と認められるもの。〃

としてよいと思います。決して、職業の貴賤でも、道徳的貴賤でもありません。ですから、

〃「源濁」にして、原局、運歳の「始終」の過程において、財も官殺も喜の作用となることなく、忌となるもののみが強化される「流濁」の運が長く続く。〃

と理解すればよいのです。

〔468〕

丁　丑	**大運**	戊申
壬　子	辛亥	丁未
丁　亥	庚戌	丙午
甲　辰	己酉	

丁日子月水旺・火死令の生まれの「正官格」か「偏官格」です。調候丙火急を要するのに、幇身とも調候ともなる丙火一点もなく、亥子丑北方全くする官殺太過の「病」に、戊土の「薬」なく、嫡母の甲あるも「薬」全く不及にして、木漂、火滅の冲天奔地の水勢。一甲の印あるために「従殺格」ともなれず、用神甲としても、その用をなさない、「源濁」甚だしい天凶命にして、貴賤を論じる余地などないものです。

第一運辛亥、亥亥子丑の北方全以上の水多に、さらに辛金生水して、必死です。

このような命を〈氣勢純情〉などと言えたものではないのです。〈清貧に苦守、上等の官星不見です。〉と言っていますが、冗談ではありません。

〔469〕

		大運	
丙	**辰**		甲午
庚	**寅**	辛卯	乙未
丙	**午**	壬辰	丙申
壬	**辰**	癸巳	

丙日寅月木旺・火相令に生まれる「食神格」か「偏印格」です。天干は、喚起されることにより、結果として年月干の丙庚尅去し、丙壬移動・接近。日干丙火は寅午火局半会に座し、時干壬水が二辰に有気となって、水源金はないものの、制火する薬となります。年時支の二辰湿土が晦火晦光、日干丙火、時支辰土に洩秀しても、日干は強、用神は輔映湖海ともなる壬と取り、喜神土金水、忌神木火となる「源半清」の命となります。大運を観ますと、第一運辛卯、寅卯辰辰の東方全以上となり、この運、頼りとするのは一神の壬水のみの大忌の運とさえなります。環境は悪化し、多病多疾、病源は水にあり、また木・印にあります。

第二運壬辰、二壬は三辰に有気にして制火するとともに、三辰が納火し、やや洩身が過ぎる嫌いがあり、さらに財に繋がらず、前四年木旺運は喜の傾向性となるが、後六年土旺はやや洩身太過の傾向ある喜忌参半の運。

第三運癸巳、火旺運でさらに火勢を強めるも、辰に有気の壬癸水の官殺が透干し、また年時支にある辰土が納火・晦火晦光する薬となって、やや忌の傾向性あっても、それほどの大忌にはならず、

第四運甲午、甲木が化殺生身し、さらに甲木は午午寅火局半会以上を生火して、火は旺強太過の忌。二辰土が納火しても、忌の傾向性となる運。「流半濁」となります。

任氏の解命では事象がどの運歳で起きたのか明確にされておりませんが、〈幼年にして父を喪い〉、〈数年にして母も死亡〉、〈牧牛により生活していましたが、少し長じて傭工となったものの、後、両眼失明し、働くことができず、乞食となる。〉という命運からして、生時に疑問があり、一刻後の次の命造と思われるのです。同じ

く解命してみますと、

〔469〕′

丙　辰	**大運**		甲午
庚　寅	辛卯		乙未
丙　午	壬辰		丙申
癸　巳	癸巳		

丙日寅月木旺・火相令に生まれる「食神格」か「偏印格」であるのは、壬辰刻生の場合と同様です。月干庚金は二丙火と争剋となり、正官の癸水は、寅午火局半会し、巳火もあるため丙火を剋制できずに逆剋され、沸水となります。年支辰の湿土が晦火晦光し、湿土生庚金の情はあるものの、月干庚金・財は比劫奪財となります。火太過に偏して日干丙は大変強く、用神は湿土の辰中戊、喜神土金水、忌神木火となる「源濁」の命となります。大運を観ますと、

第一運辛卯、寅卯辰の東方全となり、頼むは庚辛金ですが、この運は大忌の運で、環境は悪化し、多病多疾、病源は火太過し金が制剋されることにあり、また木・印にあります。

第二運壬辰、壬癸水は二辰に有気であっても制火するに難あり、二辰が納火し、洩身はするものの、不十分で財に繋がり難く、前四年木旺運忌、後六年土旺運やや忌となる程度の、忌の傾向性ある運。

第三運癸巳、火旺運でさらに忌の火勢を強め、二癸は沸水、辰に有気の癸水の官殺が透干し、また年支辰土が何とか晦火する薬となるのが救いではあるが、大忌の運。財に困窮し、癸水眼目を患い、〈兩眼失明〉〈乞食〉になったのです。

第四運甲午、甲木が化官生身し、さらに甲木は午午寅火局半会以上を生火して、火は旺強太過するものの、遠隔・無情な位置にある年支辰土では納火に難あって、前運以上に大忌の大忌の運となります。

〔470〕

丁　卯
甲　辰
辛　亥
癸　巳

大運
3才癸卯　33才庚子
13才壬寅　43才己亥
23才辛丑　53才戊戌

一七四七年四月三十日巳刻がこの四柱で、これですと土旺にて立運約7才6ケ月。また、一八〇七年四月十六日も辛亥日となるので、これですと、木旺にて立運約2才8ケ月くらいとなります。木旺ですと金囚令、土旺ですと金相令となり、相当に違ってきます。あまり信用できませんが、〈木火並旺〉と言っていることから、木旺としますと、辛日辰月木旺に生まれ、透甲透癸しているので、「食神格」か「偏財格」です。亥巳沖去し、辰卯移動・接近します。日干無根、用神は、湿土の死令の戊としか取れず、喜神土金、忌神水木火となる、「源濁」の命となります。つまり、土さえなければ従格となるのに、土あるため従格となり得ない、無根の辛金であるからです。いかなる大運が来ても、財・官殺が、その「始終」にあっては喜の作用となることはなく、「流濁」となります。ただ、陰干弱きを恐れず、財多身弱の原局です。年柱丁卯、丁殺も卯木財も共に忌であるということは、生家の社会的地位低く、下の上、財困の家に生まれる。

第一運癸卯、木旺運、癸丁尅去しても、木旺の卯は卯亥木局半会の情にて、亥巳解沖し、原局に戻っても、食傷さらに旺財を生ずるので、生家の財困窮は甚だしく、水智忌であるのは、学問につく余裕もなく、日干弱にて、独立心もなく、性情も財太過によって、陰湿悪化していき、

第二運壬寅、壬丁干合木旺にて化木して、丁は乙、壬は甲。しかも寅卯辰の東方全に癸水生木の、財太過して用神を失い、大病は木。しかも財困甚だしく、この運中死亡するとしても不思議ではありません。立運約3才、13才庚辰年は庚甲尅去しても化木した乙甲あり、しかも寅卯辰辰の東方全以上、一点とて喜の救いなく、

以降、流年の忌続き、16才癸未年は方局斉来、大忌となります。
これもまた「流濁」の夭凶命とするもので、貴賤を論じる以前の凶命なのです。

何知其人吉。喜神爲輔弼。〔輯要・闡微・徴義・補註〕
《何ぞ其の人の吉なるを知るや。喜神が輔弼《ほひつ》を爲すなり。》

原　注

柱中の喜神が左右終始して皆その力を得るものは吉。大勢平順で、内体堅厚、たとえ一、二の忌神あっても凶をなしません。言うなれば国内安全であれば、外敵を愁えないのと同じです。

任氏増注

喜神とは、用神を輔け、主を助ける神のことです。八字まず喜神があることが必要で、用神有勢であれば、一生吉あり凶なきものです。柱中に用神あって喜神がなければ、歳運忌神に逢わなければ害はないのですが、一たび忌神に遇いますと必ず凶。例えば、戊土寅月に生まれ、寅中の甲を用神とするなら、庚辛は忌神、申酉金も忌神となるものです。日主元神が厚ければ、壬癸・亥子は喜神となり、金が水を見るは水の生を貪りますので、木を来尅しないのです。日主元神が薄ければ、丙丁・巳午を喜神とし、金は火を見るを畏れますので、また、木を来尅しないのです。例えば、身弱で寅中の丙火を用神とするなら、天干に透出するを喜び、水を忌神とし、比劫を喜神とするもので、用官と用印ではそれぞれ異なって来るものです。用官は、身旺ですので財を喜神とするし、用印は身弱ですから劫あって、後、用官・喜神となすのです。劫が財を去らしめれば、印綬不傷、官を助けるの意なくなるのです。原局に用神あって喜神なく、用神が得時乗令するなら、気象雄壮で大勢堅固、四柱安和です。用神緊貼して、不争不妬なれば、忌神に遇うとも凶をなしません。原局に喜神なく忌神があり、あるいは暗伏、あるいは出現、あるいは用神と緊貼し、あるいは争、あるいは妬、あるいは用神不当令、あるいは歳運が忌神を引出して、忌神を助起するは、国家に譬えるなら奸臣がおり、外敵と通じて、結托して来攻するようなもので、その凶は立ち所に生ずるものです。土はこのようなものですので、他は類推してください。

〔471〕

甲子	**大運**		
丙寅	丁卯	庚午	
戊寅	戊辰	辛未	
己未	己巳	壬申	
		癸酉	

春初土虚、殺旺逢財、丙火を用となす。財印が隔たっているのが喜ばしく、生々悖らざるのです。さらに妙は未時帮身するを喜とし、四柱純粋、主従得宜、早年登甲の所以です。一生有吉無凶、観察に至り、後退官して野に下る。六子皆登科第、夫婦共、寿八旬を越しました。

〔472〕

丙申	**大運**		
己亥	庚子	癸卯	
庚辰	辛丑	甲辰	
戊寅	壬寅	乙巳	
		丙午	

寒金喜火、時支寅木の長生、すなわち火有焔、然して用財殺には、まず身旺なるを要し、妙は年支坐祿、三印近貼して生ずるがさらに妙です。亥水当権、申金貪生忘沖、無火なれば土凍金寒、無木なれば水旺火虚となります。用火、木を喜とし、木火の一字も欠かすことなく、

平生無凶無険、登科発甲、宦海無波、子孫済美で、寿八旬外に至る。

徐氏補註

吉と富貴とは同じではありません。吉は一生安富尊栄、風波険悪なきことの謂いです。喜神とは我が喜ぶところの神であって、喜用の喜とは少し異なる要素があります。人生数十年始めから終わりまで、すべて順運ということはあり得ず、要は逆運に遇っても救応があるか否かにかかっているのです。我が輔弼の神を為すとは、運の逆を救応するに適することで、一生平安吉利であることです。八字には用神があり、必ず喜神があります。喜神が逆運を救えないなら、輔弼を為すとは言っても、吉を為すに足らないものです。例えば、官を用とし、財印を輔とし、共に天干に透るとか、あるいは共に蔵干されているとかして、傷に遇えば財がこれを化し、印が回尅し、官星損ずることなく、劫を見れば官が制劫して護財し、財を見れば、官が化財して印を衛る、というように相互いに衛護するなら、いかなる運に行きましても、喜用は皆損傷ないものです。ですから、三奇格を貴とする所以であります。その次が、官を用とし、財を輔となし印がない場合です。傷官運は財が救応しますが、七殺運に遇えば、財は救応できず吉とはならないのです。原局に救応の神があるか否かにより、行運の吉凶を断ずべきです。官殺旺じて身衰、印を用とするに財運に巡るのは、破印し禍あるものの、原局に比劫透干して、我が輔弼となっているなら、財運とて比劫が回尅して印を傷付けないのです。この比劫は喜神となるものです。

考玄解註

　ここでも明確にしておくべきことは、吉と凶の定義です。原注、任氏増注共に、凶でなければ吉といった単純な二分としてあって、どういうことが吉か、どういうことが凶かの定義をせず、吉となるということの見方しか言っていないのです。徐氏補註では、吉とは、富でも貴でもないことで、

〈一生安富尊榮、風波険悪なきことの謂いです。〉

と言っているのですが、〈安富尊榮〉とは、富にして貴である部類に入ることですので、言っていることは矛盾があります。しかし、その吉となることの見方の重要な「輔弼」ということを、

〈運の逆を救応するに適することで、〉

と言っている点に注目すべきです。「輔」も「弼」も〝助ける〟であって、富と貴を論じた後での吉を論じているのですから、それほどの富や貴の範疇に入らない、しかも貧とも賤ともならない、世の中の大半以上を占める中流・中間の人を漠然と指している、と解するのが妥当と言えるのです。ですからここの吉とは、一般的概念としての吉、良い、幸せ、喜び事、めでたい、祝い事等といった意ではなく、凶でない、甚だしく不幸でない、それほど悪くはない、取り返しがつかない不幸不運ではない、といった意として捉えませんと、「富貴」を論じ、「貧賤」を対比して論じてきて、ここで「吉凶」を論じいる『滴天髄』の作者の意図が解らなくなるのです。

　当然、運歳の間に発生する事象のそういった意ですから、吉とは、

〝運歳の忌となるところの干や支が、原局の干や支によって救応されて、大なる忌となることがない。〟

ということの「輔弼」の意味が、甚だしく凶とはならないことを言っているのです。もちろんこれも、冲尅合局方とその解法の理論が解りませんと、「輔弼」〝救応〟の神は分かりません。徐樂吾氏は、〈要は逆運に遇っても救応があるか否かにかかっている〉と言っております。原局の用神、喜忌閑神には関わりないもので、原局の忌神が運歳の忌神を制する、冲去、合去または化する、無力にする、逆に、運歳の忌神が原局の忌神を制する、尅去、冲去、化し、無力化することもあるのです。

ですから、原注に言われている〈柱中の喜神が左右終始してその力を得るものは吉〉なら、富か貴に近くなることですので、〈柱中の喜神〉ではないのです。また、任氏増注の言っている〈用神を輔け、主を助ける〉〈用神有勢であれば、一生吉あり凶なきものです。〉と、大運干支の有り様を無視して、原局のみで断定するなど全くあり得ないことです。「基礎理論」の初歩的生尅制化を、この「事象論」の段階にきて繰り返しても、一歩も前進した事象の大局的看法の理解にはならないのです。それもこれも、

「休咎係乎運。尤係乎歳。」

と言っている『滴天髓』の重みを理解してもいないし、この吉凶の前に何ゆえ、富・貧から貴・賤が論じられていたのか、という作者の意図を正確に理解しようとはしなかった、という点にあるのです。そのため初学の人には、富貴・貧賤と吉凶の分別ができない註となっているのです。　ですから、挙例もその解命も不適切でもあれば、誤りをさえ犯しているのです。

〔471〕

		大運			
甲	子			庚午
丙	寅	丁卯		辛未
戊	寅	戊辰		壬申
己	未	己巳		癸酉

戊日寅月木旺・土死令の生まれの「偏印格」か「偏官格」です。調候丙火必要である生日の生まれで、月干に透丙し、かつ日支寅中蔵丙。調候不要であっても、戊寅殺印相生で、月干丙火は年干甲から生火され、二寅に有気、二寅中余気戊土は有情にして、時柱己未土、死令とはいえ、甲から攻身もされず、洩身の金もなく、干は年支の子水の財を制財することもないのです。日干強となり、用神財の壬水しか取るものがないことになり、喜神一応金水、忌神火土、閑神木となるものです。「始終」は喜の子水から「始」まるとすると、閑神木は忌神の火を生火し、忌の火は忌の土を生土することになって、忌で「終」わる、「源半濁」の命となるのです。洩秀の才能・能力発揮となる食傷の金がなく、食傷生財に繋がらないのです。

第一運丁卯、卯未木局半会する、木旺・火相令の忌神運。

第二運戊辰、戊甲剋去して、辰子水局半会することで、辰中蔵二癸の財となるので、多少生家の財利向上。

第三運己巳、己甲合去し、原局は年干のほうへ移動、月干丙は大運支巳に通根して有力となり生土する忌運。

第四運庚午、火旺・金死令で、丙火の印は制食神して、水源となる金は無力。これは折角の食神生財となるのを原局の偏印が制食することとなり、「輔弼」となる〝救応〟の神の反対となる。火旺であることから、反って忌の傾向性とさせているのです。

第五運辛未、辛丙合去しての未運、実はこの運が「輔弼」〝救応〟となる運なのです。年干甲が戊土未土を疏土開墾し、戊土はまた年支の財を制財するに有情な喜となるも、残念ながら、金の食傷がありません。つまり、才能や能力を発揮せず、周囲の恩恵によって、財の利を得る、と言うことになるのです。

第六運壬申、金旺運、原局の忌の丙・印も、忌の日干戊土比劫も、金旺の食神有力に洩秀して、財利向上多大ともなれば、社会的地位も向上していく傾向性大となり、さらに、

第七運癸酉、金旺運、前運に引き続いて、一路順風、向上発展していくことになります。

つまり、庚午運は、「輔弼」とは全く反対となるものの、辛未運に至って「輔弼」となり得る運が第四運に巡ったからこそ、この命は、富貴となり得ることになるのです。

この命は、「財氣（壬水）通門戸〔大運壬申・癸酉〕」であり、「官星〔木旺甲〕有理會〔壬申金旺運、冲二寅不去、癸酉金旺制木〕」であって、原局の忌神の丙が合去することによって、「關内有織女。關外有牛郎〔甲子年月柱〕。此關若通也〔丙辛合去、丙火が「關」〕相邀入洞房。」ということになるの理なのです。

ですからこの挙例は、「何知其人吉。喜神爲輔弼。」のための挙例ではないのです。

〔472〕

丙　申	**大運**	癸卯	
己　亥	庚子	甲辰	
庚　辰	辛丑	乙巳	
戊　寅	壬寅	丙午	

庚日亥月水旺に生まれ、透戊己する「偏印格」です。調候丙火急を要するに、年干に透丙し、時支寅中蔵丙、調候は適切。戊寅殺印相生の時干戊土から生金、また月干己土、丙火から生己土されて生庚、日支辰土生庚金、年支申金日干に無情ですが、日干やや強の部となり、用神は疏土の甲財と取り、喜神水木、忌神土金、閑神火となります。

「始終」あまりよいとは言えませんが、調候適切、用神甲は有力、日干庚はやや土多金埋となる憂いあって、

「源半清半濁」となるものです。

第一運庚子、水旺運、庚丙尅去し、調候を去らすも寅中に調候あり、申子辰水局全となるも戊土水利灌漑の「薬」となり、亥中甲、寅中甲も納水することにより、水智発達、洩秀の美。生家財好調にて環境は良化していき、

第二運辛丑、前四年水旺は辛丙干合化水し、生家財利向上。しかし、後六年土旺、辛丙合去して印・土の忌象あり。

第三運壬寅、木旺の用神運、壬水不去にして、亥に根ある壬水に洩秀して、金水木火土、「始終」水木の喜に強化され、洩秀財利。

第四運癸卯、寅卯辰の東方全くし、年支申金と年干丙火がやや救応の神となって、それほどの忌とはなりません。戊己土透出して日干に近貼しているので、申金の尅と、丙を生火する東方全は、木多土崩とはさせないということも救応となっているのです。

第五運甲辰、甲は用神、「始終」よろしく喜の傾向性。

第六運乙巳、火旺運、閑神運であり、亥中壬水が救応となって、それほどの化殺生身とはならない。

第七運丙午、火旺運、戊己・辰が化殺し救応し、それほどの忌とならず。

つまり、本造は富の部類に入れられず、貴の部類にも入れられない、ここで言われる中流・中間の人となす、三運「爲輔弼」となるもの、と言えます。「官星有理會」とまでは言えず、官星丙火は「不見」ではなく、透・蔵です。しかし、「有理會」とはならない点をよく見極めてください。

何知其人凶。忌神輾轉攻。〔輯要・闡微・徴義〕

《何ぞ其の人の凶なるを知るや。忌神が輾轉《てんてん》として攻めるなり。》

何知其人凶。忌神轉輾攻。〔補註〕

原　注

財官氣なく、用神が無力であるのは、発達することがないのみであり、また刑凶もないものです。しかしながら、忌神が太多するとか、あるいは刑し、あるいは冲し、歳運が忌を助け、輾転として攻撃し、局内にこの忌を防禦する神がなく、主従相反しているようなのは、刑傷破敗を免れることできず、罪を犯したり、難を受けたりして、一生吉ならざるものです。

任氏増注

忌神とは、体用の神を損害させるものを言います。ですから、八字にまず喜神があることが肝要で、喜神あって忌神に勢いないのがよろしいのです。忌神をもって病となし、喜神をもって薬とするもので、有病有薬は吉です。しかし、有病無薬は一生吉なること少なく、凶なること多いもので、これは皆忌神が勢いを得るからなのです。例えば、寅月に生まれたる人、甲木を用とせず、戊土を用とするは、甲木は当令の忌神となり、日主の意の向かうところを看るに、あるいは火がこれを化するを喜とするか、あるいは金を用としてこれを制するとかするなら、安頓にして好しきを得るものです。また歳運が喜を扶け、忌を抑えるなれば、凶を転じて吉をなすものです。しかし、歳運が喜を扶け、忌を抑えることをせず、かと言って忌神が党を結ぶことがなければば、終身碌々たるに過ぎず、また発達しないといった程度なのです。しかし、火の化がないとか、金の制もないとかして、水の生があり、かつ、歳運が忌神を党助して、喜神を傷害し、輾転として相攻めるなれば、凶禍多端にして、老いに至るも吉ならざるものです。木をもって説明しましたが、他は類推して然るべきです。

〔473〕

乙亥	**大運**	甲戌
戊寅	丁丑	癸酉
丙子	丙子	壬申
甲午	乙亥	

丙火寅月印当令し、時陽刃に逢う、甲乙並透し、四柱無金、寅亥は化木し、子水は冲波され、官星無用ですから、月干の戊土をもって用としなければならず、忌神は甲木となり、亥子の水は反って旺木を生ずることとなり、所謂、輾転して攻めるものであります。初交丁丑運は用神を生助していますので、祖業十余万。誠に安楽、意の如くでしたが、一たび丙子運に交わるや、火は通根せず、父母共に死亡し、続けて火災に遭い、次の乙亥運、水木並旺して、また火災、三妻四子とも死別し、自分も入水自殺するに至りました。

〔474〕

辛巳	**大運**	丙戌
庚寅	己丑	乙酉
丙辰	戊子	甲申
己丑	丁亥	

丙火寅月生、木は嫩かく、火は相令、未だ旺となすに至らず、丑時に生まれて、命主元神を竊かに洩去せしめていますので、寅木を用とするものです。然るに庚金が寅の頭上にあるを忌とします。木嫩なるに金に逢い、火は虚であるに洩を見るの命です。初交己丑・戊子運、生金洩火、幼にして父母を喪い、孤苦不甚。丁亥・丙戌運、火は西北

にあって、忌神をことごとく去らしめるほどの力はなく、風霜に耐えて、何とか家業は向上はしましたものの、一たび乙酉運に交わるや、干支皆忌神に化し、刑妻剋子、水難に遭って死亡しました。

徐氏補註

凶と貧賤とは同じではありません。貧賤なるものは、喜用が失局失垣して、富ならず、貴ならざるのみです。しかし凶とは、原局の喜用損傷し、救応するものもないことです。運の順逆にかかわらず、運皆善果なく、平凡なることを欲してもそれさえ得られないものです。富貴の家に生まれて凶なるものもあり、必ずしも貧賤とのみとは言えないものです。我が喜用を傷付けるものを忌神とし、原局忌神が肆逞して、救応することさえできないなら、たとえ好運に在ったとしても、意志ふらついて定まらず、為すことも正道をふめないものです。さらに忌神運の相攻するに遇ったなら、幸の言われないものです。諺にいう如く、「命好不如運好」というはやや厳しい言い方ですが、富貴は命において定まり、窮通は運に頼ることは事実ですから、命を根本となすものなのです。ですから、原命にもし損傷あるなら、運とて大して恃むに足らないものであります。

〔475〕

庚　辰　　**大運**

甲　申　　3才乙酉　　33才戊子

壬　辰　　13才丙戌

壬　寅　　23才丁亥

壬水通根して、旺じておりますので、洩を喜び、甲木を用とするものです。水木傷官、財星を見るを喜び、寅中の丙を喜神となすものです。しかし、天干の甲木は、庚金に剋され、なきが如く、地支の寅も申に冲され、忌神輾転して攻めるものです。詩礼の大家に生まれましたが、幼時読書せず、丙戌・丁運の十五年、乗馬遊行して、公子の如く豪華。亥運の後、漸次衰退し没落しました。戊運庚金を生起し、一敗地に塗みれ、丁巳年三刑四冲して没しました。戊子両運、出入の間のことです。

〔476〕

乙 卯	大運		
己 卯	1才戊寅	31才乙亥	
丁 酉	11才丁丑		
丙 午	21才丙子		

丁火仲春卯月に生まれ、木火通明の象あるものです。丁己は午より並透し、己土食神を用とします。酉金財を喜とします。しかしながら、天干の己土はなきが如く、乙木これを剋し、地支の酉も午火に破られ、卯とは冲、忌神が輾転攻めるもので、喜用ことごとく傷付く。出身は前造に及ばないとはいえ、やはり、詩礼の旧家に生まれ、境遇小康を得て、衣食の憂いなきも、幼時よりして行為不正、丁丑運中、家を破産せしめました。

考玄解註

前の「吉」が理解されましたなら、この「凶」も理解されると思います。原注では〈罪を犯したり、難を受けたりして、吉ならざるもの〉としておりますが、任氏増注のほうでは、〈凶禍多端にして、老いに至るも吉ならざるもの〉としております。また徐氏は、「吉」を富貴と関係ないとしたことから、この「凶」も、貧賤とは同じではなく、〈平凡なることを欲しても、それさえ得られないもの〉と言っているのです。三者の中、徐氏が一番近い意とするのですが、それでもなお曖昧な点が残りますので、「凶」を定義して、次のように言うのが妥当であると思われるのです。

〝凶とは、一生を通じて貧にして賤、少しも安定平和を得られないもの。〟

つまり、中間・中流・平凡なる生活が営めずして、甚だしい貧賤に苦しむのを凶とするのです。社会的地位も財も最下の状態であって、吉でないものは必ず凶とするものではないのです。

このように、凶とは、「源濁」にして「流濁」で、運歳が忌を巡って、原局があるいは運歳が全く〝救応〟するどころか忌がさらに増大するのを、「輾轉攻」と言っているのです。しかし、それが死亡という極限の大忌にまでは至らず、不運凶災中に余命は繋がることが長い、ということです。後述の夭も確かに凶ですが、夭とはならない点が、ここで言われる凶なのです。

〔473〕

乙亥	**大運**	甲戌	丙日寅月木旺・火相令の生まれで乙戊甲透出する「食神格」か「偏印格」です。調候不要な丙火猛烈ですが、亥寅合去、子午冲去し、全支無根となり、用喜忌は言えない、「源濁」の命です。しかし、日干無根とはいえ、旺令の陽木甲が近貼し、年干乙は日干に無情ですが、死令の戊土に洩身するには耐えられる相令の丙火です。亥寅解合して日
戊寅	丁丑	癸酉	
丙子	丙子	壬申	
甲午	乙亥		

干の根、印の支が有情となるのは、卯・巳・亥のみであり、子午解冲して日干の根が有力・有情となるのは、子・辰・未・酉の四支と、戌と丑にて全支個有支となります。しかし、原局無金であることが問題です。

第一運丁丑、亥子丑北方全の情にて、原局全支個有支となり、それほどの忌となることなく、この運中の喜神は土金、忌神は木火、閑神水となる。

第二運丙子、水旺運、子午解冲し、丙火の根あり、洩秀の戊土が制水して、喜の傾向性となりますが、生財の金なく、財に不足。しかし、水智発してもいけば、比劫も忌象となるほどのことはありません。

第三運乙亥、水旺運、原局亥寅解合し、二亥中の二甲も、寅も甲も助火して、印の木の忌象が徐々に発生。無金無財の忌の傾向性ある運となり、万事意の如くならず。

第四運甲戌、甲戊尅去し、寅午戌火局全の情にて、全支個有の支、食神の洩秀と生財の喜なく、環境が悪化。

第五運癸酉、癸戊合去、子午解冲し、洩秀の戊土は去となりますが、乙木接近して、旺令の甲乙から生火されて、丙火の根もあり、金旺の酉金を制財するには耐えられる相令の丙火です。一応財の喜の傾向性とはなりますが、前二運忌の傾向性が続き、食傷生財となっていないことから、それほどの喜は得られません。

第六運壬申、金旺・水相令の運にして、原局は解合・解冲せず、日干無根にして、「始終」、官殺の忌が強化され、また財の忌も強化されて、疾病ということよりも、財の困窮により、環境悪化することになります。

これは、どちらかと言いますと、「忌神輾轉攻」というよりは、「財神反不眞」である「何知其人貧」の例と言うべきです。確かに忌運を巡って、〝救応〟の神はありませんが、すべては「源濁」にして解合・解冲して、日干の根を生ずる支が少なくない、ということにあるのです。

任氏の解命、〈寅亥は化木〉はしません。〈月干の戊土をもって用としなければならず〉ではなく、喜忌は大運によるものですし、子水のみがどういう訳で、〈冲破〉されるのでしょう。化木もした亥、冲破された子がどうして〈旺木を生ずる〉のでしょう。そして、これらのことが「輾轉攻」となる、というこじつけは誤りです。滅茶苦茶ではありますが、仮に化木をしたとして、化木した亥と冲破された子が旺木を生ずる、ということは、生々して忌を生ずることで、「輾轉」ではありません。「輾轉」とは原局の忌をさらに運歳が〝救応〟なく、忌が重なることなのです。事象は全くの虚偽です。乙亥運、〈入水自殺〉などある訳がないのです。

〔474〕

辛	**巳**	**大運**	丙戌	
庚	**寅**	己丑	乙酉	
丙	**辰**	戊子	甲申	
己	**丑**	丁亥		

丙日寅月木旺・火相令の生まれで透己する「食神格」です。日干寅に根あるも、年支の巳火は無情な根、日支の辰は晦火晦光して生庚し、時柱己丑にも晦火され、丙火は制庚の財に任ずることできず、己丑・辰があるので、用神として無情でもある丙火と取り難く、やむなくの用神甲、喜神木火、忌神土金水の「源濁」とさえ言える命となります。

大運は、一路北方水旺運から、西方運の忌を巡り、第四運丙戌、戌辰冲去して、寅巳日干に接近して日干やや強となる一面と、丑が接近して、生金する情もあって、喜忌交加する運となる、それも前三運の財の忌が続いての累積もあり、忌大、喜小の一運のみです。その後、第五運乙酉、金旺・財旺運にて、財困甚だしくなる。

これも「財神反不眞」の例であって、「忌神輾轉攻」の挙例とは言えません。

〔475〕

庚　辰

甲　申

壬　辰

壬　寅

大運

3才乙酉

13才丙戌

23才丁亥

33才戊子

壬日申月金旺・水相令に生まれ透庚する「偏印格」です。調候丙火寅中にあり、やや不及。庚甲尅去し、団結する二壬は接近。申と二辰に有気となって強、用神は制水の寅中戊、喜神木火土、忌神金水、あまり良好とは言えないものの、「始終」あり、「源半清半濁」とするものです。忌となるのは、子が申子辰辰の水局全以上となることで、8才戊子年は乙酉運中、酉辰合の情あるので水局不成。20才庚子年は大運丙戌運中にてまた水局不成。32才壬子年は大運丁亥にて亥寅合去して喜用寅を失っての、申子辰辰の水局全以上となる、日干旺強の極、依る辺なき大忌の大忌の流年です。続いて戊子運、申子辰辰水局全以上、水多土流、水多木漂の気勢となって、この運中必死となるものです。これは、次の夭の例と言うべき命なのです。徐氏も、原局で「忌神輾轉攻」として相当無理なこじつけをしております。この例も適切な例ではありません。

〈丁巳年三刑四冲して、没〉とありますが、丁巳年は37才、第四運戊子、申子辰辰、二壬透る大忌の大忌の運、33才癸丑年の忌の後、34才甲寅年、35才乙卯年は小康を得るものの、36才丙辰年は、申子辰辰辰の水局全以上も全以上にて、水多火滅、この年死亡してもおかしくないものが、翌年の丁巳の死亡に繋がったのです。このように、死亡の年のみにこだわって、命理の理に一致させようとしますと、無理なこじつけとなることが非常に多いものなのです。

〔476〕

乙卯	**大運**
己卯	1才戊寅　　31才乙亥
丁酉	11才丁丑
丙午	21才丙子

丁日は卯月木旺・火相令に生まれる「偏印格」か「印綬格」です。乙己尅去、卯酉冲、酉午尅にて全支個有支、丁火日干は午支に通根し、時干丙により丙火奪丁されるものの、日干強となる。食傷・官殺なく、用神はやむなく庚、喜神土金水、忌神木火となる。「源濁」の命です。


第一運戊寅、寅は火局半会とはならないものの、木生火する忌の傾向性ある運となります。

第二運丁丑、丑酉金局半会の情あるものの、全支個有支、湿土の丑は晦火晦光して、また生酉金となる、喜の傾向性ある運。

第三運丙子、子午卯酉の四正にて全支個有支となり、やや喜の傾向性となるも、食傷の洩秀なく、
第四運乙亥、水旺運、乙己解尅し、亥卯卯の木局半会以上の情もあって、亥卯木局半会が残り、「乙木雖柔。刲羊解牛。」、己土を破土し、木多金缺と、午酉蔵干尅の上、丙火金熔となって、財の忌、比劫の日干強とする依る辺なきものにして、死亡するも不思議ではないのです。これも「夭」の例と言うべきです。

徐氏は〈丁丑運中、家を破産せしめました。〉と、財の喜を凶としております。

何知其人壽。性定元神厚。〔闡微〕
《何ぞ其の人の壽なるを知るや。性定まりて元神厚し。》

何知其人壽。性定元氣厚。〔輯要・徴義・補註〕

原注

静であるのは、壽であります。静とは、柱中冲なく、合なく、欠けるところなく、貧なく、性が定まっていること、安定していることです。〈元神厚し〉とは、精氣、神氣皆全くしているだけでなく、官星も絶せず、財神も滅せず、傷官も氣あり、身弱印旺でも、提綱が日主を輔け、用神が有力で、時上生根し、運に絶地なく、皆元神厚し、というのです。これを細かく言うと、大体甲乙・寅卯の氣、冲戦洩傷に遇わず、偏旺浮泛せず、安頓して得所するもの必ず壽なのです。木は仁に属し、仁は壽、これは必ず常に確応あるものです。貧賤にして壽なるものありますが、それは身旺であるだけのことで、あるいは身弱で生地に運行する如きは、食祿に事欠かないといった程度に過ぎません。

任氏増注

仁、静、寛、徳、厚、この五つに適するは皆壽の徴です。四柱得地し、五行均停し、合するところ皆閑神、化するところ皆用神、冲去するもの皆忌神、留存するもの皆喜神、欠くるところなく、陥るところなく、偏せず、枯せず、これを「性定」というのです。「性定」なるもの、私事に貪恋を生ぜず、仮初《かりそ》めのことをなさず、人となり、寛厚和平、仁徳兼ね具えている人にして、いまだ富貴福壽でない人はいないものです。

「元神厚」とは、官弱なるに財に逢う、財軽きに食に遇う、身旺なるに食傷発秀する、身弱なるに印綬当権する、喜ぶところのもの皆提綱の神である、忌むところのもの皆失令のものである、提綱と時支が有情である、行運と喜用悖らず、これ皆元神厚しというところです。要するに、清にして純粋なるものは、必ず富貴にして壽であり、濁にして混雑するもの必ず貧賤にして壽であります。

〔477〕

辛　丑　**大運**
癸　巳　壬辰　己丑
甲　子　辛卯　戊子
丙　寅　庚寅　丁亥
　　　　　　　丙戌

本造は巳火を源頭に起こして、丑土を生じ、丑土辛金を生じ、辛金癸水を生じ、癸水は甲木を生じ、甲木は丙火を生じて、「始終」ありま す。甲は寅に建祿、癸の祿は子、丙祿は巳、官は財地に坐し、財は食の生に逢い、五行の元神は皆厚く、四柱通根して生旺、左右・上下有情。人となり剛柔相済、人徳兼資、貴は三品に至り、富は百余万、子は十三子、壽は百歳に至り、疾なく終わったものであります。

〔478〕

己　酉　**大運**
乙　亥　甲戌　辛未
丙　寅　癸酉　庚午
戊　子　壬申　己巳
　　　　　　　戊辰

本造は、酉金を源頭として、亥水が寅木に合して丙を生じ、丙火は戊土を生じ、元神皆厚いものです。郷榜出身、仕は観察に至り、人となり寛厚端方、九子二十四孫、富百余万あり、壽は百二十歳、疾なくして生涯を終える。

〔479〕

己　酉　**大運**
辛　未　庚午　丁卯
壬　寅　己巳　丙寅
壬　寅　戊辰　乙丑
　　　　　　　甲子

本造未土を源頭として、辛金を生じ、辛金は壬水を生じ、壬水寅木を生じ、四柱は生化有情、元神厚くして純粋。喜ぶところは、火を蔵して露出せず、早くして科甲に登り、仕は三品に至る。人品行端方、謙和仁厚、八子十九孫、壽九十六才。

〔480〕

丁未　大運　丙午
庚戌　己酉　乙巳
庚辰　戊申　甲辰
丙子　丁未

〔481〕

乙未　大運　甲戌
戊寅　丁丑　癸酉
乙卯　丙子　壬申
庚辰　乙亥　辛未

〔482〕

癸丑　大運　庚戌
甲寅　癸丑　己酉
戊戌　壬子　戊申
庚申　辛亥

これは丁火を源頭として、生土、生金、兩蔵財庫、身旺用官、中年行運背かず、若くして郷榜に登り、名利双収となった所以であります。人となり、剛明決断の手本ではあっても、刻薄欺瞞の心なく、ただ惜しむらくは無木、火の元神が不足しており、孫枝旺ずといえども、子息の多くを損ずるの憂い免れません。

本造東方を全くして、まさに「曲直仁寿格」です。大勢これを観るに、財官有氣、名利裕如。しかし、五行の火が出現せず、財の元神虚脱、寅卯辰東方木旺、官星の根薄く、一生苦労多く、財入るも出るし、平生財に疏となる所以です。人となり、驕りなく、諂なく、古道を守り、清貧に甘んじ、四子皆力を得、壽九十四歳に至る。

戊戌日、庚申時に逢い、食神は有力、殺旺無印、八、九子を生み、三、四子は貴顕一品の誥封、土金有情の妙です。その人となり、貪悪兩備なるは、化殺なきがゆえ、淫靡無礼なるは、火出現せざるゆえですし、水得地のゆえでもあります。寅申冲、丙火必ず壊、丑戌刑は丁火傷、兼ねて癸水透り、日主と合せんと欲するに、求めて顧みられず、寅戌支蔵火するも、暗中尅尽、火は礼を司るに、火欠くるは礼なきものです。年干癸水を丁火に換えましたなら、仁徳はあることとなります。富貴福壽は、皆申時のゆえですし、祖徳実功の致すところです。後生頭疽を病みて死亡しました。積悪は多端であって、天誅の下りたるところです。

〔483〕

戊　辰　　**大運**
庚　申　　辛酉　乙丑
己　卯　　壬戌　丙寅
戊　辰　　癸亥　甲子

これは土金傷官、辰中癸水、正財帰庫、申中壬水、正財逢生、劫が旺ずるといえど、奪うことできず、かつ土氣はことごとく金に帰し、傷官化劫、暗処生財、兼ねて独殺為權。ゆえに、人となり、権謀異衆、地支皆陰湿の氣、作事詭譎《きけつ》〔あやしいこと〕多端、一生重んずるところは財で、仁義少なくなく、四旬に至るも無子、さらに兩妾を作るも無子。壽九旬に至るも、財を惜しむこと命の如く、卒後家業四十余万ありましたが、分奪されて尽き果てました。つまり、財星蔵蓄に過ぎ、流行得ざるがゆえです。財流行せざれば、秋金逢土していよいよ堅、生意絶するのみなのです。大体財厚なるは無子。無子の人、その性は必ず鄙吝なる多く、財を散じて民を聚めるを知らないのです。もし富人にして無子だとしても、よく親族に財を分かつので、無子をどうして心配する必要がありましょうか。この造の如きは金氣太堅、水不露、生々の妙を得られないのです。その財を散ずるは、金流通して、必ず子ができるものです。しかし散じて功過ぎるあり、散財するは僧道、過ぎたるに功なく、親族に散財するも、過ぎるはよくなく、修徳獲報。壽は五福のもと、壽にして無子、終に益なきこと。富壽にして無子は、貧壽にして有子には及ばないものです。

徐氏補註

壽夭の象は、精神の方面からこれを詳察すべきであります。「性定」とは干支が相冲尅することなく、戦争なく安寧なるの象です。「元神厚」とは、体用通根し、長生・祿旺、得時得局、干支は順遂し、喜あって忌なきものです。忌を見ても無根であるとかして、宜しきを得ればよいのです。また、安寧でないというのは、必ず欠陥があるものです。『徵義』の例造、乙未・戊寅・乙卯・庚辰は、「曲直仁寿格」にして庚金を見る。春木忌金、原局無火、有病無薬となし、「元氣厚」といえど「性不定」、貧賤にして壽の徵です。五行周流して滞ることなきは、源遠流長の格、運忌神に遇うも、原局引化せしめ、生機阻害に遭わねば、もとより長寿の徵です。しかして、成格して無破、体用祿旺、運忌に遇うも化するを得るも、長壽の象です。配合有情にして、得情の極めて宜しいものは、富貴にして長壽です。配合に欠けるところあり、得情の至りでないものは、貧賤にして長壽なるものです。

〔484〕

乙	丑	大運	75才己卯
丁	亥	45才壬午	
乙	未	55才辛巳	
己	卯	65才庚辰	

「曲直仁寿格」であって、支亥卯未全くして、元氣深厚、天干に丁己並透し、食神生財、干支順遂して、安寧の象です。年支丑は早年困苦の徵で、「病」とするほどではありません。段執政の造と比較しますと、乙丑・己卯・乙亥・癸未で、このほうがはるかに優っています。そして段氏は執政となったのに、この造はわずかに一郷農です。つまり、亥月生にして、木乗令していないのです。得局はしているが、

失垣しているゆえなのです。しかし、性定氣厚、家世小康、壽は古稀に届き、子孫は大変多く、一郷善人と称される。

〔485〕

壬　辰	**大運**	75才辛酉
癸　丑	45才戊午	
辛　丑	55才己未	
甲　午	65才庚申	

これは、清の王湘綺の命造です。月垣印旺、土金木火相生し、元氣深厚、寒金喜火、壬癸透干を喜び、丁火蔵午、さらに己土あって甲木これを護る。丙・丁運、甲木は水火の情を通じ、庚・辛運、食傷あって比劫の氣を洩らし、生機阻むことなく、長壽の徴です。王氏は、道光十二年に生まれ、民国元年に至り、壽は既に八旬を越え、依然矍鑠《かくしゃく》たるものです。ですから、長壽は必ずしも源遠流長の格ばかりでなく、得氣深厚なるを要するもので、原局に輔弼が有力であって生機阻むことなきは、すなわち長壽の徴であるのです。

考玄解註

寿夭も、運歳の係わるもので、原局のみで決め付けることはできないのです。では、この「寿」と「夭」とは、おおよそ何才をもって、その標準とするかという点ですが、これは、時代的背景や社会の諸環境よりして一定はしてはいないものですが、中国の封建時代にあっては、おおよそ60才をもって分界標準としておりました。しかし、それも現代の日本のように医学も進歩し、環境が悪くありませんので、現在の日本の平均寿命は女性84・6才以上、男性77・7才とはなっておりますが、これは標準とはなりません。絶対とは言えませんが、およそ65才前後をもって標準としてよいのではないかと思われるのです。

その寿の長いということを、「性定元神厚」である、といっているのです。その「性定」とは「元神厚」とは、と、原注や任氏増注、徐氏補註で色々と言っているのですが、富貴貧賤に拘わらず、寿という点に絞っての説明とはなっていないのです。

人が死亡する、そのほとんど大部分は疾病によるもので、他はわずかな例として、事故によるものです。この事故は天災によるものもあれば、動乱時による災難ということもあります。こうした動乱期や天変地異の天災は別としまして、平常であれば、病死が大部分、事故死がわずかということにより、

〃事故死とは、原局における、食傷太過の忌か、あるいは官殺太過の忌が、運歳の過程においてその忌をさらに強化増大させて、喜用が全く喜用の作用をなさない場合に突然発生する。〃

と言えるのです。また、

〃病死とは、ある一行、もしくは二、三行が甚だしく剋傷、極弱となって、大病を発生させ、運歳の喜用が喜用の作用を失い、医薬無効となって生命が終わる。〃

と大まかに原則的に言えるのです。

つまり別の言い方をしますと、

〃寿が終わるとは、運歳の間にあって、喜用の作用が全く無能となることである。〃

と言えるのですから、

〃寿とは、その喜用が有能である。〃

とも言えるのです。このように解しますと、富貴貧賤に拘わりなく、寿夭の分別が解るはずなのです。しかし、特に社会的一流人の貴は寿長くなくてはなり得ませんし、富も当然ある程度長いものであるのは必然的なことです。

ですから、この標準年齢の65才を過ぎたなら、人は必ず老化し抵抗力を失っていき、いつかは必ず死に至るものであるから、命理学的に寿を論ずることは適切ではないのです。つまり、若い時代の喜用の有能性と老齢期の喜用の有能性は、仮にその力量が同じであっても、違う、ということが自然の摂理なのです。

〔477〕

	大運	
辛　丑		己丑
癸　巳	壬辰	戊子
甲　子	辛卯	丁亥
丙　寅	庚寅	丙戌

甲日巳月火旺・木休令に生まれ、辛金、丙火が透る「偏官格」か「食神格」です。調候癸水月干に透出して、辛金から生癸水され、丑に水源深く、日支子に根あって、やや調候太過の嫌いあります。日干甲木生火、つまり、巳中丙を生火するとともに、巳とは無情である時柱丙寅の丙に洩身するので、日干不強不弱、強とは言えないまでも、それほどの強とも言えず、もちろん弱ではない力量です。「始終」も巳火を始めとしますと、火土金水から木火土と流通する、終わるところですので、用神定め難いと言える命です。しかも、火が太過するのは、忌とはいえ、日支に子があるため、火局半会も方も不成。木太過も丙寅・巳あるので忌とならず、仮に、巳酉丑金局を全くしても、原局の二庚二辛の蔵干は生水して忌とならず、酉金は丙火の制によって忌とならず、亥子丑北方

全くしても、甲・寅納水しかつ洩秀。つまり、十干十二支を配して、忌となる干支の組み合わせ一つもない、ということになるので、東西南北のいかなる大運に巡っても、大忌となる運はないことになるのです。食傷生財の喜ともなれば、生金・官殺の喜ともなる、「財氣通門戸」となる大運であり、また「官星有理會」ともなる大運です。まさに「源清」「流清」の位相の高い命なのです。

〔478〕

己	**酉**	**大運**		辛未
乙	**亥**		甲戌	庚午
丙	**寅**		癸酉	己巳
戊	**子**		壬申	戊辰

丙日亥月水旺・火死令に生まれる「偏印格」か「食神格」です。調候不要ではあるが、己乙剋去、丙戊接近し、亥寅合去、酉子接近。印も火の根も去となって、用神取るものなく、喜神は一応木火、忌神一応土金水となる、「源濁」の命となります。

第一運甲戌、喜神甲木助火するとともに戊土を制し、金水木火土と「始終」の喜が強化される喜の傾向性ある運。

第二運癸酉、金旺運、戊土の忌神が水の忌を制し、護身する救応となり、それほどの忌とならず、

第三運壬申、前運と同様、救応あり、それほどの忌とならず、

第四運辛未、また救応されて、

第五運庚午、火旺の喜の傾向性ある運。

第六運己巳、前運同様、火旺の喜の傾向性ある運。

第七運戊辰、洩身太過の大忌、喜の作用も無能、救応もない大忌となります。

第七運での大忌の大忌ですから、一応寿とは言える。「流半清」の命です。
任氏解命、亥寅合去を見落としての、〈元神皆厚い〉は誤りで、これは「爲輔弼」の例と言うべき、「其人壽」です。

〔479〕

		大運	
己	**酉**		31才丁卯
辛	**未**	1才庚午	41才丙寅
壬	**寅**	11才己巳	51才乙丑
壬	**寅**	21才戊辰	61才甲子

一七二九年（雍正七年）七月二十四日寅刻がこの四柱で、土旺にて、立運約5才4ケ月となります。一七八九年（乾隆五十四年）七月九日寅刻もこの四柱で、こちらですと火旺で立運約1才。土旺・水死令と火旺・水囚令では大分違います。

壬日未月火旺生として、透己する「正官格」で、解命します。

調候壬水は水源有情なるのを必要とするのに、時干に壬水、月干辛金は酉に根あって、年干己土から生金され、金生水。日干壬は亥・子・丑の根なく、弱であり、用神は庚、喜神金水、忌神木火、閑神土となります。「始終」は、土金水から忌の木火の団結から土に終わるもので、「源半濁半清」の命と言えます。

第一運庚午、庚金生壬して、それほどの忌とはならず、
第二運己巳、金局半会不成、火旺生己土して、生金の化殺生身、それほどの忌となりません。
第三運戊辰、辰酉合去するものの、化殺生身運にて、忌とならず、
第四運丁卯、木旺の忌は、卯酉冲・卯未木局半会の情不専にて不去ですが、それほどの忌とはならず、
第五運丙寅、木火太過する忌となりますが、喜用を尅傷し切れず、それほどの大忌とはなりません。

第六運乙丑、第七運甲子、反って喜の傾向性とさえなり、財利環境安定します。

つまり、これは救応があって、大したことのない忌運が続き、喜運に向かう、「流半清」と言えるもので、第八運癸亥、第九運壬戌まで寿あり得るものなのです。

これは〈元神厚く〉と言うべきではなく、二壬団結し、辛金が有情・有力のゆえと言えるのです。生時庚子刻なら、〈仕は三品に至る。〉はあり得るものです。

〔480〕

丁　未	**大運**	
庚　戌	丙午	
庚　辰	己酉	乙巳
丙　子	戊申	甲辰
	丁未	

土旺と金旺生では相当違います。金旺としますと「陽刃格」となります。調候丙火時干にあり、戌辰冲は辰子半会で解け、辰は湿土生庚し、日干強となります。庚金の特性よりして、用神丁、喜神水木火、忌神土金となります。「始終」は甲でなく、乙ですが、木火土金水木火と流通よろしく、「源清」です。

第一運己酉、第二運戊申、忌の傾向性ある運。
第三運丁未、丁火煅庚の美となり、
第四運丙午、子・辰あって攻身大とならず、「始終」の喜が強化される喜の傾向性。
第五運乙巳、火旺運、地位向上する前運に続き、さらに喜の傾向性にて、財利伴い、
第六運甲辰、庚金劈甲し、甲木生火する喜の傾向性となり、「財氣通門戸」ともなれば、「官星有理會」ともなる運が続き、さらに、第七運癸卯、第八運壬寅、喜神運となって、寿長いものです。これは「源清」「流清」

と言ってもよろしいものです。初めの二運の忌は、喜神の丙丁を尅傷することないからです。

〔481〕

乙未	**大運**	甲戌	乙日寅月に生まれ、寅卯辰東方全くし、年柱乙未にて、「曲直格」を成さんとするのに、時干に庚金の官透出して乙庚干合不化倍力となるため、「曲直格」不成にて「月劫格」となります。東方全は「病」となるのに、倍力の庚が貫通して戊土に逢い、「薬」となり、用神となる。
戊寅	丁丑	癸酉	
乙卯	丙子	壬申	
庚辰	乙亥	辛未	

喜神は土金、忌神は火および水木となります。「源濁」となるのは、この庚金なければ「曲直格」となるからです。しかし、干合して倍力となった庚が貫通して戊土にあって生庚されるので、「源濁」とは言ってもやや「清」が含まれるので、「源半濁半清」となるものです。

第一運丁丑、丑未冲去して、丁火煅庚となるので、それほど忌とはならず。

第二運丙子、水旺・火死令の丙火では尅庚できず、戊土制水し、それほどの忌とならず、

第三運乙亥、方局斉来の運にて、やや忌の傾向性。

第四運甲戌、前運よりやや喜の傾向性。

第五運癸酉、金旺運、癸戊合去、前運よりやや喜の傾向性。

第六運壬申、金旺運、壬戊尅去して、やや喜の傾向性。

つまり、常に救応あって、喜用がその作用を無能にするほどではないので、中流の下ではあるが、貧賤とまではならない、寿ある「流半濁半清」と言えるのです。

任氏解命は大誤で、〈まさに「曲直仁寿格」〉ではありません。初歩的な格局の取り違いです。つまり、日干月令を得て、方または局を成し、官殺を見ないということが「曲直格」成立の条件です。この命は「曲直格」不成の「月劫格」です。しかも、

○干合する日干不化の場合、相手の干が倍力となる理論。

○陰陽干の特性による貫通理論。

○「病」「薬」の理論。

から、『滴天髄』に、

「何知其人吉。喜神爲輔弼。」

とある、救応の神の理の真義が理解されていなければ、また大運干支の生尅制化を一運ずつ正しく追求しないことには、富貴とも貧賤とも言えない、寿もあることも解らないのです。原局のみで、〈清貧に甘んじ、四子皆力を得、壽九十四歳に至る。〉となったのではないのです。

〔482〕

癸丑	**大運**	
甲寅	癸丑	己酉
戊戌	壬子	戊申
庚申	辛亥	

（大運：癸丑　壬子　辛亥　庚戌　己酉　戊申）

戊日寅月木旺・土死令に生まれる「偏官格」です。調候丙火なく、年支丑は日干に無情、日支戌を頼みとせざるを得ず、月干甲木からの攻身、時柱庚申へと洩身し、尅洩交加。化殺生身するとともに、制食傷し、調候ともなる寅中の丙火を用神と取り、喜神火土、忌神金水木

となる「源濁」の命です。

第一運癸丑、丑の根あるとも滋木と生金する忌のほうが大。

第二運壬子、財と水の忌が続発する忌の傾向性大。

第三運辛亥、亥寅の忌が忌を合去するものの、喜とすることなく、忌となること少ないのみです。

以上三運、日干戊土が無能とならないのみで、多病、貧困とはなっても、寿終わることはないものです。

第四運庚戌、忌が忌を制し、二戌の根が有力とはなりますが、寅中の丙火あるのみでは、喜となること少なく、
第五運己酉、申酉戌西方全、己土あって、寿終わらず、さらに貧となり、賤ともなる。

第六運戊申も寿終わらず。

「流濁」ではあるものの、夭とはならない、貧賤にして寿あるのみとなります。つまり、「財神反不眞」、しかも「官星還不見」、官殺があっても大忌となり、運歳にその作用が喜の作用に転ずることがないものであって、「性定元神厚」と言える、喜用が全く無能とはならないのです。貧賤の極にして、ただ寿のみあることになるのです。任氏の解命は大誤大謬で、すべてこじつけも甚だしく、〈申寅冲〉〈富貴福壽は、皆申時のゆえ〉ではありません。

この四柱八字であれば、貧賤にして寿あるのみ、となる例と理解してください。もしこの生日が正しく、事実が任氏の言うようであるとするなら、均時差、経度差をプラス・マイナスして、戊午刻の生まれです。

〔483〕

		大運	
戊	**辰**		甲子
庚	**申**	辛酉	乙丑
己	**卯**	壬戌	丙寅
戊	**辰**	癸亥	

己日申月金旺に生まれる「傷官格」です。調候丙火なく、年柱戊辰は日干に無情ではあるが、生時戊辰は幇身し有情・有力。己土の特性、「金多金光」と言われ、用神壬、喜神金水木、忌神一応火土とはするものの、日干はそれほどの強とはなっていないので、太過しない限り忌とはなりません。調候ともなれば、助身ともなる丙火ないため、「源半清半濁」とするものです。

第一運辛酉、やや喜の傾向性なるも、調候ないために大したことなく、

第二運壬戌、財の喜の傾向性も大したことなく、

第三運癸亥、亥卯木局半会する官殺の喜の傾向性あるも、調候ないため、それほどのことはありません。

第四運甲子、庚甲剋、申子辰辰水局全以上にて、甲木は制土の能なく、二戊制水と甲木納水が「薬」となるので、それほどの忌なく、

第五運乙丑、それほど忌とならず、

第六運丙寅、寅卯辰辰の東方全以上となるも、申金あって「薬」となる。月干庚金が丙庚剋去しても、年干戊土に有情となるので、それほどの忌とはなりません。

「流半濁」にて、決して富貴ともならず、中流にして、寿あるものとなります。つまり、財の用神去となることないものの、折角の財運巡っても、調候ないため、金寒水冷の財となるので、それほどの財利もないのです。官殺も同様、生官殺の生々の気もないのです。すべては調候丙火なく、「始終」に火が断節するためです。

このことを、『滴天髄』で、「天道有寒暖」と言っているのです。また「始其所始。終其所終。富貴福壽。永平無窮。」とさえ言われているのです。

〔484〕

		大運	
乙	丑		35才癸未
丁	亥	5才丙戌	45才壬午
乙	未	15才乙酉	55才辛巳
己	卯	25才甲申	65才庚辰

乙日亥月水旺に生まれ、透己する「正財格」です。寒冷の候であり、調候丙火急を要するに一点もなく、亥卯未木局全くし、年干乙は日干に無情なるも、日干強となり、木局の「病」に「薬」なく、水旺・木相・火死・土囚・金休令にて、丁火も木多火熄となって、用と取れず、やむなくの用神己としか取れません。喜神火土金、忌神水木とする、「源濁」の命です。

第一運丙戌、戌卯合にて、木局を解き、調候丙火への洩秀の喜にて、喜大の傾向性。

第二運乙酉、金旺運、酉卯冲、酉丑金局半会の情不専ですが、原局相令での木局に、金旺の酉ですので、比劫の忌生ずることなく、丑土生酉金するので喜の傾向性となるも、調候のない、金寒水冷の土金ですから、それほどの喜なく、

第三運甲申、むしろ忌のほうがやや重く、

第四運癸未、やや財の喜の傾向性となるが、調候なく、

第五運壬午、壬丁合去、午未合にて、木局を解く調候運にして、喜大の傾向性。

第六運辛巳、火旺の調候運、巳亥冲にて、未卯木局半会を残すのみですから、また喜大の傾向性、環境一段

と向上します。しかし、

第七運庚辰、また調候なく、湿土生金して、庚金が「薬」となっても、大した喜はありません。

75才過ぎての、第八運己卯、木旺運、死亡はあり得ます。

徐氏の解命は大誤で、日干月令を得ずして、〈曲直仁寿格〉とはなりません。格局を間違えましたなら、用喜忌も誤りであり、しかも、乙日亥月水旺、「天道」たる調候丙火のない命です。段執政の命と比較しておりますが、段祺瑞の命は、木旺卯月生で調候不要の「曲直格」であり、この命は調候丙のない「正財格」で、比較するほうが誤りです。

〔485〕

壬　辰	大運	35才丁巳	辛日丑月土旺に生まれ、壬癸透出する「食神格」です。調候二丙くらい必要であるのに、生時甲午でやや調候不及、土旺・金相・水死令の壬癸水透り、二丑水源深いので、食神太過は傷官の忌、年上傷官です。日干弱となり、用神は己、喜神土金、忌神水木火となる、「源半濁」の命です。
癸　丑	5才甲寅	45才戊午	
辛　丑	15才乙卯	55才己未	
甲　午	25才丙辰	65才庚申	

第一運甲寅、木旺運、寅午火局半会して、寅蔵二丙、壬水制火、癸水滋木して生火するも、一辰二丑が納火して、調候よろしく、喜とさえなります。

第二運乙卯、木旺運、財の忌あるも甚だしくはなく、第三運丙辰、調候適となり、辰土生辛するも土多の忌とはならないのは、甲木疏土して生辛するため、やや喜とさえなる。

第四運丁巳、火旺調候運も、壬水制火して、忌とはならず、

第五運戊午、調候運にて、午火生戊するも、金埋とならず、むしろ喜。

第六運己未より、第七運庚申、第八運辛酉は喜の傾向性、55才からではあるものの、それまでの大運やや喜の傾向性であった累積・後遺あって、ある程度の富貴となれば、寿もある、「流清」とさえ言ってよいものです。

何知其人夭。氣濁神枯了。〔輯要・闡微〕

《何ぞ其の人の夭なるを知るや。氣濁にして神枯れるなり。》

何知其人殀。氣濁神枯了。〔徴義〕

何知其人夭。氣索神枯了。〔補註〕

原　注

氣濁にして、神枯れるの命は、まことに看分けやすいものです。日主が落ち着いていることができず、財殺太旺にして、日主頼りとするものなく、忌神と喜神が混雑し、かつ戦尅しあっていて、用神が絶し、冲して和せず、旺を制し得ず、湿にして滞るとか、または反対に燥にして鬱、精氣が流洩し、月も時も悖っているよう

なのは、これ皆、無寿の人であります。

任氏増注

氣濁神枯の命は、やさしい中にも少し見分け難いものもあります。「氣濁神枯」の四字は、これを分けて言いますと、「濁」は、弱としてよろしいのです。つまり、「氣濁」とは、日主失令し、用神浅薄、忌神深重、提綱と時支が照らし合わず、年支と日支が和せず、冲を喜ぶに冲せず、合を忌むに反って合し、行運と喜用が無情で、反って忌神が結党し、不寿といえど、子あるものです。

「神枯」とは、身弱で印綬太重、身旺で全く尅洩ない、財星が壊印する、身弱なるに無印、しかして食傷重疊、あるいは、金寒水冷にして土湿、あるいは火炎土燥にして木枯れるもの、皆夭にして無子なるものです。

〔486〕

乙　丑	**大運**	
乙　酉	甲申	辛巳
丙　辰	癸未	庚辰
辛　卯	壬午	己卯

この造は、三印が扶身し、辰酉合して不冲、四柱無水、中格にして支は皆湿土で、晦火生金、辰は木の余氣で、酉と合財、木の根を托すことできず、酉と化金して、木は反って損を被る。天干二乙、地支不載、凋なること知るべきです。日元は虚弱、午運酉を破り、卯を衛って一子を得、辛巳運、金局を全くして壊印、元氣大傷、夫婦共に死亡しました。

〔487〕

己　丑
戊　辰
辛　亥
戊　戌

大運
丁卯　癸亥
丙寅　壬戌
乙丑

この造は、重々の厚土埋金、五行無水、疏土するものなく、一点の亥水は土に尅絶される。支に甲乙蔵するも、引助なく、春土木氣虚、蔵する甲を用とし、初運東方木地、庇蔭有余、続く寅運一子を得、乙丑運、土通根して夭。

〔488〕

壬　寅
壬　寅
甲　寅
壬　申

大運
丙午
癸卯　丁未
甲辰　戊申
乙巳

春木重き祿に逢い、申時、時殺留清に似ていても、木旺金缺なることを知らなくてはなりません。火あるを佳とし、天干三壬透り、寅中の丙火を尅、神枯なるを知るべきです。丙運、三壬の尅に逢い、家業敗尽し、夭にして無子。およそ、水木並旺にして無土なるもの、最も火運を忌むものです。すなわち、傷身せず、刑耗異常、俗論の如く申金を用とするは、丙火尅金。丙火尅金を害とするのは前の乙巳運で、申金を緊尅し、かつ三刑、美となる訳がありません。

〔489〕

辛　丑
辛　丑
癸　酉
癸　丑

大運
丁酉
庚子　丙申
己亥　乙未
戊戌

重々の湿土、重々の寒金、癸水濁にしてかつ凍。いわゆる、陰の甚だしく、寒の極なるもので、全く生発の氣ないものです。氣濁神枯、その人愚昧なること甚だしく、一事無成。戊戌運には、生金尅水して夭。俗論をもってしますと、兩干無雑、金水双清、地支三朋、殺印相生して美、貴格とする、と。これは全く間違いですので、学ぶ者は、宜しくこれを深く究めてください。

徐氏補註

〔徐氏は、「氣濁」を「氣索」としております。〕

氣索神枯とは、夭寿の徴です。「索」とは、蕭索であります〔「蕭索」なる語は辞書に見当たりませんが、きびしく不安なることです〕。「濁」は貧苦の象をなし（満局濁氣節を参照）、日主旺じて洩らすものなく、日主弱なるに尅に逢う。配合無情で、体用受傷し、生尅制化の助がなく、生機息滅しているのを氣索神枯の象というのです。寿と吉、凶と夭は似てはいますが、同じではありません。忌神輾転と攻めるもので、決して長寿する者はありません。特に、凶は喜用被傷するもので、風波起伏の象があるものですが、夭は、体用無情、制化の作用なく、生機なくなっているもので、風波ではなく、寿なきものです。

〔490〕

丙　申	**大運**	
乙　未	6才丙申	
甲　戌		
乙　亥		

甲木未月土旺に生まれ、土燥木枯、印なくてはならず、木火傷官佩印。未は夏で、申は秋始、戌は秋末、亥は冬始で、四字は四時、代謝の方を為し、孤辰寡宿の位で、生機尽熄。申運に巡り、甲木絶地、聡明でありましたが、わずか14才で没しました。また、考えて見ますに、未申は坤宮で、戌亥は乾宮、天関地軸で、格局は大変大きいのですが、天干土金不透、木火のみ透って上下無情、木火が西北に至るは、氣勢衰絶して夭となったのは当然です。

〔491〕

丁　酉　　大運
壬　寅　　7才辛丑
甲　寅　　17才庚子
乙　丑

甲木寅月に生まれ、二寅の建禄に逢うものです。春木喜火とは、火をもってその生機を暢びるゆえであり、官殺の尅伐を見るのを忌みます。いわゆる、嫩木は埋根の鉄にあうを忌むのものです。酉丑遥合し、根株朽ち腐り、丁火があって制金し、壬水があって洩金生木するのが宜しいのに、丁壬干合して两用を失っているのです。運行辛丑、陰濃湿重。幼時より多病、庚子運庚申年、年わずか二十四歳にして、病没しました。

考玄解註

前の寿の考玄解註が理解されましたなら、ここの夭の年齢分界も、「氣濁神枯了。」の真意も解ると思います。要は、

〝運程において、運歳による喜用の作用があるか、ないか。〟

ということに尽きるのです。その喜用の作用のあるなしの看方は難しい、とも言えないことはありませんが、その作用が全くないことを、

「氣濁神枯了。」

と言っているのです。その最たるものは、生まれてはこないか、生まれても先天的障害重くして、その年内とか数年の内に死亡する命と言えるのです。つまり「氣濁神枯」とは言っても、それにも段階差、軽重があるということで、その軽重の違いが、20才代で死亡するか、30才、40才、50才代での死亡となるかの違いなのです。

その「氣濁神枯」の有り様を、原注でも任氏増注でも徐氏補註でも、あれこれ並べ立ててはおりますが、そうしたことでの死亡は、結局は解らないのです。むしろ、そのような条件を並べ立てるよりも、例えば、『滴天髄』で言われている、扶抑という視点から、

〝寿が終わる、と言うことは、扶けるべきであるのに、運歳にて、全く扶ける要素がなくなってしまう、抑えるべきであるのに、運歳で抑えることができなくなる、ことである。〟

と言ったほうが解りやすいのです。

〔486〕

乙丑	**大運**	辛巳	
乙酉	甲申	庚辰	
丙辰	癸未	己卯	
辛卯	壬午		

丙日酉月金旺の生まれで、透辛する「偏財格」か「正財格」です。丙辛干合不化にて辛倍力となり、丑酉金局半会は酉辰合にて解け、全支個有支となります。日干丙は、辰に晦火晦光され、辰は旺金を生財します。日干は、旺財である酉金と倍力の辛金を制財しなければならないのに、陰干の乙や卯の助があっても、巳・午の根がありません。

日干は弱、やや財多身弱となるので、制財の丙を用神と取らなければならないのに一丙もなく、やむなくの用神甲としか取れず、喜神は木火、忌神土金、閑神水とはなるものの、「源濁」となるものです。

第一運甲申、喜とはなるものの、旺財を制することできませんので、財の喜には繋がらない運。

第二運癸未、湿土晦光して生金する、財の忌の傾向性。

第三運壬午、火旺運でありながら、強金生壬して、滅火の気勢を木が多少は救応する程度。

第四運辛巳、火旺運、やや喜の傾向性に転ずるものの、
第五運庚辰、大運干庚を丑・辰の湿土が生庚し、強となった庚金は、乙・卯木を断削、その助火の作用甚だしく減じ、また日干は尅庚できずして、辰が晦火晦光する、洩身の大忌となる、大忌の運です。この運中、土金流年にて、喜用全く無能となることにより、死亡もあり得ることになります。「流濁」の天命です。
任氏解命の誤り、事象の虚偽を指摘してください。

〔487〕
己丑　大運
戊辰　丁卯　甲子
辛亥　丙寅　癸亥
戊戌　乙丑　壬戌

辛日辰月木旺・土旺いずれであろうが、土多金埋、日干無根の天凶命です。用神取るものなく喜神金のみ。先天的障害、金にあっても不思議ではなく、第一運にて死亡しても不思議ではないのです。これは、「氣濁神枯了」の相当重いものです。

〔488〕
壬寅　大運
壬寅　癸卯　丙午
甲寅　甲辰　丁未
壬申　乙巳　戊申

甲日寅月木旺に生まれ、日時支寅申冲去、年月支二寅が接近し、寅中丙火が調候となるも、三壬透出し、印やや太過ですが、殺の申金冲去していますので「仮の従旺格」となります。用神甲、喜神水木火土、忌神なく、閑神金となる、「源半清」の命です。
第二運甲辰までは喜用運、
第三運乙巳、火旺運、巳申合で寅申解冲して「建禄格」となり、喜神火土、忌神水木、閑神金、寅中蔵丙す

るので、この運も喜の傾向性となります。然るに、

壬　寅（丙　丙）
壬　寅（丙　丙）
甲　寅（戊　丙　甲）
壬　申（己戊壬庚）

第四運丙午、寅寅寅午火局半会以上の情にて、寅寅午火局半会以上が残り、寅申解冲して、「建禄格」となり、喜神火土、忌神水木。上記のようになって、原局二壬は、年月支寅中四丙を滅火し、水源申ある時干壬は大運丙午を滅火し、頼むは日支寅中丙も、申中の壬水の尅を受けてもいる大忌の運となります。この運中、事故による突然の死あっても不思議ではないものです。

〔489〕

辛　丑　**大運**　丁酉
辛　丑　庚子　丙申
癸　酉　己亥　乙未
癸　丑　戊戌

癸日丑月土旺でも、水旺でも、丑酉丑金局半会以上にて透辛し、調候一点もない、金寒水冷、金多水濁の凶命です。たとえ水旺の「建禄格」でも、用神取るものなく、喜神水のみの「源濁」甚だしいものです。印太過は、先天的障害あるものです。火の心臓と水の智、腎臓、血液の先天的異常あって、いつ死亡しても不思議ではありません。

〔490〕

丙　申　**大運**
乙　未　6才丙申
甲　戌
乙　亥

甲日未月土旺に生まれる「傷官格」です。透丙する年上傷官、調候壬水申中にあって未は湿土生申金。日干は無根で、二乙の幇はほとんど無力、旺土の未と戌を疏土しなければならず、用神は亥中の甲、一応喜神水木とはするものの、無根ゆえ水はそれほどの喜とはならず、忌神火土金とする

「源濁」の命です。

第一運丙申、洩身の忌、未戌土生金し、印太過の忌とさえなり、数え年14才己酉年、申申酉戌西方全以上、二丙生己土して、丙火が「薬」とならず、金多水濁にて、前年の戊申年、忌の火・土・金の疾病にて、死亡はあり得るのです。これも、喜用が喜用の能をなくし、また、扶けるべきものを扶けることできず、死亡に至るのです。その疾病も、己酉年に発生したものではなく、戊申年、つまり、原局と大運干丙火の忌が忌の戊土を生じ、さらに、忌の申金を生じ、印の壬水もやや太過とさえなっている年に、発病しているのです。あるいは、その心臓異常は、数え年11才の丙午年に自覚・発見されていたもので、この心臓が呼吸器系、肺に異常を起こした可能性が大なのです。このことは、後の「疾病論」となるものです。

〔491〕

丁	**酉**	**大運**
壬	**寅**	7才辛丑
甲	**寅**	17才庚子
乙	**丑**	

甲日寅月木旺に生まれる「建禄格」です。調候丙火は日支寅中にあり、丁壬干合して化木、時柱乙丑にて、日干強となり、用神は丙、喜神火土金、忌神水木となる、「源清」の命です。然るに、一路北方忌神運を巡り、第一運辛丑、丑酉金局半会となるので、多少の喜の傾向性とはなるものの、

第二運庚子、子丑合去し、木多金缺にて、何らの喜もなさず、24才庚申年の喜の流年に死亡することさえあり得るのです。

〈六親論〉

夫妻因緣宿世來。喜神有意傍天財。〔闡微・補註〕

《夫妻の因縁は宿世《しゅくせ》より來たる。喜神天財を傍《かたわ》らとする意あり。》

夫妻姻緣宿世來。喜神有意傍妻財。〔輯要〕

夫妻姻緣宿世來。喜神有意傍天財。〔徴義〕

原　注

妻と子は一です。局中喜神があって一生富貴なるはここにあり、妻子もここにあるのです。大体、財によって妻と見、もし喜神が財であるなら、妻は美で富貴。喜神と財とが相妬み、忌とならないのも良好ですが、そうでないのは尅妻するか、美ならざるか、和合を欠くかです。然るに財を見るには活法をもってせねばなりません。財が薄ければ助財をもってし、財旺身弱は比劫を喜び、財が印を傷するなら官が必要ですし、財薄く官が多ければ、傷官を要し、財氣いまだ巡らざるなれば、冲を要するなら冲し、泄を要するなら泄し、財氣流通するなれば、合を要するなら合し、庫を要するなら庫とし、もし財の洩氣太重なれば、比劫が透露するがよく、身旺で無財なるは、必ず夫婦全美ではないものです。財旺身強なるは、富貴にして妻妾多いものです。

任氏増注

子平の法、財をもって妻とするは、財は日干我が剋するもので、人が財をもって我に侍するもの、この理は正論です。財を父とするのは後人の誤りです。もしその説に従いますと、父と妻が同宗となり、倫理道徳に反します。財を正偏に分けて正財を妻とし、偏財を父とすると言いましても、こじつけにしか過ぎず、財の正偏に分かつのは陰陽の別でしかないのです。財を父とし、官を子とするも人道に反します。ですから、六親は次のように改め定めます。

我を生ずるものが父母で、偏印・印綬。

我が生じるものが子女で、食神・傷官。

我が剋するものが妻妾で、偏財・正財。

我を剋するものが官鬼で、祖父。

我と同類は兄弟で、比肩・劫財です。

これが理正名順で、不易の法です。財が清ければ、妻は賢能、財神濁るは、すなわち河東獅吼《かとうしく》〔人の妻の妬み深いこと〕、清いとは喜神が財で争わず、妬せざることです。濁とは生殺壊印、争妬無情なるものです。古書は日主の衰旺に関せず、総じて陽刃・劫財をもって剋妻としていますが、これは正しくなく、日主を衰旺に分け、喜忌により四柱配合をもってよくよく看なければならないのです。

財が軽くして官がなく、比劫多いものは、剋妻。

財が重くして身弱で比劫ないのも剋妻。

官殺が旺じて用印なるに財を見るは、妻は醜く、卑しく、剋します。

官殺が軽く身旺で財を見、比劫に遇うは、妻美で尅。

劫刃重く、財軽く食傷あり、梟印に逢うは妻凶死に遭う。

財微かで官殺旺、食傷なく印綬あり、妻は病弱。

劫刃旺じ無財、食傷あるは、妻賢なれば尅すし、陋なれば不傷。

劫刃旺じて財軽く食傷あるは、妻賢なれば尅さず、妻陋なれば亡ぶ。

官星弱く食傷に遇い、財あるは、妻賢なれば不尅。

官軽く食傷重くして、印綬ありて、財に遇うは、妻陋なれば不尅。

身強殺浅く、財滋殺、官軽く傷が重く、財が傷を化す、印綬重疊して、財星得氣するは、妻は賢にして美。あるいは妻財富むに至る。

殺重く身軽にして財星党殺、官多用印にして財が壊印する、傷官佩印にして財星得局するものは、妻は賢ならず陋《いや》しきか、あるいは妻によって禍を招き、傷身する。

日主が財に坐し、財を喜用とするは、必ず妻財を得る。

日主が財を喜び、財が閑神と合して化財するは、必ず妻の力を得る。

日主が財を喜び、財が閑神と合して忌神に化するものは、妻は外情あり。

日主財を忌むに、財が閑神と合して化財するは、妻と琴瑟《きんしつ》不和。

皆四柱の情勢、日主の喜忌をもって論ずるものです。財が泛浮しているが如きは、財庫に収蔵するのが宜しく、財星深伏しているなら、冲動して引助するが宜しいのです。

〔492〕

癸卯　大運　甲子　癸亥　壬戌
乙丑　　　　辛酉　庚申　己未
庚申
丁丑

寒金坐祿、印綬当権して、火を用として敵寒するものです。忌は癸水が剋丁することで、病となる。すべて乙木の通根するを頼みとし、洩水生火、財が喜神です。さらに財が合となるを喜び、いわゆる、「財來就我」で、その妻は賢淑にしてよく勤め、三子を生み、皆学問に就く。

〔493〕

丁未　大運　甲辰　癸卯　壬寅
乙巳　　　　辛丑　庚子　己亥
丁酉
癸卯

丁火猛夏に生まれ、梟劫当権、一点の癸水では、相制するに足りません。最も喜ぶは酉金に坐すことで、卯木を冲去し、癸水を生起します。出身貧寒でしたが、癸運入学、また妻財万仭を得、壬運に登科、辛丑運、知県に選せられ、郡守に至る。この造にもし酉金がなかったなら、妻財も得られず、かつ、名を成すことができないものです。

〔494〕

乙亥　大運　己卯　戊寅　丁丑
庚辰　　　　丙子　乙亥　甲戌
丙申
壬辰

丙火季春に生まれ、印綬通根生旺、日主坐財、時干また壬水透出しており、必ず乙木を用とすべきです。嫌うは乙庚化金し、生殺壊印するところです。妻賢ならず、妬心深く氣性激しく異常、無子にして絶家す。財の害をなすや畏るべきです。

徐氏補註

六親とは、父、母、妻、子、兄弟、自分の六であります。命造は一身の順逆を定めるもので、父母、兄弟、妻子は本身から間接的に推測されるもので、看法は必ずしも一定していません。命造はわずか八箇の字で、範囲は大変に狭小で、万衆をすべて含むとは言えないのです。見やすいものは確実性高く、隠れているものは推測することが難しいものです。何でも推測できるものではなく、その推測の術も、命書中一定してもいないものです。昔人の命を論ずるに、専ら財官を重んじ、官を用神として、財が生官するを喜神とし、八字中財の喜神あるは、妻必ず賢美で、内助の力を得ると決めていたものです。しかし、命中に必ず財があるとは限りませんし、財が必ず喜神とは決まっていないのです。財をもって妻とすることは多くの書がそう言ってはいますが、決定的な定法とは言えません。『窮通寶鑑』の妻子を看る方法は、用神を子とし、用神を生ずるものを妻としているのです。官殺を用とするなら財が妻であり、食傷を用とするなら比劫が妻、印綬を用とするなら官殺が妻、財星を用とするなら食傷が妻として、喜忌を察するのです。内助の力を得るや否やを定めるのです。その理は最も精であります。例えば、財官格、財滋弱殺格、同じく財をもって喜神となすので、妻必ず賢美ですし、殺用食傷制格の如きは、財党殺を忌とするので、妻と円満ではないのです。

妻に一定の神はないのですが、妻には定位があります。日支が妻宮です。妻宮が真神であるなら、妻は必ず賢美で、忌神は内助の力に乏しいものです。我が用神を生ずるものは喜神であり、我が用神を剋するものもまた喜神です。例えば、殺をもって用とする如き、妻宮に食傷の制殺あるは吉、財が党殺するは忌です。妻宮が忌神であって、別支と合化して、変じて喜となるは、妻の非常なる助けを得るものです。これに反して、喜が忌に変化するは、助力乏しいのです。これは合化について言っていることです。しかし、冲に逢うのはこれに反します。妻宮が喜神であるのに冲に逢うのは、偕老同穴の美は得られません。妻宮が忌神であるのに冲に逢うのは反って益を得ます。さらに、八字の調候需要があります。妻宮が調候の神に適している、例えば、冬令金水傷官だとしますに、妻宮が官星となって適合する。夏令の木火傷官だとしますと、妻宮が印綬であって調候に適合するような場合、非常な助力を得るものです。これは実際に調査しまして確実なもので、単純な一面的推論ではないのであります。ですから、妻を看るには、妻宮を比較して把握するに限るものです。

考玄解註

六親を生尅名で決定することは、一に理論的相関性から導き出されるものと、構成上の理論としてではなく、喜忌から推測されるものと、宮位によってその喜忌を推察するものとがあります。いずれの場合でも、日干を我とする点においては変わりはありません。どの書、誰が、どう述べていると言う点を詳しく述べますと大変長くなりますので、その点は省略し、整理して大要を述べますと、次のように分けることができます。

(1) 父母を正偏印、子女を食傷、妻を正偏財（夫を官殺）、祖父を官殺、兄弟姉妹を比肩・劫財とする。

(2) 母を正偏印、子女を女命から見た場合は食傷、男命から見た場合は官殺、妻を正財、夫を官殺、兄弟姉妹を比肩・劫財。

(3)　用神を子女、用神を生ずるものを妻、または夫。

(4)　宮位によるもの。

(5)　調候。

	1	2
年柱	祖先	父母
月柱	父母、兄弟姉妹	父母、（兄弟姉妹の定位なし）
日柱	夫・妻（配偶者）	夫・妻（配偶者）
時柱	子女	子女

となります。(2)は次のような構成関係になっているのです。

○日干＝我。

○日干を生むもの、印綬＝母。

○印綬と干合するもの、母の配偶者、すなわち、偏財＝父。

○我と干合するもの、配偶者、正財＝妻。

○正財・妻が生むもの、官殺＝子女。

以上、男命の場合ですが、女命の場合は、配偶、子女が変わり、
○我が生むもの、食傷＝子女。
○我を尅するもの、制するもの、官＝夫。
となります。これを干で示しますと、男命は陽干で、女命は陰干ですので、男命を日干甲としますと、

〈癸〉印綬＝母。

〈戊〉母・印綬と干合する陽干戊は、日干甲から見た偏財＝父。

〈己〉日干甲と干合する陰干、正財＝妻。

〈庚辛〉己・妻から生ぜられる官殺＝子女。

女命、日干己土としますと、

〈丁〉偏印＝母。

〈壬〉母と干合する陽干、正財＝父。

〈甲〉日干・我と干合する陽干、正官＝夫。

〈庚辛〉我から生ずるもの、食傷が子女。庚辛は夫、甲の官殺でもある。

といった構成になるのです。

陰陽干の干合の理による、純粋理論としての六親関係です。図解しますと、

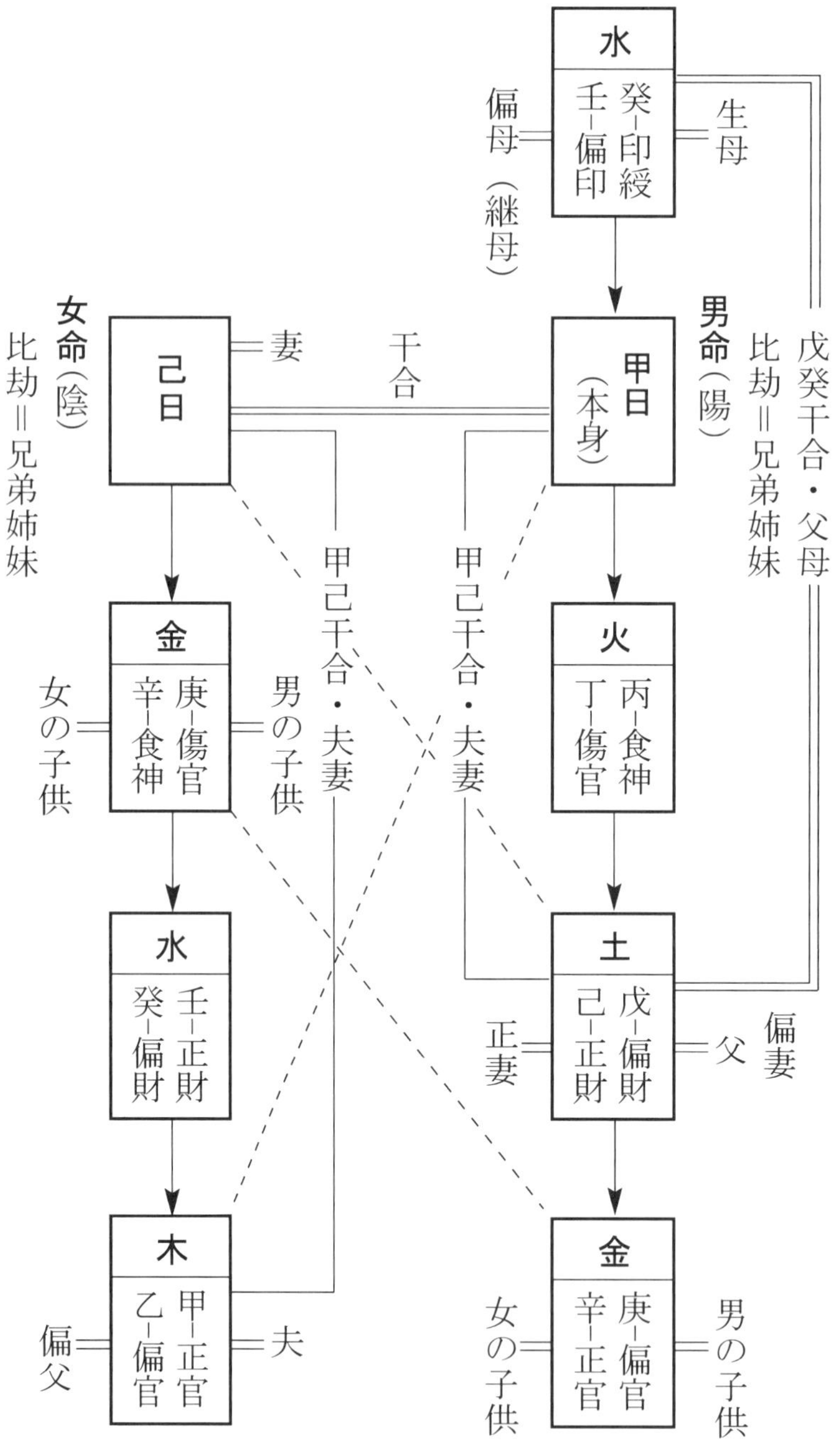
水
癸－印綬
壬－偏印
生母
偏母（継母）
戊癸干合・父母
男命（陽）
比劫＝兄弟姉妹
甲日（本身）
干合
己日
妻
女命（陰）
比劫＝兄弟姉妹
甲己干合・夫妻
甲己干合・夫妻
火
丙－食神
丁－傷官
土
戊－偏財
己－正財
父
偏妻
正妻
金
庚－偏官
辛－正官
男の子供
女の子供
金
庚－傷官
辛－食神
男の子供
女の子供
水
壬－正財
癸－偏財
木
甲－正官
乙－偏官
夫
偏父

この純粋理論の上に、用喜忌と定位により、さらに、調候が必要である場合は調候の位置、適不適、太過不及をも加味して、運歳の間に、その六親の有り様を審察すべきなのです。

しかも、この六親の看法も、政治・経済・社会の環境によって違いもしているのです。現在の日本では、例えば、妾などは全く通用しないものですし、長男相続制の時代でもありませんし、今時、子供に養ってもらうことを期待している親は一人もいないのです。

父と妻が財で同じなのは倫理・道徳に反するから、偏正印が父母であると言っていますが、倫理・道徳によって、生尅名による六親が定められたものではないのです。このことは、徐樂吾氏が後でも触れていますし、『命理一得』にも詳しく、六親は干合の理によって、父母、夫妻が定められ、男は子供をつくることはできても生むことはできないので、女命陰より生ずるものを、子女としたのです。

用神を子女、これを生ずるものを妻、夫とするという考え方も、理と実証によって明らかではありますが、基本は(2)として、例えば、財官が命中に明らかではないとか、忌神に当たるとかする場合に、宮位と共に比較参用すべきものです。宮位は、徐氏の言っているように、特に配偶宮として重視すべきは当然のことです。配偶者のおよその性情や容姿さえも日支から推測できるものであります。

任氏は、これも原局のみで、妻のことを色々言っておりますが、事象は必ず運歳の間に生ずるものですから、結婚して夫となり、妻と呼ぶ人を得るか否かが分からないのに、妻の事象など分かる訳がないのです。それよりも、格局を誤り、調候を忘れ、用喜忌も誤っては妻を論ずることなどできないのです。

〔492〕

癸　卯　**大運**
乙　丑　甲子　庚申
庚　申　癸亥　己未
丁　丑　壬戌

庚日丑月生、〈印綬当権〉と言っていることを信用しますと、庚日丑月土旺・金相令の生まれで、透癸する「傷官格」となります。厳寒の丑月でありますから、調候二丙くらい必要とするのに一丙もなく、池塘氷結、金寒水冷の命です。乙庚干合して不化、乙木倍力となって、二丑が湿土生金、日支申に坐し、日干強となります。用神は卯中の甲としますが、寒凍の木にて、それほどの用はなさず、喜神水木火、忌神土金、「源濁」の下格です。配偶支申は忌であります。

第一運甲子、調候なく、生家の財利も大した環境の良化とはならず。

第二運癸亥、水旺運、癸丁尅去しても、亥卯木局半会しても、調候なく、金寒水冷、寒凍の生気全くない財。土旺生ゆえ立運約6才以上となりますから、16才以降、現代なら、財利なく、庚金の性情の忌と、丑の忌の性情、財利に就くことなく、結婚できず。

第三運壬戌、壬丁合去、戌卯合去しても少しも命は良くなることなく、池塘氷結、金寒水冷は、財利なく、貧となり、賤とさえなる。

第四運辛酉、第五運庚申、比劫奪財の大忌となって、現在なら、独身、昔でも、任氏の言っているようなことではありません。調候を忘れ、池塘氷結、金寒水冷は、貧賤とさえ言われているものです。結婚さえできないのに、どうして〈三子〉を得られましょうか。

〔493〕

丁　未　　大運
乙　巳　　甲辰　庚子
丁　酉　　癸卯　己亥
癸　卯　　壬寅　辛丑

丁日巳月火旺に生まれる「月劫格」です。調候壬水の水源有情なるを必要とするのに、時干癸水では壬水の調候の用をなさず、巳酉金局半会の情あって、酉卯冲を解くが、火旺・金死令の酉では壬水調候の水源とならず、金熔の憂いさえあります。年干丁は日干に無情なる帮ではあるものの、乙木が火源となるので、日干強、用神取るものなく、喜神は一応土金、忌神木火、閑神水。丁火の特性、「旺而不烈」ですので、「源半清半濁」と言えはします。


第一運甲辰、辰の湿土晦光して生酉金となるので、生家の環境良化。

第二運癸卯、忌の木旺生火。

第三運壬寅、壬水調候となり、日支酉金の財の作用発し、この運中の結婚はあり得ます。

第四運辛丑、湿土生酉金にて、財利向上。

第五運庚子、前運に続いて、財利向上。

第六運己亥、また財利となり、妻も健にて、佳の傾向性大とは言えます。

〔494〕

乙　亥　　大運
庚　辰　　4才己卯　44才乙亥
丙　申　　14才戊寅　54才甲戌
壬　辰　　24才丁丑　34才丙子

一八一五年四月十九日辰刻がこの四柱で、土旺にて立運約4才となります。

丙日辰月土旺に生まれ、天干は結果として、乙庚合去、丙壬接近し、亥中甲木と二辰中蔵乙していますので、従することできず「印綬格」となります。日干弱で、用神甲、喜神木火、忌神土金水となり、尅洩交加する、「源濁」で、配偶支申の忌の命です。

第一運己卯、木旺運、卯亥木局半会、用神運にて環境が良化。

第二運戊寅、忌の戊土制壬し、寅申冲の情あって、配偶支の忌が滅じ、また丙火の根もあり、さらに環境良化、封建時代であれば、大運14才~24才となるので、結婚はあり得ますが、現代では、ほとんどあり得ません。

第三運丁丑、忌の傾向性にて、良好となることなく、25才庚子年大忌の大忌、亥子丑北方全と申子辰辰の方局斉来し、水源庚透出、次年が辛丑と続き、心臓の疾患にて死亡の恐れがあります。

第四運丙子、水旺運、申子辰辰水局全以上となって、亥中甲も木漂、過湿、生火不能、水多火滅となって、この運中必死とさえ言えます。

子女根枝一世傳。喜神看與殺相連。〔闡微・補註〕

《子女の根枝は一世〔三世(前世、現世、来世)の内の現世〕に傳《つた》わる。喜神と殺が相連なるを看るべし。》

子女根枝一世傳。喜神看與殺相聯。〔輯要〕

子女根枝一世傳。喜神即是殺神聯。〔徴義〕

原　注

大体、官によって子を看るものです。喜神が官星であれば、その子は賢俊です。喜神と官が相妒しないのも好ろしいものです。そうでない場合は無子か、不肖、あるいは尅あるものです。そして官星を看るに活法が必要です。官軽ければ助官が必要ですし、殺重く身軽なれば、ただ印比が必要です。そして、もし官星がないような場合は財をもって論じます。官星が阻滞されているなら、生扶冲発を要し、官星の洩氣太重であるなら、合助遥会を要します。殺重身軽で制なきは多女です。

任氏増注

官をもって子とする説は、細かく研究して見ますと、犯上の嫌いがあります。官とは、管で、朝廷官を設けて万民を管治すれば、悪いことする人少なく、規則・法律をよく守ることとなるのです。家庭にありましては、一家の主人が管するのです。起居動作、皆祖父の訓に従うのです。国の管に服従しないものは、賊であり、寇であり、祖父の訓に従わないのは逆子です。命は理であるのですから、どうして官を子として犯上させることができましょうか。これでは父も子もあったものではありません。諺にも云われているように、「父在子不得自専」、父は子ありて氣ままはできない、で、官を子となすは、父は反って子をもって管治をなし、父自専し得ずとなるのです。つまり、尅父、尅母となるのです。ですから、これを改めて、食傷を子女とします。書に云う、「食神有壽妻多子」と。七殺が時に逢うは本來無子、食神の制あれば多子。この兩説準拠あるところです。しかし、これとて実は死法でして、局中に食傷も官殺もなければ、何をもって子を論ずることができましょうか。ですから命理は、一つに拘泥してはいけないのです。すべて要は、変じ通ずる、にあるもので、まず食傷を定め、後再び日主の衰旺を看、四柱の喜忌をもって看るべきです。ゆえに喜神と殺を相連して看るべし、と言っていることは、通変の至論なのです。
日主が旺じて、印綬がなく、食傷あれば、子必ず多い。
日主が旺じて、印綬が重く、食傷軽いは、子必ず少ない。
日主が旺じて、印綬が重く、食傷軽く、財があれば、子は多くして賢。
日主が旺じて、印綬が多く、食傷なく、財があれば、子は多くして能。
日主が旺じて、食傷軽く、印綬に逢い、財に遇うは、子は少なく孫は多い。
日主が旺じて、印綬が重く、官殺が軽く、財あるは子を剋するといえど、孫がある。
日主が旺じて、印綬がなく、食傷伏し、官殺あるは、子必ず多い。
日主が旺じて、比劫が多く、印綬がなく、食傷伏すは、子必ず多い。
日主が弱くて、印綬があり、食傷ないは、子必ず多い。
日主が弱くて、印綬が軽く、食傷重いは、子必ず少ない。
日主が弱くて、印綬軽く、財あるは、子必ず無し。
日主が弱くて、食傷重く、印綬ないのは、また無子。
日主が弱くて、食傷軽く、比劫なく、官星あるは、子必ず無し。
日主が弱くて、官殺が重く、印綬が軽く、財が微かに伏すは、必ず多女。
日主が弱くて、七殺が重く、食傷軽く、比劫あるは、女多く子は少ない。
日主が弱くて、官殺が重く、印比がないのは、子必ず無し。

日主が弱くて、食傷が旺じ、印綬あり、財に遇うは、子あっても無きが如し。
日主が弱くて、官殺が旺じ、印綬あり、財に遇うは、子あれど必ず逆す。

木多火熄。金尅木して生火。
火多土焦。水尅火して生土。
土重金埋。木尅土して生金。
金多水滲。火尅金して生水。
水多木浮。土尅水して生木。

（以上）官殺をもって子とするはこの意。

明らかなところでは官殺をもって子となし、暗においては食傷をもって子とするのは、逆尅・反尅・相生の法であります。官殺をもって子と最初から最後までするものではないのです。大体、身旺は財を子、身衰は印を児とするのも割合高い確率があるものです。これらを仔細に推し測りますと、必ず確応あるものです。

〔495〕

辛	丑	大運	丁酉
辛	丑	庚子	丙申
戊	戌	己亥	乙未
癸	丑	戊戌	

日主旺じ、比劫多く、年月干に傷官が並透・通根し、丑土湿土、生金蓄水、戊火庫で寒凍とはならないのです。ですから、家業豊厚、さらに運走西方、十六才で子をもうけ、毎年一人ずつ、十六人の子持ちで、死んだ者はいないのです。これは命の美によるもので、印星不現、

辛金明潤、木火を雑えぬ妙です。

〔496〕

癸 亥	大運		
甲 子	癸亥	庚申	
丁 酉	壬戌	己未	
癸 卯	辛酉	戊午	

官殺当令して、甲木透るを嫌うのは、甲あるため「従殺格」とならないからで、殺重用印、卯酉冲を忌み、甲木旺地が去となっている。天干は有情で、家業はすこぶる豊かでも、地支不協。ゆえに妻は女の子八人を生み、妾も女の子八人を生んでいるのに、男の子は生まれなかったのです。身衰にして印を児となす所以で、財星壊印のゆえです。

〔497〕

乙 未	大運		
辛 巳	庚辰	丁丑	
戊 戌	己卯	丙子	
丁 巳	戊寅	乙亥	

戊土巳月、火旺、辛金透出し無根、また巳時、一丁火が透って尅辛する。局中全く湿氣なく、さらに乙木助火をも嫌い、兩妻を尅し、男の子十二人生まれ、十人亡くし、後の二人が残るのみです。

〔498〕

戊 子	大運		
癸 亥	甲子	丁卯	
壬 戌	乙丑	戊辰	
甲 辰	丙寅	己巳	

壬水孟冬の生、無金を喜び、食神独透、学問の道に入り、甲寅年入泮。十子ありて皆育つ。刑妻しないのは無財の妙です。しかし、科甲に通らないのは、支に寅卯がないためで、戊土が木に換わりましたら、青雲の志を得たはずです。

〔499〕

庚　寅　　**大運**　庚寅
丙　戌　　丁亥　辛卯
辛　亥　　戊子　壬辰
辛　卯　　己丑

辛金戌月生、印星当令、寅戌丙火を生じる、天干比劫、亥水を生じることできず、また亥卯拱木、四柱皆財官を成し、二妻四妾が三子を生み、皆剋し、十二女を生み、その九を剋す。秋金有氣ですので、家業豊隆はしました。

〔500〕

丁　酉　　**大運**　癸卯
丁　未　　丙午　壬寅
戊　戌　　乙巳　辛丑
丁　巳　　甲辰

土生夏令、印綬重疊、四柱に全く水氣なく、燥土不能洩火生金、三妻を剋し、五子を失う。丑運に至って湿土晦火生金し、また金局を成し、一子を得、育つ。食神・傷官を子となすことは、これによって明らかです。子息の有無は、命中一定の理があります。命中に子あるは五あるのみで、水一、火二、木三、金四、土五で当令するは倍、休囚するは半減加減をしまして、それより多いのは、命造のよきによるのです。

〔501〕

辛　卯　　**大運**　丁亥
辛　卯　　庚寅　丙戌
甲　辰　　己丑　乙酉
丁　卯　　戊子

春木雄壮、金透無根、丁火透るを喜、辛金を傷す。己丑・戊子運、子を得ても育たないのみならず、財の破耗多く、丁亥運、拱木し、干透火、財の益あり、丙戌運、いよいよ美となります。五子を生み、家業増新。これによって観ますと、八字の用神が子で、用火は、その子必ず木火運中、あるいは木火流年に得るものです。木火運年でなければ、子息の命中に必ず木火が多いか、あるいは木火を日主とするものです。そうでない場合は、生まれないか、生まれても不肖です。このことは実証すること多々あり、確かなことであります。そして、命中の用神は、ただ単に妻財子祿のみならず、窮通寿夭、皆用神の一字にありますので、決して忽《ゆるが》せにはできないことです。

徐氏補註

子星と妻星を看る法は同じであります。財官格、および財滋弱殺格は、官をもって用とするゆえに、官殺を子とするものです。八字の日主は我で、他の七字は、環境所有の人です。用神は自分と密接する関係にあるものであり、もって依託するところのものですから、子息とし、宮位は生時とするものです。日元衰弱し、用神旺じて制なきは、大体無子ですし、日元旺じ、用神微弱、生時また用神を尅制するも無子の象です。用神が日主を補助するは、子は賢にして能、日主を洩弱せしむるは、愚にして不肖です。例えば、火土傷官の如く、調候として官殺を需要とし、時干に官殺透るは、必ず子の助力を得ること大なのです（『子平一得』「妻財子祿篇」参照）。子と女は一で、これを分別することは、極めて難事です。書に、陽干は男、陰干は女とありますが、理論上の想定にしか過ぎず、絶対確実なものとは言えません。また、子息の数も多いか少ないか、我が助けとなるか否かといった程度のことしか解らないことでして、間接的に推測するしかないものです。

考玄解註

中国で「子」と言うのは、男子のことで、日本で言う男女を引っくるめて子と言う習慣と異なっています。

「児」は男女の子を含めての子供で、中国では、「子」は男の子、「女」は女の子とされております。封建時代、長男相続制の時代ですので、主としてまず、子が重く論じられているのです。前の「夫妻」のところでも、妻が多く論じられ、夫はほとんど論じられていませんが、結婚できるかどうかを全く無視し、また、運歳の喜忌の有り様を無視して、妻を論じられないのと同様に、妻の有無を無視して論じることはできません。あたかも妻なくして夫が一人で子を生むようなことを、多いとか、少ないとか、能とか賢とか、尅（子供が早死にする）とか、はては子供ができるか否かさえ分らないのに、孫までどうこうと言うことすべて常識外のことと言わざるを得ません。

結婚ということも、政治・経済・社会の歴史的諸環境によっても大きく違ってくるものです。同じ国にしても、都会と農村は違ってきます。これを述べましたら大変な紙数を要しますが、まず結婚の後に子女は論ずべきことです。結婚したとしましても、政治・経済・社会の諸環境の違いによって、子女をもうける数さえも違ってもくるものですし、さらには医学的重要な視点も入ってくるのです。結婚して子をもうけたいのに、数年子供のできないという夫婦の不妊の原因は、妻の側にある場合と、夫の側にある場合と、夫婦両方にある場合があるものです。これは夫婦両造を審察することによって、高度な命理によって、いずれに原因があるのかは分かるようになりはしますが、男命のみを看て、不妊とか子供の多寡は絶対に断定などできないのです。

ましてや、賢とか不賢とか言えないのは、子女は子女なりのそれぞれの命運がある独立した個人で、父の命に左右・支配されるものではないのです。ですから、父の命によって、その子女が死亡した、尅子、という言葉そのものが誤りであると、本書の初めのほうの挙例ではっきりと述べもしたところです。尅子、尅妻、尅夫、尅母ということはなく、ある人が死亡したということは、その人の命運によるものなのです。しかし、六親関係の間には〃生命エネルギーの補完性〃はあるものです。

ですから、子女の看方というものは、当人に医学的面から異常なく、健康体で結婚可能であり、また結婚するであろう相手の妻とする人が、健全で受胎可能であるなら、という条件のもとに、傾向性・可能性として、子女は論ずることはできる、といった程度なのです。では、その視点はどこにあるか、と言いますと、

○用神を妻とする。

○日干強にして、食傷・財・官殺を喜とするなら、官殺をもって子女とする。

○日干弱で、比劫の陽干を用神とするなら、印をもって子女。印を用神とするなれば、比劫を子女とする。

○以上をもって、時柱の喜忌によって細察する。

という思考の過程が必要となるのです。

ですから、以下の挙例は、現在の日本において審察すると仮定しての解命とします。

〔495〕

		大運	
辛	**丑**	5才庚子	45才丙申
辛	**丑**	15才己亥	55才乙未
戊	**戌**	25才戊戌	65才甲午
癸	**丑**	35才丁酉	75才癸巳

土旺生としますと、戊日丑月土旺の「月劫格」です。調候丙火二くらい必要となるのに一点もなく、池塘氷結、金寒水冷、戊癸干合し死令の癸水の財倍力となります。時支丑に水源深い癸水の根あっても、旺令の日柱戊戌土に制水されます。土旺の日干戊土は、さらに丑と戌に根あり、丑の癸水を制水

しても、月干辛金に洩身し、年月干二辛は丑中二癸を生水。日干強、用神癸、喜神一応金水木、忌神火土となります。ただ日干強であっても調候なく、喜の作用はほとんどありません。生家環境それほど財豊かではありませんが、環境悪いと言うほどではありません。土旺生ゆえ立運4、5才から10才の間、仮に5才立運として、第一運庚子、喜用運ではあるものの、調候なく、常に才能発揮に難あり、水智も水冷で偏り、生家の財もそれほどとはならない傾向性あり。

第二運己亥、水旺運、調候ないため、前運と同様、喜用運でありながら、喜となること少なく、忌の傾向性ある運。

第三運戊戌、調候なく忌大なる傾向性ある運、土多金埋、土多水塞して、社会に出るが、その才能を発揮できず、財利伴わず、25才から35才の間、配偶支忌神、大運忌神運にて結婚できず、結婚に難あるので、子女得られる訳がありません。結婚には性情面も大きく係わるのに、三陰一陽、調候丙火なく、土旺の強の戊土固重、戌に坐し、しかも三丑。癸水多にて、壬水一点もなく、女性に好かれるタイプでもないし、人付き合いも円満性を欠き、財への関心が強過ぎて吝嗇《りんしょく》の傾向もあるのです。独身命です。ただ、

第五運丙申、丙火調候透出して、徐々に環境良化し、結婚もない訳ではありませんし、65才甲午運、75才癸巳火旺運を巡る、寿は長い傾向性はあります。

任氏解命、〈戊火庫で寒凍とはならない〉は誤りで、戌は単に燥土でしかなく、調候とはなりません。もし実在の人であって、三柱が正確であるなら、生時丙辰であれば、この時代ならこうした事象もあり得たとは言え

ます。

　現代なら、戌辰冲去して用神癸、戊戌運中の適切な年齢期に結婚もあり得ます。また、妻命にもよりますが、一人か二人の子女の可能性あります。一子失う可能性もない訳ではありませんが、これも子女の命運によります。日干強なる者、離婚の傾向は多いのですが、戌辰冲去しているので、その可能性は少ないものの、その性情には要注意となります。この結婚という点も、政治・経済・社会の環境によって相当な違いがあるものです。

〔496〕

癸亥	**大運**		庚申
甲子	癸亥		己未
丁酉	壬戌		戊午
癸卯	辛酉		

　丁日子月水旺に生まれ透癸する「正官格」か「偏官格」です。調候急を要するのに、幇身とも、調候ともなる丙火なく、酉卯冲去、子亥接近し、水多木浮の憂いさえある、水冷漂木。用神やむなく甲、喜神木火、忌神土金水となる「源濁」の凶命です。つまり、「何知其人夭。氣濁神枯了。」の危険性多大です。立運不明ですが、生後の翌年甲子年、続く乙丑年は、亥子丑北方全の大忌。また第一運癸亥、水旺運、原局でも既に癸水傷丁している上に、大運干癸水が傷丁、酉卯解冲し、凍木、水多木漂、金寒水冷の大忌の運。流年大忌にて夭折する「氣濁神枯了。」となるものです。丁火の特性、嫡母の甲を頼むのに、このような命、水冷凍木、水多木浮にて、頼みにできず、「衰而不窮」もその限界をはるかに超えているもので、その上、運歳にて喜用がその作用を全くなくする例です。

　子女どころか、結婚どころか、夭凶命と断ずべきです。任氏解命の事象は虚偽です。

〔497〕

乙　未　　大運
辛　巳　　庚辰　丙子
戊　戌　　己卯　乙亥
丁　巳　　戊寅

戊日巳月火旺に生まれる「偏印格」か「食神格」です。調候壬水は水源有情なるのを必要とするのに、乙辛尅去し、戊丁移動・接近。無壬となって火炎土焦、焦土不能生金、万物不生。日干強となり、用神取るものなく、一応喜神金水、忌神火土、閑神木とするものの、調候がない限り喜は喜の作用なく、「源濁」の命です。

第一運庚辰、辛乙解尅、湿土の辰は、辰戌冲去、庚辛金は火旺の二巳火上にあって、熔金の忌の傾向性。

第二運己卯、辛乙解尅し、調候なく、木旺の卯木生火する忌の傾向性。

第三運戊寅、調候なく、殺印相生の戊土、大忌の運。立運何才かは不明ですが、この三運まで調候である財の壬なく、忌運が続き、金水の疾病は尋常ではなく、性的欲求の水一点もなくホルモン欠乏、財困にして、配偶支忌、流年に午が巡ると、巳巳午未の南方全以上、結婚どころの騒ぎではなく、ここまでは甚だしい「流濁」です。

第四運丁丑、さらに乙辛解尅し、丑未の湿土冲去しても、調候なく、日干強の火炎土燥、少しも良化の気なく、四運続いての疾病多を重くするのみです。単なる独身命ではなく、「財神反不眞」の、後論する「血氣亂者。平生多疾。」「忌神入五臟而病凶」「熱則風痰。燥則皮癢。」であることくらい、任氏は註をしているのですから、忘れるべきではないのです。

〔498〕

戊子	**大運**		丁卯
癸亥	甲子		戊辰
壬戌	乙丑		己巳
甲辰	丙寅		

壬日亥月水旺に生まれる「建禄格」です。調候丙火急を要するのに、戊癸合去、戊辰冲去し、天干壬甲と地支子亥残るのみで、調候のない水冷漂木、かつ冲天奔地。用神やむなくの水漂凍木の甲と取らざるを得ないことになり、一応喜神木火土、忌神金水とはなるものの、「源濁」の命です。

第一運甲子、戊癸解合、戊辰解冲する調候のない水旺の忌の傾向性ある運ですが、戊土が戻っても、冲天奔地の水勢ではなくなる程度。

第二運乙丑、亥子丑北方全、調候なく、冲天奔地の大忌、疾病重大。しかし、

第三運丙寅、寅亥合去するとも、調候丙あって甲木よく納水し、寅・巳・亥・丑年が巡ると、寅亥解合し、食傷生財の喜の傾向性となり、立運にもよりますが、この運中の結婚あり得るし、妻命にもよるものの、生子女はあり得ます。

第四運丁卯、調候ない喜運で、忌なく、前運の後遺あって、環境も財利もやや喜の良好性はある。しかし、

第五運戊辰、調候ないものの、戊辰土は制水の能あって、忌とはならず。

第六運己巳、巳亥冲去、調候を去らして、反って忌の傾向性とさえなります。

つまり「流清」は第三運と第四運の二運のみです。

〔499〕

		大運		
庚	寅		庚寅	
丙	戌	丁亥	辛卯	
辛	亥	戊子	壬辰	
辛	卯	己丑		

〈印星当令〉と言っていることを信用しますと、日干辛は戊月土旺に生まれ透丙する「偏官格」となります。月干丙は寅に有気で生丙され、さらに亥卯木局半会して亥蔵二甲は生丙し、戊土燥にてさらに燥となって、不能生金。年干庚は、日干に無情・無力の熔金される金であり、日干もまた攻身され、燥土であっても印ある以上従することできず、時干の辛も幇身に無力。用神取るものなく、一応喜神土金、忌神水木火とはするものの、「源濁」で、凶命に近いものです。

第一運丁亥、水旺調候運、戊土を湿土として生金、環境良化しつつ、知能も発達する。辛金の特性、〝壬癸の水の淘洗を喜ぶ〟金白水清の運によるものです。

第二運戊子、水旺運、調候とともに、戊を湿土、大運干戊土も湿土として、晦火晦光するとともに生金有力にして、前運の金白水清はさらに向上し、

第三運己丑、湿土晦火晦光、生金する上、癸水また水智向上。立運不明ではあるものの、この運中、財利伴ないつつ、環境良化、結婚して生子。また二子女は可能と言えます。特に、妻命に関わること大です。しかし、

第四運庚寅、第五運辛卯と、停滞下向し、

第六運壬辰、寅卯辰東方全、壬水制火し、戊は亥と並ぶので湿土生金し、喜忌参半の喜の傾向性となっていきます。

「流半濁」となるのは第四運庚寅、第五運辛卯の二運です。

〔500〕

		大運	
丁	酉		癸卯
丁	未	丙午	壬寅
戊	戌	乙巳	辛丑
丁	巳	甲辰	

任氏の解命よりしますと、未月火旺のようですので、戊日未月火旺生の「印綬格」となります。しかし、任氏の言っていることはあまり信用できませんので、土旺とすると「月劫格」となります。水源有情となる調候壬水なく、焦土不能生金、火旺でも土旺でも日干強、酉金は用をなさず、一応喜神は金水、忌神火土、閑神木とする「源濁」の夭凶命です。

第一運丙午、午酉蔵干の尅があっても、巳午未南方全くしますが、「薬」とも調候ともなる財の壬水なく、酉金は熔金されて、全くその用をなさず、流年の忌が続けば、結婚どころではありません。

〈丑運に至って湿土晦火生金し、また金局し、一子を得、育つ。〉、冗談ではありません。「天道」とは何、扶抑とは何、方局とは何、「氣濁神枯」とは一体どういうことなのでしょうか。『滴天髓』原文のすべてを忘却し、否定し、どこに理らしいものがあるのでしょうか。

〔501〕

		大運	
辛	卯		丁亥
辛	卯	庚寅	丙戌
甲	辰	己丑	乙酉
丁	卯	戊子	

甲日卯月木旺に生まれる「建禄格」か「陽刃格」です。干の特性として、辛金は尅木不能、湿土の辰が月干の辛金を生金するので、木多金缺とならないのみ、日干強となり、用神は湿土の戊、喜神火土金、忌神水木となる、「源半清半濁」の命です。

第一運庚寅、木旺運、寅卯卯卯辰の全支東方全以上では、木堅金缺となり、用神をも失う大忌の運。疾病続発の忌大となる傾向、生命さえ危ぶまれる大忌です。一命を取り留めても、痼疾が残り、
第二運己丑、喜の傾向性となり、徐々に良化し、環境も好転。
第三運戊子、子辰水局半会し、戊土制水不能にして、庚寅運の痼疾連発する大忌。また財困窮して、この運中の結婚などとても叶わぬことです。しかし、まだ丁と二辛が全く無能とまではなっておりませんので、寿あるものの、健康面において、社会生活は普通人のようにはいきません。結婚の条件全く悪いのに、子女どころではありません。
任氏の解命、〈用火〉と言っている用神火とできる場合は、丙火でなければならない。干の特性を忘れてはならないのです。

父母或隆與或替。歳月所關果非細。〔闡微〕

《父母あるいは隆《さか》ん、あるいは替わるは、歳月の所關《かか》わり、果は細にあらず。》

父母或興與或替。歳月所關果非細。〔輯要・徴義・補註〕

原　注

子平の法は、財を父、印を母として、その吉凶を断ずるに十中九の験あり、特に歳月を緊要のところとします。歳氣が月令に有益で、歳月が喜神を傷付けないなら、父母は必ず昌んです。歳月財氣が時干を断喪するは

先に父を尅し、歳月の印氣が時支を断喪するは先に母を尅す。また、その局中の大勢を活眼をもって看なければならないものです。財印だけで決め付けてはなりません。その父母の興亡も財印のみではなく、財生印生の如何や、損益の如何、陰陽の多寡等で推論したならば、必ず験あるものです。

任氏増注

父母は生身の根本であって、歳月の関わるもので、その興替を知るは不易の法です。原注は財を父、印を母と分け、尅父・尅母を論じていますが、漠然としていますし、俗書の謬に惑わされています。父母に対してどうして尅の字を使うことができましょうか。喪親・刑妻・尅子と改めるべきです。

年月の官印相生し、日時の財傷が犯さないのは、祖父母の庇護を受け、児の栄を受ける。

年月の官印相生し、日時が刑傷冲犯するのは、祖業を破蕩する。

年官月印、月官年印、祖上清高。

日主官を喜び、時日財に逢う。日主印を喜び、日時官に逢うは、必ず祖業より勝る。

日主官を喜び、時日傷に逢う。日主印を喜び、時日財に逢うは、必ず祖に劣り宗を辱しむ。

年財月印、日主喜印、時日逢官印なるは、父を助けて家を興こす。

年傷月印、日主喜印、時日逢官なるは、その父母の創業によるものです。

年印月財、日主喜印、時日遇官なるは、その父母は破財、時日逢印は自ら家を創る。

年官月印、日主喜官、時日逢財、出身高貴で、守成の造です。

年傷月劫、年印月劫、日主喜財、時日逢財、あるいは傷、出身寒微、創業の命です。

年劫月財、日主喜財、遺業豊か。日主喜劫、清高貧寒です。

年官月傷、日主喜官、時日逢官、必ず出世するが、時日財に逢うは必ず破敗。

総括的に言いますと、財・官・印綬が年干にあって、日主の喜なれば、父母は貴であるか富であり、日主の忌であれば貧であるか賤であります。

〔502〕

癸　卯
乙　丑
丙　子
己　丑

大運
甲子　庚申
癸亥　己未
壬戌
辛酉

官印が透り得祿、財が蔵され帰庫、格局まことに美ですが、丑時傷官肆逞し、官星退氣、日主衰弱を嫌い、頼むところ乙木の生火衛官にあります。年月官印相生、出身は官家。亥運入泮し、壬戌運、水不通根、破耗異常。お金を出して出仕、清規を守れず、財星壊印して、刑罰に伏しました。

〔503〕

乙　卯
丁　亥
戊　午
丙　辰

大運
丙戌　壬午
乙酉　辛巳
甲申
癸未

戊土孟冬の生、財星臨旺、官印双清にして祿に坐し、日元臨旺逢生、四柱純粋で、五行生化は有情であって、喜用皆精神があります。行運局を破ることなく、出身官家、連登科甲する所以であります。五子を生み皆登科し、富貴福寿の造です。

〔504〕

丁　巳　　大運　丁未

辛　亥　　庚戌　丙午

戊　子　　己酉　乙巳

戊　午　　戊申

三火二土で旺相に似ていますが、亥子の当権を知らなくてはいけません。印を冲壊、天干火土は虚脱、祖上大富でしたが父の代に至り破産しました。初運西方金地にて旺水を生助、半生顛々として不遇。丁未運に交入、運南方に転じ、丙午運への二十年、経営発財十余万。

〔505〕

乙　亥　　大運　丁丑

辛　巳　　庚辰　丙子

丙　辰　　己卯　乙亥

癸　巳　　戊寅

この造は両祿乗権、年干の印通根し、旺とし財を用、名利双収と断ずる人が多いのですが、違います。丙火孟夏に生まれるとはいえ、年干印綬は月干財の壊すところですし、巳亥冲して、破祿去火。金水は反って生扶を得、木火失勢、また辰に坐し、命主元神を竊かに去る。時干癸水が蓋頭、巳火また被傷、巳火を用とするものです。初運東方木土、出身遺業豊厚、丙子運、火不通根、官星は得地して、破耗多く、丑運生金洩火、刑尅異常、家業十中八、九を失い、夫婦も死亡しました。

徐氏補註

旧説は偏財を父とし、正印を母とするもので、印で母を看る場合、極めて確実なのですが、偏印も継母・庶母として看ると確実性はどうも低いものです。偏財を父と看る場合、活眼をもって看るべきで、拘泥し過ぎてはいけません。

六親の義は、京易に出るもので、天地義爻、父母、印綬で父母を看るは理論上の正です。偏財を父とするのは、印の干合によるものです。宮位は歳月です。身弱で日元が歳月に通根し、身強で喜用が歳月に聚るもので、親の庇護なきものはありません。印が透って我を助けるは親の庇蔭の福、印透って我の害となるもの、用神を絆合するもの、必ず父母によって阻害を発生するものです。創家立業、あるいは破財祖業は、命造の優劣によるもので、父母の関するところではありません。

考玄解註

徐氏の『補註』は一九三七年のもので、一九三九年の『命理一得』では、父母・夫婦の理を干合によって詳述し、印を父母とする理を「意義膚淺。理有未合。」「任鐵樵氏概以生我爲父母、我生爲子女、過於簡單直捷、在初學者閲之、雖客容易了解、甯能免於淺陋之譏乎。」と言っていて、任氏の考えを否定しております。

そもそも偏財を父とするのは、徐氏の言うように、母の印と干合、夫婦となる、母の夫とするという純粋理論によるもので、ここにも陰陽の理があるのです。単に理論としてではなく、日常現実生活上において、財は金銭・財産であって、「財氣通門戸。」「財神反不眞。」で、貧富の分別の視点とさえなる事象です。つまり、財がなくては生命維持できないものですので、この世に子供が生まれた時、その生家に財なくては一日たりとも過ごせません。自分が労力を費やして得た財ではない偏財を主として、父としたという理も、現実事象としてあるのであって、偏財なき場合は正財をもって、父とさえしているのです。

父を尅すということと、五行の理とは違いますが、しかし、その尅ということは、〝殺す〟という意にしてしまったのが、旧書の命理の大誤で、徐氏も同断なのです。尅は、そういう意ではないもので、現実問題として、子が生まれましたなら、父はそれだけ財を消費することになる、という意での尅であり、制約を受けるから、官殺がその人の子女となるという理の純粋理論とも照応するのです。さらに、看命の妻や子女にはそれぞれいくつかの視点はありますが、父母にいくつかの視点ということはないのです。つまり、父財あって、母印あって、その父母の間にその人が生まれてくることができたのです。これを、父母は印であるとすることのほうが、理論的にも現実的にも通用しないことで、財なくて、その生まれた子は一日たりとも存命できないとさえ言えるのです。

父母の定位は、既述のように、年月柱、つまり月柱の関わる年柱です。一応個人差はあるものの、社会人として独立し、自分の財を稼ぎ出すまでの、およそ23、24才が年柱に関わるので、年柱ということとなるのです。しかし、四柱あっての年柱ですので、その年柱に喜忌、調候も関わってくるのです。

しかしながら、父には父の命運があり、母には母なりの命運があるので、およその傾向や可能性は解りはするものの、絶対ではない、細かいことはそれほど解るものではないと、『滴天髓』の作者は、「果非細」を実に常識通りのことを言っているのです。しかしながら、原注も任氏増注も徐氏補註もこの「果非細」という重要な文字を全く無視しているのです。つまり、

〝父母が隆盛となったり、貧困となったり、そのどちらかが替わったり、時には自分が養子になったりすることは、歳月の喜忌の係わるところではあるものの、それは傾向や可能性であって、細かいことは解らないも

のであります。〟

と言っているのです。しかし「果非細」とは言いましても、命理の意義が解っていますと、事実とそれほど大きな相違がないことまで解るようになるのです。すべては、理論につながるのです。

ですから、任氏増注の言っている、

〈年月の官印相生し、日時の財傷が犯さないのは、祖父母の庇蔭を受け、児の栄を受ける。〉

以下に言っているすべては、削除・否定すべきことです。右に言っているような四柱はどういう四柱か、干の特性、日干の強弱の分別、調候、上下・左右、「始終」から、格局、用喜忌閑神さえ分からないものが、どうして祖父母のことから、父母を無視して、子が出世して子供の〈栄〉を受ける、ということが判るというのでしょうか。このような大誤の註をしておりますので、その挙例の事象も当然真実とは思われません。

〔502〕

癸卯	**大運**	37才辛酉	水旺か土旺かで大分違ってきます。一七二四年（雍正十一年）一月二十六日丑刻がこの四柱、こちらですと土旺・火休令で、立運約7才です。一七八四年一月十一日丑刻もこの四柱となり、これですと水旺・火死令、立運約2才となります。
乙丑	7才甲子	47才庚申	
丙子	17才癸亥	57才己未	
己丑	27才壬戌		

土旺・火休令として解命しますと、丙日丑月土旺の透己する「傷官格」です。厳寒の候ですので、「丙火猛烈」とはいえ、調候一丙くらいは欲しいところです。丑子丑妬合は不去で、月干乙の印は日干に有情ですが、年支の卯は日干に直接的生助とならず、日干は弱、用神甲、喜神

木火、忌神土金、閑神水となる「源半濁」の命です。年柱癸卯、月柱乙丑で、閑神が喜神を生じていますので、生家は社会的地位あって財もあり、環境良き家に生まれ、父財辛金は丑中にあり、父母縁は厚いものです。

第一運甲子、甲己合去し、水旺の子、環境悪化するのは官殺旺じ、外的社会的圧迫、水多金沈のため、あるいは父疾病とか何らかの事情によって、地位に問題生じての財不利、環境悪化、水智勉学にもやや難が生ずる。

第二運癸亥、水旺運、亥子丑丑北方全以上、「病」に対して「薬」の戊土なく、木漂より火滅の憂いあって、父の一身上に異変生ずることから、母にも及ぶ傾向多大。それがまた、本命にも及び、疾病続発します。

第三運壬戌、戊卯合去し、透壬癸の沖天奔地、水多木漂、母縁に憂い生ずる。

と、父母のみを言えば、おおよそ以上のように言うことができます。

任氏解命、父母については、ただ〈出身は官家〉とのみ言い、〈刑罰に伏しました。〉とあることは当人のことで、父母の死亡には触れておりません。

〔503〕

乙卯	**大運**		
丁亥	癸未	丙戌	壬午
戊午	乙酉	辛巳	
丙辰	甲申		

戊日亥月水旺に生まれ透乙する「偏官格」です。調候丙火、時干にあって、日支午、やや太過。また丁火生戊し、辰に根あり、卯亥木局半会は、ほとんどが生火に向かう、日干強となり、用神取れず、喜神金水、忌神火土、閑神木となる、「源半濁」の命です。

年柱乙卯、閑神で、生家の社会的地位中流にして、水旺化木するので、財はそれほど豊かにならず、当人は水智にやや問題あって、過保護の憂いがあります。

第一運丙戌、忌の傾向性ある運にて環境悪化するものの、以降の大運、金旺運を巡って、救応あり、漸次向上、父母縁は良好にして、母のほうが寿長い傾向はあります。

〔504〕

丁　巳	大運			
辛　亥	庚戌	丙午	丁未	
戊　子	己酉	乙巳		
戊　午	戊申			

戊日亥月水旺に生まれる「偏財格」か「偏官格」です。調候丙火急を要するのに、巳亥冲去、子午冲去して調候去り、丁辛は尅去。つまり、日時干の二戊しか残らない命です。巳亥解冲する支、子午解冲する支は、卯・辰・巳・午・未・戌・亥・子・丑と九支もあることを知るべきです。つまり、生家環境はあまり悪くはなく中流以上、父母共に長く縁あるものです。喜忌は大運によって変化するものの、それほどの忌とはならないものです。

〔505〕

乙　亥	大運		
辛　巳	庚辰	丙子	丁丑
丙　辰	己卯	乙亥	
癸　巳	戊寅		

丙日巳月火旺に生まれる「建禄格」です。調候水源有情なる壬が必要であるのに、亥巳冲去し、調候を失うが、湿土の日支辰が晦光し、巳中庚も無力ではなくなりはします。用神戊、喜神土金水、忌神木火となる。生家中流であり、「源半濁」の命です。

辰中蔵乙し助火、年干乙は助火には無情・無力なるも、辛金に尅傷されることなく、またこの辛金は丙から制されるも、湿土の辰の生金あって、父母縁は厚いものです。大運干支、常に救応あって忌となること少なく、喜の傾向性のほうが多くなるものです。父母も傾向としては寿長いほうとは言えます。

兄弟誰廢與誰興。提用財神看重輕。〔闡微・徴義〕

《兄弟誰が廢り誰が興るやは、提と用と財の神の重輕を看るべし。》

兄弟誰廢與誰興。提綱喜神問重輕。〔輯要〕

弟兄誰廢與誰興。提用財神看重輕。〔補註〕

原　注

敗財・比肩・羊刃は皆兄弟です。要は提綱の神にあるもので、財神喜用の神との輕重を比較することにあるのです。財官が弱く、三者奪いあう迹《あと》が顕れているなら、兄弟必ず強く、財官旺じて、三者日主を助けんとするなら、兄弟必ず美です。身と財官がほぼ力が同じに近くして、三者伏して出干しないなら、兄弟必ず貴です。比肩重く、傷官財殺また旺ずるものは、兄弟必ず富むものです。身弱で三者顕れないで、印あるのは兄弟必ず多いものです。身旺で三者顕れ無官なのは、兄弟必ず衰えるものです。

任氏増注

比肩を兄とし、敗財を弟とし、祿刃もまた同論。

殺旺無食、殺重無印、敗財合殺するは、必ず弟の力を得ます。

殺旺食輕、印弱逢財、比肩敵殺するは、必ず兄の力を得ます。

官輕傷重、比劫生傷、制殺太過し、比劫助食するは、必ず兄弟の累に遭う。

財輕劫重、印綬制傷するは、兄弟のことで憂い事あります。

財官失勢、劫刃肆逞するは、兄弟のことで苦労します。

財生殺党、比劫幇身するは、兄弟のことは安心。

殺重無印、主衰傷伏するは、兄弟のことで喜び少ないものです。

殺旺印伏、比肩無氣、弟は兄を敬しても兄必ず衰える。

官旺印輕、財星得氣するは、兄が弟を愛しても弟成すことなし。

日主衰えても、月提印旺は兄弟が多い。

身旺逢梟、劫重無官は、自分一人で事を処して行くものです。

財輕劫重、食傷化劫、兄弟共に楽しむものなし。

財輕遇劫、官星明顕、兄弟共に語ることできず。

梟比重逢、財輕殺伏、兄弟のことで悲しむこととなります。

日主衰え、印あって、財星が劫に逢うは、反って、兄弟が優秀さを競い合うこととなります。

ですから、提綱の喜忌を論ぜず、すべて日主の愛憎にかかるもので、宜しく精察すれば、誤りないものであります。

〔506〕

丁　亥　　大運　戊戌
壬　寅　辛丑　丁酉
丙　子　庚子　丙申
丁　酉　己亥

丙火春初の生、相火有焔と謂うもので、旺として論じないのです。月干壬水通根し、亥子殺旺じ無制、丁壬と寅亥合して化印となるを喜ぶ。難をもって恩となすものです。時支財、生官壊印、また丁火蓋頭して、尅木不能ですから、兄弟姉妹七人、皆学問の道を志し、兄愛弟敬す。

〔507〕

癸　巳　　大運　甲寅
戊　午　丁巳　癸丑
丙　午　丙辰　壬子
庚　寅　乙卯

羊刃当権、また生旺に逢い、さらに嫌うところは癸戊合化火、財は衆劫の奪うところです。兄弟六人、皆成器とならず、互いに累を及ぼし合い、私〔任氏〕の造と壬辰時が違うだけです。弱殺相制できず、また六弟あり、力を得る者早く死し、その余皆不肖です。大体劫刃太旺なるは、財官無氣、反って兄弟少なく、たとえ有るとも無きが如く、官殺太旺なるも傷残。身財並旺し、官印通根するは、必ず兄愛弟敬するものです。

徐氏補註

比劫は兄弟です。出干するは顕著で、蔵支するは少し判然としないものです。祿刃は共に蔵支ではありますが、他の蔵とは同一には見れません。どうして、「提用財神」と言っているかといいますと、比劫との関わり、作用を言っているのです。財が月垣用神となるを重視しています。例えば、財星食傷太旺で、比劫の幇扶を得るなら、必ず兄弟の力を得るものです。財星微弱で、比劫これを争うは、必ず殃あるものです。六親、父母、妻子は間接的に推測できますが、兄弟はさらに間接的なのです。顕れているものは見やすいし、利害関係少なく、隠れているものは知るに難しいのです。兄弟は財の利害の重軽を論ずるのみなのです。

〔55〕

辛　巳
辛　丑
庚　申
辛　巳

これは李國杰の命です。比劫重々とあり、庚金日主独り貴人を得、兄弟多いことは分かりますが、爵を得たのは彼一人です。貴は月垣にあり、父母の遺蔭であって、自分の力で得た爵位ではありません。

〔508〕

戊　戌
甲　子
己　巳
戊　辰

比劫重々、月垣財乗令、群劫争財しています。好い点は甲己相合して、官星が我を助け、制劫護財しているところです。兄弟多いとはいえ、大宗を一人継いだのです。月垣子宮天乙貴人、子巳、戊癸相合して、財のみならず、爵位を継いだのです。上代の遺蔭、貴は年月にあるのです。兄弟が多いとはいえ、争うことはないのです。

〔509〕

戊　寅
己　未
甲　寅
乙　亥

比劫重々、財星また旺じ、己未財貴透出して、甲己相合、富貴を兼ね、兄弟もまた富なるは、戊土の余財があって、兄弟を潤しているからです。甲己・寅未相合〔未は亥の誤植〕、「財貴來就我」となります。その富貴は、実あって相応なるものであり、他人の奪うことのできぬものです。比劫重々とあり、兄弟多くとも、財貴は独り日主に向かって、その情専一となっておりますので、上造の如きは争奪の象をなさないのです。本造、合肥李國筠の命造です。

考玄解註

兄弟は定位がないだけに大変難しく、特に兄弟の誰が出世し、誰が出世しないかなどは容易に判るものではないのです。「提用財神看重輕」でも、兄弟はそれぞれが独立の一箇の命造を持っているものですから、その命造まで一人の命造から知ることは不可能に近いことです。ただ、兄弟姉妹の多いか少ないか、縁が深いか浅いか、力となるかならないか、仲睦まじいか睦まじくないか、のおおよそのことは判るものですが、誰が廃り誰が興るか、という段になりますと、大変無理があります。

原注の〈三者〉とは、劫財・比肩・羊刃を指して言っているのです。建禄は比肩です。つまり原注は、日干・比劫の強さと財の強さとの比較にある、その強弱の分別はすべて提綱にあり、提綱にあるということは、提綱ある四柱八字からその強弱が分かるという「衰旺之眞機」に帰着する、と言っているのですが、〈兄弟必ず強く〉とか〈兄弟必ず美〉〈兄弟必ず貴〉〈兄弟必ず富む〉〈兄弟必ず多い〉〈兄弟必ず衰える〉と言うように決め付けております。

任氏増注となりますと、〈比肩を兄とし、敗財を弟〉とするとまず断定して、〈必ず弟の力を得ます。〉とか〈必ず兄の力を得ます。〉とか〈必ず兄弟の累に遭う。〉等々と色々な事象を並べております。しかし、この両註は共に、

(1)、まず、兄弟姉妹がいるからこそ、それらの兄弟姉妹と色々な事象が運歳の過程で生じるものです。兄弟姉妹が有るか無いか、どれくらいの数が有るか、等を知らなければならない、という条件の看法がどこにあるのか、から始めなければならないのに、それが触れられていない。

(2)、仮に、兄弟姉妹があるとして、ここで言われていることは、兄弟は必ず〈美〉とか〈貴〉とか〈富〉とか〈必ず〉なると断定していますが、自分が〈富〉となるのか〈貴〉となるのか、兄弟姉妹すべてが〈富〉〈貴〉となるのか、という点の一番重要な自分自身が全く無視されての事象となっており、これは、既に公理として述べた、

〝太陽と地球の相関関係における個人の対応である。〟

「欲識三元萬法宗。先観帝載與神功。」に反することであって、兄弟姉妹はそれぞれ別個の「帝載與神功」を持っていることを忘れての註となっているのです。『滴天髓』の原作者は、もちろん自分が書いた冒頭の句を忘れて、ここで「兄弟誰廢與誰興」と言っているのではありません。ここでも作者の皮肉な裏返しとも言うべき表現を取っているのであって、〝さあ、こうした言葉を正しく誰が理解できるかな。〟とさえ言えるところの表現なのです。その言葉に、原注も任氏増注も引っ掛かって、兄弟を兄弟そのものと解しているのです。こうし

た表現を作者が敢えてしたことの背景には、その当時の命理が、何でもかんでも生尅名のみであらゆる事象を決め付けようとする俗書が横行していたからである、と推測されるのです。任氏増注がしばしば、俗書、俗書と言っていることからして、それは証明されることですし、否定している俗書の言っていることが、実は任氏増注で、一局部のみをもって言っている註となっているのです。では、ここでの原文はどういうことを言っているかと言いますと、兄弟とは兄弟そのものではなく、比劫なのです。つまり、

〃比劫は日干にとっての比劫、同類ですが、日干の強（興）弱（廃）は、月支提綱の如何よりして、その四柱八字の組織構造の、上下・左右、「始終」よりして、分別段階差が生じてくるものであって、それは財を中心として、干の特性をもつ、食傷とまた官殺と、さらには印の生尅制化、冲尅合局方よりして決定付けられ、運歳の経過の間に種々様々な事象が発生してくるものです。自分が良くなったなら、その余裕をもって困っている兄弟姉妹があるとするならば、助け救うこともできるし、それはあり得ます。しかし、特に自分が困っているなら、余裕のある兄弟姉妹から助けられることもない訳ではないが、所詮は自分自身で命運を好転させるしかないのである。〃

と言わんとしているのが、ここの真義と解すべきなのです。つまり、「誰」は、一点の比劫の干の特性、陰陽が、その位置によって、上下・左右によって、「廢與興」の違いをも生ずると解すべきもので、その比劫が兄弟の「誰」などといった事象的な現実の人ではないのです。

では、その兄弟姉妹の性別や多寡は、政治・経済・社会の諸環境の条件下にあって、子供の数が断定などできないのですから、兄弟とて父の子供ですので断定できず、ある傾向性や可能性でしかないのです。何人など

と断定しようものなら、嘲笑さえされかねません。しかし、命理に通暁すればするほど、理論によって、相当なところまで事象と一致する兄弟姉妹の事象は分かってはくるものです。構造は一つとして同じものはないし、政治・経済・社会の諸環境も同じものはないのですから、単純な類型化はできないのです。

任氏増注は大誤ですから、その挙例も自説を合理化する解命となっていますので、兄弟に絞っての私の解命も、現代での傾向性や可能性でしかありません。

〔506〕

丁　亥	**大運**	戊戌
壬　寅	辛丑	丁酉
丙　子	庚子	丙申
丁　酉	己亥	

丙日寅月木旺・火相令に生まれ、二丁透るも月令を得ていないので「食神格」か「偏印格」です。丁壬合、壬丙剋にて天干はそのままで、亥寅合去し、日干無根で無印となります。年干丁は日干に無力・無情、時干丁は幇身に無力、壬水は年干丁を制し、さらに攻身。日干弱であり、用神取るものなく、喜神木火、忌神土金水となる「源濁」の命です。これによって、兄弟姉妹を類推しますと、

○本造生まれる前、母、流産等をしたか、もしくは生まれても早逝したか、現在存命なれば、力を受けることできない状態、遠く離れるか、あるいは虚弱であるか、といった傾向性や可能性がある。
○本造生まれた次の年の戊子年の後、己丑年、庚寅年に解合されるので、弟妹いる可能性がある。
○兄弟姉妹は、恐らくは現在なれば、二、三人。
○もし兄あるなら、丙あるのと同様に、同居中は、何かと力となってはくれる。

○しかし、弟妹は全く力とならない。
○同居中は仲はよいほうではあるが、むしろ弟妹の力となり助けることが多い。
○しかし、本造は独立後、財に困窮し、「財神反不眞」で疎遠となる。

とおよそ言うことができます。本造、忌神運を巡り、救応なく、中流・中間以下で、独身の傾向性多大です。

つまり、財が忌神にして配偶支忌神となっているのです。

生家はもともとやや財に欠け、環境よろしくなく、勉学・進学に相当な難があります。

任氏の解命、〈丁壬と寅亥合して化印となる〉の理ありません。壬丙の尅あって、丁壬干合の情は専一でなく、天地徳合とならない以上、亥寅は合去あるのみです。この合は寅・亥・丑の三支で解けますが、化木するとしますと丁は乙、壬は甲となり、蔵干二甲二乙となって、木多火熄の憂いさえ生じ、やはり用神取るものなく、喜神火のみとなる、亥寅合去する以上の「源濁」の凶命とさえなるものです。としますと、これもまた事実とは一致しません。当時でも、貧乏人の子沢山と言うことはあり得たでしょう。

〔507〕

癸巳	大運		
戊午	丁巳	甲寅	
丙午	丙辰	癸丑	
庚寅	乙卯	壬子	

丙日午月火旺に生まれ、癸戊干合火旺ゆえ化火し、癸は丁、戊は丙となり、日時支午寅火局半会し、「建禄格」か「陽刃格」となります。巳午未南方全も寅午戌火局全もしませんので、「炎上格」不成。無印ですので、「従旺格」ともなれません。時干庚熔金甚だしく、用神取るものなし、喜神土金水、忌神木火となりはしますが、調候壬水なく、火

炎土焦、焦土不能生金、「源濁」の夭凶命です。また調候ない限り、喜の作用は甚だしく減じます。兄弟姉妹を類推するどころではありません。たとえ寿保ち得たとしても、

第一運丁巳、丁癸尅で癸戊解合して、年月干癸戊に戻り、癸水塞水され、疾病続発。

第二運丙辰、一辰では納火し切れず、

第三運乙卯、第四運甲寅、必死となります。

〔55〕

辛巳	**大運**	丁酉	
辛丑	庚子	丙申	
庚申	己亥	乙未	
辛巳	戊戌		

これは、兄弟も「果非細」である、と同様になることを言っている例です。自分の努力により得たものでない〈爵位〉は、本命の貴ではないのです。

〔508〕

戊戌	**大運**	戊辰	
甲子	乙丑	己巳	
己巳	丙寅	庚午	
戊辰	丁卯		

己日子月水旺に生まれる「正財格」か「偏財格」です。年時柱には劫財が天透地蔵し、調候である丙は、日支巳にあって原局を暖とし、生気を与えてはいるものの、土に納火して強い比劫をさらに強める忌の作用があります。月干甲木は、無情・無力な時支辰の乙木に有気であるのみで、やや土多木折の傾向あり、土多も病なれば、甲木の薬も不及、また、調候丙も天干に透らず、水旺の子水と並ぶため不及です。比劫争財を抑える月干甲を滋木培木す

る癸水を用神とし、喜神金水木、忌神火土となる、「源半清半濁」となります。〈比劫重々〉とありますが、月干甲木の制比劫が運歳でも有効適切であれば、〈兄弟多くても〉、〈群劫争財〉とはならないのです。徐氏の言うような、〈月垣子宮天乙貴人、子巳、戊癸相合して、財のみならず、爵位を継いだのです。〉ではないのです。

〔509〕

		大運	
戊	寅		
己	未	1才庚申	31才癸亥
甲	寅	11才辛酉	41才甲子
乙	亥	21才壬戌	51才乙丑
			61才丙寅

一八七八年（光緒四年）八月四日亥刻生がこの八字となり、立運約1才となります。甲日未月土旺の生まれで、天干己甲干合、土旺にて化土し、日干甲は戊に変化。寅亥合は化土する前の日干甲と時干乙木が化木し、官殺あるので「化土格」不成で「月劫格」となります。日干戊土は未に通根、年支寅は殺印相生で日干強、未月土旺の燥土で調候必要ですがなく、調候不及、火炎土燥、燥土不能生金で生気ありません。用神はやむなくの甲、喜神金水木、忌神火土。調候もなく、食傷も財もなく、「源半濁」となります。

第一運庚申、調候申中に壬水あり、食傷生財の喜の傾向性。

第二運辛酉、辛乙剋去して、寅亥の化木を解くが、原由の日干甲木ゆえ、寅亥は不去で個有の支となり、調候やや不及ですが、食傷生財のやや喜の傾向性。

第三運壬戌、壬戊剋去で調候去となり、日干戊土の根さらに強化され忌の傾向性。

第四運癸亥、水旺調候運、食傷生財とはなりませんが、財のやや喜の傾向性。

第五運甲子、水旺調候運ではありますが、大運干甲木、化木した寅亥と年支寅に通根して日干を攻身し、日干転弱となり、喜神火土、忌神金水木となる忌の傾向性。

第六運乙丑、乙己尅により己甲解合して、日干甲に戻り、「正財格」に変化、寅亥合は化木のまま、丑未冲去して調候なく、日干強、喜神火土金、忌神水木と変化する比劫争財の忌の傾向性。

第七運丙寅、寅亥解合して、調候亥中に壬水あるものの、やや不及、大運干丙火は二寅と未に有気となり、日干戊土を強化するやや忌の傾向性となり、「流前半清後濁」となります。

〈性情論〉

五氣不戻。性正情和。濁亂偏枯。性乖情逆。〔補註〕
《五氣戻《もと》らざれば、性は正しく情は和なり。濁亂偏枯するは、性は乖むきて情は逆す。》
五行不戻。惟正清和。濁亂偏枯。性情乖逆。〔輯要〕
五氣不戻。性情中和。濁亂偏枯。性情乖逆。〔闡微〕
五行不戻。性正情和。濁亂偏枯。性乖情逆。〔徴義〕

原　注

五氣は天にあって、元亨利貞《げんこうりてい》となすもので、この五氣は人に賦与されて、仁義礼智信の性となるものです。

性は内在し、情は発外するもので、惻隠、羞悪、辞譲、是非、誠実の情となるものです。中和するものは、性は正しく情は和にして、これに反するものは、乖戻《かいれい》〔そむきもとる〕するものです。

任氏増注

五氣とは、先天洛書の氣であります。陽は四正にあり、陰は四隅にあり、土は艮坤に寄居す。後天定位これに応じて、東方は木に属し、時は春とし、人は仁とするし、南方は火に属し、時は夏とし、人は礼とするものですし、西方は金に属し、時は秋となし、人は義となすものですし、北方は水に属し、時は冬とし、人は知となすものなのです。坤艮は土となし、坤は西南、火をもって生土、土をもって生金するもので、艮は東北にあって、万物皆土に主どられ、冬尽きて春來たり、土でなければ止水できず、土でなければ培木できないのです。仁義礼智の性も、信がなければ成ることできません。ですから聖人は東北にして、信をもって仁義礼智を成すものなのです。五行不戻、中和純粋であるなら、惻隠、辞譲、誠実の情あるものです。偏枯混濁、太過不及なるは、乖逆、驕傲《きょうごう》〔驕《おご》り高ぶる〕の性であります。

〔510〕

己丑　**大運**　壬戌
丙寅　乙丑　辛酉
甲子　甲子　庚申
戊辰　癸亥

甲子日元、孟春に生まれ、木当令し、しかし太過せず、火は相令なるも烈しからず、土は多いとはいえ、燥とならず、水は少なくとも涸れることなく、金は本来暗蓄なし、火の尅を受けず、また、金は土を得て生じ、争戦の風はないのです。人となり、何事もかりそめにせず、おごることも、へつらうことも、刻薄な行ないもなく、謙恭仁厚の風あるものです。

〔511〕

己　酉　　大運
丁　卯　　丙寅　　癸亥
己　卯　　乙丑　　壬戌
乙　丑　　甲子　　辛酉

己卯日元、仲春に生まれています。土は虚ですので、信少なく、木多金缺、陰火湿土を生ずることできませんので、礼も義も皆虚、かつ八字純陰ですから、都合の良い方につき、人を損させても自己の利を謀ります。幸災楽禍の意が兆《きざ》しているのです。

〔512〕

丙　戌　　大運
乙　未　　丙申　　己亥
丙　子　　丁酉　　庚子
甲　午　　戊戌　　辛丑

丙火、夏の土旺に生まれ、火焔土燥、天干甲乙、枯木助火の勢い烈しく、さらに子水激火と冲となるを嫌う、偏枯混乱の象で性情乖張、処世驕倣、かつ急燥にして風火の如く、財貨の尊さを知らず、これによって、家業は破敗し、無一物となる。

徐氏補註

五氣とは五行の氣であり、戻とは乖戻です。人は五行の氣を稟《う》けてこの世に生まれるものですから、稟けるところの氣が逆戻するは、その人の性情、これに随い、乖張するものであり、稟けるところの気が中和するなら、性情、自然と純正であるのは極めて明らかにして験あるものです。譬えば、四柱純陰なれば、陰にして柔、沈んで、滞るものですし、四柱純陽であるなら、中正担白、陽剛急燥なるものです。しかし、必ずしもそうとは限らないのは、命に定めあるのみでなく、運も関わってくるからです。幼少時遊んでばかりいて、学ぶことをしないのは、逆運であるからです。強制して教化せんとしても益なく、運が順利に転ずれば、自然敏となって学を好み、進歩著しいものです。仁義礼智信を五行に配することは、理はあるがこれのみで云々はできないのです。譬えば、傷官格は聡明と言いますが、これも学ぶことから生ずるものなのです。大体、金水傷官は聡明であること多いものです。これは信じて可でしょう。木は仁寿、金は果決、火は剛正、土は厚重、ということも確かです。八字配合、外に流露するは何であって、その内面にある性情を類推し、一を執るべきではありません。譬えば、水は智慧を主どるとはいえ、土が混濁するのは、反って愚鈍であります。木は仁寿を主どるとはいえ、春木が金を見るは、反って夭折します。一神専旺の格とて、その喜忌の配合を察すべきで、一例でもって云々することはできないものです。五行の性情を察すれば、その中に人の性情があるのです。

考玄解註

ここから「性情論」となっておりますが、『滴天髄』ではその看方の大要を言っているのみで、一人ひとり違った性情であるのに、その細密なところまでを知る具体的方法論は述べられてはおりません。それを細かく論述していきましたなら、本書の半巻以上の三百頁以上をも必要とするのですから、『滴天髄』の補註ではなくなりますので、『四柱推命学詳義』巻八「事象論(1)」を参照していただくしかないのです。

ただ、おおよそ次のようには省述できます。

○命運は一人として同じものはありませんので、その「性情」も一〇〇%同じということはないのです。全く同じ四柱八字の人があるとしても、百二十年か百八十年かに同一の八字はあっても、そこには、時代的背景、政治・経済・社会の諸環境が全く違っているのですから、その違う環境は違う性情となる。

○それぞれ違う中に、大小に分けられる近似性がある。最も大きな近似性は、陽的性情、陰的性情で、しかもその陰性・陽性と言っても、相当な段階差がある、といったようなことから、「性情」傾向の分類・近似性がある。

○日干が〃生命エネルギーの中心核〃ともなる一生不変のものであるから、生まれて死ぬまで変わることのない、「気質」が中心となって、時間経過の変わりゆく環境の中で、「性情」は形成される。しかもこの「気質」も月支提綱との係わり合いの中での、日干の特性、左右の干の特性、上下である日支によるものが「気質」である。

○月令による上下・左右、「始終」の全構造中、大運干支の喜忌、生家環境の有り様によって、「気質」の上に、時支から日支、月支、というように、およそ23～25才位までの間に「基本的性情」が〃役割性格〃として形成される。

○しかもこの「基本的性情」の上に、大運干支の喜忌が作る環境に応じつつ、それなりの環境に応じた〃役割性格〃を矛盾なく作っていく、不可避的・選択的・創造的諸環境である。その環境も一人として同じであるものはない。

○それらの支は、蔵干すべてを配合したもので、それが「喜」となって良い方向へと表出されるか、「忌」となって悪い方向へと表出されるかの違いである。

○人の人として踏み行なう道、道徳律の「仁義礼智信」そのものは、イコール「性情」ではない。そのもとは「情」ではあるが、単なる「感情」ではないし、動物本能的な「感情」もそこには混入されるが、知的操作が入っての、社会での対人的行為のあらわれ方であって、「仁」一つをとってみても、その「性情」を知っている、あるいは感じている「仁」ということの関わり合い方が、自然発生的に外に表出される行為となるのが「仁」であって、何らかの報いを期待する行為は「仁」ではなく、その人の「性情」が「仁」を自分のためにしようとする、「性情」である。つまり、「仁義礼智信」と言われ、「五常」と言われるものは、「性情」そのものではないのである。

〝「源清」にして「命」大変よく、「流清」にして「運歳」が大変よい人は、年を取るに従って、ますます、その性（格）は正しく、その（感）情は和となっていくものであるが、反対に「原局」五行濁乱し、偏枯して「源濁」であって、「運歳」もまた「流濁」となるものは、年を取るごとに、ますます、性（格）歪み、（感）情も波立って不平不満のみが募って、ますます環境を悪化させていくことになる。〟

ということがその大要なのです。ですから、『滴天髓』が「性情」の大要としてここで言っていることは、と、その、善悪の両極端を言っているのみです。性情の細かい看方が言われているのではありません。

しかし、性情は変化していくものですから、「審察」する時点を現在として、その過去の「性情」から、将来変わる「性情」を言わなければなりませんし、それを整理して書きますと、三、四頁は必要となるもので、それは当人の役には立つものの、関係ない人が読むことは、勉強のためでもなく、分かり難いし、面白味もないものですから、挙例の性情も、その視点の要約だけを述べるにとどめます。

〔510〕

己　丑
丙　寅
甲　子
戊　辰

大運
乙丑　辛酉
甲子　庚申
癸亥　壬戌

甲日寅月木旺生の「建禄格」です。「調候」と洩秀の丙火月干に透出し、日時支の子辰水局半会は、甲戊並んでいるため、戊土制水の能なく、甲・寅を生滋木するのみです。また、年柱己丑の土を制財するには無情、日干強となり、用神丙、喜神火土金、忌神水木となる「源清」の命です。しかるに、大運一路北方運の忌を巡り、特に第三運癸亥、水旺運、亥子丑北方全となり、旺令の甲・寅では納水にやや難があり、忌象相当なものがあります。第四運壬戌も忌神透出し、喜忌交加、第五運辛酉、金旺運、辛丙合去し、酉金は日干を制することなどできず、子辰の水局半会を生水するのみで、それほどの喜とはなりません。第六運庚申は、やや喜の傾向性ある運となるものの、立運如何にもよりますが、遅きに失する嫌いがあります。忌はなく、多少の喜です。

このように、環境、それほど良くはならず、癸亥運は特に意に反すること大です。しかし、原局「源清」ですので、「流半濁」でも惨憺たることにはならない、といった程度なのです。

まず「気質」としての陽の甲に、陽の丙の洩秀ある日干強、生家、財あって環境よく、第一運乙丑はそれほどの忌とならないのは、年柱干支喜大であることにより、辰の性情から、子の性情、水智向上に繋がりながら、立運何歳かによるものの、忌の第二運甲子、生家の財に問題生ずるか、環境漸次変化する間に、寅の性情加わっていき、意の如く展開せず、自信と、甲丙の覇気低下し、やることなすこと洩秀の丙も、結局あまり良い結果ではない。第三運癸亥、疾病もあれば、すべてが意の如くならず、消極的・保身的となっていくし、以降も良好ならざる中での、役割性格となっていくものです。〈おごる〉ことのできる環境いずれにもありません。

〈へつらう〉にも、甲・寅・辰の自尊心と水智が邪魔し、あきらめと敵を作ることを避ける保身から、外見〈謙恭仁厚〉のように見えるだけでしかないのです。不運、不遇なる人を思いやり、援助することあるのは、辰の性情、寅の性情です。しかし辰の正義感は、癸亥運以降消失しているのです。

〔511〕

己　酉	**大運**	癸亥	
丁　卯	丙寅	壬戌	
己　卯	乙丑	辛酉	
乙　丑	甲子		

己日卯月木旺・土死令の透乙する「正官格」か「偏官格」です。年月支酉卯冲去し、卯丑接近します。年干己土は日干に無情・無力な幇、時支丑土に根あるものの、水源深い癸水は、乙・卯を滋木して、乙木は尅己土攻身、月干丁は丙よりははるかに助身に劣るものです。日干弱にして、用神やむなくの丁としか取れない仮神、喜神火土、忌神金水、閑神木となる「源濁」の命です。ただ、己土の特性を頼むのみです。

第一運丙寅は環境良化し、喜の傾向性ですが、以降喜運らしい喜はなく、ただ己土の特性にて、大なる忌とならない程度で、「流半濁」の命です。その性情は、まず全陰なる上、「気質」死令の攻身大で、助身有力ならずの己土となります。第一運で、その性情面の丑・卯・寅を発揮していきますが、二卯の防御本能のみが強く、男性的性情に欠けること多大。

第二運乙丑より、さらに消極的保身退嬰的となっていき、挑戦的気力甚だしく減じ、最も楽な方向を追い求める性質へとなっていくものです。それが、

第三運甲子、第四運癸亥の忌運にて、ますます増幅し、財困のくせに性的欲求度は人並以上、しかし体力伴

わず、小疾も続発し、卯の良好ならざる面のみ強くなっていくが、人には良い顔を見せることのみ巧みとなるが、実はそれは多くの人に見透かされる偽りのものです。しかし、根っからの悪人にはなり切れはしません。

〔512〕

丙 戌	**大運**	己亥	〈丙火、夏の土旺に生まれ〉と言っていることを信用しますと、「印綬格」となります。子午冲去し、未・戌燥土が接近して、甲木疏土開墾するものの、燥土不能生金、年干丙は日干の幇に無情、乙甲木は日干に近貼していますが、弱、用神無情ではあるが、丙、喜神木火、忌神土金、閑神水と一応はなる、「源半濁」の命です。
乙 未	丙申	庚子	
丙 子	丁酉	辛丑	
甲 午	戊戌		

第一運丙申、子午解冲し、五行流通し、喜の傾向性あって、環境は良化。

第二運丁酉、年干丙火助丁し、また子午解冲し、五行流通して、才能発揮不十分で、財が好転していき、

第三運戊戌、戊甲尅去、戌午火局半会で子午解冲、疏土不能、洩身太過の忌にて、財利は難となり、

第四運己亥、水旺運、亥中甲あって、やや好転するも、財利伴わず、

第五運庚子、子午解冲、五行流通して、徐々に万事良化していき、

第六運辛丑、前運に続いて佳となっていく。

「気質」丙火に甲の助が加わる休令、第一運丙申、特に午の性情加わり、水智も伴いつつ、第二運丁酉に変わるや、立運にもよりますが、齟齬生じやすく、子の性から、未の性が加わりつつ、第三運戊戌にて、徐々に自信消失していき、防御本能の方が強くなっていきます。子と未の消極性が環境での役割性格となっていきつつ

つ、第五運庚子、環境良化して役割性格も、丙・甲の強さなく、年齢と共に調和が取れていくものです。

火烈而性燥者。遇金水之激。〔輯要・闡微・徴義・補註〕

《火烈しくして性燥なるは、金水の激に遇うなり。》

原　注

火烈にしてよくその性に順ずるは、必ず明にして順です。しかし、金水の激に遇うは、燥急でどうしようもありません。

任氏増注

火燥で烈しいのは、炎上の性あるもので、ただ湿土にて火を潤す作用が必要なのです。そうでしたなら、礼を知り、慈愛の徳あるものですが、金水の激に遇いますと、火勢ますます激しく烈となり、礼を知らず、必ず災禍生ずるものです。湿土とは丑・辰です。丙丁の火を暗くし、その烈を鎮めて、明となるのです。

〔513〕

	大運	
丙　戌		戊戌
甲　午	乙未	己亥
丙　午	丙申	庚子
己　丑	丁酉	

丙午日元、午月に生まれ、年月また甲丙あって、猛烈の極ですが、丑時を喜ぶもので、干支は皆湿土、丙の烈を納め、よく午火を晦くし、その性に順、その情を悦ぶものです。威あれど、猛々しくなく、厳ですが悪意なく、名利双輝たるものです。

〔514〕

辛　巳　　大運
甲　午　　癸巳　己丑　庚寅
丙　子　　壬辰　戊子
甲　午　　辛卯

丙火午月午時に生まれ、木は火勢に従い、烈の極です。土なくして、その性に順ずることできず、金は無根、水は無源、その猛烈の性を激すものです。幼にして父母を失う所以です。兄や嫂と同居していましたが、勇ましいことが好きで、分に安ぜられず、年十六、七才にして、身体雄偉、筋力は人に過ぎ、挙棒を好み、無類の徒と交遊し、兄嫂も禁ずることできず、後、虎と格闘してかまれ死亡しました。

徐氏補註

火の性は燥にして烈であります。八字火をもって體用とするものは、潤じ洩らしその性情を引くのが最も宜しいのです。強制尅抑するのはよくありません。冲激を見るは、禍を避けることできません。火金対峙するなら、湿土をもって護るがよく、水火対峙するは、木をもって和せしむるがよいのです。つまり、その性を緩和せしめるのです。さらにその體用を察すべきで、火土傷官の如きは、火炎土燥なれば、水潤土に遇うは反って有益で、火の氣は土に洩らし、水に遇うも、土の制によって火を衛ることとなるからです。土を日主とし、火を用神とする如きは、一たび水運を見るや、必ず災殃あるものです。用神は日主を衛っても、日主は用神を衛れないのです。水を見て用を傷するは、甚だしきは日主を傷するものです。

左の四造は、土を日主とし、火を用神とする命造例で、水激の禍あるものです。

〔384〕

癸	戊	己	丁
丑	午	巳	卯

〔407〕

戊	己	戊	丙
戌	未	戌	辰

〔397〕

丁	丙	戊	乙
酉	午	午	卯

〔396〕

己	己	戊	乙
未	巳	午	卯

次の兩造は、火を日主とし、土を用神とする命造例です。水運潤土、反って益を得るものです。

〔391〕

戊	己	丙	庚
戌	未	子	寅

〔392〕

戊	己	丁	丙
辰	未	巳	午

考玄解註

火烈と言っていますが、本書巻一の丙火丁火の性を見れば解る通り、同じ火でも同じ性ではありません。これを知らずして、単純仮数測定や、たとえ四柱構造によって補正修正したとしても、干の特性を無視して力量のみで、喜用を決定することは大変な間違いを犯す恐れがあることは、何度も述べてきたところです。そしてまた、丁火柔とは言いましても、丁日干に丙がありますと構造によっては、丙火奪丁となって、丁日干が丙日干に化する場合もあれば、あたかも乙日干で甲あれば藤蘿繫甲と同じように、丁日干が丙を喜とするような場合もあるのです。これらは飽くまで構造如何によるものです。ここで、「火烈」と言っているのは、干の特性を踏まえた上で、太強なることを言い、「性燥」とは、湿土の丑辰がないこと、壬癸水の配合と土の配合よろしくなく湿土の情なき両方を言っているもので、丑・辰のみと限定するのはやや狭偏と考えられます。金水の激とは、原注も任氏増注も敢えてこれを深く追求せず、徐氏は、①火金対峙、②水火対峙、と二つに分けて論じている点が進んでいます。しかし、その先が疑問であります。火烈である場合、

(1)「火金対峙」は、湿土があって護るべし、と言っているのは、これは正しいのです。つまり火土金と順生し、湿土に火は洩らして、烈なるが晦火して明となり、湿土が生金して、金あらわれる。すなわち、食傷生財となるから、順理です。

(2)「水火対峙」は、木をもって和すべし、と言っている点が問題なのです。前の対峙もここの対峙も勢力均等して対峙しているのみとは限りません。ここでは、単に火太強で尅制するものとしての、金であり、水であると考えるべきです。そうしますと、水は生木して、木はさらに太強なる火焔を激しくさせる、これは、調和とはならないのは明瞭です。ですから、火太強にして烈で、水あるなら、やはり湿土をもって、晦光して、湿土生金の情をもって、金が生水、湿土と水が生木して、生火の情を導くなれば五行順遂の美を発して、火烈でも燥でもなくなる、と解すべきなのです。すなわち、「五氣不戻」となるための、湿土の作用大なるものがあり、ここにも、土は万物を生ず、と言われる真意がある点を理解してください。このように、(1)(2)に便宜上分けているのは、説明のため理解しやすいからであって、(2)は(1)に包含され、また、仮に、(3)として、

火と金水が対峙することも、(1)中に包含されることになるのです。

ですから、天干丙火の論中に、「土衆生慈」とあるのです。

また、徐氏は、「如火土傷官。火炎土燥。遇水潤土。反爲有益。」と言い、「若土爲日主。而以火爲用神。一見水運。必有災殃。」とも言っていることはまことに正しく、後文は、既に何度か申し上げている、「用之爲官不可傷。用之爲財不可劫。用之印綬不可壊。用之食神不可破。」は「子平萬法宗」たるものであり、またここで反復論ずる必要はないことでしょう。

ここでの金水の水は、「天道有寒暖」の、三夏の調候としての水源有情なる壬水のことではなく、甲乙日の三夏の癸水でもなく、火土金日の水源のない癸水のことなのです。火旺で火太過して癸水あるのは、沸水にさせる、杯水車薪、火炎上するのみとなるから、「火烈」「性燥」となる、焦土不能生金となる、火により金熔となる、ということを言わんとしているのです。この「烈」と「燥」は、性情形成の過程で、その支の性情面の悪い要素が強くなるものである、と解すれば、相当具体的となるのです。それも大運干支が係わってのことです。

〔513〕

丙 戌	**大運**	戊戌
甲 午	乙未	己亥
丙 午	丙申	庚子
己 丑	丁酉	

丙日午月火旺に生まれる「建禄格」か「陽刃格」です。年月支戌午火局半会し、月干の甲木は気勢よりして、所謂、「虎馬犬郷。甲來焚滅。」となるもので、調候と「病」に対する「薬」の両用となる、水源有情な壬水が必要となるのに、調候も「薬」もなく、わずかに、時柱

己丑が納火晦光はするものの、己丑は、日干丙火と日支午火のみの、晦火晦光でしかないことを知らなければならないのです。つまり、年月の火の晦火晦光はできないし、調候も「薬」も大変不及である上下・左右なのです。用神はやむなく己、喜神土金、忌神木火、閑神水となる、「源半濁」となります。

第一運乙未、忌の傾向性。

第二運丙申、申中壬水調候にて喜となっても、それほどの喜とならないのは、原局天干と大運干の三丙と、原局火旺の二午が金旺の申中庚を熔金の気勢あるところを、原局の丑の湿土が辛うじて生庚しているのみで、それほどの喜とはならないのです。しかし、忌ともならないのです。

第三運丁酉、酉丑金局半会、酉午蔵干の尅で酉は個有支、湿土の丑があって、比劫争財の忌とまではならず、

第四運戊戌、戊甲尅去し、戌戌午午の火局全近くなり、火はさらに団結、比劫と丙火の忌象が続出します。

第五運己亥、水旺運、調候壬水と己土、さらに晦火晦光し、徐々に喜の傾向性となり上昇しつつ、

第六運庚子、調候さらに美となり、水源庚金があるので、「衰神沖旺旺神發。」とはなりません。つまり、湿土生金し、庚金旺水を生じ、水また甲木を生じ、やや火強の忌は残るものの、五行流通して、喜のほうが有力となるからです。

その性情、気質、旺の丙火と甲、やや「烈」の「燥」、一点の丑にて、相当調和するも、第二運丙申にて午支も悪化せず、やや「烈」と「燥」ある間に忌の第三運丁酉から第四運戊戌に巡り、「烈」と「燥」の性情・役割性格となる、反抗、自己主張、不平不満、冗舌、また火と金の疾病も生じ、「財神反不眞。」となるものです。

第五運己亥にて徐々に環境良くなるに連れて、また、役割性格も角が取れていくようになります。

任氏解命の大誤は、己丑がすべての丙・午を晦火晦光する、と見ている点です。それは、年支が戌ではなく辰であるなら、調候壬水がなくても、相当晦火とはなり得るのです。「上下」「左右」を忘れているのです。

〔514〕

辛　巳	**大運**	庚寅	
甲　午	癸巳	己丑	
丙　子	壬辰	戊子	
甲　午	辛卯		

丙日午月火旺に生まれる「建禄格」か「陽刃格」です。調候として水源が有情である壬水が必要であるのに、日支子水に年干辛金は無情にして、一子二午で去とならないのみか、子中癸水は月時干の甲を滋木し、二甲は生火に向かう、水源あっても、杯水車薪となり、火勢炎上して、熔金します。用神取るものなく、一応喜神土金、忌神木火、閑神水とする「源濁」の甚だしきものとなります。

第二運壬辰のみやや喜の傾向性となるものの、それ以外はすべて、大忌、「流濁」の甚だしいものです。つまり、原局喜となるもの一点もない「源濁」の甚だしいもので、性情偏強となるのみです。つまり「気質」丙・甲が環境が悪いために、悪い午の性情を強化することになるのです。水智が喜の作用を全くなくすということは、無謀無恥となるものです。

水奔而性柔者。全金木之神。〔輯要・闡微・徵義・補註〕

《水奔《は》しりて性柔なるは、金木の神を全くするなり。》

原注

水は盛んですと奔しり、その性は大変剛で、大変急がしいものですが、金があって水を行かしめ、木をもって水を納めるなら、柔となるものです。

任氏増注

水は本來は柔なるものですが、奔流の勢いがつきますと、剛急最たるものとなります。火があってこれを尅沖したり、土が水を激したりしますと、その性に逆し、さらに剛となります。奔とは、旺極の勢いを言います。金の作用によって、その勢いに順じ、木の作用によって、停滞するを疎通せしめるは、その旺盛に従うことであり、その狂奔するを納めるは、その性は反って柔となり、剛中の徳、進退よろしきを得るの意です。智巧多能とはいえ、仁義の情を失わぬものです。

〔515〕

癸亥	**大運**	
甲子	癸亥	庚申
壬申	壬戌	己未
庚子	辛酉	戊午

壬申日元にて、子月に生まれ、年時亥子、天干には庚癸透出し、その勢い衝奔、制水するは不可。月干の甲木は凋枯し、また庚金の伐にあい納水不能、用庚、その氣勢に順ずるのみです。人となり剛柔相済、仁徳兼資、積学篤行、名与を求めず、初運癸亥、旺神に従って、蔭庇大好、壬戌運、水不通根、戊土水を激し、刑喪破耗。辛酉・庚申運、入泮補廩、また四子を得る。家業日に増し、一交己未運、冲奔の勢、連尅三子、破耗異常で、戊運に至って死

亡しました。

〔516〕
壬　寅　　大運
壬　子　　癸丑　丙辰
壬　辰　　甲寅　丁巳
壬　寅　　乙丑　戊午

天干四壬、子月に生まれ、衝奔の勢いあって、最も喜ぶは寅時、辰土の淤塞を疎通せしめて、壬水の旺神を納めているのです。驕傲ならず、才能特異、一度読んだことは決して忘れず、文章優秀。甲寅入泮、乙卯登科、丙辰衝激旺水、群比争財して、死亡しました。

〔517〕
癸　未　　大運
癸　亥　　壬戌　己未
壬　子　　辛酉　戊午
戊　申　　庚申　丁巳

壬子日元、亥月申時に生まれ、年月共に癸透り、ただその勢いに順ずるが宜しく、その流れに逆らうは不可、未戌の両字を嫌う、激水の性です。人となり是非反対、作事ならず、憚るところありません。初運壬戌、支は土旺に逢い、父母共に亡ぶ。辛酉・庚申運、洩土生水、無頼邪僻の行いありといえど、幸いにも、凶咎を免れる。しかし、己未運に交わるや、助土激水して、一家五人焼死しました。

徐氏補註

水の勢いには冲奔の象がありますが、性質は至って柔なるものです。八字に水を見て、冲奔の勢いを用とするものは、その潤下の性に逆らってはいけないのです。その柔順の質を用とするは、金木の神を全くすることが必要なのです。ただ、水の性は、柔とは言いましても、金の鋭を洩らして、木の用を存するからです。金木対峙する如きは、水をもって済えることなければ、金も木も全くすることはできないのです。木は仁、水は智、金は果決、金が水を見るは、剛決の氣、転じて、智慧仁厚の性となるものです。

〔260〕

戊　寅　　**大運**
庚　申　　21才癸亥　　51才丙寅
己　丑　　31才甲子
甲　子　　41才乙丑

この命、時干に甲木官星透って、日主己と干合、去官することできず、別に用神を探さねばなりません。申月庚金月透、金木交争、必ず官星を傷すに、幸い申中壬水あり、子中癸水あり、傷官を洩らして生財し、財生官、その柔性を用として、金木兩全。早年辛酉・壬運、読者聡慧非常、戊・癸運多病、亥運に入るや、身体頓《とみ》に健となり、甲子運は順風満帆、官は簡任に至る。乙丑運、金太旺して、去職。知らぬ人は、丙寅運、去傷扶官、一生中の最美の運であると言います。これは全く誤りで、庚金を強制し、扶甲することを知らぬことから間違いが生ずるのです。つまり、用は不全で、妻子共に死し、抑鬱無聊、仏学に潜心し、世智聡明でしたので、一転して慈悲智慧となったものです。

考玄解註

水もまた、壬癸水同じではありません。しかし、水は智であり、剛中の徳の壬と至弱で柔の癸も大強となりますと、「冲天奔地」「從則相濟」ともなるのです。「周流不滞」「達于天津」なるは、水勢に順であることですから、金の水源あって、よく木に納め、金木相戦しなければ順、柔であるのですが、実はここで『滴天髄』が言っていることは、日干壬癸水、月令を得て、水太過して、比劫重々、印の金がある、しかも調候丙火適切である、水の「従旺格」のことで、「水奔」とは普通格局のことではないのです。つまり、調候丙火へと相生する通関の木を、金木の木としており、さらに水智を強めると同時に、化殺生身となる金があるなら、金水木火と流通して、水の「従旺格」の美となるなら、喜神金水木火となるのです。ですから、性情、役割性格、良好となって、いかなる運に巡っても喜となることを、「柔」という言い方をしている、のが真義なのです。

原注、任氏増注、徐氏補註もすべて、普通格局のような註になっているのは真義ではありません。徐氏補註は「潤下」を言っていますが、はっきりとは言っていないのです。つまり、普通格局で、水太過するのに金があるのは、さらに水を強化するのみで忌であり、木は水多木漂となるものであるから、「薬」となる戊土の水利灌漑による弁証法的作用が必要である、ということを任氏も徐氏も言うべきであったのです。特に任氏増注では、〈その勢いに順じ〉〈土が水を激したりしますと、その性に逆し、〉と言っている点にあるのです。この点が明確にされていないので、挙例も調候のない水の「従旺格」や壬水の普通格局であったりしているのです。

〔515〕

		大運	
癸亥			庚申
甲子		癸亥	己未
壬申		壬戌	戊午
庚子		辛酉	

壬日子月水旺に生まれ、年柱癸亥、申子子の水局半会以上、日干月令を得て、比劫重々にして、印の庚透出し、官殺の干支一点もありませんので、「真の従旺格」です。用神壬、喜神金水木火、閑神土となる、調候のない金寒水冷、凍木の「源半清半濁」となるものです。木があ

ろうがなかろうが、「従旺格」となるのですが、この木があっても調候の丙火へと流通しないのが惜しまれるところなのです。調候丙火がない限り、金寒水冷ですので、喜も十分な喜の作用は発しないので、それが性情面の欠陥ともなるのです。

第六運戊午、火旺調候運に至って、やっと生々の気を発するのみです。金木あっても、謂うところの「柔」とは言えないものです。

任氏増注は、解命も、性情も、事象も誤っています。

〔516〕

壬　寅　　**大運**
壬　子　　癸丑　　丙辰
壬　辰　　甲寅　　丁巳
壬　寅　　乙卯　　戊午

壬日子月に生まれる「建禄格」か「陽刃格」です。子辰水局半会、調候丙火、年時支に二寅にあり、日干強、用神は甲、喜神木火土、忌神金水となる「源清」の命となります。

第一運癸丑のみはやや忌となるが、以降、喜用運にて、「流清」となる「財氣通門戸」、しかし「官星有理會」とまでは言い切れません。しかし、環境一路向上し、性情は壬水と寅支、辰支、子支の良好性が役割性格となって、『滴天髓』言うところの〝良好〟という意の「柔」となっていくものです。

第四運丙辰、辰辰子の水局半会以上となるも、〈群比争財して、死亡〉はあり得ません。寅中二丙の財は、〈争財〉とはならないのです。つまり、立運にもよるものの、壬申年とか庚申年は巡ってはこないのです。巡っても、甲申年くらいしかなく、突然死もありません。

〔517〕

癸 未	**大運**	
癸 亥	壬戌	戊午
壬 子	辛酉	丁巳
戊 申	庚申	

壬日亥月水旺に生まれ、調候急を要するに照暖の丙火なく、子申水局半会し、年月に二癸通り、冲天奔地の水勢に、時干戊土が日時の水を多少は制するものの、月支亥水と年月二癸は制しきれず、年支未は湿土となるのみで、「従旺格」不成の「建禄格」です。用神戊としか取れず、制水の「薬」不及。喜神火土、忌神金水、甲木は剋土する大忌となる「源濁」の命です。生後の翌年甲申年は大忌にて、水の疾患は避けられず、さらに翌年乙酉年も忌。

第一運壬戌は喜となるほどではないのに、第二運辛酉、第三運庚申と忌運続いて、水多土流、水多の知能発達せず、気質水、申・子・亥と水の激性を加勢する一方です。木・火・土・金と多病続発し、この間、いつ死亡しても不思議ではない「流濁」の天凶の命と言うべきです。

〔260〕

戊 寅	**大運**	31才甲子
庚 申	1才辛酉	41才乙丑
己 丑	11才壬戌	51才丙寅
甲 子	21才癸亥	

己日申月金旺に生まれる「傷官格」です。調候丙火必要であるのに寅申冲去し、己甲合、丑子合の天地徳合、丑子接近して、年干の無情なる戊土は丑を通じて日干の幇となる。調候丙なく、水旺の池塘氷結、金寒水冷ほどではないが、凍土にて生気なく、用神やむなく戊としか取れず、喜神火土、忌神金水木となる、倍力の攻身の甲を大忌とする「源濁」の命です。ただ己土の特性「不愁木盛。不畏水狂。」

「金多金光。」を頼むのみです。

第一運辛酉、洩身太過の忌の傾向性にして、土金の疾病は避けられず。

第二運壬戌、壬戊尅去しても、それほどの忌とならないのは、戊土が有情な根となり、子水を多少は制し、調候丙火の有力には比すべくもないが、戌中丁火が助土して、火土金水木火と一応は五行流通することによる。

第三運癸亥、癸戊合去して、亥子丑北方全の忌大の傾向性、辛酉運中の疾病再発し多病。

第四運甲子、庚金尅甲し、攻身の忌を制するが、忌の傾向性。

第五運乙丑、丑土の根があるものの、喜も調候がないため大したことではなく、

第六運丙寅、丙庚尅去し、日干は戊土に接近し、寅申解冲して、寅の殺印相生、調候有力な生助となって、徐々に環境良化する、「流半濁半清」となります。

性情は甲の尅己する己土の気質に、大運中の忌により、子の慎重、臆病から、また丑の根気、努力、粘り強さから、甲の性情が加味してくるものの、第三運癸亥の忌の疾病よりして、子・丑の消極性、用心深さ、警戒心、多病によって深まる、晩年に至って、環境良化とともに役割性格も円満となります。

徐氏が言っていることは不明確です。〈その柔性を用として〉の意が金水のこととしますと大誤で、「道有體用」の扶抑に反することになります。本造は従格とならない金旺の「傷官格」で、幸いにも寅申冲去して、尅洩あっても、洩身太過まではならないが、攻身を重い忌とする、調候のない命です。この調候について一言も触れていないのは、『滴天髓』の「天道」を全く忘れ、『窮通寶鑑』を評註していることさえも忘れているのです。さらに、〈用は不全〉として、〈丙運〉のことを、〈庚金〉徐氏はこれを〈用〉とし、〈強制し〉〈扶甲するこ

とを知らぬことから間違いが生ずるのです。〉と言っている点です。そもそもが〈柔性を用として〉という命理上の共通概念の用語は、古来の「命書」「歌訣」「詩断」等で言われたことはなく、しかも二行を用神ということさえ定理に反し、〈庚金を強制〉するのが忌であり、〈扶甲〉することも忌では、論理的にもおかしなことです。日干弱である、「衰旺之眞機」の最も初歩的なことを知っていれば、食傷は忌であり、この忌とするものを化殺生身・調候ともなる丙火が制庚して、どうして悪いことがありましょうか。さらには、「闕内有織女。闕外有牛郎。」と言われている真義を理解したならば、丙庚尅去し、寅申解冲し、己土は戊寅の「牛郎」にあって、「入洞房」となる寅運であるのを、一体何を〈知らない〉〈全く誤り〉なのでしょうか。徐氏の大誤大謬のほうが問題です。つまり、命理だけでなく、あらゆる理論というものは、初めの理を一歩間違えますと、その誤りの上に次々と誤りを重ね、鋏状にその先は広がることは共通していることです。

しかも〈妻子共に死し〉と、この命の人が妻子を死亡させたように言っていることも、何度も繰り返し述べたように、妻子はそれぞれの命運あって死亡したに過ぎないのです。〝生命エネルギーの互換性〟を越えた限界が一方の死なのです。それがその人の個の命運なのです。しかも、その死は確かに喜ではありませんが、丙寅運が喜大であったからこそ、〈慈悲智慧となった〉のではないのですが、これが徐氏の言うように、〈全く誤り〉であるなら、才能・能力・智も発することができず、扶甲した攻身の忌象もっと甚だしく、惨たる晩年となっている環境であるはずです。ここでも、命理を事実や現実に合わせようとしていることは、いかがなものでしょうか。

こうしたことがどこから起きたのか、と言いますと、『滴天髓』の言っていることは正しい、とするのは良いのですが、その正しさを正しく理解できずして、「水奔而性柔者。全金木之神。」とあることは、水の「従旺格」のことを言っているのであって、普通格局のことではない、ということが理解できなかった、つまり、命理の真の理を知らなかったことによるのです。

こうした徐氏の誤りは、ここだけのことではなく、あちこちに多見されることであって、徐氏の書によって学ぶ人が、その誤りに気付いて、これを理論的に克服できた時から、命理学の一段の向上が開けるものなのです。それが学術遺産への報恩、感謝であると思います。

木奔南而軟怯。金見水以流通。〔輯要・闡微・徴義・補註〕

《木が南に奔《は》しりて軟怯《なんきょう》となる。金は水を見れば流通する。》

原　注

木の性は火を見るは慈愛あるものとするが、南に奔しるは仁礼過ぎて、性は軟怯となるものです。中和を得るは惻隠の情、辞譲の礼あるものです。偏るは姑息、馬鹿丁寧でしつこいものです。金の性は最も方正で、断固たるところあって、剛毅なるものですが、水を見ますと、義の性が行なわれ智となし、智は元神を滞らさず流通せしめ、氣の正を得て、是非を誤らず、斟酌あり、変化あり、氣の偏るものは、必ず泛濫流蕩するものであります。

任氏増注

木が南に奔しるとは、洩氣太過するを言うものです。柱中に金があって、水を得るなら流通することとなりまして、火も烈しからず。金がもしなければ、辰土があって必ず火氣を収めるなら、中和を得られるのです。こうした中和ある人は、恭にして礼あり、和にして節を正しくするものです。水なくして、土をもって済えるは、土は晦火、発洩太過しますので、聡明で自ら恃むこと大にして、変遷して常ならず、婦人の仁とも言えます。

金は、剛健中正の体です。よく大事に任じ、大謀を決しますが、水を見て流通するは、剛毅の性がよく智を用とすることができるものです。氣の正を得るとは、金旺遇水のことで、人となり、内方外円、よく変化を知って、処世清廉で慈恵、よく中庸の道に合するものです。氣の偏なるものとは、金衰水旺のことで、作事荒唐、口と心は一致せず、人をだますものです。

〔518〕

庚辰	**大運**		丙戌
壬午		癸未	丁亥
甲午		甲申	戊子
丙寅		乙酉	

甲午日元で、午月に生まれ、木奔南方、生時寅は、甲木の建祿なのですが、生時天干丙火は生地に坐し、寅午は火局となって日主の建祿の作用を失っているものです。最も喜ぶは、壬水が透って、火を済えているところです。しかし、壬水も庚金の生がないならば、旺火を制し切れないのです。それに庚金も湿土である辰がないことには、生水できません。この造の良きところは辰にあるのです。辰土は晦火・養木・蓄水・養金の作用があつまって、火

を烈しくせしめず、木も枯れず、金も熔けず、水も涸れず、全て辰の一字に頼っていて、中和の象を得ているのです。申運壬水の生に逢い、乙酉運では、金旺生水し、入泮補廩、故郷に名を挙げました。しかし、丙戌運、火土並旺して、服制重々となり、後、丁亥運、壬水得地、閩中《びんちゅう》（今の福建省）の主宰となり、徳教並びに行なう。制度を改め、民衆を教化し、所謂、剛柔相済の人、仁徳兼資の仁であります。

〔519〕

丙戌	**大運**	戊戌	
甲午	乙未	己亥	
甲申	丙申	庚子	
丙寅	丁酉		

甲申日元で、午月に生まれ、丙火二つ透出し、支は火局を全くし、木奔南です。燥土は晦火も生金もすることもできません。申金剋尽されて無水、柔軟の極です。その人となり、恩義を大切にせず、本筋を弁えず、疑い深くして、決断心無く、小利を貪って、大義に背き、一生なすことなく終わる。

〔520〕

甲申	**大運**	丁丑	
癸酉	甲戌	戊寅	
庚子	乙亥	己卯	
乙酉	丙子		

庚日酉月に生まれ、年時に申酉あって、秋金鋭々。喜とするは、日支子水で、癸水元神透出して、金の性をよく流通せしめ、その精華を洩らしている点であります。人となり、大事に任じ、その処置することと適切で、面倒ごとを巧みにさばき、誤ったことや不正になびかず、正義を重んじて、よく人に施し、自らを修めて、よく人を利する性の人なのです。

〔521〕

		大運	
壬	申		丙辰
壬	子	癸丑	丁巳
庚	辰	甲寅	戊午
丙	子	乙卯	

庚日、仲冬子月に生まれ、天干に二壬透って、支は水局を成し、金衰水旺、本来は偏象に属するものです。さらに嫌うは丙火が時干にあることです。金は義であり、方《まさ》で、水は智を司って円。金多水少は、智円行方ですが、水泛金衰は、方正の氣が絶して、円智の心盛んとなります。中年運、火土運、壬水の性を衝撃せしめて、刑傷破耗、財散人離、半生は奸詐多く、財物を詐取、しかもこれを蕩尽せしめたのです。

徐氏補註

この兩句は、前の文章の「水奔而性柔者。全金木之神。」の句から必然的に導かれてくる文章なのです。木が巳午未月南方に生まれ、太洩するは軟怯となるものです。木は旺ずるも衰えるも、いずれにあっても印がないことは宜しくありません。印、つまり水です。もし木が弱くして水を得ますと、木の根を潤し、火の洩を畏れませんし、火もまた焚木できないのです。木旺じて根が水潤を得るなら、火に木の菁英の氣を洩らすことは貴となすものです。水がありませんと、火燥木枯となり、火を強くせしめるのみで、偏枯の象をなすものです。水はよく木の神を全うできるものです。金は秋に生じ、氣盛金鋭を火の用によって強制するは、剛果たらしめることはできても、粘り強くはできないものです。水をもって金氣の性を流通せしめるには及ばないものです。金水傷官は聡明の資質あるもので、所謂、強金得水、方《まさ》にその鋒をくじく、でして、水は金の神を全うできるのです。

考玄解註

ここは確かに徐氏補註の言っているように、前の句に「水奔而性柔者。全金木之神。」とあることから、必然的対照として繋がって言われていることです。しかし、既に解註したように、前の文は特別格局であるのに反して、ここは普通格局を言っていることも、大きな対照となっているのです。しかもこの句はさらにまた、「火烈而性燥者。遇金水之激。」とも対照となっていることを忘れてはならないし、その大本は、「五氣不戻。性正情和。濁亂偏枯。性乖情逆。」に帰することも忘れてはならないのです。つまり、ここで「軟怯」と言っていることは、甚だしくないにしても、「性乖情逆。」となる普通格局のことを言っていると解することさえできましたなら、ここまで『滴天髓』を読んできたのですから、日干木として、「奔南」、火旺に生まれ、調候とも滋木ともなる癸水と水源となる金が流通し、「火烈」を制し過ぎて「烈燥」を全く失って、用神取り難いとか、火土を喜用とするのは、大運順逆のいずれを巡るも良好を得られないので、「軟怯」の構造ということになるのです。

例えば、考え得る二造として、

〔A〕	大運	（男命）	（女命）
庚子			
壬午		癸未	辛巳
甲午		甲申	庚辰
壬申		乙酉	己卯
		丙戌	戊寅

〔A〕は金水太過して、用神取り難く、男命では大運順旋し、一路忌運を巡ります。女命では大運逆旋して、第一運辛巳は忌、第二運庚辰は大忌、第三運己卯さえ木旺運でありながら、庚金有力な申根あって尅木し、己土財にも任じられず、第四運戊寅さえ忌では環境悪化して、「軟怯」となることになります。

〔B〕

乙　卯	大運	（男命）	（女命）
壬　午		辛巳	癸未
甲　申		庚辰	甲申
丁　卯		己卯	乙酉
		戊寅	丙戌

〔B〕は、やむなくの用神丙、男命逆旋し、第一運辛巳は巳申合去して忌、第二運庚辰は喜忌参半、第三運己卯、第四運戊寅は忌となり、同じく「軟怯」、女命順旋し、第一運癸未、第二運甲申、第三運乙酉ともに忌、第四運丙戌、丙壬剋去し、日干甲木は年柱乙卯に有情、比劫争財の忌に続いて、第五運丁亥、亥卯卯木局半会以上の忌となるので、また「軟怯」とするのです。

つまり、偏枯雑乱して、火の烈であるべきものが、その用をなさないのは、「烈」の反対の「軟」と解すればよいのです。こうした「軟怯」となる構造はこの二例に止まるものではなく、いくらでもあり得るのです。

〔518〕

庚　辰	大運		丙戌
壬　午		癸未	丁亥
甲　午		甲申	戊子
丙　寅		乙酉	

甲日午月火旺の透丙する「食神格」か「傷官格」です。日時支午寅火局半会し透丙するに、年月干庚壬が、調候とも「病」に対する「薬」とはなるものの、時柱の丙、寅中二丙には不及。しかし、年柱庚辰の辰の湿土が月支の午を晦火晦光し、生庚し、さらに壬水は辰に有気となって、月日支二午を制火。用神は壬、喜神水木、忌神火土、閑神金となります。日干は休令の甲ですので、「源半清」の命となるものです。つまり、火は一応は忌神ではありますが、年月干支よりして、火が来ても、壬水制火して、それほどの忌とならないのは辰支もあるからです。壬水は丁火で丁壬合去し、喜とはならないものの、辰中乙癸あるので、その用は失いません。また、この辰は、

二午あって酉辰合去ともならないのです。

第一運癸未、癸水滋木するとともに、庚金生癸することにより、癸水丙困する、喜の傾向性となり、
第二運甲申、甲庚剋去して、水源を失うものの、金旺の甲申の化殺生身、しかも、年支辰に接近もすれば、申寅冲にて午寅火局半会を解き喜大の傾向性。

第三運乙酉、乙庚干合化金して、酉午剋、酉辰合の情不専にて、酉は個有支、喜の傾向性ある運。

第四運丙戌、壬水制丙してそれほどの忌とならず、
第五運丁亥、丁壬合去し、亥寅合にて午寅火局半会を解き、亥中蔵甲の喜大の傾向性。

第六運戊子、前運の喜はやや減じますが、喜の傾向性。

性情、甲丙の気質に、水智の喜を発しつつ、寅の性情から午の性情へと、甲申運の喜運で形成されてゆくことになります。乙酉・丙戌運、水智発し、辰の性情と調和よろしく、丁亥運以降、「財氣通門戸」「官星有理會」となって、環境良化目覚ましいことは、役割性格伴うことにもよるもので、ここで言われる「軟怯」とはならずに、金水適切にて、かつ、丙火の「烈」の作用もあるからです。

〔519〕

丙	**戌**	**大運**	
甲	**午**	乙未	己亥
甲	**申**	丙申	庚子
丙	**寅**	丁酉	

甲日午月火旺に生まれ、戌午火局半会して、申寅冲去、調候壬水と寅の根を失い、日干無根無印となって「仮の従児格」、調候のない下格となります。用神丙、喜神火土金、忌神水、閑神木となり、「源半濁」となるものです。巳・午・申・酉・戌・亥で申寅解冲すると、「食神

格」か「傷官格」となり、喜神水木、忌神火土金と変化します。

第一運乙未、戌午火局半会は解け、喜の傾向性となるが、調候なくそれほどの喜となりません。

第二運丙申、申寅解冲して、「食神格」か「傷官格」となり、喜神水木、忌神火土金と変化して、調候申の殺印相生と寅の根あって、やや喜の傾向性。

第三運丁酉、申酉戌西方全くして申寅解冲し、「食神格」か「傷官格」となり、天干二丙が「薬」となって制金するも、申の殺印相生とならずして、調候をなくし忌の傾向性。

第四運戊戌、申寅解冲して、戌戌午火局半会以上となって、「食神格」か「傷官格」となり、調候と日干の根ありますが、やや忌の傾向性。

第五運己亥、申寅解冲して、「食神格」か「傷官格」となり、水旺の調候運で、喜の傾向性ある運。

第六運庚子、庚金の水源ある印旺運で、「食神格」か「傷官格」となり、天干二丙が剋庚金し、庚金の剋甲木は無力となりますが、水源ある調候運で、癸水の滋木培木はあるものの、日干無根で洩身に耐えられません。忌の傾向性ある運。「流半清半濁」となります。

〔520〕

甲　申	**大運**	
癸　酉	甲戌	丁丑
庚　子	乙亥	戊寅
乙　酉	丙子	己卯

ここは、「木奔南」の性情を言っているところであって、庚乙干合化金し、丙火の調候ない「建禄格」か「陽刃格」です。「木奔南」の性情とは関係ないものです。調候のない金寒水冷の下格です。

任氏解命を評註してください。

〔521〕

壬申　大運
壬子　癸丑　丙辰
庚辰　甲寅　丁巳
丙子　乙卯　戊午

これも日干庚で、「木奔南」と全く関係なく、しかも、調候ある「仮の従児格」です。第五運丁巳まで一路喜用運なるものの、第六運戊午は、「食神格」か「傷官格」に変化し、傷官太過の年上傷官となるばかりでなく、「衰神沖旺旺神發」の大忌の大忌の傾向性となるものです。

任氏の解命を評註してください。

最拗者西水還南。至剛者東火轉北。〔輯要・闡微・徴義・補註〕

《最も拗《す》ねる者は、西水南に還るなり。至剛の者は、東火北に轉《てん》ずるなり。》

原　注

西方の水は、水の発源であって最も長いし、その勢いも盛んなのですから、土をもって制するとか、木をもって納めるとかしないことには、浩蕩の勢いとなり、順行せず、逆行して南方に行くは、その性に逆するものですので、その性質ひねくれて制し難いものです。東方の火はその氣炎々と燃え上がるものですので、土でこれを収めるとか、水で制することなければ、焚烈の勢いに安じられないものです。順行せずして反って北方に行くは、その性は剛暴となるものです。

任氏増注

西方の水は、崑崙に発源して、その勢い浩蕩たるもので、遏くもよくなく、その性に順ずるが宜しいのです。木を用で水を納めるは、すなわち、智の性が仁となります。土で制するを用とするは、その情を得ることできなければ、反って衝奔の患があって、その性逆らい強拗となり、南方に巡るは、衝激の勢いを鎮めることできず、仁礼の性全くなきものです。

東方の火は、火逞木勢、炎上の性があり、制御してはいけません。ただ、その剛烈の勢いに順ずべきなのです。湿土を用として収めるは、剛烈の性は化して慈愛の徳となります。しかし北方に行くは、焚烈の勢いを制して必ず剛慕無礼で、土で収めることなく木火の運に行くは、その氣勢に順ずることとなるので、慈譲惻隠の心を失わないものです。

〔522〕

癸　亥	**大運**		丙辰
庚　申	己未		乙卯
壬　申	戊午		甲寅
甲　辰	丁巳		

壬申日元で、亥年申月に生まれています。亥は天門となし、申は天関となす天河の口で、正西方の水であって、発源最長。喜とするは、時柱甲辰で、甲木は通根養木、納水に十分ですから、智の性めぐって仁となり、礼をも備えるものです。人となり、優れた品格があって、功利の才覚なく、中年南方火運、甲木生化して、名利双全となったのです。

〔523〕
癸亥　大運　丙辰
庚申　己未　乙卯
壬子　戊午　甲寅
丙午　丁巳

壬子日元、亥年申月に生まれ、西方の水、浩蕩の勢い、帰納するところありません。時丙午、その性に逆し、人となり最拗無礼、また南方に巡り、家業破敗、午運に至って、人妻を強し、人に殴り殺されました。俗に、丙火を用とするに、火土運佳と言いますが、金水同心で、順ずべく逆すべからざるを知らなくてはいけません。木運に行くなれば、生化有情、凶災を免れますし、人となりも礼を知るものです。

〔524〕
丙寅　大運　戊戌
甲午　乙未　己亥
丙午　丙申　庚子
己丑　丁酉

丙午日元、午月寅年に生まれ、年月にまた甲丙透出し、焚烈炎上の勢い、制するは不可です。最も妙なるは丑時、湿土よくその猛烈の性を収めている点です。人となり、寛容にして奉養、土金運、丑土が化するため、科甲連登、仕は郡司に至りました。

〔525〕
丁卯　大運　壬寅
丙午　乙巳　辛丑
丙午　甲辰　庚子
庚寅　癸卯

丙午日元、午月に生まれ、年時卯寅、庚金無根これを用としません。ゆえに、「炎上格」となります。四柱無土、吐秀なく、学問に利せず、兵となるも卯運任官し、壬運失職、寅運軍功を立てて都司となる。庚子運甲子年、羊刃を双衝して戦死しました。

徐氏補註

前文はその性に順ずるを言い、ここはその性に逆するを言っているのです。水の性は潤下、順なれば容れることができるものです。水は申に長生し、発源の地、順行は西から北へ巡るは潤下、人命これに乗ずるは、中和を得て、度量広く、寛容、さらに配合適宜なれば、吉ならざるはないものです。しかし、南方に逆行するは、水は逆流し、格局よろしければ、清貴にして、時に声明高くなりますが、特性必ず執拗です。さらに、刑沖阻礎に遇うは、横暴独断でとめようがありません。

火は寅に長生し、炎上の氣勢、南方に順行するは、果断有為、北方に逆行するは、謹畏守礼、けだし、その燥烈の性、規則の中に強く納め、剛氣は潜伏して、正しきを守っておもねらないものです。のんびりしているのではないのです。ゆえに、水火並立するは、木を見て既済の功をなすもので、その性に逆して水旺地に行くは宜しくないのです。しかし、死には至りません。申酉に行けば死を免れないのは、火の氣絶するからですから、書に、丙火申位に臨んで壬水に逢うは、延年得がたし、と。

〔258〕

戊	午	大運	55才辛酉
乙	卯	25才戊午	
壬	子	35才己未	
庚	子	45才庚申	

これは康有爲の造です。壬水卯月に生まれ、東水でして、西水ではありません。運行南方、逆流して南に還り、二子、午卯刑沖共に備わる。大運戊午、早年にして名声を得、己未運、戊戌政変が起こり、辛酉運、張勳の復辟に賛同し、一場の夢、執拗の性は一生変わることはありません。

〔526〕
癸酉　大運　46才己酉
甲寅　16才壬子
丙午　26才辛亥
癸巳　36才庚戌

梁啓趙の命です。丙火寅月長生に生まれ、真の東火です。運行北方に転じ、原局年柱の金水相生がよろしく、財生官を用となすものです。子運午を冲し、名声盛ん。戊戌政変時、26才、子・辛運が交脱する際で、始終その主義を変えず、至剛の性、君主立憲を主張し、洪憲に阿らず、清朝を忘れず。戊申死亡しました。

〔527〕
丁丑　大運　43才癸卯
戊申　13才丙午　53才壬寅
壬戌　23才乙巳
庚子　33才甲辰

財滋弱殺格で、身印月令に通根し、財官戌宮に聚まる。月日夾印にて、日時夾祿。四柱少しも破敗なく、当に富貴極品の命です。しかし、これ、西水南に還るの病あって、主清貴、名声時にあるも、巳運発甲、甲辰運より東方に転じ、進取図れず、壬・癸運の逆流泛濫、時に返事が身近で起こることあり、命は全く見やすくないものです。

考玄解註

前の「水奔」のところは、水が水旺月に生まれ、「従旺格」となるのは「柔」と言っており、ここの「西水」

とは、水が印の金旺・水相に生まれるのに、大運逆旋して「還南」、南方火旺に巡って、「最拗」、良好ならざる性情になっていく、火が忌となる、構造は日干弱となる喜神金水、忌神木火土なることになるのです。金水が喜となるなら、申月生まれとして、調候適切にして酉運は一応は喜、戌運は一概には言えぬものの、その後、亥・子・丑運と一応は喜用運を巡るので、環境良化していくので、性情面もほとんど悪くなることはない、という一応の原則論を言っていると解すことが真義なのです。

また、次の節の「東火」とは、火が日干で木旺月に生まれることで、これが「剛」の過ぎたる悪い性情となるのが、大運北方に巡って忌となる構造は、巳・午運を喜とするのですから、同様に日干弱となる、木火喜とする命となるのです。つまり、『滴天髓』が言わんとしている真義は、「還」と言い、「轉」と言っているように、大運の喜忌が、その人の性情に大きく作用する、環境の善悪となることを言わんとしているのです。

しかし、原注も任氏増注も徐氏補註も、何度読み返しましても、「最拗」となるのも、「至剛」となるのも、日干強である、という前提に立っているため、読む人に納得されない註となっているのです。印旺に生まれて〈その性に逆する〉からである、としているのです。しかも、「西水」も、「東火」も、印旺じているから必ずも、日干弱となる構造が、数知れずあることに気が付けば、逆旋の忌運ということに思い到るはずなのです。日干強としますと、「西水」南方火旺運は喜、また「東火」、北方水旺運も喜となってしまう原則です。

しかも、大運の喜忌こそ、環境による性情形成、役割性格に大きな影響を与えるということを、どの註も全く無視して、『滴天髓』の作者の真意を伝えることを怠ってもいるのです。

また、ここでの「最拗」の「拗」も、「至剛」の「剛」も、単なる象徴的形容であって、ともに性情として、褒められ、好まれもしない、良好性もない性情として把えられるべきなのです。その文字そのままと取るのは漢文の常識からさえ外れることです。

このように、原文を多々誤解しての挙例ですから、大変な無理が生じているのも当然と言えますし、もともとが『滴天髓』で言われている原文すべてを全く無視・忘却しての解命となっているのです。

〔522〕

癸亥	**大運**	丙辰	
庚申	己未	乙卯	
壬申	戊午	甲寅	
甲辰	丁巳		

壬日申月金旺・水相令に生まれる「偏印格」です。調候丙火の財なく、透庚し申に坐し、辰中蔵癸、年柱は日干に無情なる癸亥ですが、日干強、用神やむなく甲、喜神木火、忌神金水、閑神土、となる「源半濁」となるものです。

第一運己未、やや忌の傾向性。

第二運戊午、火旺の調候運、戊甲尅にて、戊土制癸、制水とはなりませんが、甲木生午火となって、辰が晦火し、また亥中壬水が制午火の情があっても、調候よろしくして、亥中甲は生午火となって、金旺の二申を多少は制します。ですから、金水の忌は強化されず、喜の木火を生じて強化し、土へと流通しますので、木火の喜が土の官殺の喜にもつながる、環境良化の喜の傾向性ある運。

第三運丁巳、火旺の調候運、喜の傾向性にあって、順次向上。

第四運丙辰、調候丙火高透し、甲木生丙火、食傷生財、亥中甲も助火、辰の湿土に納火されても忌とはならないのは、一面湿土生金しても、甲木疏土があるからで、順次向上発展し、環境良化していく。

第五運乙卯、乙庚合去し、卯亥木局半会、調候丙火ありませんが、やや喜の傾向性にて忌とならないのは、原局の忌が少しも強化されず、忌が減力さえするからです。

第六運甲寅、甲庚尅去、さらに大喜の傾向性。

性情、役割性格が良好となるので、悪い性は年とともに減じ、良い性が高くなるのみ。これは「西水還南」であるのに「最拗」となることないものです。

〔523〕

癸亥	**大運**	丙辰	
庚申	己未	乙卯	
壬子	戊午	甲寅	
丙午	丁巳		

壬日申月金旺・水相令の「偏印格」です。申子水局半会と子午冲にて全支個有支。丙午調候となって、水温ませ、金も温、しかし、亥中甲は生火に無情で、日干も亥中甲に洩身無情。調候あっても、前造の「始終」よりはるかに劣るものの、日干強、用神亥中甲、喜神木火、忌神金水、閑神土となる「源半濁」の命となります。


第一運己未、己癸尅去、前造よりはやや忌の少ない傾向性。

第二運戊午、前造よりは喜少の傾向性となるのは、洩秀の甲やや無力であるからです。

第三運丁巳、前運同様に喜少となる傾向性。

第四運丙辰、前造より喜の傾向性は相当減じ、
第五運乙卯、乙庚合去し、卯亥木局半会して、洩秀して生財はするものの、前二運の喜少のため、前造よりはるかに劣る喜の環境ではあります。

第六運甲寅、甲庚尅去、喜の傾向性ではあるものの、前造より格段に劣ることになるのは、第二運戊午、第四運丙辰のゆえです。つまり、始まりの財・地位の諸環境の違いが、上昇気流や力の違いがあって、年とともに鋏状の違いとなっていくものです。これも自然の摂理でもある常識論です。これもまた、性情と環境の弁証法です。しかし、この運、役割性格は悪いというようなことはありません。これも、絶対に「最拗者西水還南。」の例ではないのです。亥中に甲ある上に、日干は近貼して透甲する前造と、亥中に甲蔵するのみの違いは小さなものではありませんが、第二運戊午にて生死を分けるほどの違いなど生ずる訳がないものです。本造が旺強となり過ぎて依る辺なくなるとか、日干極弱となって依る辺なくなるとか、喜の作用全くなくなるとかの、「忌神輾轉攻。」「氣濁神枯了。」となること以外、事故死など生ずるものではないのです。任氏解命、黙して評註を皆様に委ねる積もりでしたが、どうしても言わざるを得ないことになりました。もしこの三柱が正しく、任氏の言うような事実が発生したとするなら、生時は次の四柱でなければならないのです。

〔523〕′

癸　亥
庚　申
壬　子
庚　子

つまり、気質、壬を主として、二庚あるもの、これが水太過の忌は無知無恥となる帯殺の二庚、亥中甲は漂湿木となって用神取るものなく、第二運戊午、戊土は湿土生庚し、化殺生身し、申子子の水局全に近いことから、「衰神冲旺旺神發」となり、なきに等しい食神の忌象、傷官の忌生ずるからです。また、壬子刻生でもこれに近い事象が発しはします。

つまり、「西水還南」の忌は、用神取るものなく南方運に巡る、ということの一例となるのです。生時丙午刻では、決して〈金水同心〉ではないし、〈順ずべく〉とは、従格となる場合に〈順ずべく〉であることを〈知らなくてはいけません〉。

〔524〕

丙	**寅**		**大運**	戊戌
甲	**午**		乙未	己亥
丙	**午**		丙申	庚子
己	**丑**		丁酉	

丙日午月火旺に生まれ、年月丙甲透って寅午火局半会し、日支午、調候と「薬」となる、水源有情なる壬水必要であるのに一点もなく、生時己丑の湿土あって、日柱のみを晦火晦光しているので、従格とはならず、「建禄格」か「陽刃格」です。月干の甲は言うところの、「虎馬犬郷。甲來焚滅。」となる「火烈而性燥者。遇金水之激。」に近いものです。日干強、用神は己、喜神土金、忌神木火、閑神水となる「源濁」の命です。

第一運乙未、忌の傾向性となるのは、乙己尅去しても、壬水ないため、未は燥土、喜となることはほとんどありません。この運中巳年がありますと、巳午午未南方全以上となり、続く年は必ず午年の忌となります。

第二運丙申、申寅冲で寅午解会、三丙二午は金旺の申中庚を去らすことできず、申は庚生壬となる調候にて、やや喜の傾向性。

第三運丁酉、酉丑金局半会、酉午尅の情あって、酉丑は個有支、湿土の丑の生金の情より、金熔となる忌大の傾向性、疾病軽くはありません。

第四運戊戌、戊甲尅去し、寅午午戌火局全以上となって、忌さらに大となり、流年によって死亡することさえあり得る、大忌の傾向性ある運。

気質丙火の旺に甲が加わり、忌運続いて、疾病重く、激性・燥となるものです。「最拗者西水還南。」の反対となる命でも、「至剛者東火轉北。」の例でもなく、「火烈而性燥者。遇金水之激。」の例と言うべきです。己丑の湿土では、年月柱の火を晦火晦光できない左右であることを、知らなくてはなりません。

〔525〕

丁　卯	**大運**	壬寅	
丙　午	乙巳	辛丑	
丙　午	甲辰	庚子	
庚　寅	癸卯		

丙日午月火旺に生まれ、午寅火局半会し、年支に卯の印あり、日干月令を得て、比劫重々とあり、印あって、官殺一点もありませんが、陰が日干に近貼せず、「建禄格」か「陽刃格」となります。調候のない夭凶命で、用神取るものなし、喜神土金となるが、燥土不能生金であり、忌神木火、閑神水となる、「源濁」の甚だしい凶命です。


第一運乙巳、大忌の傾向性ある運で、とても寿保てません。

第二運甲辰、寅卯辰東方全くして必死となります。

その性情、気質は丙火、疾病太多で、激烈の性となっていきます。これもまた、不適切なる挙例です。

〔258〕

戊　午	**大運**		35才己未
乙　卯	5才丙辰		45才庚申
壬　子	15才丁巳		55才辛酉
庚　子	25才戊午		

壬日卯月木旺に生まれる「食神格」か「傷官格」です。日干は強、用神甲、喜神木火、忌神金水、閑神土となる、「源半清」「流前清後濁」となります。性情の気質となる壬と有情なる子水に庚、環境良好である間の役割性格で、この気質上に形成されるもので、いったん忌となると、気質の悪い庚と子が午の悪い性情を発揮し、それがまた環境を悪化させていく、悪環境となるものです。これは徐氏の言うよう

に、〈東水〉で同様に忌運を巡るのは、その性情の悪いところが出る、特に本造の気質の庚を重視すべきです。

〔526〕

		大運	
癸	**酉**	6才癸丑	36才庚戌
甲	**寅**	16才壬子	46才己酉
丙	**午**	26才辛亥	
癸	**巳**		

丙日寅月木旺に生まれ透甲する「偏印格」です。寅午火局半会して、生時癸巳、用神庚、喜神土金、忌神木火、閑神水となる、「源濁」の命です。第二運壬子は、子午冲にて火局半会を解き、土ないものの、「始終」良好。しかし、第三運辛亥、解会せず、亥中甲の忌。第四運庚戌、寅午戌火局全にて金熔の忌の傾向性、第五運己酉もそれほど喜と言えず、前運の忌上に忌が続くものです。以上の大運にて、環境悪化して、忌の性情強まるのみなので、「流前清後濁」となるものです。これは「東火轉北」の例と言うよりは、「火烈而性燥者」の例と言うべきです。

〔527〕

		大運	
丁	**丑**	3才丁未	33才甲辰
戊	**申**	13才丙午	43才癸卯
壬	**戌**	23才乙巳	53才壬寅
庚	**子**		

壬日申月金旺生の「偏印格」です。調候丙火なく、用神やむなく丁、喜神木火、忌神金水、閑神土の「源半濁」となるものです。洩秀の甲乙木なく、才能発揮に問題があります。

第一運丁未、未丑冲去し、喜とならず、

第二運丙午、調候運の喜にて、財滋弱殺の喜の傾向性。

第三運乙巳、乙庚合去し、巳申合去し、接近して命良化して喜の傾向性ある運となり、第四運甲辰、よく才能発揮して喜の傾向性。

第五運癸卯、卯戌合去して喜とならず。

第六運壬寅、寅申冲去して、忌の傾向性となり、環境悪化していきます。

これも気質庚ある壬、忌運の環境悪化して、役割性格も良好ならず。これは喜用火とするものですから、「西水還南」するのは、喜の性情となるもので、「最拗」の悪い性情になる例ではないのです。

順生之機。遇撃神而抗。〔輯要・闡微・徴義・補註〕

《順生の機は、撃神に遇いて抗す。》

原　注

木生火、火生土と一路順生するは、その性情は秩序・平和を愛するものです。途中反撃の神に遇いますと、順生の性を遂げられず、抗って勇猛となるものです。

任氏増注

順、すなわち順が宜しく、逆、すなわち逆なるが宜しく、和平にして性順なるものです。木旺にして火を得るは順、土に行《めぐ》るは生です。金水の撃を見るは宜しくありません。木衰なるに水を得るは、反って順です。金が水を助けるは、逆中の生であります。火土の撃を見るのは宜しくないのです。我が生ずるを順、我を生ずるを逆とします。旺ずるものは順が宜しく、衰えるものは逆が宜しいのです。このようでしたなら「性正情和」です。撃神に遇うは、旺ずる者は勇敢急燥、衰える者は懦怯、柔弱となるものです。格局順逆の序よろしければ、その性情は本來和平、歳運撃神に遇いましたなら、変じて強弱となりますから、宜しく細究すべきです。

〔528〕

己　亥	**大運**		壬戌
丙　寅		乙丑	辛酉
甲　寅		甲子	庚申
壬　申		癸亥	

甲寅日元で、寅月に生まれ、木旺で丙火透出していますので、順生の機、通輝の象です。一度目を通した書は忘れず、嫌うところは、金水の撃に遇い、年干己土虚脱、制水できず、さらに初運北方水地、功名遂げ難きのみならず、破耗刑傷、辛酉に交わるや、助水の撃、丙火を合去、死亡しました。

〔529〕

庚　寅	**大運**		壬午
戊　寅		己卯	癸未
甲　午		庚辰	甲申
壬　申		辛巳	

甲午日元、寅月に生まれ戊土透出、寅午火局、順生の機です。徳性慷慨、威儀正しくして磊落、また、時の金水の撃に逢うを嫌います。破耗多端、中運斉わず、志あれど伸展せず、火土通根、体用傷付かず、後継ぎが家を興す。

徐氏補註

木奔南、金見水、これは皆順生の機であります。撃神とは相尅の神です。例えば、木奔南、木火傷官の局に、局中印があり、水木の運に行くのが宜しいとか、金見水、金水傷官の局なるに、局中官があって、金水運に行くのが宜しいとかが、順生の機であります。その性情を引くが宜しいのです。木奔南にして土金に遇うとか、金見水に火土に遇うとかは、氣機を阻礙するもので、抗うこととなるは当然です。西水還南、東火転北は逆生の序です。西水運南の局は木を閑神とし、東火転北の局は金を閑神とするのです。水は潤下するが宜しく、違逆するは宜しくありません。還南すなわち火を忌となすもので、木は火の燄を助けるなら、どうして忌運が肆逞しないことがありましょうか。火は炎上するが宜しいのに、北に向かうは宜しくなく、転北すなわち水を忌となすに、金が水勢を助けるは、忌神猖狂となるは当然です。

考玄解註

徐氏補註は、次の「逆生の序」をも同時に註し、任氏増注にも、順生、逆生を言っておりますので、はっきりとした意が解らなくなると思われます。つまり、ここは順は順逆の順ですので、

〝大運が喜用の運を巡るなら、環境一路向上することによって、その性情も年とともに良いものとなりますが、その間にもし、忌神運が一、二運あるとしても、「源清」とか、あるいはたとえ「源半濁」であっても、大忌とならなければ、その逆境によって自省自戒することになり、喜用の運に転じますと、その性情さらに良好となり、環境も向上し、役割性格も良好となるものです。しかし、忌運を一路巡るなら、環境悪化と役割性格の悪化とが悪循環をなすのです。〟

と言っていると解すべきで、大運そのものの、順旋・逆旋を言っているのではないのです。この順は『滴天髓』の方法論での「順則吉兮凶則悖。」「順逆之機須理會。」と言っている「順」であり、さらに「陰陽順逆之說。洛書流行之用。其理信有之也。其法不可執一。」とも言われているところで、順を大運の順逆とするのは「不可執一」なのです。

また「擊」を表面的文字として解するのは誤りで、忌大なるもの、と解すべきなのです。

〔528〕

己	**亥**	**大運**	壬戌
丙	**寅**	乙丑	辛酉
甲	**寅**	甲子	庚申
壬	**申**	癸亥	

甲日寅月木旺に生まれる「建禄格」です。調候丙火月干に透出し、寅申冲去、亥寅合は日干甲ですので不去、日時のほうへ接近。用神丙、喜神火土、忌神水木、閑神金となる「源清」なるものです。しかるに、

第一運乙丑、乙己尅去し、生家財の環境悪化しつつ、

第二運甲子、甲己合去して、さらに忌運続き、寅申解冲し、反って忌大の傾向性。

第三運癸亥、癸己尅去し、さらに忌甚だしい傾向性。

第四運壬戌、壬丙尅去し、洩秀と調候の丙火を失い、四運続いての忌の傾向性は、下降の加速度も大となり、性情と環境の悪循環となっていきます。

第五運辛酉、金旺運ですが、丙辛合去し用を失い、金旺の酉は化殺生身するのみで、環境もはや少しも良化

することのない、「流濁」となるものです。

〔529〕

庚	**寅**	**大運**	壬午	
戊	**寅**	己卯	癸未	
甲	**午**	庚辰	甲申	
壬	**申**	辛巳		

甲日寅月に生まれる「建禄格」です。寅午火局半会は調候となり、年支寅の根は日干に無情、用神はやむなく壬、一応喜神水木、忌神火土、閑神金となり、「源濁」となります。

第一運己卯、木旺運、喜の傾向性。

第二運庚辰、湿土晦火生庚する化殺生身、忌とならず、

第三運辛巳、巳申合去して接近、忌となること少なく、むしろやや喜の傾向性となるのは、年支寅に有情となるからです。

第四運壬午、午午寅寅の火局半会以上、「薬」あるも喜小の傾向性。環境それほど良くならず、性情も良いところ少ない役割性格となっていくものです。

逆生之序。見閑神而狂。〔闡微・徴義・補註〕

《逆生の序は、閑神を見れば狂う。》

原注

逆折之序。見閑神而狂。〔輯要〕

木が亥の生を見るに、戌酉申を見るはすなわち氣は逆するもので、性の安ずるところではありません。そこへもって來て一たび閑神に遇いますと、巳酉丑の如く逆らうは、必ず発し狂猛となるものです。

任氏増注

逆なるは逆が宜しく、順なるは順が宜しく、そのようであったならば、性正情和であります。木旺極の如きに、水の生を得るは、逆なるものです。金をもって成らしめるは、逆を助けるの生です。己・丑の閑神を見るのは宜しくありません。木衰極の如きに、火を得てこれに行《や》るは反逆で、土をもってこれを化するは、逆中の順であります。辰・未の閑神を見るは宜しくありません。これは、旺極・衰極、従旺・従弱の理で、普通格局の中和を得るの意とは異なるものです。旺極で閑神を見るのは、必ず狂猛をなすもので、衰極が閑神を見るは、必ず姑息となるものです。歳運また同じですし、火土金水も木から類推して然るべきです。

〔530〕

壬子	**大運**	乙卯
辛亥	壬子	丙辰
甲寅	癸丑	丁巳
甲子	甲寅	

甲寅日元、亥月に生まれ、水旺木堅、旺の極です。一点の辛金、水勢に従して、その性に逆するものではありません。安んじて、かつ和、逆生の序です。さらに妙なるは無土、水勢に逆せず、初運北方、入泮登科、甲寅・乙卯、その旺神に従って、出宰名区、丙辰はなお水局にて、落職するも凶咎を免れていましたが、丁巳閑神の冲撃に遇い、その性序に逆して死亡しました。

〔531〕

		大運		
壬	**寅**	壬子	乙卯
辛	**亥**	癸丑	丙辰
甲	**寅**	甲寅	丁巳
己	**巳**		

甲寅日元、寅年亥月に生まれ、辛金順水、木性に逆せず、逆生の序です。嫌うところ巳時閑神で、火土はその性に逆するものですし、制水不能。初交壬子、遺産は豊か、癸丑運、地支の閑神が結党して、刑耗多端、甲寅・乙卯運、財に益し、丙辰運、火土を助起し、妻子皆傷付き、火炎に遭い、頭がおかしくなって、入水自殺しました。

〔532〕

		大運		
戊	**戌**	戊午	辛酉
丁	**巳**	己未	壬戌
甲	**寅**	庚申	癸亥
己	**巳**		

甲寅日元、巳月に生まれ、丙火司令、寅建祿に坐するといえども、その精洩尽、火旺木焚、土に行くを喜ぶ、これ衰極従弱の理です。初運戊午・己未、火土の性に順じ、祖業頗る豊か、学問の道に入る。庚申、逆火の性、洩土の氣、癸亥年火勢を冲撃して死亡しました。

考玄解註

前の「順生之機」が喜用運のことで、「逆生之序」は大運が忌神運を巡ることであり、「狂」も文字通りの「狂」と解するのは誤りです。

任氏増注で、〈木衰極の如きに、火を得てこれに行《や》るは反逆〉と言っていることの〈反逆〉は、「従児格」となることのない以上、火運は忌ですので、逆、と解すべきですし、〈土をもってこれを化するは、逆中の順〉と言っていることも混乱を招く言い回しです。普通格局にして、〈木衰極〉であれば、土で火を化しても、忌神で、〈逆中の順〉になりません。「従児格」「従勢格」であるなら、土は多くは用神になる喜神で、〈逆中の順〉とはならないのです。ただ、ここで言われている閑神は、用神を尅傷する忌神以外を総称しているようですので、「狂」と言うことも、

〝もし忌神運を巡るような場合、途中少しくらい喜忌がはっきりしない運に巡っても、素直に良好な性情を発するのに狂いが生じる傾向があるものです。〟

というように解するのが妥当と思われます。

つまり、前の文は、喜神運を巡る間での一、二の芳しくない運が巡り、再び喜神運となる場合、ここは、忌神運を巡るのに、一、二やや喜運が入って、忌運となる場合を分けて、大変大まかな表現となっているのです。というのも、喜神運、忌神運と言いましても、それぞれその質量は無限と言ってもよいほどの段階差があって、後遺・累積も一人として同じではないからです。

〔530〕

壬子	**大運**	乙卯	甲日亥月水旺に生まれる「偏印格」です。調候急を要するのに、日
辛亥	壬子	丙辰	干甲木により亥寅合去せず、寅中に蔵丙し、ほぼ適切。陰干辛金の特
甲寅	癸丑	丁巳	性よりして陽干の甲を劈甲できず、日干強、用神やや力不及ではある
甲子	甲寅		が、丙火の洩秀、喜神火土金、忌神水木とする、「源清」の命となるの

です。大運は一路忌神運を巡り、『滴天髓』言うところの閑神に逢うこ

となく、第五運丙辰も、辰子子の水局半会以上となり、用神丙も壬水に制火され、その用をなしませんので、忌神運と言えないこともありませんし、それまで忌神運が四運も続いて来たので、環境芳しくなく、たとえこの運に巡っても、甲・子・寅・亥と丙の良好なる性情を十分に発揮することはできません。それがまた、環境に影響もするので、第六運丁巳、火旺の用神運に巡っても、なかなか良好となり得ない、と言えるのです。ただ「源清」なので、また用神が無力とか、去となることはありませんので、「流濁」と言っても、貧賤とはならないものです。辛金正官月干に透るものの、これも「官星還不見」に近いことになるのです。

任氏の解命では、〈水勢に従して、その性に逆するものではありません。〉として、「従勢格」としておりますが、日干相令にして、比劫重々とあり、印も有力ではあるものの、一点辛金の官ある以上「仮の従旺格」となるものではないのです。〈さらに妙なるは無土〉と言ってもおりますが、「従旺格」の条件、土の有無には関係ないのです。確かに土性の干も支もありませんが、亥・寅中に余気戊あり、特に辛亥は、亥中蔵干が戊甲壬となっているので、余気の湿土戊土は有情に生辛するのを無視してはならないのです。たとえ辛亥が生金するということを見落とし、尅木不能とは言いましても、月干に辛金透出し去ともなっておりませんし、印が月令を得ていますので、仮従ともならないのです。こうした挙例のため、徐樂吾氏さえも、この誤りを踏襲し、多くの後学の人を混迷させているのです。

しかも、「従旺格」とするなら、〈丙辰はなお水局にて、落職〉の理はあり得ないのは、水木火土は喜神で、水局を成すとも喜神運であり、洩秀の火も喜神であるのに、〈丁巳閑神の冲撃に遇い、その性序に逆して死亡しました。〉というおかしなことは絶対に生じないものです。

格局の取り違えが事象の虚偽り極まれるものとなってしまうのです。つまり、格局の取り違いの大誤を犯した上に、さらに、「順生之機」も、ここの「逆生之序」も、その真義を解することできず、この命の第六運丁巳を〈その性序に逆して死亡〉としているのです。そもそもはここの一連の文はすべて、「性情論」であるのに、その性情について一言も言わず、「狂」とあることを性情ではなく、「死」としているのです。

〔531〕

		大運	
壬	**寅**	壬子	乙卯
辛	**亥**	癸丑	丙辰
甲	**寅**	甲寅	丁巳
己	**巳**		

甲日亥月の水旺・印旺に生まれる「偏印格」か「偏財格」です。調候急を要するのに、年支・日支の寅中に蔵丙し、時支巳中本気に丙あり、調候適切以上です。甲己干合己土倍力となるとも、有力なる用神丙火三あり、喜神火土金、忌神水木となる「源清」です。前造より、三丙あるので、まあ佳とさえ言えます。一路忌神運ではあるものの、前造より忌少となるものですし、第五運丙辰は、食傷生財の喜の傾向性となって、前造のように閑神運とはなりません。第六運丁巳また佳となるもので、「流前濁後清」と言うべきです。第五運丙辰、性情、環境の良化とともに、役割性格も良好となっていくものです。

これもまた任氏解命ひどいもので、虚偽事象も噴飯ものです。〈頭がおかしくなって、入水自殺〉、「狂」を〈頭がおかしくなる〉としております。ここで余分なことかも知れませんが、神経衰弱、ノイローゼ、躁鬱病、短気は、木の神経に関わるものですが、甲乙木の印太過、庚辛金の尅太過、洩身太過より起こる疾患で、その多くは乙木に見られるもので、甲でないとは言い切れない面もあるのです。本造など〈頭がおかしくなる〉などあり得ませんし、ましてや〈入水自殺〉もないものです。今はほとんど見受けられませんが、この時代、脳梅毒で神経異常になることはありましたが、本命は、脳梅毒の遺伝性ある命でも、水の梅毒の忌もありません。梅毒・淋病は忌の水の病です。よく任氏は〈火炎〉を口にしておりますが、火炎の原因は種々雑多で、類焼、その人に失火の責任あるもの・ないもの、原因不明の天災的なもの、他人の放火等がありますので、なかなか火災の命というものは見難いものがあるのです。その人自身が出火の原因となる傾向は、多くは丙火にあるものので、喜用の神もしくは、元機丙火であるのが、去となるとか滅火されるとかの場合、火難生ずる可能性があるものです。絶対ではなく、可能性です。この命と、火を忌と見誤ったため、任氏は、〈火災に遭い〉と虚偽の事象に結び付けているのです。

〔532〕

		大運		
戊	**戌**			
丁	**巳**	戊午	辛酉	
甲	**寅**	己未	壬戌	
己	**巳**	庚申	癸亥	

甲日巳月火旺に生まれ透丁する「食神格」か「偏財格」です。調候癸水一点もなく、火炎土焦、日干弱、甲己干合して己土の焦土倍力、用神取るものなく、一応喜神水木、忌神火土金とする「源濁」となります。大運、一路忌神運を巡り、「財神反不眞」でもあれば、金旺運に巡るのに、「官星還不見」なる上、「忌神輾轉攻」にて、救応ないもので、「濁亂偏枯。性乖情逆。」なる「流濁」と言うべきです。環境悪化していくばかりで、役割性格も、甲・寅・巳・戌の悪い性情が大となっていくものです。忌神運が長く続くのは、物理的にも落下の加速度は大なのです。任氏解命はまたしても、〈衰極従弱の理〉として、「従児格」とする大誤を犯しております。

生時庚午刻なれば、調候のない「真の従児格」となりはします。

陽明遇金。鬱而多煩。〔輯要・闡微・徴義・補註〕

《陽明が金に遇うは、鬱して煩い多し。》

原　注

寅午戌を陽明とするもので、金氣内に伏してあるは、鬱々として煩悶すること多いものであります。

任氏増注

陽明の氣というものは、本來のんびりして明るいものですが、蔵金する湿土に遇うと、火も剋金できず、金また生水もできませんので、憂鬱となるもので、意を得ること少なく、失意多く、憂鬱で煩悶多いものです。陰濁の運に行くことが必要なのです。つまり、金水の性を引通して、願うことが遂げられるのです。

〔533〕

乙　丑	**大運**		
丙　戌	乙酉	壬午	
丙　午	甲申	辛巳	
庚　寅	癸未	庚辰	

丙火日主で、寅午戌火局全く、食神生旺、真神用を得て、格局は最も佳となります。初運乙酉・甲申、丑中の金を引通し、家業頗る豊かで、学問を志す。嫌うところは支会局し、時上の庚金絶し、比肩また争奪、用とすることできません。丑中辛金伏在し、十年学ぶも及第で

きず、南方運、三度火災に遭い、四妻、五子と死別し、晩年は孤独にして貧となる。

〔534〕

壬戌	**大運**	
丙午	丁未	庚戌
丙寅	戊申	辛亥
己丑	己酉	壬子

丙寅日元で午月に生まれ火局全くし、陽明の象です。壬水は無根で、用とできず、前造に及びません。丑中辛金伏鬱し、喜ぶところは大運西北陰濁の地を行くことで、吏部出身、発財十余万、異路出仕にて、州牧となる。名利双全、暢遂多いものです。

徐氏補註

陽明とか、陰濁とか言うのは、氣象を指して言っていることで、陽明は木火だけとするのではなく、木火をもって概括しているに過ぎず、陰濁も金水だけではないのですが、概括して金水としているに過ぎません。例えば、春木が火を見るは、陽明の象ですし、丙火が壬水、あるいは庚金を見るも陽明の象です。金は粛殺の氣で、水は陰寒の氣です。金は水の意義をも兼ねるものです。鬱とは、氣象鬱塞することです。陽明遇金とは、外象暢遂するに、内面鬱塞、生気阻まれて、煩悶多いものなのです。譬えて言いますと、甲木春に生まれ、丙火を見るを喜ぶは、木火通明の象です。四柱に蔵金するは、生機暗に受損するものです。丙火が壬水を見るは、木が印を得て既済を成すのです。金財を見るを忌とするは、印を破り、生殺するからです。丙火が庚金を見るは、丑土を得て鋳印を成すを喜ぶものです。官殺の制劫を見るを忌とするは、金水多くして、陰濁の氣盛んになるからです。陽明が生氣暢発できないのは、金に遇うからで、当然煩懣《はんもん》が多いこととなります。秋金が水を見る、冬水が金に遇う、皆陰濁の象で、柱中一点の火を含むは発動の機で、運程で引出するなれば、まさに有用です。しかし、金水の運程を行くは、動機あっても動象ないもので、その行為は必ず蹇滞《けんたい》ごと多いこととなります。

考玄解註

ここは前の文、「順生之氣。遇擊神而抗。」と「逆生之序。見閑神而狂。」を分けるべきではないのと同様に、対照句となっているので、「陽明遇金。鬱而多煩。」と「陰濁藏火。包而多滞。」を分けて註すべきところではないのです。「徵義」も「闡微」も分けて註されていますので、一応それに従ったまでですが、一緒に対照として理解してください。その点、徐氏補註は対照として一つ一つにして解していること、それ自体は正しいことと言えます。ここは、

(1)陰陽ということ。

(2)干の特性、支の特性。

(3)月令による、天道・地道の調候の有無・適不適ということ。

を総合しての「陽明」であり、「陰濁」である、と解すれば、原則的には正しいことになります。ここでの「濁」は「清濁」の「濁」とはやや違ったところの「濁」で、調候なく、陰湿太過するのを「濁」として「明」に対照させているのですから、「明」も決して良好な意の「明」でもないのです。ですから、「遇金」とあり、「藏火」とある金も火も、共にその良好な作用を発しないもの、と解すべきです。ですから、共に、忌運

を巡るとは限らず、喜用の運を巡ったとしても、調候がない限り、意の如く発展することなく、「鬱而多煩」「包而多滞」の神経・性情となると言っているのです。

〔533〕

乙	**丑**	**大運**	壬午
丙	**戌**	乙酉	辛巳
丙	**午**	甲申	庚辰
庚	**寅**	癸未	

戌月金旺であろうが土旺であろうが、寅午戌火局全くして月干に透丙する「正財格」となります。「病」に対する「薬」なく、丑土が月日時支の火局を晦火晦光するのみの、用神やむなく己、喜神一応土金水、忌神木火とする「源濁」の命なのです。つまり、湿土の丑がありましても、時干の庚に生金無情、金熔となる「源濁」となることを看誤ってはいけません。

第一運乙酉、金旺の財旺で、酉丑金局半会、酉午蔵干の尅の情あって、酉・丑は個有支、酉金は湿土の丑に生金されるより、原局団結する火から熔金され、比劫奪財、財の喜象が少なくなる忌の傾向性ある運。

第二運甲申、申寅冲にて、戌午火局半会を残し、金旺・水相令の壬水は制火に不及で、むしろ殺印相生して、丑中癸水からも滋木された甲が生火し、喜よりもはるかに忌のほうが大となる運。

第三運癸未、火局は解けず、癸水丙困に向かうよりは、滋生乙木、乙木生火、癸未にて未が湿土となっても、洩金となっても生庚の財に無情・無力ですので、やはり忌の火勢が優る運。

第四運壬午、寅午午戌の火局全以上となっては、熔庚された庚では生壬の力不及にて薬不及です。忌が減じても、喜となるほどの運ではありません。

四運も忌の傾向性ある運が続いては、役割性格も良好とはならないので、「鬱而多煩」で、丙・寅・午・戌の良好ならざる性情となっていくのみなのです。

〔534〕

壬 戌	**大運**	
丙 午	丁未	庚戌
丙 寅	戊申	辛亥
己 丑	己酉	壬子

丙日午月火旺に生まれる「建禄格」か「陽刃格」です。水源有情なる調候壬水が必要なのに、壬丙尅去して、寅午戌火局全の「薬」もなく、生時己丑の丑が丙・寅を晦火晦光し、己土も湿となって喜の功は多少果たすので、用神己、喜神土金水、忌神木火とする「源半濁」となるものです。

第一運丁未、丁壬合にて壬丙解尅するが、壬水水沸、己土は晦火晦光、多少の「薬」となっているものの、「薬」としての用をなさず、反って忌の傾向性とさえなり、第二運戊申、また壬丙解尅しても壬水用をなさず、しかし、申寅冲にて、戌午火局半会を残す戊申運ですから、喜の傾向性とはなります。

第三運己酉、二己土通関となって、喜の傾向性となりはします。

第四運庚戌、前運まで、やや喜の傾向性にて向上はしましたが、寅午戌の火局全以上となって、金熔の庚となる作用のほうが大となって、意の如く発展できなくなり、この運は「鬱而多煩」の性情となるものです。

第五運辛亥以降、第六運壬子、徐々に向上安定していきます。第六運壬子は、「衰神冲旺旺神發」とはならないのは、大運干に壬水あるためです。

陰濁藏火。包而多滯。〔輯要・闡微・徴義・補註〕

《陰濁にして火を藏するは、包んで而して滞り多し。》

原　注

酉丑亥は陰濁でして、火氣を支中に蔵するのは、火氣を発揮できずして滞ること多いものです。

任氏増注

陰晦の氣は元来奮い発すること難しいものです。例えば、湿木蔵火するは、陰氣盛んで、火の焔を生ずることとできないものです。湿滞の患をなすので、氣は焦っても志順調に行かず、反ってもたついて決断も鈍り、疑い多くなるものです。ですから、陰濁は陽明の運に行くことが宜しく、木火の氣を引通するなら豁然《かつぜん》として通達するものであります。

〔535〕

癸	亥	大運	
辛	酉	庚申	丁巳
癸	丑	己未	丙辰
壬	戌	戊午	乙卯

陳榜眼の造です。癸水仲秋に生まれ、支亥酉丑と陰濁をなし、天干三水、一辛、戌時、陰濁蔵火で、亥中甲木湿で、火焔を生ずることできません。運東南陽明の地に巡るを喜ぶ、包蔵の氣を引通せしめ、意志を貫き、盛大に出世したものです。

〔536〕

丁　丑　大運　丁未
辛　亥　　　　庚戌　丙午
癸　亥　　　　己酉　乙巳
癸　亥　　　　戊申

地支三亥一丑、天干二癸一辛、陰濁の極みです。年干の丁火包蔵していないとはいえ、虚にして無焔、亥中甲木また引助できず、運走南方陽明の地を喜ぶし、丙午・丁未流年、科甲連登し、仕は観察に至りました。

〔537〕

辛　丑　大運　乙未
己　亥　　　　戊戌　甲午
辛　酉　　　　丁酉　癸巳
癸　巳　　　　丙申

支丑亥酉、月干湿土が辛癸に逢い、陰濁の氣、時支巳火、本来は暖となるものですが、これは前造より佳というのは、巳酉丑金局を全くするを知らないからです。すなわち、亥中の甲木受傷、財官は化して梟、火土の運に逢うとも、援引できず、出家して僧となる。

徐氏補註

〔前出。陽明の項の後段を参照。〕

考玄解註

前解註でよく理解されていることと思います。

〔535〕

		大運	
癸	亥		丁巳
辛	酉	庚申	丙辰
癸	丑	己未	乙卯
壬	戌	戊午	

癸日酉月金旺に生まれ、透辛する「印綬格」か「偏印格」です。調候丙火なく、酉丑金局半会し、湿土となる戊土生金、時干の壬水幇身して日干に有力・有情ではあるものの、年柱癸亥は日干に無情となります。印太過となって、用神壬としか取れず、喜神は水のみ、他は土も湿土にて忌神となり、陰干弱きを恐れずを頼むのみの、「源濁」の命となります。


第一運庚申、申酉戌西方全くし、調候のない忌の傾向性、印太過にして、疾病免れません。

第二運己未、未丑冲にて金局半会を解く、喜の傾向性ある大運となりますが、調候なく、停滞。

第三運戊午、調候運、午火制金にてやや喜の生気発し、
第四運丁巳、調候運にて、やや喜の傾向性となる程度。

それほど意の如くなること、期し難い大運が続きますが、「包而多滞」と言うほどではありません。この命、実在の人物で、任氏の言うようなことが事実であるなら、生時は一刻遅い癸亥刻でなければ、おかしいことになります。調候がない点は変わりませんが、用神甲、喜神木火、忌神金水、閑神土とするものでなければなりません。


任氏解命中、〈陰濁蔵火〉と言っておりますが、蔵火もせず、また、包は「包而多滞」の「包」で、おおい包み、外へ発し得ないの意なのです。

〔536〕

丁　丑　大運
辛　亥　庚戌　丙午
癸　亥　己酉　乙巳
癸　亥　戊申

癸日亥月水旺に生まれる「月劫格」です。調候急を要するのに一点も丙火なく、丁辛尅去、池塘氷結、金寒水冷、寒凍の木、用神甲としか取れず、生気のない甲、喜神は一応木火土、忌神金水の「源濁」となります。

一路調候のない忌神運を巡り、第五運丙午、調候運より生気発するも、突然変異なく、年齢的にも遅きに失し、良好となるにも時間を要します。第四運丁未まで環境悪くなる一方で、「包而多滞」にして、「鬱而多煩」とさえもなる、性情一面のみです。

〔537〕

辛　丑　大運
己　亥　乙未
辛　酉　戊戌　甲午
癸　巳　丁酉　癸巳
　　　　丙申

辛日亥月水旺に生まれる「印綬格」か「傷官格」です。巳酉丑金局全くし、調候であり、用神ともなる丙火なく、やむなく壬、喜神水木、忌神土金、閑神火となる「源濁」の命です。

第三運丙申、巳酉丑金局解局し、全支個有の支、調候丙火大運干に透り、生気を発し、喜の傾向性となるも、

第四運乙未、酉巳金局半会となるので、調候なく、忌の傾向性となり、この運、「包而多滞」。

第五運甲午、午酉蔵干の尅により、巳酉丑金局全は開局し、全支個有の支となる、甲己合去しても、やや喜の傾向性となります。

陽刃局。戦則逞威。弱則怕事。傷官格。清則謙和。濁則剛猛。用神多者。情性不常。時支枯者。虎頭蛇尾。〔徴義・補註〕

《陽刃局は、戦なればすなわち威を逞《たくま》しくし、弱なればすなわち事を怕れる。傷官格は、清ければすなわち謙和にして、濁れるはすなわち剛猛なり。用神多き者は、情性常ならず。時支枯れる者は、虎頭蛇尾なり。》

陽刃局。戦則逞威。弱則怕事。傷官局。清則謙和。濁則剛猛。用神多者。情性不常。支格濁者。作爲多滯。〔輯要〕

羊刃局。戦則逞威。弱則怕事。傷官格。清則謙和。濁則剛猛。用神多者。情性不常。時支枯者。虎頭蛇尾。〔闡微〕

原　注

陽刃の局とは、例えば、午火、干頭に丙が透り、支が寅に、または戌に会する、あるいは、卯を得て火を生じ、丁が透るを露刃となすものです。子と冲となるを戦、未と合すを蔵となすもので、再び亥水の尅に逢う、壬癸水の制に逢う、丑辰土の洩に逢うは弱であります。「傷官格」、支が傷官の局を成すとか、干が傷官に化するかして、重出せず、食神を混えず、身旺にして財あり、身弱にして印ある、等を清となすものです。これに反するは濁であります。夏木が水を得、冬金が火を得るは、清にしてかつ秀で、富貴非常なるものです。

任氏増注

陽刃の局、旺ずるは、心高く、志傲るもので、戦うところあるは、勢いを恃み、威を逞しくするもので、弱なれば、疑い多く事をなすに怕れるものです。合するは矯情、異を立てるものです。例えば、丙日主、午を羊刃となすもので、丁火が透出するを露刃となし、支が寅戌に会す、あるいは、卯の生に逢って、甲乙が透干するとか、あるいは、丙の助に逢うのは皆旺ずると言い、支が子と冲す、亥申の制に遇う、丑辰の洩、壬癸透剋となし、己土に逢うは洩、これ皆弱となることです。未と合となるとか、巳の助に遇うは中和となるものです。

傷官は真仮に分けねばなりません。真とは身弱で印があって、財を見ないなら清となし、仮は身旺で財があることで、印を見なければ貴となすものです。真なるもの、月令傷官、あるいは支が傷の局なく、また天干に透出するものです。仮なるもの、満局比劫、官星の制なく、官星たとえあるとも氣力敵することできず、柱中食神傷官を論ぜず、皆用とできるものです。ただ、印を見るは宜しくありません。印が破傷するは凶でありま す。およそ、「傷官格」、清にして用を得るは、人となり恭にして礼あり、和にして中節、人才卓越、学問淵深なるものです。これに反するもの、傲にして驕、剛にして礼なく、強をもって弱を欺き、都合の良いほうに趨いて利を追うものです。

用神多き者は、志一定せず、移り氣なるものです。

時支枯れる者は、疑心多く決断に欠け、初めは一心にやっても終わりは怠けて全うせず、夏木が水を見るに、必ずまず水源としての金がなければなりません。冬金が火に遇うは、身旺で木があれば、焔を生じ、こうした者は、富貴疑いないものです。しかし、夏水に無金、冬火に無木は、清枯の象で、名利皆虚であります。

〔538〕

丙寅　大運
甲午
丙申
壬辰

戊戌　己亥　庚子
乙未　丙申　丁酉

丙火午月に生まれて、陽刃の局、寅・申に逢い、火局半会、甲丙透り、旺たるは大変なものです。最も辰時に逢うを喜び、さらに壬水透るが妙で、申辰は滅火生金、しかして拱水、まさに既済を得るのです。早登科甲、仕途連登、兵刑の重任を掌り、生殺の大権を執るに至った所以です。

〔539〕

丙申　大運
甲午
丙寅
壬辰

戊戌　己亥　庚子
乙未　丙申　丁酉

前造と八字は同じですが、前造は日支申、壬水生拱の情があるに、本造は申は年支で、遠隔にして、比劫の奪うところ、申運殺を生じ、甲子流年殺局を成し、羊刃を冲去して、中郷に榜。しかし、以後運程阻まれるは、前造と雲泥の差、申金壬水の氣に接せざるによるのです。

〔540〕

戊子　大運
戊午
丙辰
戊戌

壬戌　癸亥　甲子
己未　庚申　辛酉

丙日午月、子冲し、辰に洩らし、弱たるや知るべしです。天干三戊土は日主の精華をかすめとり、兼ねて運走西北金水の地。羊刃はさらにその敵を受けますので、功名蹭蹬するのみでなく、財源集まること少なく、甲寅年、火局を成して、厚土を疏土し、恩科発榜。

〔541〕

庚　午　　**大運**　己丑
乙　酉　　丙戌　庚寅
庚　午　　丁亥　辛卯
壬　午　　戊子

和中堂の造です。庚金仲秋に生まれ、支中官星が三つあり、酉金陽刃は制を受け、五行無土、弱を知るべし。時上壬水が輔となり、秀氣を発し、聡明で権勢重き所以です。月干乙木透露、恋財争合し、一生財を愛し、急流に勇退すべきを知らないのです。財は刃地に臨み、日は官郷にあって、官よく制刃、財生官、官を君象となすゆえ、庚寅運、金絶地、官火局、財は官に帰す。財は人を害することあるもので、いわゆる欲を抑えねば、蛾が燈に身を焼くもので、和中堂大酒にて死す。悔ゆるとも及ばずです。

〔542〕

己　丑　　**大運**　壬申
丙　子　　乙亥　辛未
壬　辰　　甲戌　庚午
戊　申　　癸酉

印提台の造です。壬水子月に生まれ、官殺並透して通根、支会局に頼む、羊刃を助起し、所謂、殺刃兩旺、惜しむらくは無木、秀氣吐けず、寒微より出身するは、丙火敵寒解凍。人となり、寛厚和平、一兵卒となり、癸酉運、助刃幇身、官を得、壬申運には、仕極品に至る。一交未運制刃、丁丑年火土並旺、また子水剋合して死亡しました。

〔543〕

辛　卯　　**大運**　辛卯
乙　未　　甲午　庚寅
甲　子　　癸巳　己丑
庚　午　　壬辰

稽中堂の造です。甲子日元、未月午時に生まれ。夏木逢水、傷官佩印。喜ぶところは卯木が未土を剋し、子水その傷を受けることなく、午を冲するに足り、有病得薬、去濁留清である点です。天干甲乙庚辛は各門戸を立て、混論をなさず。滋印の喜神、さらに、運走東北水木の地、体用宜しく、一生官途平順です。

〔544〕

庚　午　　**大運**
壬　午　　癸未　　丙戌
甲　戌　　甲申　　丁亥
庚　午　　乙酉　　戊子

甲木午月に生まれ、三午一戌、火炎土燥、傷官肆逞、月干壬水無根、庚金滋水を頼む。科甲連登する所以です。しかし、仕路蹭蹬するは、全く地支皆火、天干金水、木に託する根なきによるもので、神は有余して、精が不足するゆえです。

〔545〕

甲　子　　**大運**
丙　子　　丁丑　　庚辰
庚　辰　　戊寅　　辛巳
庚　辰　　己卯　　壬午

周侍郎の造です。庚金仲冬に生まれ、金水寒冷、月干丙火、年の甲木の生を受け、寒凍の氣を解く。所謂、冬金得火、ただし子辰水局、日元は必ず虚、用神丙火になく辰土にあって比肩これを助く、庚辰・辛巳運、仕版連登。

〔449〕

丁　巳　　**大運**
壬　子　　辛亥　　戊申
辛　巳　　庚戌　　丁未
丁　酉　　己酉　　丙午

能中丞学鵬の造です。辛金仲冬に生まれ、金寒水冷、洩氣過ぎ、頼むは酉時扶身、巳酉金局して佐く。天干丁火、敵寒解凍になるだけで用とするものではなく、用は酉金にあり、運が土金の地に至り、仕路顕赫、一交丁未、敗る。およそ、冬金が暖局の意を取るは、用神とするものではないのです。

徐氏補註

「陽刃格」はすなわち「殺刃格」です。七殺も陽刃も皆凶神で、互いに相制するをもって用となすものです。最も宜しいのは、印運がその氣を調和することです。運程が殺を助けるのは、戦尅の象となすのです。ゆえに命が陽刃を犯すは、性質剛暴で、心に惻隠の情ないものです。冲合を大忌とし、原局に冲合あって、歳運再び冲合を見るは、必ず災殃あり、傷妻・破財を免れること難しいものです。陽刃を成格するは必ず日主旺、その旺じ方が限界を超え、冲合が加わると、勢は必ず横死するものです。もし日元が衰弱するなら、頼むは時上の一点の劫刃幇身することです。また、官殺が刃を制するなれば、その人の性質、反って事に遇って畏れるものです。財殺多く劫刃ないなら、従格を成し、劫刃あって根を成すは不従で、財多身弱、富屋貧人、事を怕れるは当然の勢いです。

「傷官格」はその清濁・配合をよくよく見極めねばなりません。食傷は洩秀のものですので、その流出自在に任ずるが宜しく、阻害するものあるは宜しくないのです。例えば、夏令木火傷官佩印、印は蔵するが宜しく、傷官透る、印傷相礙せずんば、清澄の極みですし、冬令金水傷官見官、また然りです。もし傷印、あるいは官傷並透するなら、これは濁です。清なれば、聡明俊逸、性質謙和、濁なれば、傲兀《ごうこつ》〔高くかまえて、威張っているさま〕にして驕り、社会一般と和諧せず。剛猛の二字にとらわれ過ぎてはいけません。傷官は聡穎の性、事に遇って違逆せず、自然の勢いです。

「用神多」とは、月令の神、重く疊見することでして、二、三、四、五の用神があるという意ではないのです。すなわち、用神に二あるのではないのです。『窮通寶鑑』に、「用神多者、宜洩不宜尅。」とあるのと同じ意の用神なのです。例えば、月令傷官にして、食傷疊見、八字の中に四、五字を占める、あるいは月令官星にして官殺重疊、八字中四五字を占む、原局日主通根するは、扶抑を用と取らざるを得ないのです。これが「用神多」のことです。用神は、我が環境中最も密接に倚託《いたく》するところの神です。これが多いということは、環境に支配され、自由が少なく、一定の志なく、変遷の心多い、ということになるのです。

時は帰宿の地で、八字年月旺相にして時支死絶なるは、その人は必ず才を懐きても展びることなく、志願あっても報い少なく、始め勤めても終わりは怠ける、進まんと欲するにまた退く、これを虎頭蛇尾というのです。

考玄解註

ここでは、格局の喜忌による、性情傾向の大要を言っているところで、大本は、「五行不戻。性正情和。濁亂偏枯。性乖情逆。」にあるし、それを大別すると、「火烈而性燥者。遇金水之激。」であるし、「水奔而性柔者。全金水之神。」の特別格局となる場合もあれば、「水奔南而軟怯。金見水以流通。」「最拗者西水還南。至剛者東火轉北。」の大運による役割性格が、その大運の喜忌で、「順生之機。遇撃神而抗。逆生之序。見閑神而狂。」となるものでもあれば、陰濁、調候、干の特性の視点よりして、「陽明遇金。鬱而多煩。」「陰濁藏火。包而多滯。」ということをも含めての、格局の有り様の喜忌が性情に大きな作用を持つものである、との大要傾向で「性情論」を終わっているのです。性情の細かい看方については論及されていないのです。しかし、細述され

てはいないものの、

(1)干の特性

(2)支の季節の順序、蔵干、陰陽、その支の局や方を成す要因

を『滴天髄』が述べてきたすべてを完全に理解したなら、その気質・性情の細かい変化も解るはずなのです。ですから、「逞威」といわれ、「怕事」といわれ、「謙和」「剛猛」「不常」「虎頭蛇尾」とあることを、文字通りの意の性情と速断することは正しくないのです。人の性情は、そんなに簡単に律し切れないのは百も承知の上で、

〝さあ、単純に象徴的一面しか言っていないことを、読者はどの程度正しく、性情の細部まで理解することが出来ましたかな。〟と皮肉な調子で、これらの大要を提示しているのです。

〔538〕

丙 寅	**大運**	
甲 午	乙未	戊戌
丙 申	丙申	己亥
壬 辰	丁酉	庚子
		辛丑

丙日午月火旺に生まれる「建禄格」か「陽刃格」です。調候壬水は日時支申辰に有気、申に水源あって、適切であるのは、生時壬辰で、輔映湖海の象であり、用神は庚の真神得用、喜神土金、忌神木火、閑神水となる「源清」の命です。大運は一路喜用の運を巡り、「財氣通門戸」「官星有理會」でもあれば、「喜神爲輔弼」にして「性定元神厚」でもあるので、年とともに好環境中での役割性格が、好循環をなして、発展向上していくもので、「流清」です。

〔539〕

丙	**申**	**大運**	戊戌
甲	**午**	乙未	己亥
丙	**寅**	丙申	庚子
壬	**辰**	丁酉	辛丑

丙日午月火旺生の「建禄格」か「陽刃格」です。年支申が調候にして、生時壬辰にて晦火晦光する輔映湖海の象、用神壬、喜神土金、忌神木火、閑神水となる「源清」の命です。前造よりやや劣るのは、本造、申と壬辰とが無情である点にあります。大運また一路喜用の運を巡り、「流清」。相当なる地位や財利得ることに変わりがありません。

〈甲子流年殺局を成し羊刃を冲去して〉いませんし、〈以後運程阻まれ〉もせず、〈前造と雲泥の差〉とはならないものです。地域差や時代差はあるにしましても、社会的地位も財利も寿もそれほど大きな差が生じるものではありません。違いは、生家環境、前造より本造のほうが大分良好となるくらいです。

性情面の相違は、まず気質においては、本造のほうがより強い丙火で寅の要素が特に強く、辰の性情も本造のほうがより強くなり、環境良好なるため、財に対する関心が少なく、我が儘さや自己顕示も強く、一度二度壁にぶつかると意外に脆く、親分的で、義侠心、思いやりの慈しみの心深く、不正を許せない反面、自己中心的となりがち、弁舌さわやかで説得力があるものです。しかし前造はあまり環境恵まれているほうでなかったので、常に周囲に気配りして、強い辰の性情をあまり外へ出さず、申の性情の良好面が強く、寅の性情が内にこもって、感情を知的に制御するのです。本造は、前造よりは世渡りが上手で、器用に立ち回る。かといってずるいとか、人を陥れるとかはできないのです。言葉を選ぶのに慎重だから、前造よりより多くの人を統率するのが巧みである。人間的温かさという点では、前造のほうが人情に脆い温かさが強く、冷酷ではないが、情に溺れることが少ない。つまり、どちらかというと本造のほうが学者的でありながら、実際的現実的である。
こうした違いは、辰に座している壬水が申に有気、湿土の辰が申金を生じていて、寅が遠く忌として年支にあるのと、日支が火局半会する寅で丙火の日干に有情となって、壬水が年支申の喜となって無情となっている本造との違いをよく見極めれば解ることなのです。

〔540〕

戊子	**大運**		
戊午	己未	癸亥	
丙辰	庚申	甲子	
戊戌	辛酉		

（大運：己未、庚申、辛酉、壬戌、癸亥、甲子）

丙日午月火旺に生まれる「建禄格」か「陽刃格」です。子午沖去し、辰戌沖去して全支無根で調候壬を失い、湿土の辰を失い、用喜忌は運歳による。このように全支無根となる場合、まず、その性情は一応去とならないものとして見ながら、その良し悪しは喜忌にてプラス・マイナスするもので、大運の係わりが重要です。まず気質は、旺令の丙火に月時二戊の「戊土固重」、大変強情なものです。これに戌・辰の性情が大運と係わっていくもので、立運不明ですので、やや正確さを欠くものの、次のようになるものです。
第一運己未、子午解沖しても水源の金がありませんので、生家環境が悪いと言うほどではなくても、辰と戌の性情が強烈になり、知的発達不十分ですので、猛・剛・暴とさえなって、人を人とも思わない性情傾向から、
第二運庚申、金旺運、申子辰の水局の情にて、全支個有支となって、湿土生金し、有力な財の金は生水することになり、環境悪化に伴って水智も濁る、忌の傾向性ある運。
第三運辛酉、酉午蔵干の尅、酉辰合で辰戌解沖せず、水不足、判断に誤り生じやすく、意の如くならないこ

とが、強い気質を性情的に悪化させ、人もついて来なくなり、人に認められることが少なくなる悪循環。

第四運壬戌、さらに、戊土、戌の性情が強烈となっていく、言行は時に無知・無恥とさえなり、敬遠されることになります。

第五運癸亥、水旺運、金の流通なく下降甚だしく、性情の悪い面のみが強くなっていきます。

〔541〕

庚午	**大運**	己丑	庚日酉月金旺に生まれる「建禄格」か「陽刃格」です。調候丙火、
乙酉	丙戌	庚寅	年月時支三午あり、月干死令の乙は年日干旺令の二庚に制され、生火
庚午	丁亥	辛卯	無力。時干相令の壬水は、日時支二午を制して、調候適切、日干強と
壬午	戊子		なり、用神やむなく無力なる乙、喜神は一応水木火、忌神土金となる

「源半濁」の命です。

第一運丙戌、時支と戌午火局半会し透丙、水源ある壬水が「薬」となるも、やや不及の感ありますが、それほどの忌とはなりません。

第二運丁亥、丁壬合去するものの、水旺の亥中蔵甲もして、喜の傾向性。

第三運戊子、戊壬尅去し、一子三午の冲、それほどの忌なく、

第四運己丑、丑酉金局半会の情と午酉尅の情にて全支個有支となり、湿土丑が生金する忌の傾向性となる。

第五運庚寅、木旺運、寅午火局半会の忌の傾向性となります。

気質、庚金帯殺で壬水の「薬」が調候となる。午の性情が強く、水智によって庚の鋭さ強さを調和させるも、

第四運己丑より環境悪化し、役割性格も気質の庚が強く表に顕れることになります。

〔542〕

己	**丑**	**大運**	
丙	**子**	乙亥	壬申
壬	**辰**	甲戌	辛未
戊	**申**	癸酉	庚午

壬日子月水旺に生まれる「建禄格」か「陽刃格」です。調候丙火月干に透出し、申子辰水局全も丑子合にて解け、全支個有の支、日干強となり、用神丙、喜神は木火土、忌神金水となる、「源半清」の命です。

第一運乙亥、乙己尅去し、また水旺強太過する方局斉来となる北方、大忌の傾向性ある運。


第二運甲戌、五行流通して喜の傾向性。甲木疏土開墾する、洩秀の美。

第三運癸酉、第四運壬申、徐々に環境は悪化するものの、辰に根ある戊土が制水し、喜忌参半の傾向性。

第五運辛未、調候丙は、火旺運の未支に通根し、土旺運では有気となって、有力となる喜の傾向性ある運。

性情面、戊土ある壬水の気質、第二運甲戌までは、良好なる、申・辰・子と発していきますが、第三運癸酉以降の運は良好でないため、それらの性情の芳しくない面が強くなるのみです。

〔543〕

辛	**卯**	**大運**		34才辛卯
乙	**未**	4才甲午		44才庚寅
甲	**子**	14才癸巳		54才己丑
庚	**午**	24才壬辰		

一七一一年（康熙五十年）七月二十一日午刻がこの四柱で、立運約4才5ケ月となります。甲日未月土旺・木囚令の生まれの「正財格」です。辛乙尅去、卯未木局半会し、子午冲去、一応日干強となり、庚金劈甲の用神庚、喜神は一応火土金、

忌神水木となるものの、囚令の木ですので、少し強化されてもそれほどの忌とはならず、「源半清」となります。

第一運甲午、火旺運、庚金劈甲引丁の喜の傾向性、生家環境向上し、よく才能を発揮する。

第二運癸巳、火旺運、巳午未の情にて子午解冲、卯未木局半会も解け、水智さらに向上発展する喜の傾向性。

第三運壬辰、辰子水局半会にて子午解冲し、湿土生庚、庚金は壬水にて化殺生木する忌の傾向性ある運。

第四運辛卯、辛乙解尅、卯卯未木局半会以上を、庚金が薬となって喜の傾向性。

第五運庚寅、子午解冲し、庚金劈甲する美はさらに向上し、五行流通の美。

第六運己丑、なお喜の傾向性が続きます。

喜用の運が続いて向上発展、「流清」と言えます。その役割性格も調和が取れて良好となっていきます。この命の良いところは、甲と庚の調和にあり、庚金劈甲して成器となる用神、喜神去ることない元機にあるのです。

〔544〕

庚午	**大運**	丙戌
壬午	癸未	丁亥
甲戌	甲申	戊子
庚午	乙酉	

甲日午月火旺に生まれる「食神格」か「傷官格」です。全支午午戌の火、調候とも「薬」ともなる庚金生壬する壬水が月干に透るものの「薬」として不及、日干無根にして、用神壬としか取れず、喜神水、忌神火土、閑神木金となる、「源半濁半清」の命です。大運干が救応の神となり、忌少なく、喜としても、日干無根が十分なる発展を阻げる。

第四運丙戌の忌の傾向性の後、第五運丁亥、丁壬合去するが、調候とも「薬」ともなる亥中壬水旺じ、蔵甲する喜の傾向性。しかし、第六運戊子、「衰神冲旺旺神發」の忌の傾向性ある運となるものです。

第四運丙戌、環境悪化により、性情面は良好ではなくなりますが、その後良好となります。

〔545〕

甲子　大運　庚辰

丙子　丁丑　辛巳

庚辰　戊寅　壬午

庚辰　己卯

庚日子月水旺に生まれる「食神格」か「傷官格」です。調候丙火が月干に透り、子辰水局半会、甲木は納水不及なるものの生丙、この丙火を殺とのみ見ますと誤ります。日干無根、用神は湿土生金の辰中戊、喜神は一応土金、忌神水木火となる「源半濁」となります。

第一運丁丑、丁火煅庚、湿土生庚の喜の傾向性。

第二運戊寅、戊甲尅去し、忌の傾向性。

第三運己卯、己甲合去し、財の忌の傾向性。

第四運庚辰、辰辰子子水局半会以上となり、大運干庚あってやや喜の傾向性。

第五運辛巳、喜忌参半の傾向性。

気質の庚を強くして、また二辰あって、性情面で忌となる二運、この二庚の気質が悪化します。

〔449〕

丁巳　大運　戊申

壬子　辛亥　丁未

辛巳　庚戌　丙午

丁酉　己酉

辛日子月水旺に生まれる「食神格」か「傷官格」です。年月の丁壬合去、辛丁は移動・接近します。年支に調候の巳火、日時支は巳酉金局半会し、辛金の特性として壬癸の淘洗を喜ぶ、用神壬、喜神は水木火、忌神土金の「源清」となるものです。

第一運辛亥、喜大の傾向性となり、
第二運庚戌、湿土生庚するも、それほどの忌とはなりません。

第三運己酉、己土濁壬して生金に向かい、支は酉酉巳巳の金局半会以上となり、調候を失う忌の傾向性。

第四運戊申、湿土生金するも、それほど忌とはならず、
第五運丁未、やや喜の傾向性となります。

辛金の気質に壬、用神は真神得用にして、去ることのない大運、やや陰性ですが、頭脳よく、かつ研究熱心で、性情面は悪化しないものです。

性情は、格局では論じられないのです。

以上で、「性情論」を終わり、次いで「疾病論」に移りますが、これを細論しますと、やはり『滴天髓』から離れて、三百頁近い説明・図解をしなければなりません。

〈疾病論〉

五行和者。一世無災。〔輯要・闡微・徴義・補註〕
《五行和する者は、一世災いなし。》

原　注

五行和するとは、特に全くしていることでなく、欠損なく、生じて尅しないことですが、全き者は全きが宜しいものです。欠けるが宜しきは欠けるし、生じるが宜きは生じ、尅するが宜しきは尅する、これを和とするもので、一生災いがないものです。

任氏増注

五行は天にあって五氣となし、青赤黄白黒です。地にあって五行となし、木火土金水とするものです。人にあっては五臓となし、肝心脾肺腎です。人は万物の霊にして、五行全きを得、頭面を表として、天の五氣を象《かたど》り、臓腑を裏とし、地の五行を象りますので、人は小天地であると言えるのです。臓腑を五行の陰陽に配し、一臓一腑を配するものです。腑は皆陽に属します。ですから、甲丙戊庚壬であり、臓は皆陰に属し、乙丁己辛癸とするものです。あるいは、和せず、あるいは太過不及すれば、風熱湿燥寒の病をなす。必ず五味調和すれば、病を治すことを得るものです。五味とは、酸苦甘辛鹹で、酸は木に属し、多く食すれば筋を傷め、苦は火に属し、多く食すれば骨を傷め、甘は土に属し、多く食すれば肉を傷め、辛は金に属し、多く食すれば氣を傷め、鹹は水に属し、多く食すれば血を痛めるもので、この五味の相尅が病なのです。ですから、五行和するは、一生災いなく、ただ八字五行が和することが宜しいのではなく、臓腑五行をまた和するが宜しいのです。八字五行の和は、歳運もって和し、臓腑五行和するは、五味をもって和す。和とは解の意です。五行和し、五味調するなら、災病ないものです。ですから、五行の和は生じて尅さないことでなく、全くして欠けざるを和となすものです。その要は、その旺神を洩らし、その有余するものを瀉《は》くにあり、その有余の旺神を瀉くなら、不足の弱神は益を受けるのです。これを和というのです。もしその旺神を強制するなら、寡は衆に敵せず、その性を激怒せしめるので、旺神を損することできず、弱神は反って傷を受けるのです。これ旺神太過するは洩らすが宜しく、太過せざるものは尅するが宜しいのです。弱神有根なれば扶けるが宜しく、無根なるものは反って傷するが宜しの理です。八字一神有力なるものあって、制化合宜しければ、その人は一生災がないものです。

〔546〕
癸未　**大運**　庚戌
甲寅　癸丑　己酉
戊戌　壬子　戊申
庚申　辛亥　丁未

戊土寅月に生まれ、木旺土虚、戌に通根するを喜ぶものです。用金、制殺するに足る。まして、庚金祿支申、伐木《ばつぼく》に力あり、太過せざるもの尅するが宜しに当たります。年干癸水が生殺するとはいえ、未土癸水を制し、生木不能にし、喜ぶものは扶けあり、憎むものは去らし、五行和となっているのです。かつ、一路運程は体用背かず、寿九旬に至るも、耳も目もはっきりしており、動作も自由、子も孫も多く、名利福寿倶に全く、一生無病息災でした。

〔547〕
甲寅　**大運**　甲戌
庚午　辛未　乙亥
戊寅　壬申　丙子
甲寅　癸酉

命に七殺五あり、一庚は午上にあって無根、所謂、弱神無根、これを去らすが宜しいのです。旺神太過するのは、洩らすが宜しいのです。午火を用として、和となるものです。午火当令、全く水氣なく、金水運に逢うとも、木あって害をなしません。木火運に巡れば、名利双全となるものです。これは神氣足り、精氣自生、富貴福寿であって、一生無災、子も孫も多く、後嗣も済美となります。

〔548〕

甲子	**大運**	庚辰	
丙子	丁丑	辛巳	
癸亥	戊寅	壬午	
乙卯	己卯		

癸亥日元、年月子、旺や知るべきです。最も喜ぶは、卯時その菁英《せいえい》を洩らすにあり、裏癸干表、木氣有余で、火虚なるも用を得て、精足り神旺ずるものです。土金なきを喜びます。土あれば火の洩、止水できずして反って木と不和となりますし、金あれば木を損ぜしめて、水の汪洋を助けることとなるのです。一生無災なるは土金なきによります。年九十〔耄耋《ぼうてつ》〕以上となるも、飲食盛んでますます壮、耳目もはっきりして、歩行もしっかり、五十代にしか見えず、名利兩全、子孫も多数です。

徐氏補註

五行は和をもって貴となします。濁乱偏枯なるは、性情乖戻、血氣混乱するは、疾病叢生するものです。人は大氣の中にあり、魚の水の中にあるのと同じです。淡水魚に譬えますと、淡水魚を海水中に入れたり、浅水の魚を海水の中に入れたりするのと同様、これは性情乖戻の象を徴《あらわ》します。習性となすことはできないのです。血氣混乱は、疾病叢生するものです。人は血肉の躯ですので、全く病ないという訳にはいきませんが、普通の病でしたなら、薬で治りますし、薬なくとも治る場合もあるのです。ちょっとの間の病で、常病ではないのです。ゆえに、寒暖暑湿の病は、命運の関するところではないのです。命運による病は、大抵精神が萎靡《いび》〔気力が落ちて、振るわないこと〕し、身体頽弱、病の名なく、百病叢生し、薬石も効なく、これ五氣乖戻の病で、世俗の薬石の治すことのできないものです。原命乗ずるところの氣、運程これを和すれば吉で、運は月令より算出するのですから、氣勢は順次経過して行くものです。乖悖の運に行くは、抵抗できずして死するものです。ですから、人の死は、運歳冲激の際に生ずるは常に見るところであります。

考玄解註

任氏増注は誠に適切で、『黄帝内經・素問靈樞』、その他の漢方の書を相当研究されていることが解ります。ですから、袁樹珊氏は、「珊按、讀此可知鐵樵先生、既知命、又善醫也。」と評しております。〈善医なり〉とはありますが、医師として診察・治療・投薬はしていなかったようで、よく医の学をも疎かにしなかった、との意です。それと比較しますと、徐氏の註は、なくもないのですが、特に、魚の譬えは、譬えとしてもどんなものでしょうか。既にこの時代、中国にも相当西洋医学が入ってきてもおりますし、〈命運による病は〉のうんぬんは、病は宿命であるから、いかなることをしても、薬石の効なく、運程が治す場合がある、ということになり、宿命論の危険思想に繋がるものと言えます。徐氏は、「血氣亂者」をも併せてここで註しております。

任氏の時代は、漢方が主なものでしたが、それでも、任氏の注には、至らないところが多々あります。しかし、それにしましても、五行、五臟、五腑、五色、五味、五悪等は『黄帝内經素問・靈樞』によるもので、これを少し加えて、表記して参考に供すると、次のようになります。

五行	木	火	土	金	水
五臓	肝	心	脾	肺	腎
五腑	胆	小腸	胃	大腸	膀胱
五根	眼	舌	唇	鼻	耳
五主	筋	血脈	肉	皮膚	骨
五支	爪	毛	乳(唇)	息	毛髪
五色	青	赤	黄	白	黒
五味	酸	苦	甘	辛	鹹
五悪	風	熱	湿	燥	寒

これにはさらに、五季が配され、五方、五志、五精、五液、五変、五位、五常、五経また五穀、五菜も配され、生数と成数が当てられるのです。例えば、肝臓を病むと、俗に言われるように、肝胆相照らす、の照らす意で、胆嚢にも異常が波及し、眼が青っぽくなり、爪に異常が生じてかけやすく、また青味が出、怒りっぽくなり、酸性体液となり、風に当たるを嫌がりますし、それでなくても、手を握りしめ、寛仁の度量少なくなるし、泣きっぽくもなるのです。このように、一連相関している至妙の理があって、五経、経絡、足厥陰に圧痛あるものなのです。酸と言うのは、酸性のもので、アルカリ性のものでないと解すべきです。また、よく五臓六腑と言われ、五臓五腑とは言われませんが、五腑の他の一腑は、三焦（淋巴管）のことで、上焦、中焦、下

焦の三つで、三焦と言います。人体諸器官の機能をすべて五行にはめ込むことは大変無理なことで、右の分類は単なる原則で、実際の漢方はもっと複雑精緻であります。また、実証的面からしても、右表通りとは言えない点があります。火は口唇で、土は鼻、金は歯が実審的です。

そして、ここで言われている「五行和者」は、五行太過不及なく調和がほぼ取れている、あるいは、五行多少欠陥あるとも、調候適宜、用神が有力と解してよろしいのです。しかし、特に声を大にして申し上げておきたいことは、命理は宿命論ではなく、開運のためのもので、精神・肉体が健全でなくては、幸運はないということです。例えば、五行和しているから、一生無災だと言われた人が、暴飲暴食・不節制の限りを尽くしたなら、必ず疾病にかかります。五行不和、土不足だからといって、甘い物ばかり食べていたなら、胃脾の疾患が甚だしくなるのは当然のことです。五味はそんな意味ではないのです。また、病はいかなる病源があり、いついかなる病を発するかを予知されたなら、事前に十分なる予防と、信用おける医師の診察を受け、病の発する前に、病源個所を健全にしておくべきなのです。私は、大変多くの方々に未病の間に警告し、三度目のレントゲンで小ポリープを発見したり、癌の全くの初期も初期の段階で発見したり、心臓の不全を発見したり、心電図では全く不明の心臓の欠点を発見したり、等々は常時のことなのです。

任氏の言う、五味和するということは、偏食しない、年齢、体力、職業、運動量、等々の個人差を踏まえた上で、その人に最も適する食事管理をする、という意に解していただきたいのです。

また、任氏増注、「苦者屬火。多食傷骨。」とありますが、『黄帝内經』には右表のように、原文では次のように言われています。

「南方生熱。熱生火。火生苦。苦生心。心主血。血生脾。心主舌。其在天爲熱。在地爲火。在體爲脈。在藏爲心。」

とあります。また、「鹹者屬水。多食傷血。」は、『黄帝内經』に、

「北方生寒。寒生水。水生鹹。鹹生腎。腎生骨髓。髓生肝。腎生耳。其在天爲寒。在地爲水。在體爲骨。在藏爲腎。」

とあります。「多食傷血」とあるのは、水火尅戦し、傷血するので、鹹多食して傷血するの意ですが、馬元台氏は註して、「素作寒傷骨」と言っています。この辺、陰陽の水火相関・対照しますので、共に正しい場合があると解すべきでしょう。因《ちなみ》に、鹹は塩からい、しょっぱいの意です。また、災は、疫病、事故、災害、禍難をも含めて言っているのです。

大腸	小腸	胃	胆	膀胱
肺	心	脾	肝	腎
九 四	七 二	五 十	三 八	一 六
金 上焦	火 中焦	土	木 下焦	水
皮膚	血脈	肉	筋	骨

以上のことを、生数、成数をもって、五臓六腑、五根、五主に図示しますと、上記のようになる訳です。

もちろん、疾病も運歳の経過の過程で発生するものですので、原局の用喜忌を明確にしておきませんと、疾病の現れる部位は分からないのです。運歳ということは、〝生命エネルギー〟の旺相死囚休の循環論である大運においての傾向性であって、現実には客観的時間の大単位である流年で発するのです。

〔546〕

癸未
甲寅
戊戌
庚申

大運
癸丑　己酉
壬子　戊申
辛亥　丁未

庚戌

戊日寅月木旺・土死令の「偏官格」です。生日の深浅と生地によっては、丙火調候が必要ですが、寅中丙火は調候とはなりません。木旺・土死令ですので、戊寅殺印相生とは言え、甲木破土し、このような場合、先天的に胃腸に弱点があるもので、多くは遺伝体質、さらに木の神経にも難があるものです。立運不明ではあるものの、用神丙、喜神火土、忌神金水木となる「源半濁」の命です。生まれた年に、既に消化器が弱いことを現し、母乳を吐いたり、下痢をしたり、夜泣きをしたりして、普通の児のように肥れないものです。翌年甲申年で、申寅冲去し、神経・消化器悪く、乙酉年には申酉戌西方全くして、特に消化器の腸に難が発生し、呼吸器系、咽喉に発病、小児喘息も起こる恐れがあり、扁桃腺も悪くなります。小児喘息にかかりますと、当分痼疾となります。

第一運癸丑から、第二運壬子、第三運辛亥と腎経、消化器、呼吸器に、そして神経にと小病多発し、水智発し得られません。腎は肝に影響し、目・鼻にも悪影響及ぼし、特に、第五運己酉金旺にて、申酉戌西方全、呼吸器・腎・腸の疾患、流年によって、尋常ではない傾向大です。

任氏解命、〈未土癸水を制し〉などできるものでもないし、〈五行和となっている〉とは全く言えないものです。〈用金〉と言っていること自体がとんでもない間違いです。明らかに実在の人の四柱ではありません。

こうした病変は当然性情に大きく影響することになります。また、疾病においても、政治・経済・社会、自然環境等も無視してはならないのです。

〔547〕

甲 寅	**大運**		
庚 午	辛未	乙亥	
戊 寅	壬申	丙子	
甲 寅	癸酉	甲戌	

戊日午月火旺に生まれる「偏印格」か「印綬格」です。調候として水源有情なる壬水を必要とするのに、甲庚尅去、戊甲移動・接近し、年月日支、寅午寅の火局半会以上、火炎土焦の上に、時干甲木破土して、用神取るものない夭凶命です。先天的身体障害あり、心臓に異常、精神薄弱、第一運辛未中に死亡もおかしくないのです。

〈午火を用として、和となるものです。〉などとんでもないことで、実在の人の四柱ではありません。

〔548〕

甲 子	**大運**		
丙 子	丁丑	庚辰	
癸 亥	戊寅	辛巳	
乙 卯	己卯	壬午	

癸日子月水旺に生まれる、「月劫格」か「建禄格」です。調候丙火が月干に透出、亥卯木局半会、年支子は日干に無情な根であり、日干やや弱、やむなくの用神壬、喜神金水、忌神木火土にて、「源半濁」となります。

陰干弱きを恐れず、日干弱と言っても月令を得ているので、それほど弱とはなっておりません。

第一運丁丑、亥子子丑北方全以上で、喜の傾向性とさえなり、

第二運戊寅、甲木尅戊土して、戊土の制水無能にし、寅亥合にて、木局半会を解くので、洩秀生財の喜の傾向性となります。

第三運己卯、卯卯亥の木局半会以上となる忌の傾向性。この運中の木の流年に、木の疾患を生じやすいもので、水の疾患も生ずる危険性があります。立運不明では細察できませんが、それほどの大病ではありません。
第四運庚辰、辰子子水局半会以上、五行流通し喜の傾向性、環境も性情も良化します。
第五運辛巳、巳亥冲にて亥卯木局半会を解くので、五行流通の美、疾病らしい疾病はありません。

血氣亂者。生平多疾。〔闡微・徴義〕
《血氣亂れる者は、生平疾《やま》い多し。》
血氣亂者。平生多疾。〔補註・輯要〕

原　注
血氣乱れる者とは、火が水に勝っているものだけを言うのではなく、水尅火の類、五氣反逆、上下不通、往来不順なるを、乱れると謂い、そうした人は病が多いものであります。

任氏増注
血氣乱れる者とは、五行相背して順ならざるを謂うのです。五行は水を血となし、人身では脈、すなわち血です。心胞は血を主どりますので、手足厥陰の経に通じるのです。心は丁火に属し、血を主り、膀胱は壬水に属し、丁壬相合するものですので、心は下の腎と交わるのです。丁壬合して化すれば木で、神氣自足すれば、既済相生を得、血脈流通して、疾病ないこととなるのです。ですから、八字の貴は、尅処に生に逢い、逆中に順を得ることを美となすものです。しかし、左右相戦したり、上下相尅したり、逆を喜ぶに順に逢ったり、順を喜ぶに逆にあったり、火旺じて水涸れたり、火が焚木したり、水旺じて土が蕩《ながさ》れたり、水が沈金せしめたり、土が旺強で木折せしめたり、土が晦火せしめたり、金旺じて火虚となったり、金が傷土せしめたり、木旺じて金缺したり、木が滲水《しんすい》となったりするは、五行顚倒・相尅の理でして、このようなのは、必ず疾病多いものであります。

〔549〕

丙申　**大運**
乙未　丙申　庚子
丁未　丁酉　辛丑
庚戌　戊戌　己亥

丁生季夏、未・戌燥土にして晦火して生金することできず、丙火は焚木して尅金する力あり、土はますます燥にして洩らさず、申中の壬水は涸れて精枯れるものです。ゆえに初め、咽喉痰咳を患い、亥運、水は火に敵せず、反って生木助火、まさに杯水車薪、火勢ますます烈しく、吐血して死亡しました。

〔550〕

壬寅　**大運**
丁未　戊申　壬子
丙申　己酉　癸丑
甲午　庚戌　辛亥

丙火未月の午時、年上壬水無根、申金遠隔で生水することできません。また申寅冲し、午火に申は劫奪され、肺氣ますます虧け、丁壬相合化木し、従火し火勢ますます旺じ、腎水必ず枯れる。潰泄の病、および痰嗽の病となる所以で、戌運には火局して、肺はますます絶、腎水燥、吐血して死亡するに至りました。

〔551〕

甲　辰　**大運**

丙　寅　丁卯　庚午

丙　寅　戊辰　辛未

壬　辰　己巳　壬申

木当令して、火は生に逢う、辰土は本来は湿土で、蓄水するものですが、丙寅の尅するところです。脾胃受傷し、肺金自絶、木多滲水、腎水また枯れるの理です。庚運に至って、木旺金缺、金水並見、木火金肆逞して、吐血して死亡しました。この造、木火同心で、順ずべくして、逆するは不可の命です。つまり、壬水は忌となすものですから、初運丁卯・戊辰・己巳等の運は、反って礙なきものでした。

徐氏補註

〔前節の後段を参照。〕

考玄解註

ここも前文と別々に註すべきところではなく、一緒に論じられている対照句なのです。つまり、「五行和者」と「血氣亂者」は対照の正反対のことであり、また「一世無災」と「生平多疾」は正反対のことで、この「血氣」を文字通りの、血とか気とかと狭義に解すのではなく、「五行不和」と考えるべきです。「不和」とは、太過不及であり、例えば、原局・運歳において、水が太過すると水多火滅となって、火の疾患が生じ、また、水そのものの疾となり、さらには水多木漂となって木の疾、水多土流となって土の疾患、水多金沈となって金の疾患というように、五臓六腑は相互関連しながら、転々として各部位の異常となっていくものですから、「生平多疾」と言われることになるのです。木多・火多・土多・金多の場合も同じようなことになります。しかし、水多と言いましても、「薬」となる制水の戊土が適切であるとか、納水する木が有力であるとかしますと、水多とはならないのですが、その「薬」が不及の原局で、土流に近いようであれば、先天的に土の痼疾があり、土の消化器が悪いと木の神経・情緒の不安等の疾患を招き、木の疾患は目に及び、肝臓にも影響する間に水の腎の異常となって現れるし、それがまた火の疾患に及び、重篤となって病癒えませんと、心臓死、脳死という死に至ることになるのです。こうした病変の変化も運歳の過程の中で表出されていくものなのです。さらに一行が太過する場合のみではなく、旺令の水が日干の弱い火を攻身するような場合、先天的に火の疾患をもって生まれてきたり、運歳の過程で、湿土で晦光されて、心の疾患となって現れる場合もあれば、幼少にして低血圧となる程度であったり、中年以降高血圧症と診断されることも生じるものです。そういう点からしましても、旺相死囚休という視点を無視し、干の特性の重要性を忘れたり、上下・左右を無視しますと、疾病は分からないことになるのです。

〔549〕

丙	**申**	**大運**		
乙	**未**	丙申	己亥	
丁	**未**	丁酉	庚子	
庚	**戌**	戊戌	辛丑	

火旺と土旺生では大分違いますが、〈季夏〉と言っていることを信用しますと、土旺ですので、丁日未月土旺の透乙する「偏印格」となります。調候年支申にあって、月支の土旺の未土を湿とさせ、湿土は反対に申金を生じ、生乙木し、未に有気である乙木は、年干丙と日干丁

を生火しますが、日支の未土を湿にすることはできず燥土、戌も燥土、燥土不能生庚となり、日干弱となります。甲を用神と取りたくもなく、やむなく乙木を用神とするもので、喜神木火、忌神土金、閑神水となる、「源半濁半清」の命となります。生火される休令の年干丙は、去とはならないものの、申中の庚金を制している点、湿土とはなっても、丑や辰の湿土ではありませんので、丙火は晦火晦光されていない点を見極めなければならないのです。

立運不明、土旺生ですから、遅ければ6才立運、早ければ0才立運となり、これも実は正確にしなければならない点なのです。つまり生後の翌年1才丁酉年、申酉戌の西方を全くしても、丙丁火で酉金を尅することできず、呼吸器系・咽喉に異常が発生し、生家環境が悪いと、小児ぜんそく、となることもあり、扁桃腺に難が生じてもきます。その翌年戊戌年、胃を弱化させ、その翌年己亥年、庚子年、辛丑年と続くも健とはならず、この間に立運して、第一運丙申となりますと、呼吸器系は弱くはなるし、腸も弱くなります。これは痼疾となって、流年によりますが、異常を発生させるのです。

第二運丁酉、申酉戌西方全となり、呼吸器系、腸の病気は続きます。

第三運戊戌、消化器が特に悪化し、木の疾患、肝機能低下から、腎経に及ぶことも生じ、

第四運己亥、己乙尅去し、無情であった丙火が日干に有情となり、亥水は全支を湿土にして生庚はさせるものの、生壬もしなければならない、時干庚、年支申は無情であり、金の疾患の痼疾連発するのです。しかし、〈吐血して死亡〉はちょっと信用できません。というのは、原局土旺・火休で、火旺ではなく、仮に火旺とし

ても、巳火、午火の根がありませんので、〈杯水車薪〉となる火の太過はないからです。

〔550〕

壬	寅	**大運**	
丁	未	10才戊申	50才壬子
丙	申	20才己酉	60才癸丑
甲	午	30才庚戌	

(40才辛亥)

これも、土旺・火旺がはっきりしません。一六六二年（康熙元年）七月九日午刻がこの四柱で、火旺生で立運約10才となります。一七二二年七月に丙申日はなく、一七八二年七月にも丙申日はありません。丙日未月火旺に生まれる「陽刃格」です。壬丁合去し、申は調候適とはなりますが、去とはならないものの、時柱甲午、申は殺印相生して、時干甲を生じ、甲は生丙・午火、さらに壬丁合去して、丙甲は年月へ接近。丙甲は寅に根あって火勢凄まじく、死令の申中庚を熔金する気勢です。用神やむなく庚、喜神土金、忌神木火、閑神は忌となる公算大の水とし、「源半濁」となります。

生後の翌年癸卯年、壬丁解合し、卯未木局半会して、生丙・午となり、火尅金の呼吸器系の疾病生じ、その翌年に続く甲辰年、甲木生火、辰の湿土が多少は生庚、さらにその翌年乙巳年、巳午未南方全くし、乙木助火の大忌、金の疾患重く、心にも腎にも波及します。翌年丙午年、疾病重く、第一運戊申、申寅冲去して戊土燥土不能生金の忌の傾向性、第二運己酉もまた燥土、第三運庚戌、寅午戌火局全となって、熔金されて、さらに病重く、他病も併発して、流年により死亡しても不思議ではありません。

つまり30才壬申年、31才癸酉年と巡って、32才甲戌年は、寅午戌の火局全以上、甲木生火となるのです。

〔551〕

甲　辰　　大運
丙　寅　　丁卯　辛未
丙　寅　　戊辰　壬申
壬　辰　　己巳

丙日寅月木旺・火相令で、透甲する「偏印格」です。丙壬剋となり、日干丙火を、時支辰の湿土が晦火晦光するも、二寅に有気で、かつ月干に幇あって日干は強く、用神壬、喜神土金水、忌神木火。卯が来れば、全支東方全以上を成し、午が来れば、午寅寅火局半会以上となり、子が来て、子辰辰水局半会以上となっても、生滋木に向かう、丙火強となるのは、生水する金一点もないからです。生後の翌年1才乙巳年は忌、2才丙午年忌となって、水沸の火の疾患と水の疾患、これに木の疾患が生じます。

第一運丁卯、寅寅卯辰辰の東方全以上、虚弱体質、癇疾は心にあり、第二運戊辰、第三運己巳と病が続発します。第四運庚午火旺運、午寅寅火局半会以上、金熔の心から金の病、さらに水沸の重病が続発して、死亡もあり得るものです。

このように、運歳によって、疾病の発する部位を看るべきなのです。事象は流年で発するもので、大運はその傾向性でしかないのです。

原　注

忌神入五臟而病凶。〔輯要・闡微・徴義・補註〕

《忌神が五臓に入るは、病凶である。》

四柱中の忌神が不制不化、不冲不散で、深く強く隠伏し、固いなれば五臓を尅して、病凶であります。例えば、木が忌神で土に入れば脾臓を病み、火の忌神より金は尅されて肺を病み、土の忌神が水に入るは腎を病み、金が忌神で木に入るは肝臓を病み、水が忌神で火に入れば心を病むものです。また、虚実を看なければなりません。木の忌神が土に入るに、土旺ですと、脾臓有余の病にかかるもので、四季土旺の月に発し、土衰の者は、脾不足の病にして、春冬の月に発するものです。他もこれより類推して然るべきです。

任氏増注

忌神が五臓に入るとは、陰濁の氣が地支に埋蔵されていることです。陰濁が深伏して、制し難く、化し難きは、病は最も凶です。しかし、それが喜神であれば一生無災、忌となす如きは、生平多病なのです。土を脾胃となし、脾は緩を喜び、胃は和を喜ぶのです。木が入土するは和せず緩せずして病となるのです。金は大腸・肺となし、肺は収が宜しく、大腸は暢が宜しいのですが、火を忌みて金に入るは、肺氣上逆し、大腸不暢となって病むものです。水は膀胱・腎で、膀胱は潤が宜しく、腎は堅が宜しいのですが、忌土にして水に入るは、腎は枯れ、膀胱は燥となって病むものです。木は肝・胆となし、肝は條達が宜しく、胆は平なるが宜しいのですが、金を忌むに入木すれば、肝は急となって生火し、胆は寒となって病むのです。火は小腸・心となし、心は寛が宜しく、小腸は収が宜しいのですが、水を忌むに火に入れば、心は寛ならず、小腸は緩となって病むものなのです。

また、有余不足を見る必要があります。例えば、土太旺の如きは、木は土に入ることできませんので、脾胃有余の病、脾は本来湿を忌み、胃は本来寒を忌むので、土が湿にして有余するなら、その病は春冬に発するのです。反対に火の燥を忌むに、燥が有余するなら、その病は、夏秋に発するのです。水の潤を忌むに、土が虚であれば、弱木も疏土するに足り、土の湿が不足するなら、その病は夏秋に発するものです。土の燥が不足するなら、その病は冬春に発するのです。けだし、虚湿の土、夏秋の燥に遇ったり、虚湿の土、春冬の湿に遇えば、木をして託根、繁茂せしめて、木の尅を受けてますます虚となるのです。虚湿の土が再び虚湿の時に逢う、虚湿の土が再び虚燥の土に逢うは、木必ず虚浮となって、盤根すること出来ず、土は反ってその尅を恐れないものです。他もこれに倣《なら》ってください。

〔552〕

庚寅	**大運**	癸巳	
己丑	庚寅	甲午	
丙子	辛卯	乙未	
乙未	壬辰		

丙火季冬の生、坐下子水、火は虚で無焔、用は木にありますが、木は凋枯《ちょうこ》〔しぼみかれる〕し、丑月二陽とはいえ、萌芽は動き出していず、庚金透って寅上すなわち絶地、病は大変浅いのですが、丑土を嫌い、庚金通根するを嫌い、まさに忌神深入五臓となります。さらに、己土は生庚、晦火生金、寅を破るに十分です。子水は腎で、丑と合して生木に向かわず、化土して反って生助金、病患は、肝臓・腎臓で、卯運に至って丑土を破り、名は宮廷に列し、乙運では庚と合、巳丑拱金、虚損の症、不治にして死亡しました。

〔553〕

丁　亥　　大運
辛　亥　　庚戌　丙午
辛　未　　己酉　乙巳
壬　辰　　戊申

丁未

辛金孟冬に生まれ、丁火は比肩を尅去し、日主孤立して無援、傷官が透り当令、命主元神を盗洩、用神は土にあって、火にはないのです。未土は木庫、辰は木の余氣、皆乙を蔵しているを忌とするのです。年月兩亥は忌で木の生地、亥未は拱木、これ忌神深蔵して、五臓に入り六腑に帰するものです。すなわち、脾虚腎泄、その病患は、頭眩遺洩、さらに胃腕痛盛んで、十日間とて安じていられませんでした。己酉運に至って、日主祿に逢い、学問をし、子を得、戊運には壬水を去らしめ、補廩となりましたが、申運は病勢重く、丁運で日主受傷して死亡しました。

右の二造の如く、その病症と八字五行の理は、誠に顕然と相符合しているもので、命理に精通するなれば、その寿夭窮通予測し得ないものはないのです。

徐氏補註

「忌神入五臟」とは、病は原命にあることで、「客神游六經」とは、病は歳運にあることを言っているのです。歳運は常に換わるものですから、災いは小と言っているのです。病が原局にあるのは、終身これが関わってくるもので、歳運によってしばし和らぐことはあっても、病根を断ち除くことはできませんので、「病凶」と言われているのです。例えば、身弱で用印化殺の命、印運は最も吉で、比劫が助くるのは、発展なしといえども、健康です。財運の破印するは凶で、食傷が日元の氣を洩らして弱くする、また制殺するは病で、この類の病は運程過ぎれば治るものです。しかし原局の病は、氣濁神枯と似ており、病の治る望みはないのです。

考玄解註

この句も次の句も別々に註すべきではなく、一緒にして論じるべきところです。五臓と六経が対照され、「入」と「游」が対照されて、その重いのが「入」で、軽度なのが「游」、忌神と客神も実は共に忌であって、ここでの忌神は用神を剋傷する神のことです。

ところが、原注も任氏増注も、忌神となるものがあって、その忌神が他に〈入れば………〉と言って、〈入る〉ということが原局でのことか、大運でのことか、流年での〈入る〉ということなのか、全く不明確な〈入〉り方をしているのです。しかし、事象は必ず客観的時間経過の大単位である流年において、日常化され、それと認識されるもので、病気も当然例外ではありません。ですから原注・任氏増注の〈入〉も、原局における大忌となる忌神が、旺相死囚休の循環律の経過の大運がさらに忌神を強化させるようであると、その忌神が剋傷する流年に五臓の疾患を発生させるような重さであると、それは「凶」である、危険でもある、と註しているものと善意に解せるのです。その流年も忌神を強化させて、原局の喜用の神を剋傷して発病することも含まれる、と解すべきなのです。原則論は右の通りなのですが、干の特性や調候の有無もあれば、忌神が忌神を制したり、救応の神があったり、その忌神の強さの度合いも違えば、剋傷される干の強弱の度合いも一様ではないのですから、悪化する病気の軽重の違いもあり、単純な見方は一つとしてないのです。

このような善意の上に立って、原注の言っていることを分類しますと、
○原局の忌神木が、大運干支によってさらに忌の木が強化されると、尅傷される土の疾患の傾向性多大となって、流年干支によって、現実的に土の病である脾臓の病を発病する（ただし、現代医学で言われる脾臓とは少し違います。）。
○右と同様に、火の忌神は、尅金して、肺の病。
○土の忌神に尅傷される水の病、腎臓。
○金が忌神であると木の病、肝臓。
○水が忌神であると、火の心臓の病。
と言っているのです。しかし、その後の〈虚実を看なければなりません。〉として、〈木の忌神が土に入るに、土旺ですと、脾臓有余の病にかかる〉と言っていることは、これが原局での土旺で木を忌神とするなら、土旺であっても、木が原局で木が忌神となる以上、運歳で〈脾臓有余〉の病となるのはおかしいのです。〈有余〉しているなら、尅傷される訳がないのです。

任氏増注は、「入」を、支蔵の陰濁の気として、〈木が入土する〉は〈病となる〉としておりますので、これは木が忌神としか解しようがありません。とすると、喜用の神は支中にある〈陰濁〉〈制し難く、化し難き〉ものと言っているのに、どうして木が尅土することができるのか、論理の矛盾とさえなっております。以下、すべて同様なことの理で矛盾です。

さらに徐氏補註となりますと、「忌神入五臓」は〈病は原命にある〉ことだとし、「客神游六經」は〈病は歳

運にある〉という意だとしておりますが、これもおかしいことです。いかなる疾病も、原局、運歳の過程で生じる、客観的人体の疾患なのです。すべての疾病は原局にあって、大運によって、発病の傾向性が強化されて、流年にて具体的疾病となって顕現化されていくものなのです。

そういう点から言いますと、流年干支を観ずして、疾病は全く論じられないのです。さらに立運を観ずして、疾病は一言も言えないのです。大運は傾向性でしかない、ということを知るべきなのです。

〔552〕

庚　寅

己　丑

丙　子

乙　未

大運

庚寅　　甲午

辛卯　　乙未

壬辰

癸巳

〈丙火季冬の生〉と言っていることを信用しますと、丙火丑月土旺の生まれで、透己する「傷官格」となります。丑子合は天干己丙ですので化土し、子は二戊、丑は二己となり、「丙火猛烈」と言っても丑月厳寒の候ですので、調候丙火が必要であるのに、年支寅中甲生丙と調候とはなるものの、日干には無情、しかも、湿土生庚された庚金は寅中甲を断削、日干休令の丙にとって、あまり有力ではない未中乙が生丙し、また、未中に無力なる幇の丁があっても、土旺の食傷に洩身するには耐えられません。無力・無情とはいえ、甲木を用神とし か取れず、喜神木火、忌神土金、閑神水となる「源半濁」の命です。『滴天髄』言うところの忌神は、用神甲を剋傷する庚です。しかし、病源は旺令の化土する丑子と月干己にあるもので、甲木の制土は庚金に剋されて多少の疏土とはなるも、制傷不能ですので、生まれながらの遺伝体質として、胃腸疾患があるものです。消化器が悪いのは、甲木の神経・情緒不安を招くことになるのです。

土旺生まれですから、立運一番早いのは0才、一番遅いのは6才となる訳で、0才辛卯年、湿土生金し、庚金は卯木を制し、神経から肝機能を衰えさせ、消化器がさらに悪化し、1才壬辰年、辰子水局半会の情にて、丑子解合して個有支となり、乙木を過湿にして、引火に難となるので、心と腎も弱化。2才癸巳年も、晦火晦光され心臓弱まり、4才甲午年からやや健となるも、第一運庚寅に交入すると、肝の疾病明らかとなっていきます。家庭環境も少しも良化されず、財困です。第二運辛卯、前運よりもさらに疾病が明らかに現れ、この二運にて、虚弱体質、病気が続発し、第三運壬辰に交入するや、さらに悪化、知能も発達せず、社会的活動にも難が生じもします。この運中の死亡もあり得るのです。

つまり、疾病は、遺伝体質の消化器にあるのですから、生まれてすぐ審察したなら、この消化器を健にして、神経に影響させないようにするなら、第三運壬辰にて死亡するようなことはないのです。「医食同源」ですので、食事管理を十分に行えば、心の病に及ばないことさえ可能なのです。

〔553〕

丁	亥	**大運**	
辛	亥	庚戌	丙午
辛	未	己酉	乙巳
壬	辰	戊申	丁未

辛日亥月水旺透壬する「傷官格」です。調候丙火急を要するも、天干に丙火なく、寅・巳・午もなく、調候不及となります。丁辛剋去して、辛壬接近するのは、洩身太過の忌にして、二亥団結する年上傷官、湿土が生辛するものの、乙木にとっての甲の藤蘿繋甲と同義となる庚金の幇もなく、日干弱にて、用神戊、喜神土金、忌神水木火となる「源濁」の命です。〝陰干弱きを恐れず〟とはいえ、日干無根、洩身あまりにも太過ではそうは言えません。

病源は旺令の壬水にあり、生後の翌月壬子月から癸丑月にかけて、水の疾患は、ないところの火の疾患へと波及して、翌年戊子年、戊壬尅去して、亥亥子水、消化器の病、さらに風邪を引きやすい上に、咽喉の病、腎臓と心臓の疾病にて、多病多疾となります。

立運不明ですが、第一運庚戌も、戊辰冲去して庚金は生水し、さらに水を強化するのみです。帮身の力甚だしく減じ、この運中虚弱体質、疾病となる腎系・心系・呼吸器系、軽いものではなく、知能も発達せず、生家環境も悪化するものです。

第二運己酉、金旺運ですが、酉辰合去、己土濁壬し、あまり良好でなく、

第三運戊申、戊壬尅去し、申金は日干の根として力とはなるものの、この運中、もし壬子年が巡ることあれば、申子辰水局全となり、子年か丑年にて死亡することもあります。

客神遊六經而災小。〔輯要・闡微〕

《客神六經に遊ぶは、災い小なり。》

客神游六經而災小。〔徴義・補註〕

原　注

客神は忌神と比較しますとずっと軽いものです。埋没することはできず、六道を游行しますが、必ず災いあるものです。例えば、客神の木が土の地に行けば、胃の災いあり、客神火が金地に行くは、大腸の災いあり、

客神土が水地に行くは、膀胱に災いあり、客神金が木地に行くは、胆の災い、客神水が火地に行くは、小腸の災いです。

任氏増注

客神六經に遊ぶとは、陽虚の氣、天干に浮いていることです。陽にして虚露するは、制しやすく、化しやすいもので、災いも必ず小さいものです。大体、病の表にあるのは、外にあって発散しやすく、大患とはならないので、災い小と言うことになるのです。その病源を究めるに、五行陰陽に従って五臓五腑に分けるとともに、天干を客神として虚と決め込んだり、地支を忌神として実と決め込んだり安易に決定することなく、虚中に実あるし、実中に虚あることを必ず考究してこそ、初めて災祥了然として確応あるものとなるのです。

〔554〕

壬　辰	**大運**	
甲　辰	乙巳	己酉
庚　午	丙午	庚戌
丙　戌	丁未	辛亥
		戊申

庚午日元にして、辰月戌時に生まれ、春金殺旺、用神は土にありま す。月干の甲木は客神で、兩辰は蓄水蔵木、六經に遊ぶのみならず、五臓に入っていることになります。しかも年干壬水は生甲し、壬水尅丙火に向かいません。初運南方生土して、脾胃無病の所以です。しかし殺水煉金、患うも弱症、戊申運に至って土金並旺、局中木をもって病となし、木は風を主り、金よく尅木、続く己酉・庚戌運までの三十年、発財すること十余万、辛亥運に至っ

て金通根せず、木の長生となって、突然、風疾を患って死亡しました。

〔555〕

癸丑	**大運**		
戊午	丁巳	甲寅	
壬寅	丙辰	癸丑	
庚戌	乙卯	壬子	

壬寅日元、午月戌時に生まれ、殺旺じて財局に逢い、財生殺、殺愈々肆逞、客神は午火にあらずして、寅木に在り、その火勢を助け、客神また忌神に化し、戊癸化火して、金水相傷します。乙卯運に至って、金水臨絶、肺腎兩病、声は出ず嗽《せく》のみ。甲戌年丙寅月、木火並旺して亡くなりました。

〔556〕

乙亥	**大運**		
庚辰	己卯	丙子	
丙子	戊寅	乙亥	
庚寅	丁丑	甲戌	

丙午日元、季春に生まれ、湿土司令し、蓄水養木、用神は木にあって、亥長生、辰の余氣あり、また寅の助あり、乙木は庚と干合するとも不化、庚金天干に浮露して、客神となし、臓腑に深入することできず、六經に遊ぶものです。水を精となし、亥子兩見し、辰また拱して水を蓄え、木を氣となし、春令有余、寅亥合は火を生じ神となす。五陽進氣の時に当たり、精氣の神、三者倶に足る。すなわち、邪氣入ることできず、また行運も背かず、一生無疾にて、名利裕如。ただ、土虚湿にして洩金となりますので、脾胃虚寒、泄瀉の病を免れない所以です。

徐氏補註

〔「忌神入五臟」の節の註を参照。〕

考玄解註

前解註を参照してください。つまり、前の「入」に対する「遊」は重くはない軽いもので、生死に係わることの少ない、六腑の病を言っているのです。しかし、この「客神」という点については、原注と任氏増注では違っております。原注では、〈客神の木が土の地に行けば、胃の災いあり〉と言っており、このことから、忌象生じるので、木が忌神、土が喜用の神ということになります。

任氏増注では〈天干に浮いている〉〈陽虛の氣〉の干としています。天干は〈制しやすく、化しやすい〉から〈災いも必ず小さい〉としているので、天干にある無根の喜神か客神のことですが、実審上、そう簡単に言うべきではないことは証明済みのことです。

すなわち、天干・地支に関係なく、流年のみのそれほど重くない忌が、喜を剋傷するような場合、例えば、木の喜がその一年のみ剋傷されるようであれば、目とか神経とか手とかに一過性の忌象が生ずることもあり得る、といった程度のことしか分からないものです。これが重いと胆囊の異常となり、糖尿病という診断がされますと、「災小」と言ってはおられないことになります。同じ木の病でも、近眼・乱視は一生治りませんし、斜視などは手術によって治すこともでき、色覚の異常とか、その他多くの眼の病気あるのですから、眼の災いなどと決め付けられないのです。

〔554〕

壬辰	**大運**		
甲辰	乙巳	戊申	
庚午	丙午	己酉	
丙戌	丁未	庚戌	
		辛亥	

これも辰月の木旺か土旺かを言わず、これでは解命できません。逆算の面倒は省いて、木旺と仮定します。「正財格」となり、午戌火局半会して透丙、庚金は相令の太過する火に攻身され、旺財が生火するのをまた制財しなければなりません。日干弱で、用神戊、喜神土金です。これとて、旺令の甲木から制されて用をなさず、金を喜としても、旺令の火に制金されて用をなしません。忌神水木火となる、「源濁」の命とするものです。生まれた後の周胎期の一週間、十日間中に、大抵は異常発見される凶命です。生後の月、乙巳月・丙午月また異常発生もし、翌年癸巳年、その翌年甲午年、第一運乙巳に交入する前に死亡しても不思議ではない凶命です。

解命は全て大誤で、虚偽の事象甚だしいものです。仮に土旺としましても、午戌火局半会して透丙、甲木生火、庚金は攻身に耐えられず、立運前、癸巳年、甲午年、無事済まされるはずもなく、第一運乙巳、第二運丙午、寿保ち得る訳がないのです。「客神遊六經而災小。」の例としましては、あまりにもひど過ぎます。つまり、夭凶命とさせる、忌神の忌神こそ丙であり、生時である、「歸宿之地」なのです。

〔555〕

癸丑	**大運**	
戊午	丁巳	甲寅
壬寅	丙辰	癸丑
庚戌	乙卯	壬子

壬日午月火旺に生まれる「偏財格」か「正財格」です。癸戊合、戊壬剋の情不専、寅午戌火局全くし、調候とも「薬」ともなる壬水不透、年支に湿土の丑土あり、印の庚が日干に近貼しているため、「仮の従財格」とはできません。用神やむなく金熔の憂いある庚としか取れず、

喜神金は、火局全くする火から熔金され、年支丑の晦火晦光あって、水は沸水とはならないものの、用をなしません。「源濁」の凶命です。つまり、出生後に内臓の異常が現れ、翌年甲寅年、死亡もあり得るし、乙卯年、丙辰年、丁巳年、戊午年までとても寿保ち得られません。前例も本例も、「忌神入五臟而病凶。」の例であり、「忌神輾轉攻」でもあれば、「氣濁神枯了」でもあること、『滴天髓』を註しているのにどうしたのでしょうか。

〔556〕

乙　亥	**大運**	丙子	〈季春に生まれ〉とあるのを信用しますと、丙日辰月土旺で透乙する「印綬格」となります。天干は結果として、乙庚合去し、支は辰子水局半会、用神寅中の甲、喜神木火、忌神土金水とする「源半濁」の命であります。	
庚　辰	己卯	乙亥		
丙　子	戊寅	甲戌		
庚　寅	丁丑			

第一運己卯、寅卯辰の東方全くし、庚金が木を断削したくても、力不足、印太過して、幼少時、神経・消化器系を悪くするものです。

第二運戊寅、寅亥合去して、忌神戊土が忌神の辰子水局半会を制しますが、一方湿土生庚して、土金の小疾続発します。流年により、咽喉・骨・歯とか、鼻とか、皮膚病とかを生じもします。

第三運丁丑、亥子丑北方全にて、寅木は納水に力不及ともなれば、流年によって木過湿となると、水と木の「客神遊六經」となるものですが、神経に相当影響します。

第四運丙子、子子辰の水局半会以上となるので、「忌神入五臟」となっていき、

第五運乙亥、亥寅合去し、流年により、心の病にて死亡することになるのです。

木不受水者血病。〔輯要・闡微・徴義・補註〕

《木が水を受けざる者は、血の病なり。》

原　注

水が東流して木が冲に逢う、あるいは虚脱するとかするは、水を受けざることです。そのようなのは、必ず血の病です。けだし、肝は木に属し、血を納めるもので、不納なるは病です。

任氏増注

春木が水を受けざるは、火の発栄を喜ぶものだからです。冬木の水を受けざるは、火の解凍を喜ぶからです。夏木が有根で水を受けるは、火の烈を去らし、地の燥を潤たらしめるものです。秋木得地して水を受けるは、金の鋭を洩らし、殺の頑を化すからです。春冬生旺の木は、衰えるなら水を受け、夏秋休囚の木は、旺じて受水するを要するものです。これに反するは、「不受」ということです。「不受」なれば、血は流行せずして、血の病に至るものです。

〔557〕

	大運		
丁亥		癸卯	乙木未月に生まれ、休囚の位です。年月に丁火両透し、洩氣太過していますが、もっとも喜ぶのは時祿に通根し、亥水の生を受け、燥烈の土を潤としていることです。さらに木局幇身し、通輝の象、甲辰運に至って科甲連登、格は「食神格」、用は印です。
丁未	丙午	壬寅	
乙亥	乙巳	辛丑	
己卯	甲辰		

〔558〕

丙　戌　　大運
乙　未　　丙申　　己亥
乙　巳　　丁酉　　庚子
丁　亥　　戊戌　　辛丑

乙木未月に生まれ、丙丁火が透って巳・戌に通根、乙木は発洩太過して、水の生を受けず、亥水が反って病となり、格は順局従児を成します。初交丙申・丁酉運、丙丁の蓋頭を得て平順、戊戌運、亥水を尅尽して名利兩得、己亥運に至って、病患膨張。ただ、四柱火旺また燥土に逢い、帰する所なく、この病のため死亡しました。

徐氏補註

木不受水とは、木は水の氣を洩らすことできないことです。

考玄解註

ここの「木不受水」とは、木が水の洩生が必要な命造であるのに、水がないとか、冲去・合去してなきに等しくなるを言っているのです。任氏は、調候的な意味を含めて、木が水を必要とするか否かを分別して説明していますが、この点では『窮通寶鑑』および『造化元鑰』のほうが優れていると言えます。

「血病」とは、血液循環が不良による疾病で、血病と言われる中には、肺結核、吐血、喀血、白血球・赤血球異常、鼻血、血便、血尿、淋疾血、婦人科異常出血、血圧等々、また、脳貧血、脳卒中、網膜出血（眼底出血）、血管腫、血友病、等々と大変多いものです。木は肝臓で、肝臓の機能を大まかに言いますと、

(1)胆汁を分泌して、消化を助けること。
(2)炭水化物をグリコーゲンとして貯えること。
(3)脂肪を利用しやすいように準備すること。
(4)尿素を造ること。
(5)アミノ酸を造ること。
(6)血液の流れを調節すること。
(7)血液の凝固に関係のあるフィブリノーゲンなどを造ること。
(8)ビタミン類を貯えること。
(9)細菌毒、その他の毒の解毒作用があること。

となりますので、五行の水の生が必要なのに、「不受」なれば、血の病と言っていることは、現代医学から見ましても正しいことなのです。また、胆嚢は、肝臓から分泌される胆汁を一時的に貯え、食物が十二指腸に送り込まれてくると収縮して、胆汁を十二指腸へ分泌するのです。詳しいことは、医学書によってください。

さらに、循環器として、心臓が重要な器官です。心臓は、体内の血管を通して、酸素と栄養素その他を含んだ血液を全身に送り、それと同時に、老廃物、二酸化炭素を取り込んだ血液を肺に送る、ポンプのような機能を果たしているのです。二心室・二心房に分かれています。

ですから、「血病」ということは、単に、水木の関係のみではなく、金水、水火、土水の関係でもあることを忘れてはならないのです。これらの関係を煎じ詰めますと、

○水が太過する。
○水が不及である。
ということになって、原局・大運・流年の間に、血病となるのです。これらの諸関係が、「忌神入五臟」か「客神遊六經」かの分別が重要な視点となるものです。またこれによって、「何處起根源。流到何方住。機括此中求。知來亦知去。」ですので、将来いかなる疾病が生じるかを知悉《ちしつ》して、その疾病にかからないようにすることが、命理学の「疾病論」の存在価値となるのです。これを間違えたりしますと、どうなるでしょうか。

〔557〕

丁亥	**大運**		
丁未	丙午	癸卯	
乙亥	乙巳	壬寅	
己卯	甲辰	辛丑	

これも未月火旺か土旺であるかを言わずに〈格は「食神格」〉とし、〈用は印です。〉という大誤を犯しております。

　火旺であれば、調候癸水があって、水源有情なるのを必要とし、土旺なれば、未土を湿とさせ、生木ともなる壬癸水が必要です。火旺・土旺では大分違いますが、「食神格」となるか、「偏財格」となるかの違いもあります。しかし、火旺であろうが土旺であろうが、亥亥卯未全支木局全以上となる「病」に対し、「薬」の二丁、火旺なれば「薬」、土旺なれば、木多火熄の嫌いがあります。土旺にても、「乙木雖柔」であり、木多土崩の憂いさえあって、調候のない、土燥でもあり、用神はやむなく丁としか取れず、喜神一応火土金、忌神水木となる、「源半濁」の命です。大変重要である立運の年は不明です。

　第一運丙午、午未合にて、日時支の亥卯木局半会を残し、亥中に壬水あるので、未土を湿にするものの、生金する金なく、ちょっと、火旺の丙午に洩身するのが喜か忌かです。火旺生ならやや忌の傾向性、土旺生なれば、忌の傾向性となる違いが生ずるのです。つまり、年支の亥中壬水は日干に無情で、水源の金がありませんので、水の小疾ある「木不受水者血病。」となるものです。

第二運乙巳、火旺運、原局、全支木局以上を成しているので、二丁は巳に根あることにより、洩秀の美となるとも、木多水縮となる、水の小疾は続きます。

第三運甲辰、火の小疾と、木多土崩による、消化器が悪化する一方で、木太過の病です。

第四運癸卯、亥亥卯卯未の木局全以上、癸水傷丁し、木多水縮、木多土崩となって、流年「忌神入五臓」となり、死亡さえあり得ます。

〔558〕

	大運	
丙戌		己亥
乙未	丙申	庚子
乙巳	丁酉	辛丑
丁亥	戊戌	

生年月日が明示されず、火旺か土旺か明確でありませんが、任氏が「季夏」とは言わず、〈格は順局従児を成します。〉と言っていることから、火旺生として解命することにします。乙日未月火旺の生まれで、丙丁火透出し、巳亥冲去、有力なる比劫なく、また印がないため、陰干乙木は従さざるを得ず、食傷生財する「仮の従児格」となります。乙日未月火旺の調候と助身としての壬癸水および水源があれば、普通格局となりますが、調候のない特別格局を成しており、「木不受水」となる命です。用神丙、一応喜神は火土金、忌神水木となりますが、巳亥解冲すると、亥中に印あって有気となるため、「食神格」に変化し、喜忌が逆転します。普

通格局であれ、特別格局であれ、調候が必要であるのに、調候がないのは、下格になります。大運を観ますと、第一運丙申、申巳合により巳亥解冲し、全支個有の支、「食神格」に変化し、喜神水木、忌神火土金、火への洩身が太過するのに、水の制火が甚だ不及で、また生木生身の水不及ともなって、水木の「木不受水者血病。」、火太過の疾病となるものです。

第二運丁酉、酉巳金局半会により、巳亥解冲し、前運同様、格局が変化し、喜忌も逆転し、前運と同様の疾病が続くものです。

第三運戊戌、食傷生財の喜の傾向性ある運ではあるものの、調候のない「位相」の低い命であり、大した喜とはいえず、

第四運己亥、巳亥解冲し、全支個有の支となって、「食神格」に変化し、喜神水木、忌神火土金となるのに、幼少時からの固疾である「木不受水」火太過・土忌の病のため、〈死亡〉したのです。

土不受火者氣傷。〔輯要・闡微・徴義・補註〕

《土が火を受けざる者は、氣傷《や》む。》

原　注

土が沖に逢って虚脱するは、火を受けないことで、必ず氣を病む。けだし、土は脾臓に属して火を容れるものです。火を容れざるものも病むものです。

任氏増注

燥実の土が火を受けざるは、水の潤を喜ぶからです。虚湿の土の火を受けざるは、水の尅を忌むものです。冬土有根にして火を受けるは、天の凍を解き、地の湿を去らしめるのです。秋土得地して火を受けるは、金の有余するを制して、土の洩氣を補うのです。過燥なるは地潤ならず、過湿なるは天と和せず。火を受けず、木を容れざるは、過燥にして必ず氣虧け、過湿にして必ず脾は虚となるのです。ですから、「不受」となるは、すなわち病むものです。

〔559〕

己巳	**大運**		
辛未	庚午	丙寅	
戊戌	己巳	乙丑	
己未	戊辰		

戊土未月に生まれ、重疊厚土、天干に無火なるを喜ぶし、辛金透出を喜ぶ、すなわち裏が表に発すの謂いです。その精華は辛金にあり、運走己巳・戊辰、生金有情にして、名利裕如。丁卯運、辛金受傷、地支は火土並旺、疏土不能にして、反って火勢に従い、土は愈々旺で、辛金肺、肺受傷して血脈流通できず、氣血虧けて死亡しました。

〔560〕

庚辰	**大運**		
己丑	庚寅	甲午	
己亥	辛卯	乙未	
壬申	壬辰		

己亥日元、丑月に生まれ、虚湿の地、辰・丑蓄水蔵金、庚壬透って通根、その虚湿に任じ、反って水を用となす従財であります。初運庚寅・辛卯、天干金生水に逢い、地支水尅土し、庇護有余。壬辰・癸巳運、財業日増するのみならず、名は宮中に列す。巳運に尅妻し破財。

本造は四柱無火、申時壬水の生、格は仮従財を成す。ゆえに遺業豊厚、読書入学、妻子両全、一たび火を見るや財多身弱となって、一事無成。甲午運に至って、木無根従火、己巳年火土並旺して、氣血必ず傷めるもので、病患腸胃血症にて死亡しました。

徐氏補註

土不受火とは、土は火の氣を洩らすことできないことです。

考玄解註

ここも、土が火を必要とするのに火がなく、火を必要としないのに火があることを、「土不受火」と言っているのです。これも多分に調候的な意で、任氏は、

(1)過燥の土は、気力に欠け、

(2)過湿の土は、脾臓を病む。

というように分けております。しかし、前解註の「木不受水」と同じように、

○火が太過する。

○火が不及である。

という視点から看るべきなのです。しかもこれらが前解註と同じように「忌神入五臓」となるか、「客神遊六經」の程度で一過性なのかをよくよく分別しなければならないのです。

「氣傷」とは、神経・自律神経で、胃腸と神経は、原因と結果の果てることのない相互関連なのです。

〔559〕

己	**巳**	**大運**	
辛	**未**	庚午	丁卯
戊	**戌**	己巳	丙寅
己	**未**	戊辰	乙丑

これもまた、未月火旺か土旺かを言わず、調候にも一言も言及せず、天道も地道も無視しての命理は命理ではありません。仕方ありませんので、火旺にしましょう。未土を湿とする水がなく、死令の燥土不能生金の辛金、また火旺で土太多でもあり、金埋となって、用神と取れない辛金です。無水ですので、無智無能、土多木折、土多金埋、土多水塞となる、「戊土固重」の頑愚の命です。「源濁」の甚だしいものとして、生年の翌年庚午年、巳午未未の南方全以上、庚辛金は熔金され、「忌神入五臓」、金の病、翌々年辛未年となります。

第一運庚午、火旺運、巳午未未南方全以上にして、「忌神入五臓」の金の病、この運中、戊寅年あれば、方局斉来となり、日干無根で、印太過、突発の心臓死もあり得るのです。

「流濁」の夭凶命です。第四運丁卯の大運巡る以前に必死です。これも「氣濁神枯了」です。「氣傷」だけで済む訳などありません。

〔560〕

庚	**辰**	**大運**	
己	**丑**	庚寅	癸巳
己	**亥**	辛卯	甲午
壬	**申**	壬辰	乙未

水旺か土旺生かを言わず、調候も言わず、〈水を用となす従財〉と言っております。この構造、土旺でも水旺でも従財とはなりません。仮に従財としても、調候のない、池塘氷結、凍土凍木、金寒水冷の下格、「源濁」となります。水旺であっても従財不成は、月干己土、辰に根あって、戊己土制水するからです。

格局を誤り、用喜忌を誤っては、事象はすべて虚偽となり、捏造された命造としか言いようがありません。

金水傷官。寒則冷嗽。熱則痰火。火土印綬。熱則風痰。燥則皮癢。論痰多木火。生毒鬱火金。金水枯傷而腎經虛。水木相勝而脾胃泄。〔輯要・闡微・徵義・補註〕

《金水傷官は、寒なればすなわち冷嗽《れいそう》、熱すればすなわち痰火《たんか》。火土印綬は、熱すればすなわち風痰《ふうたん》、燥なればすなわち皮癢《ひよう》。木火多きは痰を論じ、火金鬱するは毒を生じ、金水枯傷するは腎經虛。水木相勝するは脾胃の泄なり。》

原　注

これらはすべて五行不和より起こる病であります。その病を知ることは、その人を知ることであり、ひいてはその人の吉凶を断ずることができるのです。例えば、木の病は何か、木は日主の何の神に当たるか、もし仮に木が財であったなら、土の病を発する可能性があり、その財の衰旺によって、妻の美悪、父の興衰を断ずるのです。しかしながら、六親とその他の事態と相符せざるものあるのは、ほとんど病によってその咎を免れるものです。

任氏増注

金水傷官にして、寒に過ぎる時は、その氣は辛涼となり、真氣に欠けますので、冷嗽、せきする病となり、熱に過ぎる者は、水は火に勝れずして、火は必ず尅金するので、心腎交わらず、肺を病むこととなるのです。冬令虚火は上炎するので、「痰火」と言っているのです。

火土印綬、熱に過ぎる者は、木は火旺に従うもので、火旺焚木となり、木は風に属し、風痰となるのです。燥に過ぐる者とは、火炎土焦となることで、土は潤であれば血脈流行し、調和を営むので、皮膚は土、土は煖を喜び、煖なれば潤、過燥となるは、皮膚癢痒となるのです。湿に過ぎると、瘡瘍となるのです。夏土は湿が宜しく、冬土は燥が宜しいもので、そうした調和取れた人は無病ですし、発栄もできるのです。大体火多は痰、水多は嗽と言えます。

木火多痰とは、火旺逢木、木は火勢に従って、金は尅木できず、水は火に勝らず、火は尅金し、肺を傷め、腎水を生じることできず、木はまた水氣を盗洩して、腎水は燥となり、陰虚火災、痰必ず生ずるものです。

「生毒鬱火金」とは、「火烈水涸」、火は必ず焚木、土焦となって、燥土は金を脆くし、「金鬱」、脆金逢火するは、肺氣逆に上り、肺氣逆すれば、肝腎共に不全、肝腎不全なれば血脈は行らず、七情をもってすれば、憂鬱となって生毒するのです。

土燥不能生金、火烈にして水が乾くのは、腎経必ず虚です。

土虚にして不能制水、木旺尅土するは、脾胃は必ず病む。

およそ、これらは五行不和の病で、細密に研究すれば必ず験あるものです。しかも人事と相通じるものです。だからと言いまして、一、二例に拘わってはなりません。もし病が相符合しなければ、六親の吉凶、事体の否泰に対しては必ず験あるものです。

例えば、日主金だとしますと、木は財運で、局中火旺なれば、日主はその財に任ずることできず、生火助殺し、反って日主の忌神となるのです。さらに水があって生木するなら、金氣ますます虚となり、金は大腸・肺ですから、肺を傷め、大腸も不暢、腎水も生ずることができず、木洩水生火、腎肺の兩病となるのです。しかしながら、この病なき者は、必ず財多破耗、衣食も美ならず、病とならぬ咎なのです。しかしまた、無病にして、財源旺ずるものがありますが、そうした場合は、その妻は必ず陋悪で、子は必ず不肖なのです。これらは断定して間違いなく、必ず一験あります。また、さらに、妻も賢く子も肖、しかも無病にして、財源旺ずる者もおりますが、そうした人は、必ず、歳運一路土金の運を行っているものです。

局中金水と、木火と停均して、肺とか腎とかの病となる人、あるいは、財の破耗多いとか、あるいは、妻陋子劣なる者とかであるものですが、それは歳運一路木火の郷を行って、金水受傷するが故なのです。ですから、宜しく仔細に推詳して、「不可執一」であります。

〔561〕

壬辰	**大運**		
壬子	癸丑	丙辰	
辛酉	甲寅	丁巳	
己丑	乙卯	戊午	

辛金仲冬に生まれ、金水傷官、局中全く一点も火氣なく、金寒水冷、土湿凍土、初め冷嗽を患いましたが、傷官佩印、格局清純ですので、学問に優れ、早年入泮、甲寅・乙卯運、洩水の氣、家業大增。丙辰運に至り、水火相尅して病を得、丙寅年、火金旺、水ますます激して、死亡しました。

〔562〕

己　丑　**大運**　壬申
丙　子　乙亥　辛未
辛　酉　甲戌　庚午
壬　辰　癸酉

金水傷官、丙火透露し、寒凍を去らしめているので、冷嗽の病なく、癸酉運入学補廩、一郷に名を挙げました。問曰く、金水傷官、官星を見るを喜ぶに、何ゆえ癸酉に功名をなしたるか、と。余答えて曰く、金水傷官喜火とは、その命が煖局であることを要すの意に過ぎないのです。

つまり、それを用と取るの意ではないのです。火を用と取れるものは、十中一二で、水を用と取れるものは、十中八九、火を用と取るは、必ず木火斉來を要し、日元旺相たるを要するものです。本造、日元旺とはいえ、局中少木、虚火無根、必ず水を用神となすべきであります。壬申運、教習から知県となり、辛未運丁丑年、火土並旺、壬水と合し、子水傷付き、病を得て死亡しました。

〔563〕

甲　戌　**大運**　庚辰
丙　子　丁丑　辛巳
庚　子　戊寅　壬午
丙　戌　己卯

庚金子月に生まれて、二丙透出し、地支二戌の燥土、丙火の根庫、また甲木生丙し、熱に過ぎます。戊寅・己卯運、痰火の症を患い、庚辰運には比肩幇助、支湿土に逢い、その病、薬なくして愈え、加捐して出仕しました。辛巳運、長生の地、名利両全、火を用と取れないのは、身衰の故であります。

およそ、金水傷官用火、必ず身旺逢財を要し、中和用水、衰弱用土であります。

〔564〕

己　巳	**大運**	丙寅	
庚　午	己巳	乙丑	
己　亥	戊辰	甲子	
丙　寅	丁卯	癸亥	

己土生仲夏、火土印綬、己は本来は湿土で、亥水に坐し、丙火透って生に逢う、年月支は祿旺、これを熱と謂い、燥ではありません。寅亥化木不成、夏日畏るべしです。兼ねて運走東南木地、木は風ゆえに風疾を患う。かつ、巳亥の体は陰、用は陽、午これを助長し、心と小腸ますます旺、亥は寅の洩に逢い、庚金下生不能、ゆえに、腎氣ますます虧け、遺泄の症も患う。

幸い調養よろしく、病勢は増さず、乙丑運北方に転じ、前病は皆愈え、甲子・癸亥運水地、老いてますます壮ん、また、納妾生子、発財すること数万。

〔565〕

辛　未	**大運**	甲午	
戊　戌	丁酉	癸巳	
戊　戌	丙申	壬辰	
丁　巳	乙未		

戊土戌月に生まれ、戌未皆帯火燥土、時丁巳で火土印綬、戌は元来燥土にして、また印の助あり、時は季秋にあるので、これを燥と謂い、熱ではありません。年干辛金、丁火がこれを劫し、辛は肺、燥土不能生金、初め痰症を患うは、肺が受傷するからです。大害を招かなかったのは、運走丁酉・丙申運の両方金地の故です。乙未・甲午運に至るや、木火相生、土ますます燥となって、蛇皮瘋、いわゆる皮痒を病む。癸巳運、水無根にして尅火できずして、その焔を激しくし、死亡したのです。これは、火土癸水を尅し、腎絶するのです。

〔566〕

己　丑　**大運**
丁　丑　丙子　壬申
己　亥　乙亥　辛未
乙　丑　甲戌　癸酉

己土季冬に生まれ、支は三丑土、日主本来は旺じていますが、寒湿に過ぎ、丁火無根、その寒湿の氣を去らすことできず。乙木凋枯《ちょうこ》、これは用とできず、学問できず、己土は脾、寒にしてかつ湿、幼にして瘡毒多く、癸酉・壬申運、財太旺するといえど、兩脚寒湿の瘡にして、数十年愈えません。また、氣力が欠けるは乙木凋枯のゆえであります。

〔567〕

丙　戌　**大運**
己　亥　庚子　甲辰
甲　戌　辛丑　乙巳
庚　午　壬寅　癸卯

甲木亥月に生まれ、印が当令するといえども、四柱土多尅水、天干庚金無根、また亥水と遠隔、戌中辛金、鬱して受尅、午丙引出戌中丁火、亥水被戌土の制、尅火できず、所謂鬱火金です。庚は大腸、丙火これを尅し、辛は肺、午火これを攻め、壬は膀胱、戌土これを傷め、火毒攻内と謂うのです。甲辰運、また木生火、戌中の辛金を冲出、午火がこれを尅し、悪性の肺腫瘍で死亡しました。

〔568〕

庚　寅　**大運**
癸　未　甲申　戊子
甲　午　乙酉　己丑
甲　戌　丙戌　丁亥

木火傷官用印、庚金生癸印にて、純粋。頭脳抜群、惜しむらくは、庚癸は地支不載、さらに戌時火局会するを嫌う。金水枯傷するのみならず、火能熱木、命主元神洩尽して、幼より虚弱、肺腎の兩病があって、丙戌運、殀。

〔569〕

癸　酉　　**大運**

乙　卯　　甲寅　　辛亥

庚　戌　　癸丑　　庚戌

戊　寅　　壬子　　己酉

春木当権、卯酉冲といえど、木旺金欠、土また受傷、さらに嫌うは、卯戌寅戌合化殺です。本来は脾虚肺傷の疾となるものですが、実際は一生無病でした。ただ、酉弱く、卯強で、妻は尅さずといえど、夫婦仲が良くなく、二子共に不肖で、盗賊の類いとなる。その病を免れ、また財も旺ずるも、妻子不美となったのです。

徐氏補註

金水傷官の無火は、寒に過ぎれば冷嗽となり、火旺なれば水氣鬱蒸して、痰火となる。

火土印綬、火災は風痰の病となり、土燥は皮痒の病となる。

木火の病は、痰火となる。

火金の病は、瘡毒となる。

金水の病は、腎経にある。

水木の病は、脾胃にある。

これらは五行の相勝に従って起こる病であります。命理の拠《よ》り所となるのは、わずかに干支八個の字であって、それによって、吉凶寿夭、富貴貧賤、性情、疾病、六親の興衰・賢不肖等を推測するもので、極めて煩複細微にわたるものなのです。そこへ再び六經致病の因を説くのは、理は可能ではありますが、事実の証は少ないものです。『繼善篇』に言われているように、「金弱遇火炎之地。血病無疑。土寒逢木旺之郷。脾傷定論。筋疼骨痛。皆因木被金傷。眼暗目昏。必是火遭水尅。」とあり、各命家の経験・推測によって、活眼をもって看るなら、徴あるものです。

考玄解註

「性情論」で、その性情の大要を述べた後、格局気勢で性情の総まとめをしたのと同様に、この「疾病論」でも、その大要をここまで述べてきたので、格局気勢で疾病の総まとめとする構成となっているのです。しかも、ここは多分に天道と地道の重要なることが入ってもいるのです。

しかし原注は、ここでの疾病の有り様を全く註せずして、人の吉凶はその人の疾病と無関係ではないものである、と至極当然のことを言っているに過ぎません。そのこと自体は正しいことなのですが、その関連性の度合いこそ、我々が細密に知る必要があるのです。それは吉凶という点以前の、性情や人間関係や能力・才能や、意欲等から、生活上の諸環境さえ関連しているものですから、細論するまでもないことと思います。

「金水傷官」とは、日干金で水旺月に生まれることで、土金傷官もある程度含まれる、また水旺月の調候丙火急を要する、という点で共通することを言っているのです。寒とは、調候丙火がないとか不及とかで、日干弱となって、呼吸器系の疾患の傾向、水強となって、風邪を引きやすい傾向、冷え症、冷嗽と言っているのですが、もちろん、それだけの疾患ではありません。用喜忌によって、大運逆旋して、金旺に巡るか、木旺に巡るかによって違います。土金傷官、日干土で金旺月に生まれ、調候丙火が必要であるのに、調候がないとか、調候不及となって、洩身する金が強となり過ぎて、水旺に巡ると、池塘氷結、金寒水冷となるので、冷嗽を生じもします。熱とは温・暖を過ぎる火太過となって、日干金が尅傷・攻身されるような場合、同様に金の病となる痰火とは、肺結核による痰・血痰を言っているのです。現在の日本では、肺結核による死亡率は大変減少してはおりますが、結核にかかる人、死亡する人がなくなったのではありません。

「火土印綬」は日干土で、火旺月に生まれることで、水源有情である調候壬水が必要であることを言っているのです。このことは、日干木の火旺月の木火傷官を、「論痰多木火」と共通することでもある、調候癸水の水源有情をも言っているのです。木火傷官も調候なく、火が太過すると、火尅金となる金の疾病、気管支の病を「疾」と言っているのです。しかし「木火傷官」炎上するのは、火の病、木の病、さらに金の病の外に、水沸の病さえも運歳の忌で生じもするものです。「火土印綬」、調候がないと熱によって風痰、水熱性の疾患、流行性伝染病で痰にかかると言っており、燥という点からしますと、焦土となるので、乾燥性皮膚病にかかりやすいと、皮癢と言っているのです。土は皮膚・胃・鼻ですので、皮膚病とは限りません。

「生毒鬱火金」とは、火と金、通関の湿土生金とはならない、あるいは燥土不能生金の忌が大となると、やはり金の病にかかりやすい、と言っているのです。しかし、「鬱火」晦火晦光が多大となると、火の疾病をも暗に言っているのです。

水が甚だしく尅傷されるのに、生水の金がないと、腎系を患う「腎經虛」と言っているのです。性能力が年齢に相応わしくない衰え方をするのも腎虚と言い、ホルモン・バランスをも言っているのです。

「水木相勝」、つまり木が太強となって、木は尅土・破土するようであると、胃の疾患、細胞賦活の機能減じたり、下痢をしたりするものだと、「脾胃泄」と言っているのです。「瀉」とは、口から出す、吐く、あげることで、「泄」とは、下から排泄することです。

しかし、これらのことも、原局と運歳の過程で発生することであり、その症状や病名を断定できないのは、たった十二字から推論することしかできないのですから、およその部位・器官しか言えないのです。しかしながら、その自覚症状から、その小疾を治す方法論さえ分かっていれば、未病体を半病体にすることもないものであり、半病体も、時には既病体をも健にすることは可能なことなのです。その多くは、食（漢方をも食とするのは、医食同源であって、毎食が薬膳料理なのです）と運動（エネルギー転換）にある、と言えるのです。

病気も原因と結果の連続なので、その病因を本から治し、よい原因に変えれば、結果の疾病は生じないのです。これもまた、〝運命は変えることができる。〟という、理論と実証の一面なのです。

ここの挙例は、変える努力をせず、宿命のままに流された場合の、大まかな病気の審察でしかありません。とにかく、「疾病論」をより深く熟知するためには、『滴天髓』の原文では全く不足するところ大なのです。大要では細密さに甚だしく欠けるものです。

〔561〕

壬辰	**大運**	
壬子	癸丑	丙辰
辛酉	甲寅	丁巳
己丑	乙卯	戊午

辛日子月水旺に生まれる「傷官格」か「食神格」です。一般的に既往の命書で言う、「金水傷官」に当たります。調候急を要するのに一点の丙火もなく、年月干二壬透出して辰子水局半会、冲天奔地の激水で、この「病」に「薬」がないどころか、辛酉金が生水し、時干の己土生辛し、酉丑金局半会、日干太弱と見るべきです。戊土の「薬」を用神

と取りたくもなく、やむなくの己とするも、無力で用をなさず、忌神水木、むしろ金も生水するので忌、喜神は制水・護身の戊土しかなく、この戊土も余程有力でない限り、その喜の用はなさないし、池塘氷結、金寒水冷でもあるので、なおさら喜となる作用に難があり、「源濁」の悪しき命なのです。

つまり、水多土流、水多金沈、水多木漂の忌で、先天的に原局にない火・心の病が内在しています。『滴天髄』言うところの、「旺者沖衰衰者抜」です。先天的心臓疾患・欠損・異常があるものです。「金水傷官。寒則冷嗽。」などの騒ぎではないのです。水多土流ですし、水多金沈でもありますので、消化器も弱いなどの段階ではありません。当然水多木漂ですので、神経系にも難があり、生後、母乳さえも吐瀉もすれば、下痢も甚だしく、脈拍・呼吸も尋常ではありません。癸丑月中に、心臓異常発見できるかも知れませんが、生後の翌年癸巳年の巳火滅となり、その異常がはっきり分かることになります。その翌年甲午年、この甲は甲己合去し、しかも、午火は調候ではあるが、滅火の火、心臓は悪化するのみで、金の病、土の病から水の病併発もし、乙未年、丙申年と心の病が治癒することはありません。こう看てきますと、単に機能が衰えている程度ではなく、奇形とか欠損とかの異常で、もはや命理学の及ぶところではなく、医学の分野の問題です。しかも何才立運か不明で、大運に交入しても、第一運癸丑、心臓良化の運歳ではありません。医師の診断を待つしかない凶命です。

任氏増注には〈初め冷嗽を患いました〉どころではない実証例が多々あります。しかも〈傷官佩印〉の印の己土、太過する壬水の特性の「通根透癸。沖天奔地。」も忘れ、同じ印でも戊土と己土の干の特性をも忘れ、上下・左右を『滴天髄』が厳に注意していることも忘れ、時干己土が年月干支を制水するかのような大誤をし、一体どこが〈格局清純〉なのでしょうか。しかも、水太過の大忌であるのに、〈学問に優れ〉ることは絶対にあり得ないのです。年上傷官、月上傷官、事故死さえある凶命です。この原局と第一運癸丑に、任氏の言っている〈丙辰運〉の〈丙寅年〉と、どちらの忌が大きいか比較してみてください。

〔562〕

己	**丑**	**大運**		
丙	**子**	乙亥	辛未	辛日子月水旺に生まれ、天干丙辛干合は水旺にて化水し、丙は壬、辛は癸となり、さらに丑子合は、化水する前の年干己土と月干丙火にて、化土し、酉辰は合去し、「月劫格」か「建禄格」とするものです。
辛	**酉**	甲戌	庚午	調候丙火急を要するのに一点もなく、池塘氷結、用神取り難く、大運により喜忌変化します。
壬	**辰**	癸酉		

第一運乙亥、亥子丑北方全となって丑子解合、三壬三癸の蔵干、調候のない、冲天奔地、この運中の喜神は木火土、忌神金水、立運不明なるも、病源である水太過となる忌の傾向性大です。まず水の疾患、次いで火の疾患、虚弱体質です。

第二運甲戌、前金旺四年は甲己合去し、丑子合去、酉辰解合し、喜神木火土、忌神金水となり、後土旺六年は甲己化土、丑子も化土しておりますので、喜神金水、忌神木火土となる忌の傾向性の運。

第三運癸酉、癸己剋去し、丑子合去、辰酉合去のままの金旺運、喜神木火土、忌神金水となります。

第四運壬申、丙辛干合を解き、辛日子月の「傷官格」か「食神格」に変化し、申子辰水局の情にて、丑子解合、酉辰解合して原局に戻り、喜神土金、忌神水木火となる運となります。

第五運辛未、丙辛解合、丑子解合、辰酉合去のままで、喜神土金、忌神水木火となります。

第六運庚午、丙辛解合し、「傷官格」か「食神格」に変化して、喜神土金、忌神水木火、となります。

このように、喜忌転々としますので、あまり大病はしませんが、金と水の小疾が流年に発生するものです。ただ化水しての第一運乙亥、亥子丑北方全となる忌の傾向性ある運は、流年によって、水多木漂、水多土流、水多火滅の疾病続発の傾向は大です。

注意したいのは、このように喜忌転々とはしますが、そのたびに生活環境が転々と変わることはないということです。それは性情においても、この命は、日干辛金水旺で、丙・辛・壬と酉金の気質の上に、化格とはならないので、壬癸水が混入する気質として看ることになりますし、その人自身が別の人間になることではないのです。相対性理論における座標のみが、辛の座標から、癸水の座標へと変わったに過ぎないのです。

〔563〕

	大運	
甲 戌		庚辰
丙 子	丁丑	辛巳
庚 子	戊寅	壬午
丙 戌	己卯	

庚日子月水旺の「食神格」か「傷官格」です。調候丙火、月干一丙で十分であるのに時干にも透丙するのは、調候太過となる死令の殺が攻身、時支戌は子と並び湿土となって生金するため、従格とはなりません。年支の戌も湿土とはなるものの、日干に無情な印、年時支戌は制水しても去とはならず、申・酉金の根もなく、戊己土来ると年干甲と剋去・合去、庚丙接近し、庚が年支の生金する戌に有情となるため、用神戊、喜神土金、忌神水木火となる「源濁」の命となります。死令とはいえ、月時干二丙の攻身を忌とするものです。

つまり先天的に、金の疾患をもって生まれているので、生まれてすぐ発見できるものです。「熱則痰火」の痰があるくらいではなく、医学が進歩している現代であれば、恐らくは肺の異常が発見できるでしょうが、この時代では症状としての異常としか受け取められなかったでしょう。立運不明ですが、第一運丁丑中に、一時症状のみは多少収まってはくるものの、器官そのものが正常化することはないと思われます。第二運戊寅、戊甲尅去し、庚金年支湿土戌の生金にあうも、寅中甲が二戌土を制土し、生金の力減じ、流年において、呼吸器の症状強く表出し、随伴症状も明らかとなっていきます。第三運己卯、前運同様、病勢は悪化こそすれ、完治することは至難と思われます。つまり、木旺の卯は制土するとともに助丙し、二運続いての「忌神輾轉攻」となるからです。この先天的二丙は、壬水以外弱まることなく、甲乙丙丁はすべて助火となり、戊己土はほとんど生庚の作用はありませんし、庚辛金とて、二丙から尅傷されて幇身無力となるのです。支も丑・辰以外、二丙を弱化し助身するものがないのです。このような命は、医学に頼るしかなく、寿は論じられないものです。ただ、第二運戊寅、第三運己卯中死亡するとも不思議ではない、とは言えます。その凶は、丙戌刻にあります。

〔564〕

己巳	**大運**	丙寅	
庚午	己巳	乙丑	
己亥	戊辰	甲子	
丙寅	丁卯		

己日午月火旺・土相令の「印綬格」か「偏印格」です。調候壬水、水源有情なるを必要とするのに、亥寅合去して調候なく、支は巳・午、透丙して火炎土焦、不能生金、やむなく用神庚、喜神金水、忌神火土、木も忌神となります。「源濁」甚だしいのは、丑・辰の根なく、調候もない、印太過のためです。先天的疾患は火にあって、身体障害、もしくは精神薄弱。ダウン症候群の児童に多く見受けられる命で、現代医学でさえ根治不能なのです。

この命も夭凶となるのは、丙寅刻の生時にあるのです。単純に疾病を論ずべき命ではありません。出生時すぐにでも分かるのは、乳児の掌紋です。七、八ケ月頃であれば、音声でもダウン症は分かりもします。つまり、言語・音声も火であるからです。もし出生時すぐ審察を依頼されたなら、早急に小児科の良医の診察を受けるべきである、と助言するのみで、なまじ命を云々すべきではない命です。

〔565〕

辛　未	**大運**	甲午
戊　戌	丁酉	癸巳
戊　戌	丙申	壬辰
丁　巳	乙未	

一六九一年十月、一七五一年十月にも戊戌日なく、一八一一年にもありません。金旺か土旺生かも分かりませんので、大変困りますが、戊日戌月金旺生の透辛する「傷官格」か「印綬格」とします。調候丙は、時支巳火にあり、また戌土は燥土となるので、水必要ですが一点もなく、年支未も日支戌も燥土で、やむなくの用神辛としか取れません。喜神金水、忌神火土、閑神木となる「源濁」の命です。土旺なれば「従旺格」となるのに金旺で、日干月令を得ていないので、「従旺格」とはならないのです。これを「火土印綬」などと考えないでください。

第一運丁酉、丁辛尅去するも金旺運にて金埋とならず、

第二運丙申、丙辛合去し、申巳合去、この運中に、15才丙戌年があれば、この辛金の小病と土の小病はあり得ます。しかし一過性であるのは、喜の流年後だからです。ここまでは、ほぼ順であるものの、

第三運乙未、乙辛尅去し、比劫奪財の忌の傾向性の上に、水の疾患重く、併せて土の病も発し、

第四運甲午、巳午未南方全、心の疾患にて、必死となります。

〔566〕

己 丑	大運		
丁 丑	丙子	癸酉	
己 亥	乙亥	壬申	
乙 丑	甲戌	辛未	

任氏が〈季冬に生まれ〉と言っているのを信用しますと、己日丑月土旺生の「建禄格」となります。丑月の寒凍の候であり、調候急を要し、二丙火くらい必要であるのに、原局に丙火一点もなく、月干丁火では調候の役は果たせず、しかも無根、寒湿凍土、金寒水冷、凍木となる寒冷の局です。「刲羊解牛」と言われる時干乙木は、亥に有気となって、丑中癸水から滋木され、己土は制剋を受け、また財も強いため、日干己土は、丑月土旺生で三丑の根あっても、土金水、土金水と流通するので、やや弱となります。用神は、調候でもある「己干用印」の丙と取りたいものの命中になく、やむなく丁、喜神火土、忌神金水木となり、「源半濁」となる命です。

第一運丙子、亥子丑丑の北方全以上を成し、陰湿・水勢を一層強めますが、無根無力でも丙火の調候あって、乙木の殺を通関して、生身するため、死を免れたと言えるのです。

第二運乙亥、北方水旺運にて己土は卑湿寒凍の極にして、消化器系よりの皮膚病。〈兩脚寒湿の瘡〉とあるのは、恐らく象の脚のように、太くゴワゴワになる病気で、一種の地方病です。淡水魚の雷魚の多食によるものらしいことは、中国で見てきておりますが、必ずしもそうであると断言できません。〈癸酉・壬申運、財太旺する〉は、食傷生財によるものですが、金は骨と皮膚をも意味します。また、任氏の言うような〈氣力が欠ける〉ことにもなるものです。

〔567〕

		大運	
丙	戌		癸卯
己	亥	庚子	甲辰
甲	戌	辛丑	乙巳
庚	午	壬寅	

甲日亥月水旺・木相令に生まれ、透己する「偏財格」となります。調候必要とするのに、年干に透丙して、日時支戌午火局半会して、調候やや太過、己甲合、甲庚尅の情不専、尅洩交加するため、制食傷、化官殺する壬を用神と取り、喜神水木、忌神火土金とする「源半清半濁」の命となります。

第五運甲辰まで、大病なく、第六運乙巳、巳亥冲去し大忌の傾向性となります。こういう命、年齢的に見て、肝臓障害か、糖尿病で死亡することが多いものです。糖尿病は水の病ではなく、木の膵臓の疾患です。

〔568〕

		大運	
庚	寅		34才丁亥
癸	未	4才甲申	44才戊子
甲	午	14才乙酉	54才己丑
甲	戌	24才丙戌	

一七一〇年七月、一七七〇年七月にも甲午日なく、一八三〇年（道光十年）七月二十七日戌刻がこの四柱です。立運約3才7ケ月、甲日未月土旺・木囚令生まれの「正財格」となります。寅午戌の火局は未午合にて解け、調候癸水月干にあって、年干庚から生癸、癸水が滋木培木し、未土を湿にし、生庚有情、年支寅は日干に無情な根、時干甲は幇身に有力・有情にして戌土を疏土します。囚令の甲木ゆえ日

干弱、用神癸、喜神水木、忌神火土、閑神金となる「源半清」となります。

第一運甲申、甲庚尅去し、喜忌参半の傾向性ある運。

第二運乙酉、乙庚干合化金して、乙は辛となるものの、殺印相生して忌となることなく、
第三運丙戌、丙庚尅去にして、また日干寅に有情となり、疏土して財利向上。

第四運丁亥、丁癸尅去し、甲木は寅に有情となる反面、庚金劈甲の喜の傾向性となるのは、水旺の亥中蔵干甲壬のためです。

第五運戊子、第六運己丑、また喜のほうが有力で、忌少なく、ちょっと消化器を悪くするくらいです。

〔569〕

癸	酉	**大運**	辛亥
乙	卯	甲寅	庚戌
庚	戌	癸丑	己酉
戊	寅	壬子	

庚日卯月木旺・金囚令の「偏財格」か「正財格」です。乙庚干合し不化、乙倍力化し、酉卯沖、卯戌合にて全支個有支、年支酉は日干に無情な根、戌も戊土もやや燥の嫌いあって、財多身弱となります。用神は無情ではあるものの制財の庚、喜神土金、忌神水木、閑神火となる「源半濁」の命です。


第一運甲寅、生家は財困甚だしく、環境悪化するとともに消化器も悪くし、呼吸器の疾患も発し、小児喘息もあり得ます。

第二運癸丑、癸戊合去するも、湿土生庚し、健となりつつ、環境も良化、水智も発します。

第三運壬子、壬戊尅去し、戊土が湿土生金するよりも、子水が生木する忌のほうが大となり、腸・呼吸器系の疾患あってもおかしくなく、
第四運辛亥、湿土生金、辛金も尅乙の情あって、やや喜の傾向性。
第五運庚戌、喜の傾向性となって、
第六運己酉、さらに喜の傾向性となり向上します。
言いたくはありませんが、子供が盗賊になったので、病気にならないで済んだ、などという馬鹿気たことを信用しないでください。〝生命エネルギーの互換性〟ということは、そんないい加減なものではありません。
また〈妻子不美〉と言っている、妻不美の原因の一節は、本造の性情にあることを忘れてはならないのです。
つまり、木旺・金囚の、財多身弱の乙と干合し、戊土殺印相生の「固重」、日支戌上の庚金の気質によるなど、大運の役割性格に起因することが多大なのです。

以上で『滴天髓』の「疾病論」は終わっておりますが、疾病の細密な理論はこれでは不十分なのです。
次に適性進路・適職ですが、「出身論」は、官吏を貴とする中国の封建時代のものであり、全くと言っても良いほど、現代社会、今後の社会には適用しないものです。資本主義社会の政治・経済・社会の諸環境の中での適性進路・適職を知らなくてはならないのですが、それを細述することは、『滴天髓』の真義から外れることになるのです。

〈出身論〉

巍巍科第邁等倫。一個元機暗裏存。〔闡微・徴義〕
《巍巍《ぎぎ》科第《かだい》にして等倫《とうりん》に邁《す》ぎるは、一個の元機暗裏に存す。》

巍巍科第邁等倫。一箇元機暗裏存。〔補註〕
巍巍科第邁等倫。一個元機暗裏尋。〔輯要〕

原　注

およそ命を看ることの中で、出身を看るのは最も難しいものです。状元〔科甲の試験の首席合格者をいう。次席を榜眼《ぼうがん》、次いで探花《たんか》の順〕出身の如くは、格局清奇にして他と大きく異なって、隠れる如く露れる如く、奇にして決し難いのは、必ず元機あるものですから、よくこれを捜し尋ねねばなりません。

任氏増注

人の命を論ずるに出身は最も難しいものですから、元機の有無を見る必要があるのです。元機とは、格局が特別に他と異なっている訳でも、格局、用神の真仮を分かつだけではなく、支中の蔵の司令をよくよく究めねばならないのです。用神・喜神をも含めて、閑神・忌神と争戦せず、反って生助・会局の情があり、または、格局出色するところなくして、栄冠を受けるが如き人あるのは、必ずその祖先の徳の美悪を論じ、次いで、山川の霊秀を論じなければならないのです。祖先の徳を受け継いでいる者は、命を論ずることではありません。ですから、祖先の徳は一位にあり、山川は二位にあり、命格は三にあるもので、看命の要は、殺印相生を貴とするのでもなければ、官印双美を清とするのでもありません。殺印財官が顕然としていて、人の目を引くようなのは、必ずしも佳造とは言えないのです。

例えば、用神が軽微で、喜神が暗伏し、秀氣深蔵されている如きは、初め看たところは大して好きなところがないように見受けられても、そうした表面的な点を越えて精神あり、その中に必ず元機があるものです。仔細に考究し捜し尋ねて行かねば解らないのです。

〔570〕

壬 辰	**大運**	丙午	
壬 寅	癸卯	丁未	
己 未	甲辰	戊申	
戊 辰	乙巳		

己土孟春に生まれ、官は当令、天干に二壬の財があって、生官する情があります。しかし、春初己土は湿にしてかつ寒で、年月の壬は二辰に通根しております。喜ぶところは寅中の丙火司令を用となし、伏して生に逢っております。いわゆる、元機暗裏に存しているのです。丙運に至って元神発露し、戊辰年、時干を比助、壬水を尅去して、丙火は尅を受けず、天下に名が轟《とどろ》いたのです。俗論をもってしますと、官星不透、財軽くして、劫重く、平常命と言われるところのものです。

〔571〕

壬戌	大運	戊申
甲辰	乙巳	己酉
甲戌	丙午	庚戌
丙寅	丁未	

甲木季春に生まれ、木の余氣あり、また比祿の助を得、時干丙火独透して、通輝、純にして粋となる。年干壬水は、戊の燥土が制し、甲に洩らし、展転相生して丙火にさらに勢いを得させているのです。戊運に至って、戊中の元神透露して制壬、群英を抜きん出て兩冠、三元を及第しました。しかし、その仕路顕著でなかったのは、西方金地を巡り、洩土生水するゆえであります。

〔572〕

甲寅	大運	辛巳
丁丑	戊寅	壬午
丁卯	己卯	癸未
庚戌	庚辰	

丁火季冬に生まれ、局中印重疊、弱中変旺、用財とするものです。庚金虚露、本來出色することのない命ですが、丑中に蔵している辛金を用とし、これまた元機暗裏に存するものです。丑は日元の秀氣、比肩の來生を引き、また、卯戌合して、丑土を傷付けず、出身して大臣となりました。

〔573〕

丁亥	大運	戊申
壬子	辛亥	丁未
庚子	庚戌	丙午
辛巳	己酉	

庚金仲冬に生まれ、傷官太旺、金の洩氣太過、用神は土にありて、火ではありません。柱中の火は、暖局をなすに過ぎません。しかし四柱無土、よって巳中の戊を用神と取り、水旺尅火し、火は生土し、これ元機暗裏に存するものです。戊運丙辰年、火土相生、巳中元神並び

発し、また大臣の席に列しました。

徐氏補註

「出身」という二字は、弁別しにくい要素があります。昔は確かに科第が重んじられてはいましたが、今は廃止されて久しいのです。では何によってこれを弁別するか、ということになりますが、結局は、清濁、の二字に帰するものと言えます。出身とは貴顕の最初の始まりであります。一清到底し、吉神暗蔵するは、貴顕の徴です。さらに秀氣流露するなれば、必ず科第によって出身するものです。およそ、八字財官印綬、配合整斉して、外に顕露する者は、極貴の品格の造ではないのです。ちょっと見で知ることができ、複雑に救応したりする情のない者は、たとえ貴と言いましても平常なのです。ただ、初め看たところ平淡で大したことがないような命で、元機暗伏して、表面無情のように思えても、実は暗中に転々として廻護するが如きは、その貴は尋常なものと比較にならないくらい素晴らしいのです。

さらに、開国した帝王の造は、渾々として濁り知り難く、穆々《ぼくぼく》として定かでなく、貴の美たるや顕著ではないものです。例えば、清代の康熙帝の造が然りで、甲午・戊辰・戊申・丁巳ですし、明の太祖の造、戊辰・壬戌・丁丑・丁未もまた然りです。しかし、後代の帝王の造は、普通の人と大して異なるところがないものです。しかし、宰輔、封疆の命は、顕然として異なるところあるもので、富貴となるは明らかです。ですから、こうした点を推し測るには、よくよく研究する必要があります。

〔142〕
壬　子　　大運
庚　戌　　23才癸丑　　53才丙辰
辛　巳　　33才甲寅
壬　辰　　43才乙卯

これは、清の張文端公廷玉の命造です。九秋辛金余氣で、水の進氣平淡にして奇とするに足りませんが、月垣印綬乗令し、天干に金水流露して、金水傷官、官を見るを喜ぶに、日支巳宮、丙火官星得祿、用神となすのです。吉神暗蔵し、子戌間に亥を挟み、巳宮亥に正対する天門で、巳火を源として、火土金水と順、生意も悖らず、科甲出身するも当然のことです。太平宰相となり、富貴寿考、清代の名臣となったのです。

〔574〕
辛　未　　大運
己　亥　　26才丙申　　56才癸巳
丙　辰　　36才乙未
己　亥　　46才甲午

これは、清の曽文正公國藩の命造です。天干火土金、傷官生財、地支亥未辰、食傷殺印雑出として、少しも好きところないように見えますが、亥未の一合、傷官七殺は化して印綬となる、濁中転清、地支は皆印地となるを知らなくてはいけません。人となり、慈祥、玄機暗蔵されて、功名事業、群を抜くものです。しかして、天干火土、秀氣流行していますので、科甲出身は当然のことです。巳運壬申年に、寿六十二才で没しました。

原文の「巍巍」とは、高く大きく、偉大なという意であり、「科第」は、試験によって等級を分けることで、試験とは官吏登用試験、科甲です。「等倫」は、同じ級の友達、同輩の意であり、中国の人で、訳は中国人だから間違いはない、と言っている訳に、「邁等倫」を、一生懸命勉強すること、「等倫」は〈本が沢山あること〉と、共々大変な誤訳をしている書があります。杜甫の詩に、「尋榮邁等倫」ともあり、「等」とは、ともがら・ひとしい、などの意で、「倫」とは、ともだち・たぐい・みち・くらぶ・ならぶ・ついで・順序の意で、〈本が沢山あること〉という意はどこからも出てきません。「邁」は、マイ・ゆく・めぐる・すぎる・まさる、が本義で、これから、つとめる、という意が生じないこともないのですが、先に上げた誤訳にはどうしても結び付けようがありません。

「出身」という言葉は、日本語の出身・生まれと違い、やや出身校という用語に近く、前述の如く、科甲出身の意です。つまり、

〃大変偉大なる科甲の試験に合格し、同輩よりさらに優れ、官界の出世街道を邁進していくような人は、命中にか、大運にか、これを助ける元機が暗蔵されているものです。〃

となります。

原注は、〈出身を看るのは最も難しい〉が、それは〈元機〉にあるとしています。しかし、その〈元機〉の定義、その見方については全く触れておりません。

任氏増注では、一にまず〈祖先の徳〉、二に〈山川〉、三は〈命格〉にある、としております。この〈祖先の

徳〉とは、道徳、祖先積善の陰徳のことですが、その祖先が何代先の祖先か分かる方法はないのですし、また〈山川〉とは生地の地理風水のことで、地理風水がその人の命を支配する、としますと、命理の理論をすべて超越したものとなります。このことは、命理の解らない命家には都合の好い逃口上となり得はしましょう。またこのことは、親や祖先に責任を転嫁させ得る無能者に逃口上を与える屁理屈でしかありません。責任はすべてその当人にあるものですし、責任転嫁をしたところで、運命が変わるものでもないのです。

任氏の言う〈祖先の徳〉とは、祖先からの集約である〃生命エネルギー〃の、月柱を含めた年柱にあるのです。つまり、あらゆる遺伝子を抱えた、出生時の生家の環境にあるのです。〈山川〉とは、その時代・地域、大きな意味においては世界、それより小さくなると国、さらには地方の環境です。政治的動乱期において、死ぬべき命でなくても死亡する人もあれば、そんなに優れた命でもない人が大変な出世をしたり、有名となったりすることがあるのは、その時代の生地の環境によるのです。その最小単位が生家なのです。何も知りようのない〈祖先の徳〉や単なる〈山川〉にまで、逃口上を求める必要など全くないのです。

では、〈元機〉とは何かと言うことを定義付けますと、

〃命中にあって、用神・喜神・忌神という視点からではなく、その一干もしくは一支がないとすれば、命を甚だしく悪化させるところの一神で、これが用神となる場合も、忌神となる場合もあるし、時には救応の神となる場合もあるものを言う。〃

とするものです。つまり、「機」となる、生機・生発の機となる、おおもと、「元」の「機」なのです。これが

命中にある場合もない場合もあります。しかし、これを科第の条件とするには問題があります。科甲の試験に合格できる条件は、

(1)生家環境悪くはなく、財があり、学ぶ余裕があり、
(2)心身健全にして、
(3)智力劣らず、学ぶことを好み、努力向上心があること。

が最低条件です。それに、

(4)受験の流年が大忌とはならない。

ということに、〈元機〉が係わることで、科第となり得るのです。

これらのことは、一、二流大学受験に合格する条件でもあると言えます。

〔570〕

壬	**辰**	**大運**
壬	**寅**	癸卯　丁未
己	**未**	甲辰　戊申
戊	**辰**	乙巳

丙午

己日寅月木旺・土死令の「印綬格」か「正官格」です。年支辰は日干に無情な根ですが、日支未、時支辰は根として有情・有力なる上、時干戊土幇身が有力・有情、日干強となります。用神甲、喜神金水木、忌神火土となりますが、太過しない限り、それほどの忌とはならないのは、原局無印にして死令ですから、強と言っても、それほどの強ではないことによるもので、「源清」となります。

生家に財あって環境恵まれ、〈元機〉は時干の戊土にあるのです。つまり、己土の特性の「宜助宜幇」の丙火

の助身なくても、幇身が有情・有力であるからで、忌神ではあるが〈元機〉です。戊土あるため、甲乙木が来ましても攻身とはならず、子が来て、子辰辰の水局半会以上となっても、時支辰中の二癸と子の壬癸の水は制水して、冲天奔地、水多土流となることなく、寅卯辰辰となりましても、戊土あり、未に根あるので、木多土崩となることもなく、金に洩身するも戊土あって洩秀となり得るからです。問題は、生地生日によって、丙火調候必要とはしますが、生日も生地も分かりません。

第一運癸卯、寅卯辰辰東方全以上となっても、それほどの忌とならず、ほとんど無病、知能発達、努力向上。

第二運甲辰、甲木疏土開墾し、年齢的にも流年によって科甲合格するかも知れません。

第三運乙巳、火旺運、生土しても、それほどの忌とならず、流年によって科甲合格もあり、この運中上級試験に合格、進士となり得ることもあります。

第四運丙午、旺運を二壬が制火して、喜の傾向性、二辰が納火もします。

任氏解命、〈寅中の丙火司令を用〉をもって〈元機暗裏に存して〉としておりますが、「暗裏存」にこだわっているので、〈元機〉の真義を理解できていないのです。亥が来ても亥寅合去し、申が来ても申寅冲去し、これを〈元機〉とするなら失うことになりますし、卯が来てもまた〈元機〉を失うし、子が来ても子辰辰水局半会以上となるのに、丙は何の積極的作用もありません。しかも、寅中丙火を調候のように考えていることも大誤ですし、〈丙火司令〉ではなく、甲木司令、また、〈丙火司令を用〉も誤りです。これは、己土の特性を忘却しているからですし、上下・左右さえも全く忘れているからです。

〔571〕

壬　戌　**大運**
甲　辰　乙巳　戊申
甲　戌　丙午　己酉
丙　寅　丁未　庚戌

〈甲木季春に生まれ〉とあることを信用しますと、甲日辰月土旺・木囚令に生まれる「印綬格」です。二甲団結し、二戌一辰冲で不去、死令の癸水から二甲生滋木されて、年干壬は月干甲を生木、日干は寅に根あるも、休令の寅中根ある丙に洩身しなければならないし、旺土三をも疏土開墾しなければならないので、日干弱となります。用神は制財の甲、喜神水木、忌神火土金となる「源半清」の命です。元機は、月干の甲、用神にあるのです。つまり、二甲団結するので制土し、もし月干甲がなければ、疏土開墾できない、財多身弱となります。戊土が来て、土多木折となることもなければ、戊土制壬とするのを妨げているのが月干甲です。己土来ても干合することなく二甲を制土し、己土濁壬して、己土湿泥の土が生甲するのも、月干に甲あるからです。

第一運乙巳、忌の火旺運ではあるものの、壬水が救応となり、忌とならず、

第二運丙午、丙壬尅去、午寅火局半会し、寅中二丙となる忌運に、午火は湿土の辰が晦火晦光して、洩身の忌はそれほどではなく、これも壬水が救応します。

第三運丁未、丁壬合去して、壬水が救応。

第四運戊申、申寅冲去し、二甲が制戊して、壬水が救応。

第五運己酉、湿土が生酉金することになり、五行流通します。

第六運庚戌、透丙が救応の神となり、制庚して、日干甲を攻身から救い、二甲あって疏土開墾し忌とはなり

ません。

任氏解命、〈戊中の元神透露して制壬、群英を抜きん出て兩冠〉とあるので、戊中戊土を元機としているようですが違います。また壬水を忌神の如く解しているようですが、忌神ではないし、戊申運の戊土は、二甲あって、〈制壬〉などできる訳がないのです。また、元神と元機は違います。さらに、大運五年分断論をもって、〈西方金地を巡り、洩土生水〉して、〈仕路顕著でなかった〉も誤りで、湿土生金、金生水とはならないのです。

〔572〕

甲	寅	大運	辛巳	
丁	丑	戊寅	壬午	
丁	卯	己卯	癸未	
庚	戌	庚辰		

〈丁火季冬に生まれ〉とあることを信用しますと、丁日丑月土旺の「偏財格」となります。調候二丙くらい欲しいところですが、年支寅中に蔵丙し、卯戌合去して、丑・寅接近するので、まず調候よしと見られます。火は休令で、丁火の巳・午の根なく、年干甲は日干に無情、月干丁を介するのみで、接近した寅を頼みとする、「有嫡母」であり、日干弱、用神寅中甲、喜神木火、忌神土金水となる「源半清」の命です。つまり、接近した寅中の甲を時干庚が劈甲引丁し、丁火煆庚の用をなしているのです。丁火の特性を忘れてはいません。丁火文性も、死令の丑中癸の水智も発し得るのは、寅中丙火調候の幇あることによるものです。

元機は、強いて言えば、丙火にあり、寅支にありと看るべきです。申が来て申寅冲去となると、一偏に生気をなくし、忌象発生し、午が来て寅午戌火局にて卯戌解合、寅午火局半会となっても、卯木が生助丁となって、午火は土に多少納火されますが、調候と幇身の用は果たせます。卯戌解合する、卯・辰・戌が来て原局に戻っても、調候の用はあることになるからです。生家の環境よろしく、

第一運戊寅、戊甲剋去しても、木旺運にて、丁文も水智も発し、余裕あって、努力と向上心、そして土の食傷の才能発揮します。

第二運己卯、己甲合去、卯戌解合しても、喜大の傾向性で学術向上し、

第三運庚辰、庚甲剋去し、辰戌冲で卯戌解合するものの、甲木去により、丁火接近し、寅中丙に有情で喜となり、立運不明ですが、前運かこの運中に、科甲の試験に合格し得ます。

第四運辛巳、喜の傾向性の火旺運で、環境は向上飛躍し、

第五運壬午、既述のように、大運干壬の官も喜の作用となって、官位・職位向上する傾向あることになるのです。

任氏解命は大誤で、卯戌合去を見落とし、仮に合去しないものとしましても、まず日干の上下・左右を見ますと、日干丁火の幇身は丙火ではなく、丁火であること、年柱の甲寅は遠隔・無情であること、日支卯は有情な印とはなるが、日干丁火は旺令の丑土と戌土に洩らさねばならず、さらに陽干の相令の庚を制金しなければならないのに、どうして〈用財とするものです。〉という馬鹿気たことが言えましょうか。調候を忘れ、干の特性を忘れ、上下・左右、「始終」をすべて忘却しての〈用財〉です。もし用神財とするなら、年柱は忌の大なるものとなって、生家環境悪く、勉学の余裕などあるはずがないのです。

しかも丑中の〈辛金を用とし、これもまた元機暗裏に存するものです。〉と言っておりますが、陰干の軟弱の辛金は生癸水して、癸水は、任氏解命では忌となる甲・寅木を滋木するのみで、辛金は、干の特性から寅中の甲木さえ制木もでき得ないのです。

寅（戊丙甲）
　　　↔ 剋金
丑（癸辛己）

寅丑の中気蔵干は、去とはさせないものの、丙火から剋辛されて、大した用をなさないことを知るべきです。この生剋制化の初歩的原則さえも忘却しているのです。「暗裏存」の「暗」にこだわり過ぎて、真義を見失っているのです。さらに解命する以上、いかなる大運のいかなる流年で科甲に合格し、いかなる大運の流年でおおよそどうなりつつ、〈出身して大臣〉となったのかを言うべき責任があるのです。ここで〈出身して〉とあるのは、出世して、の意です。さらに重大なことは、〈用財〉なれば、大運が一路忌神の印旺・比劫旺運を巡ることに対しては目をつむり、一言も言っていないことです。

〔573〕

丁	亥	大運		
壬	子	辛亥	戊申	
庚	子	庚戌	丁未	
辛	巳	己酉	丙午	

庚日子月水旺に生まれ、丁壬合去し、日時干移動、年支亥、月支子、日支子、時支巳にて、巳中に丙火調候あって、中気庚も生水する、透辛はしても、調候ある「真の従児格」となるものです。つまり、食傷が月令を得て重々とあり、印の土の干支一点もなく、日干の比劫少しあるくらいですので、「仮」とする条件は一つもないのです。用神壬、

喜神水木火、忌神土、閑神金となります。

第一運辛亥、亥巳冲去、喜の傾向性とはなるものの、調候を失い、
第二運庚戌、戌土は印の土にて、破格となる大忌の傾向性。さらに、
第三運己酉、この運も己土印ある金旺運で破格。この二運中必ず死亡するものです。

これは元機を論ずる例ではありません。

任氏の解命、「一出門來只見兒。吾兒成氣構門閭。」を忘却し、普通格局としております。〈よって巳中の戊を用神と取り〉と言っているのは、あまりにもひど過ぎます。つまり、戊土の印を用神とするなら、水木火は忌神となり、年月柱忌大ですので、生家貧困の限りである年上傷官、その上、「疾病論」よりして、翌年戊子の後、己丑年で亥子子丑の北方全以上、水多土流、水多金沈、水多火滅で寿命あるはずはないことがお解りになられるでしょう。

〈戊運〉までの辛亥運をどう生き延び得たのでしょうか。〈戊運丙辰年、火土相生、巳中元神並び発し、また大臣の席に列しました。〉と言っていますが、戊申運の丙辰年は辰子子水局半会以上で、金は生水して、水多火滅、水多土流となって、どうして〈大臣〉になれるでしょうか。もちろん虚偽の事象としか考えられません。

前にも述べましたように、事象によって、格局や用喜忌を取るべきではありません。用喜忌から事象を論ずべきで、理論と事象が一致しないのは、生時か生日が違っているのです。もし、理論と事象が合致しないなら、命理学も、この『滴天髓』も焼却すべきもの、となってしまいます。

〔142〕

壬　子	**大運**	
庚　戌	3才辛亥	33才甲寅
辛　巳	13才壬子	43才乙卯
壬　辰	23才癸丑	53才丙辰

辛日戌月土旺に生まれる「印綬格」です。調候丙火は日支巳中にあり適切、戌は燥土ですが、年柱壬子が湿土とさせて、庚辛金を生じ、時支辰も相令の日干辛を生金、戌の余気に辛、巳の中気に庚あって、乙木に甲がある藤蘿繫甲と同義の月干庚は有力・有情なる幇身、日干は死令の時柱の水に洩身するのみの金白水清の象です。日干強となり、用神壬、喜神水木火、忌神土金となる、「源清」の命です。元機は巳にあるのです。徐氏解命では、〈丙火官星得祿〉にあるとしておりますが、丙火は調候の官となるのみです。日干の根として戌中辛のみではやや不足しますが、巳中の丙火が時干壬に制されて庚金有力となることから、藤蘿繫甲の象としているのです。元機は必ずしも一神とすべき必要はないのです。しかも用神は丙ではなく、辛金の特性、壬癸の淘洗を喜ぶの用です。〈挟み〉とか〈天門〉とかは、全く無用のことでもあります。

〔574〕

辛　未	**大運**	36才乙未
己　亥	6才戊戌	46才甲午
丙　辰	16才丁酉	56才癸巳
己　亥	26才丙申	

丙日亥月水旺生の「傷官格」です。日干丙火死令ですが、調候そのものは不要です。巳・午の根なく、日干弱となり、用神亥中の甲、喜神木火、忌神土金水となる「源半清」の命です。この命の元機は、二亥にある、とすべきです。単に甲としますと、つまり一亥とすると、巳亥冲去となりますが、

二亥あるため去とならず、寅支が来ても合去とはならないし、卯が来て、亥亥卯未木局全以上となっても、忌とはならないのです。

清得盡時黄榜客。雖存濁氣亦中式。〔闡微・徴義〕

《清にして時を盡くすを得れば黄榜《こうぼう》の客なり。濁氣存するといえども、また式に中《あた》る。》

清得靜時黄榜客。雖雜濁氣亦中式。〔輯要〕

清得淨時黄榜客。雖存濁氣亦中式。〔補註〕

原　注

天下の命にして、清にして科甲を発せざる者はないものです。清にして尽時とは、必ずしも一々成象するものを言っているのではなく、五行尽出してよく得るところを得、生化有情にして、閑神・忌神を混ぜざれば科甲発するものです。一、二の濁氣あり、清氣あるいは一個の体段を成すなれば、また発達できるものであります。

任氏増注

「清得盡」とは、一行成象したり、兩氣双清のことではありません。五行尽出したとしても、清氣独り生旺に逢うとか、あるいは真神用を得るとか、あるいは清氣深蔵するとかするは、黄榜に名が揚げられるものです。

清氣当権して、閑神・忌神が司令せず、深蔵せずとも蔵運制化を得るなら、科甲発するものです。清氣当権し、濁氣あるとしても、放っておいてもところを得、喜用を犯さないなら、たとえ発甲はできないとしても、また発科するものです。清氣当令せずといえども、閑神・忌神が濁氣に加担せず、清氣を扶けるとか、あるいは歳運安頓を得るものも、また式に中るものです。

〔575〕

戊　辰　　**大運**　　己未
乙　卯　　丙辰　　庚申
己　卯　　丁巳　　辛酉
丙　辰　　戊午

平傅臚の造。己土卯月に生まれ、殺旺提綱、乙木元神が透露し、支は東方の類の支ばかりで、時干丙火生旺、局中金水を雑えず、清くして尽を得るものです。一たび金を見るは、尅木できぬのみならず、金は自ら傷付き、旺神を怒らせて和せざるを得ず、不尽となすものです。

〔576〕

癸　未　　**大運**　　乙卯
己　未　　戊午　　甲寅
庚　子　　丁巳　　癸丑
甲　申　　丙辰

庚金未月に生まれて、本来は燥土不能生金なのですが、喜とするは、坐下子水、年透元神。三伏生寒は、潤土養金と言いますが、土旺水衰、妙は申支にあって申子水局を成す、洩土、生水、扶身の美あるところです。さらに妙は、火は顕露せず、「清得盡」です。初交戊午・丁巳・丙運、生土逼水、功名蹭蹬《そうとう》〔よろめくこと〕、家業は破耗しました。辰運水局を全くして、郷に名を挙げ、乙卯運に交わるや、己未の土を制去して、黄甲に登り、詞林に入り、また文柄を掌どり、仕路顕赫。

〔577〕

癸未　大運
癸亥　壬戌　戊午
甲午　辛酉　丁巳
丁卯　庚申

甲木亥月に生まれ、癸水並透、泛濫の勢い、冬木喜火、最も卯時を喜ぶのは、ただ丁火通根するのみならず、日主旺に臨むを抑え、木局を成し、洩水生火扶身し、さらに無金を妙とするもので、「清得盡」です。己未運に至って癸水を制し、丙辰年、南宮に登用、翰苑に入り、官途清いものです。

〔578〕

壬辰　大運
己酉　庚戌　甲寅
癸卯　辛亥　乙卯
乙卯　壬子

癸卯日元、食神太重、ただ日元の氣を洩らすのみならず、制殺太過です。しかし、秋水通源を喜び、印が用を得て、さらに妙は辰酉化金、金氣いよいよ堅、局中一点も火氣なく、「清得盡」にて、早年登科、翰苑に名高くなったのです。惜しむらくは、運中木運に逢うので、仕路顕秩せざるを恐れるものです。

〔579〕

己亥　大運
甲戌　癸酉　己巳
庚子　壬申　戊辰
丙子　辛未

庚金戌月に生まれ、地支二子一亥にして、丙火透干、尅洩交加し、喜ぶは印旺、甲木の生火・尅土を嫌うとはいえ、甲己干合化土して、「清得盡」なのです。己巳流年、印星有助、冲去亥水甲木の長生、名前は鴈塔に掲げられました。

〔580〕

己亥
丙子
庚子
辛巳

大運 乙亥 甲戌 癸酉 壬申 辛未 庚午

庚金仲冬に生まれ、地支二子一亥、丙火透干し、尅洩並見していますが、己土透露するを喜び、洩火生金、五行無木で、「清得盡」であります。己巳年に至って、印星得助、翰苑に名高くも、不足するは、印が当令せず、また己土離れていて、虚であることから、知県に降任されたのです。

〔581〕

丙申
壬辰
丙子
壬辰

大運 癸巳 甲午 乙未 丙申 丁酉 戊戌

丙火季春に生まれ、兩殺並透、支は会して殺局、喜ぶは辰土当令して制殺し、また辰中余氣の木が生身し、病は申金にあり、これは「無盡」です。天性の資質は人に過ぎ、丁卯年合殺して、印得地、中郷に名札が掲げられ、辛未年、子水を去らし、木火皆余氣を得て、また試験に合格はしましたが、大して出世できなかったのは、運走西方のゆえで、酒色によるのです。

〔582〕

戊午
壬戌
壬子
乙巳

大運 癸亥 甲子 乙丑 丙寅 丁卯 戊辰

壬水が戌月に生まれ、水は進氣、坐下陽刃幇身、年干の殺、比肩これを攩《とも》す。身殺兩停と言われるべきで、病は午にあり、子水これを冲し、また巳も嫌い、子水これを隔てて、生殺なからしめ、かつ戌中辛金暗蔵され、これを用となします。双子の兄弟共進士となりました。

〔583〕

庚　戌　**大運**　乙酉
辛　巳　壬午　丙戌
乙　卯　癸未　丁亥
戊　寅　甲申

乙木が巳月火旺に生まれ、傷官当令し、もって制官伏殺せしむるに足り、坐下祿卯支扶身し、また、寅時、藤蘿繫甲となるものです。庚辰年に至って、支類東方、中郷に榜し発甲せず。ただ四柱無印、戊土洩火生金のゆえであります。兄弟双子で弟のほうは卯時に生まれ、また得祿はしますが、寅中の甲木には及ばないもので、遅れて己亥年、印星が局を成し、はじめて中郷に榜したのです。

〔584〕

癸　亥　**大運**　辛亥
乙　卯　甲寅　庚戌
戊　午　癸丑　己酉
甲　寅　壬子

戊土仲春に生まれ、官殺並旺臨祿、また財星得地生扶、坐下の午火印綬といえど、虚土納火することできず、格は「従殺格」となります。混論をなしません。子運に至って午を沖去し、庚子年、金生水旺、午を沖尽して中郷に榜したのです。

〔585〕

戊　子　**大運**　丙寅
壬　戌　癸亥　丁卯
庚　寅　甲子　戊辰
癸　未　乙丑

庚金戌月に生まれ、印星当令、金また有氣、用神は水にあり、火にはありません。庚申流年、壬水逢生、また土氣洩金、北闈《きくい》に奏捷。嫌うところ戊土元神透り、春闈不利、また中運は木火、財多破耗となりえないのです。

〔586〕

戊子　大運
己未　庚申　甲子
辛亥　辛酉　乙丑
戊子　壬戌　癸亥

辛金季夏に生まれ、局中燥土多といえども、妙は坐下亥水、年時子で、潤土養金、未と木局するを邀《さえ》ぎるを用をなす。丁卯年に、木局会、病あるに薬を得て、棘闈奏捷しました。

徐氏補註

富貴はもともと命により、窮通は運に係っているものです。命好にして運なきは、わずかに科甲に合格するにとどまって、さらにそれ以上の立身功名はできないものです。命が好いと言いましても、それには種々段階があるものです。「清得乾淨。秀氣流露者。」とは必ず科甲出身で、さらに、好運がこれを助けるなら霖雨蒼生、その貴は量り知れないものです。科甲というも、富貴の外に、別に一種の格局を具えるものではないのです。清にも程度の相違があり、少しばかりの疵があるものは、清にして浄ならざるもので、また必ず一榜の栄あるものです。原命の濁命を言わないのですから、式に中《あた》ることになるのです。

〔587〕

己未　大運
庚午　11才己巳　41才丙寅
甲辰　21才戊辰
壬申　31才丁卯

これは、梁鼎芬の命造です。清の張之洞の幕中で有名な人物です。甲木仲夏に生まれ、甲木夏生、必ず佩印すべきであります。月垣傷官乗令し、財星透出、傷官生財を用となすものです。庚金は申に得祿し、午月にあって、脆弱の金は剋木に足らず、申辰会合し透壬、殺化して印となるものです。日干は辰に坐し、蓄水培木、四柱清純、乾淨の至です。戊運に交入、進士連登し翰苑に名高く、年わずか二十二才にして、名翰林となる。張の幕中に入り、丁卯・丙寅運中、武昌の知府となり、藩臬に升任したのは、運の助けによるものです。「西水還南節」の丁丑・戊申・壬戌・庚子の一造も「清得乾淨」の必貴の造で、中年運ほど逆することなければ、さらに一層の向上あるものです。

〔588〕

	大運	
丁　卯		51才辛丑
丁　未	21才甲辰	
癸　巳	31才癸卯	
癸　丑	41才壬寅	

天干丁癸、両神成象、地支卯未会局、巳丑会局、氣勢は清純ではありません。食神生財、丁火司令の時、また真神得用。特に癸水小暑後の生、金水いまだ進氣ならず、庚金が癸水の源となるに非ざれば、氣勢足りません。しかし幸いにも巳丑会局して、暗金生助、甲運辛卯年、秋闈得意。しかし辰・癸運中、何度も試験を受けましたが、合格しませんでした。卯運に至って、孝廉より外官に任じ、辛丑後、氣は北方に転じ、再出を欲するも希望が叶えられません。

考玄解註

「清得盡時」を、徐氏は『補註』で、「清得淨時」として、「浄」「乾浄」としており、『滴天髓』訂正原文では、「清得盡時」となっております。また、他書の中には「清得靜時」となっている書もあります。「淸」と

「淨」は、「清淨」と言われるように、ほとんど同義語で、敢えて『滴天髓』の著書が同義語をここで使用するとは思われません。また、「清得靜時」となりますと、「靜」は動の反対語でして平静、流動という語となりますし、また、「何處起根源、流到何方住。」の「源流論」もあり、「靜」、必ずしも美ならざることになりますので、やはり『滴天髓』の原本は、「清得盡時」であったと思われます。ただ、「盡」の字義は大変厄介ですので、「淨」と変えられたり、「靜」に変えられたものと思われるのです。

〈清にして時を尽くすを得れば〉と初めのところで読みましたが、これも〈清にして尽を得る時は〉と読んでも大誤ではないのです。しかし、そのように読むなら、「時」は大して必要な字ではなく、七言に合わせるための字合わせの意味しかないことになります。「時」にはもっと深い意味があると考えられるのです。

「清」とは、「清濁論」の「一清到底有精神。管取平生富貴眞。澄濁求清清得去。時來寒谷也回春。」の「清」なのです。

「盡」とは、つくす、ことごとくする、「器中空也、止也、終也、竭也、悉也」と書にありますし、さっぱりとなくなること、広くて浅い、また、まかす、きわまる等々の意があり、「盡年」とは、天然の寿命を全うすること、「盡日」は、一日中とか月末の日です。命理的に「盡時」となりますと、時は年月日時、つまり四柱八字全体、「清濁論」の「一清到底」を別の表現として、「清得盡時」と表現しているものと解するべきです。このように解してこそ、後文の「雖存濁氣亦中式。」も正しく「清濁論」と矛盾することなく理解されるのです。

また、「中式」を、中流、中等の命式と解している書がありますが、これはもう漢文の「中」を知らない人ですので、問題にすることはありません。

つまり、この一文は、科甲の試験に合格することのできるのは「元機」にあるもので、その「元機」あることによって、既述した条件が整っていることになるので、それは「源清流清」なら、合格の名札が高く掲げられ、「黄榜客」で、多少「半濁」であっても、「流半清」くらいでも、合格することができる、命式、格式に中《あた》るものです、と、「清濁」の視点から言っているのです。しかし、それは「寒谷回春」となるかどうかは別のことです。

現在の日本のように、大学が乱立し、職業も細分化されていて、価値観も違うので、これらのことは最も難関とされる一流大学と解すべきです。

〔575〕′

戊辰	**大運**	己未	
乙卯	丙辰	庚申	
己卯	丁巳	辛酉	
丙辰	戊午		
(戊辰)			

私の誤写ではありません。己日に丙辰刻はなく、丙寅、丙子刻か戊辰刻となりますが、戊辰刻生として解命することにします。

己日卯月木旺に生まれる「正官格」か「偏官格」です。木旺・土死令で、月日支二卯透乙する木多の「病」に、時柱戊辰にて戊土は藤蘿繋甲的となって、日干を強化し、年柱戊辰は日干に遠隔で無情、日干は時支に根がありはしますが、日干弱となります。用神は、化官殺生身し、「官徹名清」と言われる丙と取りたいものの、命中になく、やむなく戊、喜神は「宜助宜幇」の火土、忌神金水木とする「源半清半濁」の命となります。

年柱戊辰の喜で、環境よろしく、生家には社会的地位あり、財にも恵まれ、また水智(二癸)あり、第一運丙辰、喜大の傾向性。

第二運丁巳、喜多大の傾向性ある火旺の用神運で、立運にもよりますが、この運中「科第」もあり「黄榜客」もあり得ます。

第三運戊午、大喜の傾向性、前運中に「科第」なければ、この運中に「黄榜客」、発展向上目覚ましく、
第四運己未、未卯卯木局半会以上で、喜神運とは言えず、前三運の喜の傾向性が後遺する程度の運です。

第五運辛酉、第六運庚申、食傷制官殺にて、忌が忌を制して、前運までの運程の後遺があるものの、さらに上昇することは難しくなります。

本命は命造を間違えており、また解命では「清濁」も「黄榜客」も言わず、「清得盡時」の原文を理解・証明するためであり、挙例としては不適切です。

〔576〕

癸未	**大運**	
己未	戊午	甲寅
庚子	丁巳	癸丑
甲申	丙辰	
	乙卯	

庚日未月火旺生の透甲する「正財格」です。水源有情なる調候壬水が必要となるのに、癸己尅去し、日支子、時支申で子申水局半会するので、月支の未土は湿土となって、生金はするものの、水局半会して根なく、日干弱、用神己、喜神土金、忌神水木火となる「源濁」と言うべき命で、「元機」はないものです。

第一運戊午、火旺運、戊土は甲木から制されて、ほとんど用をなさず、生家財に恵まれず、洩身の水は忌で、

勉学の余裕も水智にも問題あります。

第二運丁巳、火旺運、癸己解剋し、子申解会し、庚金は申支に通根して日干強化されることとなって、庚金劈甲引丁、丁火煅庚の喜の作用を発し、水智の食傷さえ喜となります。しかし、

第三運丙辰、申子辰水局全、洩身太過の忌の上に、甲生丙火となって丙火が攻身、剋洩交加の大忌の傾向性となって、金の疾患を発し、財の利あらず、とても科甲の試験を受けられる条件・環境ではありません。

第四運乙卯、木旺運、卯未未木局半会以上、水木太過して必死となる、「流濁」の天凶命とするものです。

任氏解命はひどいもので、「道有體用」「衰旺之眞機」、上下・左右、「始終」、方局、「清濁」、全ての理に反しております。

〔577〕

	大運	
癸未		
癸亥	壬戌	己未
甲午	辛酉	戊午
丁卯	庚申	丁巳

甲日亥月水旺・木相令に生まれる「偏印格」です。調候丙火必要であるのに日支に午火あり、亥卯未木局全くして、二癸透出、日干強で、用神丙、喜神火土、忌神水木、閑神金となる「源半清」の命です。生家の環境あまり良くはありませんが、

第一運壬戌、壬丁合去し、生家財利生じ、環境は良化。

第二運辛酉、金旺運、辛丁剋去し、環境さらに良化、水智も才能も発し、

第三運庚申、閑神運にて、喜の流年で科甲試験に合格はでき得る「中式」。

第四運己未、財利向上し、
第五運戊午、午未合にて木局解け全支個有支となり、喜の傾向性ある運となりますが、原局官殺なく、果たして官職にとどまったか、疑問があります。

〔578〕

壬	辰	大運	
己	酉	庚戌	甲寅
癸	卯	辛亥	乙卯
乙	卯	壬子	癸丑

癸日酉月金旺・水相令に生まれる「印綬格」か「偏印格」です。調候丙なく、辰酉合は酉卯冲で解け、全支個有支。年干壬水は日干に無情で、日干弱となり、用神庚と取っても、辛と取っても、乙と合去・尅去し用をなしませんが、やむを得ません。喜神金水、忌神木火土とする「源濁」の命。命中に元機なく、生家環境恵まれるほうではなく、

第一運庚戌、前四年金旺は庚乙化金して喜の傾向性、後六年土旺は、庚乙合去して忌とならない程度。

第二運辛亥、辛乙尅去し、時支と亥卯木局半会の忌の傾向性。

第三運壬子、良化向上し、この運中、言うところの「中式」もあり得ます。

第四運癸丑、喜の傾向性となり、
第五運甲寅、木旺運、時支卯と寅卯辰東方全、洩身太過の大忌の傾向性。

第六運乙卯、同様に、大忌の傾向性。

以降、「流濁」となります。

〔579〕

己　亥　　**大運**
甲　戌　7才癸酉　37才庚午
庚　子　17才壬申　47才己巳
丙　子　27才辛未　57才戊辰

一七七九年（乾隆四十四年）十月二十八日子刻がこの四柱、立運約7才で、庚日戌月土旺生まれの「偏印格」となります。天干尅合転々として、結果的に己甲干合を喚起し化土、甲は戊となり、日干無根。調候丙火は土にまでは及ばず、水温み、戌は湿土となって生庚するものの、土多金埋の恐れがあるので、用神戊とは取れません。つまり、用神取るものなく、喜神金のみ、他は忌神となる「源濁」の命です。元機ないものの、生家それほど悪くはありません。


第一運癸酉、やや喜の傾向性。

第二運壬申、申子子水局半会以上、戊土が「薬」となり制水するものの、喜運ならず、
第三運辛未、丙火制辛しますが、それほど忌とならない程度。この運中、とても科甲合格は無理です。

第四運庚午、この運も、それほどの喜とはなりません。

つまり、「流濁」にして、元機もなく、「中式」ともなれないものです。

〔580〕

己　亥　　**大運**
丙　子　乙亥　壬申
庚　子　甲戌　辛未
辛　巳　癸酉　庚午

庚日子月水旺生まれ、調候丙は月干に透出し、時支に巳火あり適切。亥子子水があるものの、月干丙火は年干己土を生じ、己土はやや制水し、巳中に庚あって、透辛、従することできず、「食神格」か「傷官格」となります。用神は無情・無力なる己と取り、巳中余気に力不及

の戊もあって、喜神一応は土金、忌神水木火となります。「源半濁」となるのは無根のためで、透水しないのが救い。生家環境悪くないのは、調候丙が生己土し、やや燥となって、亥中甲財も生丙するからです。

第一運乙亥、亥巳冲去して、調候と余気戊土を失うも、亥中余気に戊もあり、接近するので忌となることなく、水智を発しもします。

第二運甲戌、年月干に丙庚透出しているので、戊土は甲より破土されず、湿土生金する喜の傾向性。水智発し、生家環境も良化。

第三運癸酉、癸己尅去し、酉巳金局半会、洩秀して、この運中科甲に合格可能となるのは、この運が「清」となるからです。しかし、

第四運壬申、忌神の壬水が透出し、申巳合、申子水局半会の情不専なるものの、申金が生水太過します。この運中、忌の水の疾病とか事故が発生します。このような場合、調候としての丙火を無力と見てはならないのです。もし水多火滅と考えますと、水旺・火死令ですので、水旺の丙火調候は無力ということになるからです。

〔581〕

		大運
丙	申	
壬	辰	4才癸巳
丙	子	14才甲午
壬	辰	24才乙未

〈季春に生まれ〉とあるのは辰月土旺を〈季春〉というのですが、一応、逆算してみます。一六五六年四月に丙子日はなく、一七一六年にもなく、一七七六年四月二十二日辰刻がこの四柱で、それですと、同様に土旺となり、立運約4才4ケ月となります。さらにまた、一八三六年（道光十六年）四月八日辰刻もこの四柱で、これですと木旺となり、立運約9才とな

るのです。ここでこのように詳細に調べたのは、木旺であれば格局が従格とはなり得ないからです。〈季春〉とあることを信用しますと、天干の尅合の結果として、年月干の丙壬尅去となり、全支が申子辰辰水局全以上となって、透壬しますので、「真の従殺格」となります。用神壬、喜神金水、忌神木火、閑神土となる「源清」の命となります。生家は社会的地位あって環境よろしく、

第一運癸巳、巳申合にて、子辰辰水局半会以上、環境ますますよろしくなりますが、

第二運甲午、午子冲にて水局を解き全支個有支となって、印の甲木、大運干にあって破格、大凶となります。この運中の忌年は必死となるものです。

「従殺格」は忌神運を巡る場合は、大凶となりますし、仮に「仮の従殺格」で、大運で普通格局となりましても、多くは大忌となるものです。

任氏はまた、とんでもないことを言っております。〈支は会して殺局〉と申子辰辰の水局を成すと言っているのですから、全支蔵干壬癸水となって局を成すのですから、〈喜ぶは辰土当令して制殺し〉と言っていることは、水局は成さないことになり、初歩的な誤謬を犯しているのです。さらに〈辰中余氣の木が生身し〉では全支個有支ということになります。このような考え方は矛盾甚だしく、理ではないのです。しかも〈丁卯年〉数え年32才、いかなる大運かも言わず、〈丁卯年合殺して、印得地〉と言っていることは、天干の二壬が一丁と干合して、化木し二壬は二甲、丁は乙となり、二辰支に〈得地する〉という理ですが、こんな理は、いかなる命書にも言われていないことです。さらに〈辛未年〉の数え年36才、大運に全く関係なく、〈子水を去らし〉とあるのも全く不合理極まりないものです。

〔582〕

		大運	
戊	午		丙寅
壬	戌	癸亥	丁卯
壬	子	甲子	戊辰
乙	巳	乙丑	

〈季秋〉とは言っておりませんので、土旺生ではなく、壬日戌月金旺生の、透戊する「偏官格」となります。戊壬尅去し、午戌火局半会、巳中調候丙火あってほぼ適切。しかも、巳中庚は金旺にて相令の水を生水しますが、戊壬尅去して壬乙は接近、乙木はまた午戌の火局半会を生火しますので、日干やや弱となり、用神庚、喜神一応金水、忌神一応木火土となる「源半清」の命となります。生家の環境悪くはなく、

第一運癸亥、癸戊合にて戊壬解尅、亥巳冲去して、調候を失い、用神庚を失うので、喜とは言えません。

第二運甲子、甲戊尅により戊壬解尅し、午戌火局半会を解会するものの、喜の傾向性多大。

第三運乙丑、丑子合去し、日干無根となる忌の傾向性。

第四運丙寅、木旺運、寅午戌火局全くして透丙、財の忌多大の傾向性。

第五運丁卯、火局を解く木旺運で、喜少の傾向性となります。つまり「流半濁」となって、水智あるので、丁卯運中、流年によって、科甲合格がないとは断定できません。

水旺の生まれではありませんので、〈身殺兩停〉などと言ってはなりませんし、戊壬尅去しては、水旺でも〈身殺兩停〉ではないのです。また戌を飛び越えて、子が午を冲する、などと馬鹿気たことは言わないでください。子水は午戌火局半会した戌中の二丁を制火しますが、午には及ばないのです。また、子は巳中丙火を制火はするものの、丙火は調候なのです。しかし巳中庚は金旺ですから生水はします。〈双子の兄弟共進士〉とな

ったのなら、その運歳を言うべきで、「雖存濁氣亦中式」となるのは、運歳にあるからです。

〔583〕

庚	**戌**	**大運**			乙日巳月火旺の生まれで、庚辛透る「正官格」か「正財格」です。
辛	**巳**	壬午	丙戌		調候は水源有情なる癸水であるのに、水源はあっても壬癸水なく、火
乙	**卯**	癸未	丁亥		炎土焦、燥土不能生金、死令の金とはいえ、尅乙します。また戊寅殺
戊	**寅**	甲申			印相生の相令の戊土を、乙木では尅土できず、乙木は、ただ火旺に洩

身するのみ、用神癸と取りたくもなく、やむなく甲としか取れません。

喜神水木、忌神火土金となる「源半濁」の命となります。生家あまり恵まれているとは言えず、

第一運壬午、壬戊尅去し、寅午戌火局全くし、忌の傾向性。

第二運癸未、癸戊干合し、前火旺四年は化火して忌の傾向性、後土旺六年は癸戊合去し、未卯木局半会するので、やや喜の傾向性。この運中の喜年にて、科甲合格もあり得ます。

第三運甲申、金旺運であっても、調候とも殺印相生ともなり、庚金劈甲、成器となす運にて、地位が向上。

第五運丙戌、戊卯合去し、調候なく、洩身の忌大の傾向性、食傷と丙火の忌象免れませんし、丙火は尅金もするので、社会的地位にも難が生じます。

このようなことを、〈藤蘿繫甲〉と言うべきではないのです。正しくは、藤蘿繫甲とは、日干乙木に有情な甲木があり、根また有情であること、もしくは木の根が、天干甲乙の木に有情であることを言うのです。つまり、

透甲するので疏土開墾、天干にあるので庚辛金の攻身の鋭を分散させ、申金が来ても殺印相生し、陰陽干の有力な帮となるので藤蘿繋甲と言うのです。

また、卯中甲乙木であって、寅中戊丙甲の甲木生丙、丙火生戊となるので、卯のほうが寅よりも有力なのです。しかも戊寅は殺印相生、しかし、一刻遅い己卯は、殺印相生とはならないのです。また、甲日卯月生、「陽刃格」となることがあるのは、分野乙を陽干甲が助けているからです。甲分野の卯月を、「陽刃格」とせず「建禄格」とするのは、陽干甲にとって、乙木は無力で大して助けとならないからなのです。このような初歩的なことを任氏は解っていないのでしょうか。

〈戊土洩火〉とはなるものの、〈生金〉しないことも、初歩の初歩です。

〔584〕

		大運		
癸	亥		辛亥	
乙	卯	甲寅	庚戌	
戊	午	癸丑	己酉	
甲	寅	壬子		

戊日卯月木旺に生まれる「偏官格」か「正官格」です。亥卯木局半会、午寅火局半会し、木旺透甲は、一面生火しますが、甲木破土攻身、また相令の火局半会は印太過となります。用神取るものなく、喜神一応土のみであっても、土は甲乙木から破土されて、喜用を果たすことできず、「源濁」甚しき夭凶となるものです。立運不明ですが、第一運甲寅、木旺で「忌神輾轉攻。」となり、必死です。

またしても、〈格は従殺格〉と、有情なる印があるのに、とんでもないことを言っております。日干弱となって、従格となる条件は、日干月令を得ず、無印ということを忘却して、何の命理でしょう。

〔585〕

戊子	**大運**	丙寅		〈印星当令〉と言われていることから、庚日戊月土旺の透戊する「偏印格」です。戊壬尅去し、庚癸は年月のほうへ接近。調候寅中丙あり、
壬戌	癸亥	丁卯		
庚寅	甲子	戊辰		年支子水は燥土の戌を湿土にして、湿土生庚。時柱癸未、また湿土とするものの、日干無根にして、癸・子水に洩身もしなければならず、
癸未	乙丑			

「庚寅兩神興旺」とも言われる寅に坐しておりますので、日干弱となり、用神は己、喜神一応土金、忌神水木火となりますが、日干極弱とはならないので、「源半濁」の命と言うべきことになります。ですから、年柱である出生当時の生家環境は悪くはありません。

第一運癸亥、水旺運、戊壬解尅し、亥寅合去、調候を失うも、むしろ喜の傾向性となる。水智発し、才能も発揮します。

第二運甲子、水旺運、やや忌の傾向性。

第三運乙丑、湿土生金して喜大の傾向性、この運中、科甲に合格。しかし、

第四運丙寅、丙壬尅、丙庚尅の情不専、木旺の寅支より生ぜられた、大運干丙火が攻身して大忌の傾向性、

第五運丁卯、忌の傾向性の後、

第六運戊辰、喜の傾向性とはなるものの、二運続いての忌の累積、後遺ある喜でしかありません。

日干無根ですので、〈用神は水〉などと「衰旺之眞機」を誤るようなことはしないでください。

〈庚申流年〉は数え年33才ですが、立運年数を言っておりませんので、大運は分かりません。3才から6才立運であれば第三運乙丑、1、2才立運なら第四運丙寅となりますが、丙寅運では、科甲合格は無理です。乙丑運なれば、喜用運での喜の流年となるので、合格はできます。それは数え年30才戊午年喜、己未年喜、と続いての喜年となるからです。〈用神は水〉では忌年続いての忌の庚申年となることを、任氏は細察しているのでしょうか。

〔586〕

戊	**子**	**大運**	癸亥	
己	**未**	庚申	甲子	
辛	**亥**	辛酉	乙丑	
戊	**子**	壬戌		

〈辛金季夏〉と言っておりますので、辛日未月土旺・金相令に生まれる「偏印格」です。燥土未を湿土にさせる調候子水・亥水の水あり、戊己土透出し、制水するも去とはならず。日干無根のため、戊己土が月時干にあって、金埋の印太過の忌。用神取るものなく、旺強の土を疏土開墾する甲も不透で、喜神金のみとなる「源濁」の命となります。

第一運庚申、第二運辛酉、金旺運、喜の傾向性となるも、

第三運壬戌、忌が忌を制しても、それほど喜とならず、

第四運癸亥、同様に忌が忌を制して、それほど忌とならず、

第五運甲子、忌の甲木が疏土し、水太過ともならず、やや喜の傾向性。

第六運乙丑、亥子子丑北方全以上の忌を、有力なる二戊土が制して、あまり忌とはなりません。

「流半濁」にして、辛金の特性、壬癸の水の淘洗を喜ぶ点より、喜年にて、科甲合格ないとは言い切れません。

〔587〕

	大運	
己未	10才己巳	40才丙寅
庚午	20才戊辰	50才乙丑
甲辰	30才丁卯	60才甲子
壬申		

徐氏は立運を数え年の11才としていますが、解りやすく誤解のないようにするため、満令で示しておきます。甲日午月火旺の丁分野に生まれる「傷官格」です。調候壬と水源の庚あり、日支辰が晦火晦光するも未午合去し、辰申は年月のほうへ接近。日干は寅・卯の根なく弱であり、用神癸、喜神水木、忌神火土、閑神金となる「源濁」の命です。徐氏の解命を評註してください。

〔588〕

	大運	
丁卯	1才丙午	31才癸卯
丁未	11才乙巳	41才壬寅
癸巳	21才甲辰	51才辛丑
癸丑		

癸日未月火旺生の「偏財格」です。水源有情なる調候壬水なく、丑は日支巳火を晦火晦光するのみ、用神やむなく辛、喜神金水、忌神木火土となる「源半濁」の命となります。

徐氏の解命を評註してください。「癸水至弱」の干の特性、陰干弱きを恐れずを忘れないよう、調候壬水なく、時支丑、癸水団結するものの、無壬を忘れないようにすることが大切です。

秀才不是塵凡子。清氣還嫌官不起。〔闡微・徴義・補註〕

《秀才はこれ塵凡《じんぼん》の子ならず。清氣還《かえ》って官起たざるを嫌う。》

秀才不是塵凡子。清氣只嫌官不起。〔輯要〕

原　注

秀才の命と、異路の人、貧乏な人、富める人の命と、甚だしく変わってはいないものです。しかし、一種の清氣があるが、官星が起たないから、爵位が得られないのです。

任氏増注

秀才の命と、異路、貧富の人と甚だしい違いはないのです。しかし、仔細にこれを究めて見ますと、必ず清氣があるものです。「官星不起者」とは、官星が原命に透出しないことを言っているのではありません。例えば、官星が太旺し、日主がその官を用とできない命とか、または、官星が太弱で、日主を尅することができないような命とか、または、官旺用印なるに財を見る命とか、または、官衰用財なるに劫に遇うような命とか、または、印多洩官の氣ある命とか、官多無印とか、官が透るに無根にして地支不載とか、官が傷位に坐するとか、傷が官位に坐するとか、または、官を忌むに財に逢うとか、官を喜とするに傷に遇うとかは、「皆官星不起」と言うのです。たとえ清氣があっても、そのような命は、一衿で生涯を終えるに過ぎません。富あって秀出る者は、身旺財旺、官星と通ぜざるものです。あるいは、傷官財を顧みて官を顧みないものです。貧にして秀なるものがあります。それは身旺官軽にして財が劫を受けているものであり、あるいは、財官太旺して、印星が現れないとか、あるいは、傷官用印なるに、財を見て官を見ない命なのです。学は人に過ぐるに、ついに一衿を得ることできず、老いても儒童であるのは、これとて清氣あるにはあるものです。原局が発秀はしていても、ただ運途斉わず、その清氣を破るは、終身立身出世できないものです。また、原局が登料発甲可なるに、運途斉わずして、しばしば困難に遭い、終身一衿、青雲の路を往くことができないものです。原命が大して出色するところがないにもかかわらず、科甲連登して行くが如きは、一路運途宜しくて、その清氣官星を助けて、濁氣の忌客を去らしめるゆえです。

〔589〕

癸巳	大運		
壬戌	辛酉	戊午	
乙卯	庚申	丁巳	
戊寅	己未	丙辰	

乙卯日元にして、季秋に生まれ、寅時の助を得て、日主不弱、巳火の秀氣を用とできるものです。戊土火庫これを収め、壬癸当頭は火を尅す。本来大して出色する命ではないのです。かつ、辛金司令して、壬水進氣通源、幸い戊土時干にあって、去濁留清、ゆえに高山北斗の如く文名高く、品行は良玉精金の如く、中途火に逢い、丙子年優貢となる。惜しむらくは水得地し、登雲得難いものです。

〔590〕

癸未	大運		
庚申	己未	丙辰	
甲申	戊午	乙卯	
乙亥	丁巳	甲寅	

甲申日元、孟秋申月に生まれ、庚金透って二申の祿旺に坐す。喜とするは、時亥にして絶處逢生、化殺有情、癸水元神透って、清たるや知るべきです。ただし、殺勢太旺を嫌い、日主虚弱、仮殺為権できず、起ちそうで起たない所以です。終身、廩貢です。

してです。

〔591〕

壬午　大運　戊申
甲辰　乙巳　己酉
丁巳　丙午　庚戌
己酉　丁未

丁火季春に生まれ、官星起つといえども、坐下無根、その氣は木に帰し、日主旺に臨み、時の財と会局し有情、却って官星と通じないのです。しかも中年土金の運を行き、財星洋溢して、官星有損、功名一衿に過ぎざるも、家業数十万。もし酉時と午年、年時が入れ換わっていたなら、名利双輝と言えるものです。

〔592〕

癸未　大運　辛亥
乙卯　甲寅　庚戌
丙午　癸丑　己酉
丁酉　壬子

丙午日元、卯月に生まれ、木火兩旺、官は傷位に坐し、一点の財星劫尽。つまり、財劫官傷と言われるものです。壬運一衿を得るも、貧乏堪えられず、子運冋冲、また未土の破に逢い、尅妻、辛運丁火回劫して、尅子、亥運会木、生火して死亡しました。

〔593〕

戊申　大運　甲子
庚申　辛酉　乙丑
壬申　壬戌　丙寅
甲辰　癸亥

この造は、殺生印、印生身、食神清透、連珠相生、清にして純粋、学問は人に過ぎ、品行端方と見られるものですが、惜しむらくは無火、清にして少神。用土は金多氣洩、用木は金鋭木凋、運走西北金水の地、読書六十年、一衿を得られず。貧家に生まれ、生地を離れ四十年、教えたる者が登科発甲するも、自分は一衿を得られず、命に非ざるはな

〔594〕

己　亥	大運	
癸　酉	壬申	己巳
壬　申	辛未	戊辰
戊　申	庚午	丁卯

この造は官殺並透はしているものの、無根、金水太旺、前造の純粋には及びません。しかし喜ぶべきことには、運走南方火土、精足り、神旺じ、未運には若くして泮水に学び、午運科甲連登し、己巳・戊辰、仕路光亨、前造と天地の隔たりをもたらしたのは、原局の先天命ではなく、後天運の美なるによるものです。

徐氏補註

出身の看方は、富貴と同じであります。八字氣清にして官星不起なるは、一衿を困守するものと決まっています。官星また用神に通じないものは、不起して動ぜずということです。官星があったとしても、その用は顕れないものです。格局が清にして、用神在下圧伏しているのは、活動の氣ないものです。あるいは透干していても無根では、喜用も氣を得られないもので、皆困守の象であります。

〔595〕

癸　亥	大運	
壬　戌	24才己未	54才丙辰
癸　丑	34才戊午	
癸　丑	44才丁巳	

天干壬癸のみで、地支亥・丑は夾拱子祿、戌亥子丑、氣は西北に聚り、清純ではありません。最も喜とするは一点丁火あるところで、戌宮に蔵され、寒谷回春の象あるものです。財官相生を用となすものです。丁火もし蔵庫されていないようでしたなら、財官皆旺に背き、重々と鍵を掛けられている

ようなものです。財官庫中に蔵されていますので、品高学粋、文章は一邑の泰斗、しかし秋闈に及第せず、終身廩貢であったのです。

〔454〕

甲 子	大運		
丁 丑	21才庚辰	51才癸未	
辛 丑	31才辛巳		
己 丑	41才壬午		

天干は皆財官印、美であります。辛金身庫に坐し、氣勢清純、丁甲がもしありませんでしたなら、なお悪いのですが、無根なる丁甲で、湿木枯木、生火不能で、土凍金寒、丁火あってもほとんど無いに等しいものです。困守寒氈《かんせん》し、老いて無子なのです。もしこの造、天干に丙が透り、支に一寅あれば、貴ならざるはないと言えます。

考玄解註

前文までで、運歳において科甲の試験に合格できて、貴となる道の階段に昇り始め、官吏となれるか否かを論じてきたのですから、この文と次の文は一緒にまとめて註し、別々に註すべきではないのです。さて官吏とはなり得たとして、その後、大して出世しないか、少しはするか、それとも相当な出世をするか、超一流の出世をするかの分岐点を、「清氣還嫌官不起。」と言っているのです。これはまた前の「何知其人貴。官星有理會。」にも繋がっている文なのです。この時代、官吏を貴とする社会・経済の背景があったので、官と言っているのですが、これを現代社会とし考えても、社会的一流人とするのですから、官殺としてよろしいのです。

「官星有理會」のところで述べましたように、
○寿が長くして、適切なる年齢期において、喜用の運が長く続く。
ということが原則的基本条件なのです。喜用の運が長く続くのですから、当然、
○身心健全。
であることも長く続くことですし、
○必ずしも秀才である必要はなく、十分なる知能あればよろしく、
○よくその才能・能力を適切に発揮し得る。
ことにより、着々とその地歩を固めつつ、上位へと確実に上昇していく時期が長いなら、社会的一流人になり得るもので、それはまた、累積・後遺の良い原因が良い結果を生む連続でもあるのです。これが、「官星有理會」であり、反対に「官不起」ともなるのです。

このような理想的命運はそう多くはないことから、誠に多様な差が生じてくるのです。この理想に近いものの分類として、「清濁」があるのですから、理想のものを「源清流清」の上なるものとし、「源半清流清」なるものを次とし、「源半濁半清流清」をその次、「源半濁流清」を次、「源濁流清」を次、「源清流前濁後清」を次、というような分類法もあり得るのです。しかし、格局を誤り、用喜忌も誤る限り、「清濁」など解るものではないのです。

〔589〕

癸	巳	大運	
壬	戌	7才辛酉	37才戊午
乙	卯	17才庚申	47才丁巳
戊	寅	27才己未	57才丙辰

〈季秋に生まれ〉とは土旺のことですが、後で〈辛金司令して〉とも言っており、これでは訳が分からなくなります。金旺の生まれであるなら、〈季秋〉と言うべきではないのです。一七一三年（康熙五十年）十月二十九日寅刻がこの四柱で、これですと、土旺生で立運約7才となります。一七七三年（乾隆三十八年）十月十四日寅刻もこの四柱となり、これですと金旺で立運約2才です。これでは二造をやらなければならないことになりますので、まず、土旺生の立運約7才と仮定して、解命することにします。

乙日戌月、土旺・金相・水死・木囚・火休令の透戊する「正財格」です。調候丙火は年支巳と時支寅中にあり、戌の燥土を湿とする水は、年月干に癸壬透出しており、戊卯合去、戊寅殺印相生の上、巳接近して、巳中丙火生戊して、強土となっています。日干乙木は干の特性として疏土できず、また接近した巳火に洩身もするので、日干弱となり、用神は無情なる癸、喜神水木、忌神火土、閑神金となる「源半濁」の命です。

第一運辛酉、第二運庚申、金旺の閑神運、化殺生身しますので、水智向上し、才能も徐々に発揮します。もっとも生年の翌年甲午年、寅午戌にて戌卯解合し、午寅火局半会し、甲戊尅去しても、日干乙に日支卯、また壬癸水は午火と巳火を制し、接近した壬水が火局半会の寅蔵二丙を制しますので、喜とするのです。その翌年乙未年は、戌卯解合し、喜となり、このように立運まで忌年ほとんどありません。西方全くする流年、15才戊申年は西方が忌となるのではなく、流年干の戊土が制水するのが忌となるのです。しかしこれは一年のみです。

第三運己未、戊卯解合し喜、つまり時干戊土と戊土・巳火共に無情となるので、卯の根あって喜大の傾向性。この運中科甲合格もあり得ますし、進士の試験にも合格するのは、巳中庚、戌中辛のゆえです。

第四運戊午、火旺運で、寅午戌火局全の情にて、午寅火局半会し、戌卯解合しますが、火生土された戊土により水塞されて制火不能。忌大の傾向性となるのは、疾病、土、火財損多大にて才能発揮の方向性さえ誤り、環境が悪化していきます。

第五運丁巳、火旺運、戌卯合去したままで、洩身生土の忌の傾向性となって、二運忌運が続いては社会的活動さえ危まれ、これが「官不起」となるのです。

金旺生、立運約2才の場合、格局も用喜忌も変わりませんが、金旺・木死令となるので、土旺の生まれより下命となります。

任氏の解命を、評註してみてください。

〔590〕

癸未	**大運**	丙辰	
庚申	己未	乙卯	
甲申	戊午	甲寅	
乙亥	丁巳		

甲日申月金旺・木死令に生まれる「偏印格」か「偏官格」です。調候とも洩秀ともなる丙火なく、年干癸水は日干の滋木培木に無情、二申中の壬水、亥中壬水の生木有情、乙木日干に近貼しても無力、亥中甲木の幇あっても、寅・卯の根あるのには劣り、水太過の憂いさえあります。庚金の攻身は金旺の陽干庚が死令の甲木を劈甲しても、秋令

の甲木収斂しているので、調候あって、寅・卯の根あればそれほど忌としない特性があるのです。しかしこの組織構造では忌となります。日干弱となり、水多ですが、用神癸、喜神水木、忌神火土金となる「源半濁」の命となります。水旺月生ほどの金寒水冷とはならないものの、生気なく、元機に当たるものが、調候ともなれば、才能発揮ともなり、庚金劈甲引丁し、丁火煅庚を有力にする丙火なのです。出生時の生家環境悪くはなく、

第一運己未、湿土生庚する忌の傾向性大にして、父母命不明ではありますが、何らかの事情にて環境が悪化し、また木の疾病があります。

第二運戊午、調候運でありながら、午未合去し、相令の戊土は湿土とさえなって生庚し、前運と同様に、財の忌、攻身の忌が続いて、勉学の余裕に欠け、心身も耐えられなくなるのを恐れます。

第三運丁巳、火旺調候運で、丁癸剋去はするものの、生気発し、水温んで水智も才能も発します。

第四運丙辰、調候と同時に旺金をも制することによって、庚金喜の象を発し、流年により科甲合格もあり得る「官起」の「清」となる運です。

第五運乙卯、亥卯未木局全は、不団結とは言え、有力な喜となりはしますが、調候であり才能発揮の丙火がないので、十分なる発展向上に難ある運です。

第六運甲寅、調候あって、よく才能発揮しつつ向上し得る、喜大の傾向性です。

任氏解命を評註してください。三秋甲木の干の特性、原局のみで〈起ちそうで起たない所以〉と言っている点、さらに重要なことは『滴天髓』で「一個元機」とあったことと、「流濁」「官星有理會」の真義です。

〔591〕

壬　午　　**大運**　　戊申　　〈季春に生まれ〉とあり、季春は土旺という意ですので、丁日辰月
甲　辰　　乙巳　　己酉　　土旺生の「傷官格」となります。年支午は日干に無情な根であるが、
丁　巳　　丙午　　庚戌　　嫡母甲が月干に透って有情に助身、「如有嫡母。可秋可冬。」、巳酉金局
己　酉　　丁未　　　　　　半会し、甲木辰土を疏土しても、時干の旺令の己土は疏土できず、丁

火は、洩土し、己土生金される巳酉金局半会をも制財しなければならず、辰土にも洩らし、日干弱となります。用神は甲、喜神木火、忌神土金、閑神水とする「源半清」の命です。生家の環境よろしく、ある程度の社会的地位あり、特に母の蔭大です。

第一運乙巳、火旺運、乙己尅去して喜の傾向性、水智も才能もよく発し、生家環境も良化。

第二運丙午、丙壬尅去、巳酉金局解会するものの、甲丁干は年支午に接近し有情となる上、大運に午火旺じ、喜大の傾向性となります。立運不明ですが、この運中に科甲合格もあり得ます。

第三運丁未、丁壬合去しても、巳午未の南方全にて、さらに喜の傾向性となり、前運で科甲受験しなかったなら、この運中に合格して、さらに上級試験にも合格し、地位上昇。

第四運戊申、金旺運、甲木疏土し、申巳合により巳酉解会して、喜大、忌小の傾向性。

第五運己酉、己甲合去し、丁火は年支午に有情、この年支午はある程度酉を制するが、年干壬水の攻身あって忌の傾向性。

第六運庚戌、庚甲尅去し、丁火は年支午に有情とはなるが、壬水の攻身あって、喜の傾向性ある運。つまり、「流半清」となるのです。本命、すべて丁火の干の特性にあることを知るべきです。

任氏の解命を評註してください。

命理に〈もし〉はありません。〈酉時と午年、年時が入れ換わる〉ことなどあり得ないことです。

〈もし〉酉年で、午時と仮定すれば、

〔591〕′
丁　酉　　大運
甲　辰　　癸卯　己亥
丁　巳　　壬寅　戊戌
丙　午　　辛丑　　　　庚子

上記の八字となります。酉辰合去し、巳午接近。日干強、用神として取るものなく、命中一点も喜となるものなく、第一運癸卯、木旺運、酉辰解合しても忌大の傾向性です。続く第二運壬寅、木旺運、寅午火局半会し、大運干壬水、水沸生木し、大忌の大忌の傾向性、寿さえ危ぶまれますし、仮に寿あったとしても、疾病続発します。続く第三運辛丑も第四運庚子も忌の傾向性。いったいどうして〈名利双輝と言える〉のでしょうか。壬酉年などあり得るはずはなく、丁日にして己午刻などという生時はないのです。

〔592〕
癸　未　　大運
乙　卯　　甲寅　庚戌
丙　午　　癸丑　己酉
丁　酉　　壬子　　　　辛亥

丙日卯月木旺・火相令に生まれる「偏印格」か「印綬格」です。未卯木局半会し、透乙助火、日支午、丁火の助は有力な幇でないとはいえ、囚令の酉は午火から剋金され、天干の強火から制されて金熔とさえなる酉、日干強として、やむなくの用神庚としか取れず、喜神土金、忌神木火、閑神水とする「源濁」の甚だしいものです。生家環境悪くして、生年中にも多病、生後翌年の甲午年は大忌、その翌年乙未年、また未未卯木局半会以上と未午合の情不専となり、乙木生火する忌、丙申年も喜と言えません。立運何才か不明ですが、第一運甲寅、午酉尅の情により、寅午火局半会せず、印旺強太過の大忌の傾向性。「疾病論」に何と言われているでしょうか。「血氣亂者。生平多病。」「忌神入五臟而病凶。」「論痰多木火。」、さらに「忌神轉輾攻。」でもあれば、「氣濁神枯了。」と言われているのです。

第一運甲寅の後、第二運癸丑は、化官生身の忌と丑の晦火晦光あって喜忌参半の傾向性。さらに第三運壬子、月干乙木あって化殺生身の忌と、地支は四生が揃い、全支個有支となって、子午冲は重く、水は生木制午火の喜忌両面あり、前運と同様に喜忌参半の傾向性ある運となります。

第四運辛亥、亥卯未木局全くして、大忌の大忌の傾向性。挙例として不適切です。

〔593〕

戊	**申**	**大運**	甲子	壬日申月金旺・水相令に生まれる「偏官格」か「偏印格」です。調候丙火なく、水旺月ほどの金寒水冷とはなりませんが、生気なく、日干強、用神やむなく甲、喜神は一応木火、忌神金水、閑神土とする「源濁」の命となります。生家環境あまりよろしくなく、子水来ますと、全支水局、戊土水利灌漑どころではなく、水多土流、水多木漂、
庚	**申**	辛酉	乙丑	
壬	**申**	壬戌	丙寅	
甲	**辰**	癸亥		

水多火滅となる点を見落としてはなりません。数え年の、5才壬子年、17才甲子年、29才丙子年、41才戊子年等々、これらがいかなる大運に巡るかを観るべきです。立運不明ではそれさえ検討することできません。しか

し、第五運乙丑まで一運も喜運なく、金寒水冷、「流濁」の夭凶命です。

〔594〕

己亥	**大運**	己巳	
癸酉	壬申	戊辰	
壬申	辛未	丁卯	
戊申	庚午		

壬日酉月金旺・水相令に生まれる「偏印格」か「印綬格」です。調候丙火なく、水旺月生ほどの金寒水冷とはなりませんが、生気に欠けます。己癸剋去し、日干壬水は亥に有情な根となり、戊土の水利灌漑を用神とし、喜神木火土、忌神金水となる「源半濁」の命です。

生家環境それほど悪くはありませんが、この命も子が来ますと、子申申水局半会以上の大忌となります。この運歳を検討すべきですが、立運不明ではどうしようもありません。

また戌が来ますと、申申酉戌西方全以上の大忌となる運歳も検討すべきですが、これもできません。しかし、戌年の翌年に亥年が来て、次いで子年が巡るのですから、これはちょっと困るどころでは済まされないのです。

第一運壬申の忌運に、戌年、子年が巡るのは大忌の大忌です。それより以前、生年の翌年が庚子年、その翌年の辛丑年、丑酉金局半会するので、もしこの二年がこの運中にあるなら大変なことになります。数え年12才庚戌年、13才辛亥年、14才壬子年、15才癸丑年、この運中に巡るかどうか。もし巡るなら必死です。壬子年が巡らないとしますと、立運数え年1才から3才の間となりますので、いずれにしても、発病必死です。このような重要なことを全く無視して、〈運走南方火土〉と言っているのは、「休咎係乎運。尤係乎歳。」と『滴天髓』が言っていることを全く理解していない証拠なのです。

〈精足り、神旺じ、未運には若くして泮水に遊び〉、学校に入って学問をしたということですが、第二運辛未、数え年12才庚戌年、13才辛亥年、14才壬子年、15才癸丑年を巡ったか、巡らないか、さらに、22才庚申年、23才辛酉年、24才壬戌年、25才癸亥年、26才甲子年を巡ったか巡らないかが重大なことなのです。第二運辛未、〈精足り〉もしなければ〈神旺じ〉もしません。辛金は二申一酉に根あって、時干の用神戊は湿土生金し、調候丙火もなく、第二運辛未は忌大の傾向性となるのです。精神全くない運です。

〔595〕

癸亥	大運		
壬戌	4才辛酉	34才戊午	癸日戌月金旺に生まれる「偏印格」か「偏財格」です。調候丙火なく、日干は強、用神戊、喜神木火土、忌神金水となる「源濁」の命です。忌運が第一運辛酉、第二運庚申と二運も続いて、次いで第三運己未、第四運戊午には突然変異はありませんが、午戌火局半会が生戊し、水利灌漑して、徐々に
癸丑	14才庚申	44才丁巳	
癸丑	24才己未	54才丙辰	

好転はします。第五運丁巳、巳亥沖去しても、滅丁されて、喜となること少しもなく、続く第六運丙辰、丙壬尅去、辰戌冲去し、反って忌となる傾向性大なる運です。

徐氏は〈最も喜とするは一点丁火あるところで〉と言っておりますが、丁火と丙火の違いを忘れてはならないのです。戌の蔵干辛丁戊で、休令とはいえ、戌中戊土は天干の水を制することはできないものの、年支と日支の水は制水し得るので護丁はしますが、同時に湿土となって、生金有情となるので、丁火など用神には取れないのです。だからこそ、第四運戊午は〈寒谷回春の象あるものです。〉となるのです。

〔454〕

甲　子	大運	
丁　丑	1才戊寅	31才辛巳
辛　丑	11才己卯	41才壬午
己　丑	21才庚辰	51才癸未

辛日丑月土旺に生まれる「偏印格」です。月干の丁火は調候とはならず、子丑合去、二丑接近し、団結する二丑中の癸水から傷丁さえされて、丁火は攻身ならず、日干強となり、用神は辛金の特性、壬癸の淘洗を喜ぶ癸と取り、喜神水木、忌神土金、閑神火となる「源半濁」の命です。

第一運戊寅、戊甲尅去し、子丑合去のままで、寅中甲木が二丑土を疏土して、生家財運も良化していき、それほどの忌とはならず、

第二運己卯、己甲合去、子丑合去のまま、調候がなく、それほどの喜とならず、

第三運庚辰、庚甲尅去し、子丑解合して全支個有の支となる、土多金埋の忌の傾向性。

第四運辛巳、火旺調候運ですが、それほどの喜とならず、

第五運壬午、火旺調候運にて、全支個有の支、またそれほどの喜は期し得られません。これは、「官不起」となるものです。

異路功名莫說輕。日干得氣遇財星。〔輯要・闡微・徵義〕

《異路功名は輕く說くなかれ。日干得氣して財星に遇う。》

異路功名莫說輕。日元得氣遇財星。〔補註〕

原　注

刀筆にて名を成す者と、名を成さざる者とは自《おの》ずから異なるものです。必ず、財星門戸を得て、通じて官星を得るもので、命中に一種の清く、月光の如き清く白い氣があるものです。出身する所以は、それに依るのです。刀筆老いて出身し得ないのは、終に財と官が相通じることないからです。

任氏増注

「異路功名」とは、刀筆成名する者、捐納出身する者の分別はありはしますが、すべて、日干有氣、財官相通じるに外ならないものです。あるいは、財星用を得て、暗に官局を成すもの、あるいは、官が財郷に伏して、兩意の情通ずる、あるいは、官衰えていても財に逢い、兩神和協するもの、あるいは、印旺官衰なるも財星破印するもの、あるいは身旺無官、食傷生財するもの、あるいは、身衰官旺、食神制官するもの、等々必ず一種清純の氣あるは、まさに出身できるものです。しかし、その仕路の高い低いは、命造の氣勢、運途の損益により知るべきであります。出身不能なるは、日干太旺、財が軽いのに食傷なく、官を喜ぶに官星通じないとか、無官とかのものです。もし日干太弱にして、財官共に旺ずるは、財官通ずるとはいえ、傷官劫占するとか、財星用を得ても、暗に劫局を成すとか、印を喜ぶに財に逢うとか、印を忌むに官に逢うとかする者は、出身不能なるものです。

〔596〕

己巳
壬申
甲寅
戊辰

大運
辛未　丁卯
庚午　丙寅
己巳　戊辰

甲木孟秋に生まれ、七殺当令し、巳火食神が己土を貪生して、申金を尅するを忘れ、兼ねて戊己並透して、破印生殺しているのです。祖業を守り難く、学問また継ぎ難く、秋水通源を喜び、日坐祿旺、冲尅するとは言っても、暗にかえって相生して、部書出身となり、丁卯・丙寅運、扶身制殺して、仕は観察にまで至ったのです。

〔597〕

庚午
丙戌
乙卯
丁丑

大運
丁亥　庚寅
戊子　辛卯
己丑　壬辰

乙卯日元、季秋に生まれ、丙丁並透して通根、五行無水、庚金はこれを置いて論じられません。最も喜ぶは、財神帰庫、木火通輝、性情は孝にして有情厚く、篤行よろしく、部書出身で、仕は州牧に至っております。学問に利せざるは、庚金が丑に通根するゆえであります。

〔598〕

己丑
庚午
戊申
癸亥

大運
己巳　丙寅
戊辰　乙丑
丁卯　甲子

戊土午月に生まれ、印星乗令し、時癸亥に逢う。日元は得氣して財に逢うものです。しかし金氣太旺し、年支丑土、晦火生金、日元はかえって弱となります。すなわち、印綬暗傷、学問遂げ難く、捐納出身。丁卯・丙寅運、木は火勢に従い、生化悖らず、仕は黄堂に至る。午火真神用を得て、人となり忠厚和平、乙丑運、晦火生金、死亡しました。

〔599〕

壬　子　　**大運**　戊申
甲　辰　　乙巳　己酉
戊　戌　　丙午　庚戌
丙　辰　　丁未

戊戌日元で季春に生まれ、時は火土、春時虚土といえども、殺透って通根し、さらに壬水得地、丙火が貼身相生、これを身殺兩停と謂い、身強浅殺ではありません。天干壬水尅丙、学問に利せざる所以です。初め南方運を喜び。捐納出身し、名區に仕え、大邑を宰る。ただし、財露生殺を病とするもので、将来西方運に巡るを恐れ、水生火絶、奢を好み倹約せず、急流勇退せずんば、不測の風波は免れ難いものです。

〔600〕

癸　巳　　**大運**　庚戌
甲　寅　　癸丑　己酉
丙　戌　　壬子　戊申
庚　寅　　辛亥

丙火孟春に生まれ、官透るを用となし、清にして純粋たるものです。惜しむらくは、金水遠隔にて、相生の意はなく、かつ木火並旺、金水無根、学問を継がず、捐納するも、財官ついに門戸に通ぜず、大運戌、丁丑年、火土当権して、疾を得て死亡しました。

〔601〕

壬　辰　　**大運**　戊申
甲　辰　　乙巳　己酉
辛　酉　　丙午　庚戌
丁　酉　　丁未

辛金季春に生まれ、支辰酉、干に丁壬透り、佳美に似て、地支湿土生金、丁火は虚脱無根、甲木生火するといえど、地支辰酉化金し、また自顧不暇を知らなくてはなりません。捐納するも、財多破耗するのみならず、欠乏、壬水生甲、遺業数十万ありましたが、運走土金、家業悪化を免れず、子息に艱難あるものです。

徐氏補註

異路功名は皆財星を用とはしないものです。日元有氣、財星用をなす者は、その貴となるは科甲出身によらざることは確かです。およそ、科甲出身に非ざる者は、これを異路と言うのです。財星に遇うも、門戸に財通ずるか否かの別があります。財通門戸とは、財星乗令、あるいは坐下し、日元と聯合するに有情、財星に遇うは、例えば、官傷並透するに、用財して官傷の争いを解くとか、印星太旺するなら、用財捐印せしめるとか、あるいは水木傷官にして、冬令に生まれ、用財調候となる、等々がこれであります。遇う、というのは、ただ用とすることではないのです。八字清純に欠けるといえども、日元有氣、喜用が有情なれば、必ず貴が顕れるものです。運の助けが加わるなら、功名顕赫あるし、極富極貴なるものです。ただし、秀氣少なくして、科名が顕れざるものもまた大変多く、枚挙にいとまなきくらいです。

考玄解註

科甲を論じ、科甲ではない秀才を論じ、出身を説いてきましたので、出身として、科甲によらない出身をここで論じ、出身の締めくくりとしているのです。

科甲の試験を受けず、金品を送って、その報いとして官吏とする「出身」の制度があったので、「異路出身」で官吏となって功名を挙げる、地位が高くなるか否かは、「莫說輕」、軽々しく論じるべきではない、と言っているのです。つまり、金品を献上するのですから、相当なる財利がなくてはならないので、日干得気し、喜用の神の「遇財星」のことが異路出身の条件となりますが、官吏となって後、長く「官星起」となることで功名、社会的一流人となっていくものである、ということですので、前文と切り離して論じるべきではない、と前述したのです。この功名と前文の「清氣還嫌官不起。」は密接な関連があることを無視してはならないのです。

さらにこの「異路」には、金品の献上のみではなく、学術の功によるもの、軍功によるもの等もありますので、原注で〈刀筆〉と言っている〈刀〉は軍功・武術によるもので、〈筆〉は学術・芸術等を言っているのです。そして原注も任氏増注、徐氏補註も、「出身」という言葉を官吏の貴から、社会的一流人も含めているような意となっております。

『滴天髓』が書かれた時代であったので、この「異路功名」の一文が必要であったのですが、現代では必要ではなく、前文だけで十分なのです。ただそれが学術・技術分野において、その分野で超一流となるという視点となりますと、結論的には「源清流清」ということに帰するものです。

〔596〕

己巳	**大運**		戊辰
壬申		辛未	丁卯
甲寅		庚午	丙寅
戊辰		己巳	

甲日申月金旺・木死令に生まれ、透己戊と透壬する財格か「偏印格」です。調候丙火年支巳中にあり、日支寅中に蔵丙し適切です。辰中蔵癸して滋木し、壬水は申に有気であって、己土濁壬して滋生木し、日干は不強不弱、「始終」は年支巳から火土金水木火土と流通し、用神取り難いくらいの好命で、丙火の才能発揮もよいが、戊土財のほうがよいくらいなのです。一応喜神火土、忌神水木、閑神金となる「源清」の上なるものです。時代により、職業の選択が異なってきますが、この時代であれば、科甲の試験に向かうでしょう。現代であれば、医学・建築・

科学のいずれかに向かうでしょう。立運や生誕地が不明ですが、出生時の環境は恵まれてよろしく、
第一運辛未、喜の傾向性にして、生家の社会的地位も財利も向上しながら、水智も才能発揮もしていき、
第二運庚午、庚金劈甲の喜も暗にあって、よく洩秀の美、科甲合格もあり得ます。
第三運己巳、火旺生土の喜用運にして、前運で科甲に合格しなければ、この運中に合格し、地位も上昇、上級試験にも合格します。
第四運戊辰、一段と地位向上、湿土生申金、また財利あって、一路順風。
第五運丁卯、丁壬化木し、寅卯辰東方全くしても、忌とならないのは、よく食傷生財の作用あるからで、
第六運丙寅、丙壬尅去、さらに才能発揮、生財の美となります。「流清」です。
任氏の解命を評註してください。「己土濁壬」とは、壬水ではなく、癸水のように滋木培木するということです。巳申の合は申寅の冲によって解け、全支個有支となるということは、寅午火局半会も成さず、申子の水局半会も、巳酉金局半会も成さないということです。これが「既識中和之正理。于五行之妙。」の一端なのです。

〔597〕

庚午　**大運**
丙戌　丁亥　庚寅
乙卯　戊子　辛卯
丁丑　己丑　壬辰

〈季秋に生まれ〉とあることを信用しますと、乙日戌月土旺に生まれ、透庚・丙丁する「偏官格」か「食神格」です。調候は丙火と午にあり、午戌半会、戌卯合にて全支個有の支、庚丙は尅去、丑中水源深い癸水が滋木培木し、因令の木はやや強となり、用神丙、喜神一応火土金、忌神一応水木となる「源清」として可なる命です。日干やや強

とはいえ、太強ではありませんので、水木はそれほどの忌とはならないのです。

第一運丁亥水旺運、亥中蔵甲はしますが、喜の傾向性。

第二運戊子、むしろ喜の傾向性。

第三運己丑、同様に喜の傾向性となります。

第四運庚寅、また喜の傾向性となり、これまでに科甲合格、上級試験も合格し、位階上昇していき、この運、特に目覚ましく上昇します。

第五運辛卯、第六運壬辰、喜の傾向性となります。

「流清」と言うべきです。

〈五行無水〉とは、また〈学問に利せざるは、庚金が丑に通根するゆえであります。〉とはおかしなことです。
〔598〕

己　丑	**大運**	丙寅
庚　午	己巳	乙丑
戊　申	戊辰	甲子
癸　亥	丁卯	

戊日午月火旺に生まれ、戊癸干合化火し、戊は丙、癸は丁となるものの、調候壬水は申支中にあって、亥も丑もあり、「化火格」不成にして、日干丙の「建禄格」か「陽刃格」となります。用神は己、喜神土金水、忌神木火となる「源半清」の命です。

第一運己巳、戊癸干合を解合して、日干戊土の「偏印格」か「印綬格」となり、喜神金水木、忌神火土となります。

第二運戊辰、戊癸化火を解合し、前運と同様の喜忌となります。

第三運丁卯、また戊癸干合化火を解合、卯亥木局半会し、普通格局の「偏印格」か「印綬格」となり、、喜神火土、忌神金水木となります。

第四運丙寅、丙庚剋去し、化火したまま、日干丙の「建禄格」か「陽刃格」となる、やや忌の傾向性。

第五運乙丑、化火したままの喜の傾向性ある運。

第六運甲子、化火したままで、やや忌の傾向性となる。

「流半清半濁」となります。

化火を全く忘却して、〈仕は黄堂に至る。〉はあり得ません。

〔599〕

壬	**子**	**大運**	戊申
甲	**辰**	乙巳	己酉
戊	**戌**	丙午	庚戌
丙	**辰**	丁未	

〈季春に生まれ〉とあるのを信用すると、戊日辰月土旺に生まれる「建禄格」です。支は転々とし、結果的には子辰水局半会、日時支の戊辰沖去して、辰子接近。日干無根、死令の水が甲木を生木して、甲木が破土します。日干弱にて、用神丙となる「源濁」の命です。生家環境恵まれず、立運不明なるも、水は大忌で、水智発するのに難があるのは、水局半会が解けることがほとんどないからです。さらに水は財であり、死令の財多身弱でもあります。

第一運乙巳、火旺運、やや環境良化。

第二運丙午、火旺運、丙壬剋去しても、忌がやや減じる程度。

第三運丁未、丁壬合去し、未土日干の根となり、財利に就き、さらに、第四運戊申、申子辰の水局全にて、日時支の戌辰解冲し、原局に戻って透戊するのを甲木が疏土開墾し、また辛金生発して、財利大発。さらに、献上して、異路出身があり得るのは、甲殺の名誉欲のゆえです。

第五運己酉、戌辰冲去、子辰水局半会のままですが、前運の後遺あって、それほど悪化することなく、
第六運庚戌、戌辰冲去のままで、日干は大運戌に有根・有力となり、庚金も洩秀し、生財の喜の傾向性ともなれば、もし第四運戊申で官職に就いていたなら、この運中、官職も向上します。

「流前濁後清」となるもので、当然のことですが、「流前清後濁」となるよりは、「後清」のほうがはるかに良好と言えるのです。

任氏の解命、事象に合わせるための無理があって、〈将来西方運に巡るを恐れ〉と言っているのは、命理を全く解ってないからです。しかも、財利を得るためには、食傷の自己の才能能力を発揮しなくては、あり得ない重大なことを忘れているのです。さらにまた、性情も忘れ、戊土固重の気質、二辰と戌の性情をも役割性格にプラスすることも、「出身論」においては忘れてはならないのです。

〔600〕

癸巳	**大運**	庚戌	
甲寅	癸丑	己酉	
丙戌	壬子	戊申	
庚寅	辛亥		

丙日寅月木旺・火相令に生まれ、透甲する「偏印格」です。日干は強、用神庚、喜神土金、忌神木火、閑神水となる、「源清」の部に入ります。年干癸水の正官あり、巳中に無力なるも庚あるので、生家は社会的地位あって、恵まれた環境です。

第一運癸丑、湿土の丑が生庚し、甲からの制士と、丙火を納火もします。水智発し、生家の環境も向上。

第二運壬子、水旺運、戌土を湿にして、納火生庚、水智才能発し、

第三運辛亥、また戌を湿土生庚辛し、五行流通。立運不明ですが、前運か、この運中に科甲に合格。しかし、

第四運庚戌、戌は燥土ですので不能生金、官職利なくしても、財利に就くため、転身もあり得ます。

第五運己酉、第六運戊申、財旺運にて、財利特発します。

いずれにしても、「流清」にて、社会的にはある程度人の認めるところとなるものです。

任氏解命は誤りで、〈官透るを用〉とするものではありません。

第四運庚戌、死亡したとされる数え年45才丁丑年。40才壬申年、41才癸酉年は喜、42才甲戌年、それほどの忌とならず、43才乙亥年は喜、44才丙子年も喜、この間は大病発することなく、45才丁丑年も湿土生金し、丁癸剋去し、また丑は晦火晦光し、どうして死亡する理がありましょうか。この運歳に死亡する理なく、もし実在の人で、年月日三柱の生まれであるなら、生時が違うのです。例えば、甲午刻生なら死亡もあり得ます。

〔601〕

		大運	
壬	**辰**		戊申
甲	**辰**	乙巳	己酉
辛	**酉**	丙午	庚戌
丁	**酉**	丁未	

〈季春に生まれ〉を信用しますと、辛日辰月土旺・金相令に生まれる「偏財格」か「食神格」です。月日支の辰酉合去し、年支辰、時支酉は接近し、丁火は攻身、日干辛は甲財を制し得ず、弱となります。用神戊、喜神土金、忌神水木火となる。「源半清」となるのは、陰干弱

きを恐れずと、辰が湿土生辛し、酉に根あるので、太弱とはならないからです。生家環境悪くはなく、
第一運乙巳、巳酉酉金局半会以上の情にて、辰酉解合、それほど忌とはならないが、攻身の忌象は生じます。
第二運丙午、壬水制火する救応あり、辰も救応しますが、やはり、時干の攻身丁火の忌は去りません。
第三運丁未、壬水が制丁するも、時干丁は制することできず、未は湿土となり生金し、喜の傾向性となり、
第四運戊申、第五運己酉、第六運庚戌、財利に就き、向上し、丁殺も喜となり、献上して異路出身もあり得ますが、社会的地位は大したことありません。
「流後清」となりはするものです。

〈地位論〉

臺閣勛勞百世傳。天然清氣發機權。〔闡微〕
《臺閣勛勞《だいかくくんろう》百世に傳わるは、天然の清氣機權に發するなり。》
臺閣勲勞百世傳。天然清氣顯機權。〔輯要〕
臺閣勲名百世傳。天然清氣發機權。〔徴義〕
臺閣勲名百世傳。天然清氣顯機權。〔補註〕

原注

人の出身を知って、その地位の高低に至るまで推測するのは、生やさしくありません。公となったり、卿となるのは、清の中にまた一種の権勢の出入りがあるからですが、ただ一端をもって云々すべきでありません。

任氏増注

台閣宰輔、封疆の任に及ぶは、清氣が自然に発するからですし、秀氣純粋に出るからです。四柱の中、皆喜神が有情であり、格局の中に嫌うべきものなく、用とするところのもの皆真神であり、喜ぶところのもの皆真氣であるを清氣機権に発すると言うのです。度量寛宏でよく人を容れ、施して純にして正しく私事を貪らず、生民の徳を潤沢せしめ、目先のことにとらわれず、遠大なる考えを懐いているものです。

〔2〕

庚申　**大運**
庚辰　辛巳　乙酉
戊辰　壬午　丙戌
戊午　癸未

甲申

これは董中堂の命造であり、その天然の清氣は庚金にあるのです。

〔168〕

甲子　**大運**
丙寅　丁卯　辛未
己丑　戊辰　壬申
甲子　己巳

庚午

これは劉中堂の命造であり、その天然の清氣は丙火にあるのです。

〔427〕

壬　申
壬　寅
丙　子
乙　未

大運
癸卯　甲辰　乙巳
丙午　丁未　戊申

これは鐵尚書の命造であり、その天然の清氣は乙木にあるのです。

〔114〕

己　亥
丁　卯
庚　申
庚　辰

大運
丙寅　乙丑　甲子
癸亥　壬戌　辛酉

これは秦侍郎の命造であり、その天然の清氣は丁火にあるのです。

徐氏補註

干支の配合、順遂にして精粋、氣勢清純で、精神団結するのは、自ずと一種の清氣あるものでして、貴格には皆これがあるものです。清氣は配合より出てくるもので、須らく、全局を統観すべきであり、単純にどの干が、どの支が清となるとか、濁となるものであるとか指定はできないのです。例えば、春木は火を喜んで、しかも根が滋潤されるが宜しく、そのようでしたなら、亢陽燥渇の病はないものです。水火既済は、自ずから清純の氣あるものですが、水が去ったり、火が去るのは、全美をなすものではないのです。これらのことは、既に本書をよく理解したなら、自ずと了解できるのです。決して一字で決めたり、一例に拘ったりしてはならないのです。

考玄解註

出身、すなわち、科甲の合格不合格、官吏として最も初めの階段に昇ることができるか否かを論じた後、ではその地位の高低はどう看るか、という大よその傾向までは、前文で説いているのですが、ここでは特に超一流となる命運の視点を論じているのです。つまり、

〝後世にその名が長く残る社会的一流人となるような人の命運というものは、「源清流清」の中でも特に高いものです。〟

と言っている、と理解するのが真義なのです。任氏増注のようにあれこれ言う必要などなく、徐氏補註にあるように、本書をよく理解したなら、自ずと了解できることであって、すべては「位相」である「清濁」の「清」にあると理解すれば十分なのです。「清」の中にも格差があるのです。ではその「清」の段階の分別はどこにあるのか、ということも、実は解註の中で述べてもいるのです。つまり、

格局と用喜忌が正しく選定できたなら、十干と十二支を配してみて、忌とする干支の組み合わせが少なければ少ないほど、「位相」の高い「清」である、ということになるのです。ですから、格局を明らかにすべきであって、格局を取り違えるなどは論外なのです。ましてや、格局以前の調候を明らかにしないのも論外なのです。冲尅合局方の理とその解法を知らないなどは、もはや命家ではありません。干の特性を忘却しては命理は存在

しないのです。左右・上下、始終の理を無視するのは、命理を知らない最たるものです。何が旺じているかを分別せず、立運を言わない命理は命理ではないこと、「休咎係乎運。尤係乎歳。」と言われていることを忘却しているからです。

任氏挙例の〈天然の清氣〉とは一字、二字にあるものではないのです。

〔2〕

命式	大運	
庚申		
庚辰	4才辛巳	44才乙酉
戊辰	14才壬午	54才丙戌
戊午	24才癸未	

（大運 34才甲申）

既に、本書巻一Ｐ101で記述しましたが、董中堂の命です。乾隆五年三月二十七日、太陽暦日本の元号で、一七四〇年（元文五年）四月二十三日生の「建禄格」であり、立運約４才４ケ月となります。旺土を疏土する甲木が必要ですが、不透、用神はやむなく癸、喜神金水木、忌神火土とする「源清」となります。しかし、疏土する甲木不透が欠点です。そこで、六十干支を配し、忌となる干支の組み合わせを検討してみてください。

例えば、丙寅、丙辰、丙午、丙戌、戊寅、戊辰、戊午、戊戌、と相当あることに気付かれるでしょう。必須である甲木疏土なく、忌の干支がこれだけありますと、「源清」とはしても、下のほうとなるのです。

しかし大運中第六運、54才丙戌運の忌あるのみで、後の忌となる干支の組み合わせは、流年においてのみです。また、第四運甲申の金旺運は疏土するのではなく、殺印相生の甲申の甲が劈甲されるとともに、殺の喜の作用となるのです。

また救いは、水局不成、火局不成にあります。

〔168〕

甲子	**大運**	庚午	
丙寅	丁卯	辛未	
己丑	戊辰	壬申	
甲子	己巳		

これは巻二P131、巻三P322、376に既出の命造です。

忌となる干支の組み合わせは、ほとんどなく、壬水によって壬丙尅去しても、寅中蔵丙の官印相生ですし、第六運壬申、己土の特性により大した忌とはなりません。しかも日支丑土は、天地徳合にて去ることはないのです。亥が来て、亥子子丑北方全以上となっても、二甲一寅がよく納水して生丙となるので、また忌とはならないのです。北方を成す以外、申子水局半会不成、火局半会不成となるのです。

これは「源清流清」で、前造よりはるかに「位相」が高となるものです。

〔427〕

壬申	**大運**	丙午	
壬寅	癸卯	丁未	
丙子	甲辰	戊申	
乙未	乙巳		

丙日寅月生の木旺・火相令の「偏印格」です。申寅冲去、用神やむなくの乙、甲より劣り、喜神木火、忌神土金、閑神水、「源半清」となります。忌となる干支の組み合わせは、大変多く、火旺運であっても二壬が制火し、大して喜とならず、それ以降も忌、つまり「流前清後

濁」となります。乙木をもって、〈天然の清氣〉とするのは、干の特性を忘却してのことです。このような命で、〈尚書〉になれるなら、尚書ごまんとあることになります。これはまた「生方怕動」の真義を知らないことも原因となっているのです。

〔114〕

己　亥　　**大運**
丁　卯　　丙寅　　癸亥
庚　申　　乙丑　　壬戌
庚　辰　　甲子　　辛酉

庚日卯月の木旺に生まれる「偏財格」か「正財格」です。日干強にて、用神丁、喜神水木火、忌神土金となる「源半清」の命です。忌となる干支は割合多く、運歳の、庚子、庚辰、庚申、庚戌、戊辰、戊申、戊戌、辛酉、辛丑、壬辰、壬申、壬戌等々です。

第五運壬戌以降の西方運は忌となり、「流前清後濁」とするものです。

兵權獬豸弁冠客。刃煞神清氣勢特。〔闡微・徴義・補註〕

《兵權獬豸《かいたい》弁冠の客は、刃煞の神清く氣勢特《こと》にす。》

職掌兵權豸冠客。刃殺神清氣勢特。〔輯要〕

原　注

生殺の權、その風紀氣勢を掌るには、必然的に特別に際立っているものです。清中に精神自ずから異にするとか、あるいは、刃殺共に顕らかとなっているものです。

任氏増注

生殺の大権を掌り、兵刑の重い任に就く者は、その精神清氣、自然超特していて、必ず刃旺敵殺するもので、氣勢出入するものです。局中、殺旺無財、印綬用刃とする者、あるいは、無印で刃ある者、これを殺刃神清と謂うのであります。氣勢転ずるのは、刃旺当権するものです。必ず文官にして、生殺の任を掌るものです。刃旺ずる者とは、春の甲木卯刃を用、乙用寅刃、夏の丙火午刃、丁用巳刃、秋の庚用酉刃、辛用申刃、冬の壬用子刃、癸用亥刃です。

刃旺敵殺して、局中に食神・印綬なく、財官ある者は、氣勢特別ではあるとはいえ、神氣清くありませんので、武将の命であります。刃が当権せずして、よく敵殺できましても、こうした命は兵権を掌握できないのみならず、貴も顕れないものです。そうした人は、性質荒々しく頑固で勇にはやるものでして、刃旺殺弱もそうでして、必ず傲物で、驕慢《きょうまん》となるものです。

〔602〕

壬	**寅**	**大運**	
己	**酉**	庚戌	甲寅
庚	**午**	辛亥	乙卯
丙	**戌**	壬子	

（大運：癸丑）

庚日の丙時干は生旺の支に逢い、寅は壬水を納めて、制殺することできず、すべて頼みとするは、酉金羊刃当権しているを用とするものです。寅は酉に隔てられて会局できませんので、これはまさに、刃殺神清、氣勢特にすると言えるのです。早登科甲、しばしば兵刑生殺の任を掌り、仕は刑部尚書に至りました。

〔603〕

庚戌
壬午
丙子
壬辰

大運
丙戌　丁亥　戊子
癸未　甲申　乙酉

丙子日元、月時に兩壬透り、日主は三面に敵を受ける形です。柱中、無木洩水生火、反って庚金生水洩土、すべて頼むは、午火旺刃当権を用となすものです。さらに喜ぶは、戌は燥土、制水会火、郷榜出身、丙戌・丁亥運、按察に至りました。

〔604〕

乙卯
戊子
壬辰
戊申

大運
甲申　癸未　壬午
丁亥　丙戌　乙酉

壬辰日元にして、天干の兩殺は辰支に通根し、年干乙木は凋枯・洩水はするものの、制土不能であります。まさに尅洩交加するのですが、子水当権して、会局するを最も喜ぶもので、殺刃神清、酉運に至って、生水尅木、またよく化殺して、科甲連登、申・癸運には、仕路は光亨、按察となりましたが、未運、羊刃受制して、死亡しました。

〔605〕

丙辰
辛卯
甲申
庚午

大運
乙未　丙申　丁酉
壬辰　癸巳　甲午

甲申日元、仲春に生まれ、官殺並透して通根、日時死絶に臨み、必ず卯刃を用としなければなりません。丙火合辛を喜び、混殺の嫌いをなくせしめるのみならず、卯木の辛金よりの制を受けることを阻んで、刃殺神清、かつ、南方火地を行き、科甲出身、仕は臬憲に至りました。

徐氏補註

「兵權」とは、統帥の尊称なるものであり、「獬豸」とは、御史の服務であります。八字貴なるのは一つではなく、貴にして重権を掌握するのも、一つに決まったものではありません。そして、刃殺神清に属するものは、必ず兵を掌握し、生殺の権を握るものです。

〔606〕

壬　申	**大運**	
辛　亥	29才甲寅	59才丁巳
丙　午	39才乙卯	
庚　寅	49才丙辰	

これは、清代の左文襄宗棠の命造です。丙午日元は刃に坐しております。年上に七殺透干し、寅午火局を成して、七殺は申の長生に逢い、亥月の祿に逢って、刃殺神清でして、真神得用、運行甲寅・乙卯、陽刃を助起して兵権を掌握し、威は辺疆を鎮めました。しかし、同時代の曽彭、胡駱等の造は、刃殺の類に属するものではありません。貴にして生殺の権を掌るものは、必ずしも一様ではないことを知っておかねばなりません。特《こと》に刃殺双顕し均停しているものは、生殺の権を掌るものと決めてよろしく、貴となると、王侯ともなるものです。

〔607〕

丁　卯	**大運**	
丙　午	26才癸卯	56才庚子
丙　子	36才壬寅	
壬　辰	46才辛丑	

これは民国広東巡閲使、龍濟光の命造であります。丙火午月に生まれ、陽刃透干、子辰会局、七殺が透出して、殺刃双清、丁壬相合、殺刃有情、子辰の会は、子午の冲を解き、殺刃は戦わず、さらに卯木は殺刃の氣を通じているのです。癸

卯・壬寅運、殺印相生し、兩廣の巡閲使、大軍を率いて、威権は赫奕《かくえき》〔明らかに光り輝く様子〕たるものです。

考玄解註

貴とする官に、文官と武官とがあって、ここでは主として、武官、生殺与奪の権力を掌握する将官とする命を論じながら、死刑のような判決を言い渡す裁判官をも併せて言っているのです。しかし、この将官と言う点は、現在の日本においては通用しないものですし、法律関係の職業となると、これは全く該当しないものと言えます。しかも中国の『滴天髓』が書かれた時代にありましても、文官から武官となったり、武官から文官となったりする実例も誠に多かったのですから、必ずしもこの一文は正しいとは言い兼ねる内容のものです。ですから、この文も以降の文も、『滴天髓』の作者の生きていた時代の政治・経済・社会の歴史的・地域的環境下における、ある傾向性として解することが重要な点なのです。

ですから挙例もその事象も、現代の日本には全く通用しないことになります。

〔602〕

壬	**寅**	**大運**	癸丑
己	**酉**	庚戌	甲寅
庚	**午**	辛亥	乙卯
丙	**戌**	壬子	

庚日酉月金旺に生まれる「建禄格」か「陽刃格」です。酉午剋の情により、寅午戌火局全を成さず、全支個有支となります。調候丙火は、日干に近貼して時干に高透し、日支午、また年支寅にも丙火蔵されて、命局を暖とし、生気を与えるに充分であります。庚日干は酉支に通根し、また己土濁壬して、生庚・酉金、戌支は燥土不能生金ではあって

も、戌にも有気となって、日干は旺強となります。甲木は年支寅中にあり、遠隔無情、庚金剪甲して引丁につながらない難点があるものの、煅金する丁火を用神とし、喜神水木火、忌神は土金となる、刃殺の神清い「源清」の命と言えます。

大運を観ますと、第一運庚戌、忌の傾向性となるものの、第二運辛亥から北方運を巡り、さらに喜の東方運に巡る、「流前半清半濁、中後清」となります。

〔603〕

庚	**戌**	**大運**	丙戌
壬	**午**	癸未	丁亥
丙	**子**	甲申	戊子
壬	**辰**	乙酉	

丙日午月火旺に生まれる「建禄格」か「陽刃格」です。月干壬水は年干庚の生水ある調候ですが、時干の壬水はもはや調候ではなく、攻身する壬水となります。支は結果的には、戌午火局半会と子辰水局半会して左のような構造となります。

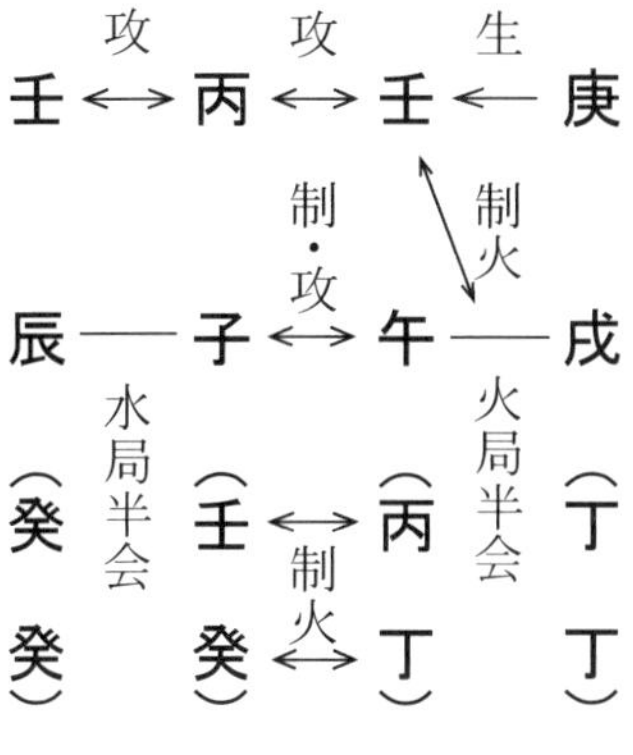

つまり、この命は、辰刻には生まれてこなかったか、もし生まれても、すぐ死亡したか、あるいは先天的身体障害あって、長くは生きられない命なのです。

〔604〕

乙　卯　　大運　　甲申
戊　子　　丁亥　　癸未
壬　辰　　丙戌　　壬午
戊　申　　乙酉

壬日子月水旺に生まれる「建禄格」か「陽刃格」です。調候丙火急を要するのに一点もなく、申子辰水局全くする「病」に、戊土「薬」は、やや攻身の恐れなきにしもあらずです。池塘氷結、金寒水冷、用神戊としか取れず、喜神一応木火土、忌神金水とはなるものの、「源濁」とするのは、甲来れば二戊を制して、「薬」の効を減じ、喜が忌となりますし、さらに戊土来れば、塞水・攻身の忌ともなるからです。生家の環境悪くはありませんが、

第一運丁亥、水旺運、亥卯木局半会し、水智・才能発揮するものの、調候がありません。

第二運丙戌、調候丙火が生土し、生気を発するものの喜忌参半の傾向性。

第三運乙酉、金旺生水し、調候なく、金寒水冷、生水の忌の傾向性。

第四運甲申、金旺運、申申子辰水局全以上となり、甲木制戊して、水多木漂、水多土流の大忌ですが、不死。

第五運癸未、未卯木局半会して喜の傾向性となりますが、調候がありません。

第六運壬午、午子冲にて、水局を解く、調候運ですが、「衰神冲旺旺神發」の恐れがあります。

〔605〕

丙　辰　　大運　　乙未
辛　卯　　壬辰　　丙申
甲　申　　癸巳　　丁酉
庚　午　　甲午

甲日卯月木旺に生まれる「建禄格」か「陽刃格」です。丙辛合去、甲庚接近。日干甲は辰にも有気となり、甲申殺印相生ともなって、庚金劈甲引丁、用神は丁の煅庚、喜神火土金、忌神一応水木とする「源清」となります。生家は財あって環境よろしく、

第一運壬辰、壬丙尅にて、丙辛解合し喜の傾向性、環境さらに良化し、水智の才能・能力を発揮します。

第二運癸巳、巳申合去するものの、喜の傾向性。

第三運甲午、火旺運、洩秀の美運。

第五運丙申、第六運丁酉、さらに順風一路。

「流清」にして、社会的地位上昇するものです。「官星有理會」と言われている官星が殺ですので、封建時代であったなら、文武両官に通じるものと言えます。

〔606〕

壬	**申**	**大運**	39才乙卯
辛	**亥**	9才壬子	49才丙辰
丙	**午**	19才癸丑	59才丁巳
庚	**寅**	29才甲寅	

丙日亥月水旺に生まれ、壬透出する「偏官格」です。辛丙合、丙庚尅の情不専、丙火は午寅火局半会する午に坐するもの、年支申、月干辛金は水源となって旺強なる水を強めることになり、命中で財官が強く、死令の丙火日干は弱となります。五行は年支申中の土から、金水木火と流通し、土が断節して、時干庚に終わる。用神は、旺強なる水を火に通関するとともに、日干を扶助する亥中の甲、喜神木火、忌神土金水となる、「源半清」の命となります。

大運を観ますと、

第一運壬子、北方水旺、子申半会、子午冲の情により午寅半会は解けず、水の通関となる木も無力で、忌の旺強の水勢をさらに強める、大忌の傾向性ある運。

第二運癸丑、水旺、土旺運共に官殺強く、火はまた丑土に晦火晦光され、さらに丑の湿土は生金する忌となって、前運に続く忌の傾向性。

第三運甲寅、木旺じ、火源が有力となる化官殺生身の用神運で、大喜の傾向性ある運。

第四運乙卯、卯亥木局半会する純木の木旺運にて、喜の傾向性が続く。

第五運丙辰、木旺運は喜の傾向性あるものの、土旺運では、大運の丙火は年干壬水から制剋され、また辰湿土が納火し、湿土生金する忌の傾向性ある運。

第六運丁巳、寅申巳亥の四生が揃い全支個有の支。財官殺あって、日干を強める火旺の喜運となります。流は忌の北方から、東方南方に巡る「前濁中後清」となって、徐氏補註の通りの、〈兵権を掌握し、威は辺疆を鎮めました。〉となったのです。

〔607〕

	大運	
丁　卯		36才壬寅
丙　午	6才乙巳	46才辛丑
丙　子	16才甲辰	56才庚子
壬　辰	26才癸卯	

丙日午月火旺に生まれる「建禄格」か「陽刃格」です。天干は丙壬の尅、地支は、午子冲、子辰水局半会の情不専にて全支個有の支。旺令の月支午と天干の二丙一丁とが団結して旺強となるのに、年支卯木は火源となって、さらに火勢を強めているのです。徐氏は〈殺刃は戦わず、さらに卯木は殺刃の氣を通じているのです。〉と言っていますが、卯木は午子の尅戦を解くことできず、火源となるのみです。日時干は、輔映湖海と言われる丙壬の関係ではあるものの、子水は午火の逆尅を受け、また辰土から

尅水されて、火の旺強太過を尅制する力不及であることは否めません。また、この壬・子水は、午月火旺の調候であっても、庚辛金の水源一点もなく、調候としても不及であります。用神は壬、喜神土金水、忌神水木となり、「源半清半濁」の命となります。流を観ますと、

第一運乙巳、忌の南方火旺運の、しかも乙木が火源ともなる忌の傾向性ある運。

第二運甲辰、辰の湿土の納火の喜あるものの、天干甲は、化殺生身する火源となって、忌のほうが強く、

第三運癸卯、第四運壬寅、天干に官殺が透っても、東方木旺の火勢を一層強める忌の傾向性ある運。

第五運辛丑、辛金は水源、丑湿土は猛火を晦火晦光し、生金生水する喜の傾向性ある運。

第六運庚子、水旺の子水は時干壬水の根としても有力となる調候・用神運であり、さらに庚金は水源となって、官殺・財の大喜の傾向性ある運となります。

分藩司牧財官和。清純格局神氣多。〔闡微〕

《分藩司牧は財官和やかにして、清純にして格局の神氣多し。》

分藩司牧財官和。清奇純粋局全多。〔輯要〕

分藩司牧財官和。格局清純神氣多。〔徴義・補註〕

原　注

方面の官は、財官を重しとなし、必ず清奇純粋で、格正しく、局全うして、また一段の精神あるものです。

任氏増注

方面の官は州県の官に及ぶものです。財官重しとなすとはいえ、必ず格局清純でなければなりませんし、さらに、日元生旺にして、神貫き、氣足るべきであります。然る後、財官情協し、精、神、氣が足ることとなるのです。また、官旺有印、官衰有財も加えることができ、それらも左右相通じて、上下悖らず、根が年月に通じ、氣が日時に貫く、身殺兩停、殺重逢印、殺軽遇財も皆この類であります。必ず、利民済物の心あるものですがもしそうでなかったなら、宜しくありません。

〔608〕

丁丑	**大運**		
乙巳	辛丑	甲辰	庚子
癸酉	壬寅	癸卯	己亥
壬子			

癸水が巳月に生まれ、火土が旺ずるとはいえ、妙は、支が金局を作るところにあり、財官印の三者は皆生助を得ることとなり、さらに子時の比劫幇身する点、精神旺足すと言えるものです。特に中年運北方に走り、異路出身、仕は郡守に至り、名利兩全、七子を生み皆出仕しました。

〔609〕

丙寅	**大運**		
戊戌	壬寅	己亥	癸卯
丁酉	庚子	甲辰	
乙巳	辛丑		

丁火戌月に生まれ、柱中木火重々とあり、傷官用財にして、格局ももと佳なるものです。部書出身にして、仕は県令に至りましたが、惜しむらくは柱中無水、戌は燥土で、生金晦火不能です。木生火旺、巳酉半会の情なく、妻妾が十人の男の子を生みましたが、皆死亡した

所以です。

〔610〕

丙子	**大運**		
庚寅	辛卯	乙未	
辛巳	壬辰	丙申	
戊子	癸巳		

辛金寅月に生まれ、財旺逢食、官透遇財、また劫印相扶して、中和純粋なるもので、精神共に足る、初めちょっと看ますと、木嫩火虚、印透通根、日元は官を用とするに足ることが分かります。中年の南方火運、異路出身にして、仕は黄堂に至りました。

〔611〕

丁亥	**大運**	壬寅
丙午	乙巳	辛丑
戊寅	甲辰	庚子
甲寅	癸卯	

戊土午月に生まれ、局中偏官が旺じるといえど、印星太重で、木は火勢に従い、火は必ず焚木するものです。一点の亥水は、生木して尅火すること不能です。癸運は尅丁生甲、北籍連登科甲、出宰名区、辛運には丙を合して、仕路順遂、丑運に入ると、尅水告病致仕となりました。

〔339〕

己巳	**大運**	甲子
戊辰	丁卯	癸亥
甲子	丙寅	壬戌
辛未	乙丑	

甲子日元、季春に生まれ、木の余氣あり、坐下印綬、官星清透、かつ、子辰拱印有情。さらに妙なるは、大運が東北水木の地を巡り、功名甲榜、ただ子未破印を嫌い、仕路阻害あるを免れず、老いて教職に就きました。

徐氏補註

「財官和」とは、喜用有情であることです。神とは精神です。氣とは氣勢であります。上は分藩開府より、下は百里の侯に至るまで、皆それぞれ一流の尊と言えるものです。格局清純なるは相当の地位であり、用神が覊合牽絆なく、その用をよく顕わすは、その職権を行使することとなるのです。財生官旺、相沖突しないのは、必ず方面の貴と断ずることができます。分藩となり、司牧となるは、すなわち、その清純さの程度であり、精神の有無であり、氣勢の高下をもって断じるのです。

〔612〕

乙　卯　　大運
庚　辰　　13才戊寅　　43才乙亥
庚　申　　23才丁丑　　53才甲戌
丁　丑　　33才丙子　　63才癸酉

庚申日元にして祿に坐し。三月に生まれ、財星有氣、財旺生官、用をなすもので、時上一位貴格です。寅運には駅馬冲動し、京師に行き、丁運官星用事、捐納入省、丑運出宰名区、丙運要職を歴任して、子運の後、隠居して出仕せず。安富尊栄、癸運に用を損し、死亡しました。寿は六十九才でした。

〔149〕

丁　巳　　大運
乙　巳　　17才癸卯　　47才庚子
癸　丑　　27才壬寅
丙　辰　　37才辛丑

癸水巳月に生まれ、氣勢隔絶し、水源となる庚辛の金を必須とするものです。丑に坐すを喜とするは、金水を蔵し、巳丑会局して日元を生助し、元機となすものです。財旺生官、印を用とします。癸運中に進士、壬運に京職を歴任し、辛丑運、外官に転じ、庚運には北洋を開府しました。

この兩造、財官和なるものですが、精神は不同、氣勢も同じではないので、大小、相違が生ずるは当然のことです。

考玄解註

ここは、台閣より地位的にはやや低いものの、やはり一流人と言える、分藩、分権、藩州県の主、司牧、地方長官、すなわち、方面の官、一方面、地方の長官となるような命を言っているのです。

任氏増注も徐氏補註もほとんど同じようなことを言っていますが、任氏増注中の、〈身殺兩停〉で、〈神貫き、氣足る〉、〈格局清純〉というのは、むしろ前節の「兵權獬豸」に属するとも言えます。台閣と分藩司牧の相違は、

台閣は、天然の清氣。

分藩は、財官和、格局清純、神気多。

と言うように言葉では分けられても、分藩の上が台閣ですから、分藩以上の天然の清気があることになって、実際にはその判断は容易ではありません。

しかしこれらはすべて、中国における封建時代のことで、現代には通用しないことです。官吏を貴とする時代の作ですので、どうしても、そうした点の論に力が入ったのも止むを得ないことです。

〔608〕

丁　丑　　大運
乙　巳　　甲辰　庚子
癸　酉　　癸卯　己亥
壬　子　　壬寅

癸日巳月火旺の「正財格」です。調候とも帮身ともなる壬子が有情な時柱にあり、巳酉丑金局全くして生水。印太過とはいえ、印旺令ではなく死令ですので、印太過の凶命とはなりません。用神やむなく月干の有情なる乙としか取れず、喜神木火土、忌神金水となる「源半清」の命となります。


第一運甲辰、洩秀有力なる喜で、水智も才能も発し、生家の環境一段と良化の傾向性大。

第二運癸卯、卯酉冲にて、金局解け、癸丁剋去するとも、「始終」は喜が強化され、五行流通する喜の傾向性。

第三運壬寅、木旺運、壬丁干合して化木し、丙火の財に通ずる喜の傾向性。

第四運辛丑、干の特性弱いものの、それほど忌とならず。

第五運庚子、庚乙合去し、子丑合で金局を解くも忌の傾向性あり、前運よりの忌が加速されるのを恐れます。

第六運己亥、水旺運、亥子丑北方全くして、金局を解きますが、忌の傾向性ある運となります。

〔609〕

丙　寅　　大運
戊　戌　　2才己亥　32才壬寅
丁　酉　　12才庚子　42才癸卯
乙　巳　　22才辛丑　52才甲辰

金旺生か土旺生かを言っておりません。一六八六年（康熙二十五年）十一月一日巳刻がこの四柱で、これですと土旺にて、立運約2才となります。一七四六年（乾隆十一年）十月十八日巳刻もこの四柱となり、これですと金旺にて立運約6才10ケ月です。これでは正確を期し得られません。

丁日戌月土旺の生まれとしますと「傷官格」です。調候丙寅ありますが、日干に無情なる幇身助身。酉巳金局半会して、燥土戌を湿にする水がありませんので、燥土不能生金、日干弱、用神有情ではあるが無力なる乙、喜神木火、忌神土金、閑神水となります。日干無根で「源濁」の命です。生家環境はよろしく、

第一運己亥、水旺運、忌の月干戊・戌土が閑神の亥中壬水を制し、亥中の甲木助火しますが、湿土生金となって、食傷生財の忌の傾向性。

第二運庚子、水旺運、丙火剋庚し、去とはならないものの庚を制金し、戊戌の忌が子水を制しますが、また湿土生金となって、食傷生財の忌の傾向性。

第三運辛丑、巳酉丑金局全、丙火制金しても、酉巳は遠隔のため制金できず、日干無根で財多の忌の傾向性。

第四運壬寅、戊土制水するも湿土生金ともなり、日干は寅に有気となって、寅中甲生丙、やや喜の傾向性。

第五運癸卯、日干無根、時干乙木は木旺卯木に通根して、癸水生木の印多、喜忌参半の傾向性。

第六運甲辰、甲戊剋去して、年干支丙寅は日干に有情となって、喜の傾向性ある運となり、「流前濁後半清」となります。

〔610〕

		大運	
丙	**子**		甲午
庚	**寅**	辛卯	乙未
辛	**巳**	壬辰	丙申
戊	**子**	癸巳	

辛日寅月木旺に生まれ、丙・戊透出する「正官格」か「印綬格」です。調候となる年干丙は丙庚剋去し、調候と有力・有情なる幇身の庚を失う。しかし、日支巳に調候があり、かつ子と並んでいるので、巳中庚は有力な根、助身の死令の戊土が制子水し、湿土生金。この戊土

は年月のほうへ接近して、戊寅殺印相生すると言っても、日干やや弱となり、用神は巳中の庚、喜神土金、忌神水木、閑神火となる「源半清」の命となります。生家環境悪くはないものの、
第一運辛卯、辛丙合にて丙庚解剋して原局に戻り、木旺の忌の傾向性ある運。

第二運壬辰、辰子子水局半会以上となって透壬するものの、戊土制水するのにやや難。

第三運癸巳、それほど忌とならず、
第四運甲午、火旺運、やや忌の傾向性。

第五運乙未、やや喜の傾向性。

第六運丙申、喜忌参半の傾向性。

「流半濁」となります。

〔611〕

		大運	
丁	亥		壬寅
丙	午	乙巳	辛丑
戊	寅	甲辰	庚子
甲	寅	癸卯	

戊日午月火旺に生まれる「偏印格」か「印綬格」です。調候水源有情なる壬水必要ですが、年支亥水は水涸れ、亥中甲が助火して、月日支は午寅火局半会して透丙し、甲木寅に根あって攻身します。日干無根にして、火の印太過する燥土の日干であって、用神取るものなく、喜神土のみ、他はすべて忌となる「源濁」の夭凶命となるものです。


生家環境悪くはなく、立運不明ですが、戊子・己丑年はよいのですが、３才の庚寅年より、疾病が多発します。

第一運乙巳、巳亥冲去はしても、命は少しも良化はされず、第二運甲辰、「忌神輾轉攻」となっても辰に救わ

れるものの、第三運癸卯、卯亥木局半会、癸水生木の大忌にて、この運中死亡しても不思議ではありません。「流濁」の夭凶命です。「何知其人夭。忌神輾轉攻。」とあるのを忘れてはなりませんし、「天道」「地道」を忘れてはならないのです。

〔339〕

己	**巳**	**大運**
戊	**辰**	丁卯　甲子
甲	**子**	丙寅　癸亥
辛	**未**	乙丑　壬戌

〈季春に生まれ〉とあるのを信用しますと、甲日辰月土旺に生まれる「偏財格」です。辰子水局半会の「病」を旺令の戊土が制して「薬」となり、日干無根、やむなくの用神癸、喜神水木、忌神火土金となる「源濁」の命となります。

第一運丁卯、喜の傾向性となるのは、卯未木局半会するためです。第二運丙寅、喜の傾向性とするのは、丙辛合去し丙火生土せず、木旺の寅根が有力となるからです。しかし、第三運乙丑、それほど喜とならず、第四運甲子、子子辰の水局半会以上、忌のほうが大となる憂いがあるのは、日干無根であるからです。「流半濁」と言うべきです。

〔612〕

乙	**卯**	**大運**
庚	**辰**	3才己卯　33才丙子
庚	**申**	13才戊寅　43才乙亥
丁	**丑**	23才丁丑　53才甲戌

庚日辰月木旺に生まれる「正財格」です。乙庚合去、庚丁移動・接近。辰が湿土生金し、日支申に坐し、時支丑も湿土生金するので、日干強となり、用神甲、あるいは丁と取っても誤りではありませんが、丁火無根ですので、甲木生丁して、

庚金劈甲引丁、丁火煆庚となる甲を用神とすべきです。喜神水木火、忌神土金となる「源清」と言うべき命です。生家有財、環境よろしく、

第一運己卯、己乙尅にて乙庚解合し、喜忌参半の傾向性。

第二運戊寅、寅卯辰東方全くするので、生家の財良化して、環境が向上。

第三運丁丑、丁火煆庚の喜の傾向性。

第四運丙子、食傷旺じて旺木を生じ、さらに、丙火助丁して、地位向上。

第五運乙亥、亥卯木局半会して喜の傾向性。

第六運甲戌、庚金劈甲引丁、丁火煆庚の喜の傾向性。

「流清」です。

〔149〕

		大運	
丁	巳		37才辛丑
乙	巳	7才甲辰	47才庚子
癸	丑	17才癸卯	57才己亥
丙	辰	27才壬寅	67才戊戌

癸日巳月火旺に生まれ、透丁丙する「正財格」となります。調候水源有情なる壬水ですが、無壬。日支丑が月支巳のみは晦火晦光します。壬水は幇身有力なものであるし、調候となるものですが、これがないということを忘れてはなりません。

時干の丙火は月支巳火と無情で、晦火晦光の辰に坐しており、癸丑の癸水はまた月干乙を滋木培木し、乙木は火源となって、年干支、月支を助火します。火太過を制する壬を真神得用としたいのですが、原局にありません。やむなく用神癸と取らざるを得ないことになり、喜神金水

ことになり、喜神金水、忌神木火土となる、日干弱の財多身弱の命で、陰干癸水の特性を考慮しましても「源半濁」となります。生家環境よろしくありません。

第一運甲辰、忌のほうが多く、

第二運癸卯、癸丁尅去して、卯木は火勢を強め、財多身弱、食傷生財する忌の傾向性ある運。

第三運壬寅、壬水制火する幇身の喜あるものの、洩身、生財ともなるやや忌の傾向性。

第四運辛丑、第五運庚子と喜用の運が続き、以降、ほぼ一路順風満帆となるものです。

徐氏の解命は、壬水の重要さを全く忘れております。また、〈丑に坐す〉を〈元機〉とするものではありません。

便是諸司幷首領。也從清濁分形影。〔輯要・闡微・徴義・補註〕

《便《すな》わち、これ諸司幷《なら》びに首領となるも、清濁に從い形影を分かつなり。》

原　注

貴に至るは天の如く、一に清を得るは位は上となるもので、一命の栄、清ならざるものないのです。雑職、佐貳首領等の官も、一段の清氣ない訳ではありません。濁氣自ずから別にしています。しかし、清濁の形影は難解なものです。ただ単に、財官印綬内に清濁あるだけではなく、格局、氣象、用神、合神、日主化氣、従氣、神氣、精氣、どのように収蔵され、どのように発生し、性情の節度、理の源流の勢い、主従の間等々に、清濁あるかなしかなのです。まず皮面からその形影を尋ね、その精髄を尋ねて、大小尊卑を論ずべきなのです。

任氏増注

命は、天地陰陽五行の鐘するところであります。清であるは貴ですし、濁であるのは賤であります。雑職、佐貳等の官職も一身の栄でありまして、格が正にして、局が清で、真神用を得るに非ずといえども、氣象格局の中、冲合理氣の内、必ず一点清氣あるものです。清氣濁氣の形影を弁じ難いとはいえ、すべて、天清地濁の理に外なりません。天干は天を象どり、地支は地を象どり、地支上昇して天干に上るものは、軽清の氣であり、天干下降して地支に下るものは、重濁の氣であります。天干の氣は元來清で、濁を忌としません。地支の氣は元來濁で、必ず清を要するものです。この命理の機微は、通じたり変じたりするのです。天干濁、地支清なるは貴、地支濁、天干清なるは賤であります。地支の氣が上昇するは影であり、天干の氣が下降するは形であります。昇降形影において、冲合制化の中に、その清濁を分かち、その軽重を究め、その尊卑を論ずべきです。

〔613〕

壬　辰	**大運**		
壬　寅	癸卯	丙午	
戊　戌	甲辰	丁未	
丙　辰	乙巳	戊申	

戊土寅月に生まれ、木旺土虚、天干二壬は丙を尅し寅を生ずる。これ天干の氣は濁、財星壊印、ゆえに学問の道に入らない所以です。寅は納水生火を喜び、日主は戌の燥土に坐し、壬水を冲奔せしめず、その清なるところは寅にあります。異路出身にして、丙運、県令となる。

〔614〕

壬午
癸丑
甲寅
丁卯

大運
甲寅　乙卯　丙辰　丁巳　戊午　己未

甲木丑月に生まれ、水土寒凝、本來火が寒に敵するを喜ぶものです。さらに日時寅卯旺じ、丁火吐秀を妙とするもので、その清は火にあります。嫌うところは壬癸透って、必ず丁火は傷を受け、学問の志を遂げ難いのです。しかし地支無水、干は濁といえども、支は午火に従って留清で、異路出身。戊午運に至って、合癸制壬、病あるも薬を得て、知県となりました。

〔615〕

壬辰
乙巳
丙子
己丑

大運
丙午　丁未　戊申　己酉　庚戌　辛亥

丙火巳月に生まれ、天地殺印留清。嫌うところは、丑時合去子水、すなわち、壬水失勢し、化助傷官するところです。日元洩氣し、一点の乙木では疏土不能、異路出身にて、盗を捕らえて功ありましたが、目上の人と意見合わず、ついに上進できませんでした。

〔616〕

乙酉
丙戌
癸酉
丁巳

大運
乙酉　甲申　癸未　壬午　辛巳　庚辰

癸酉日元、戊月生まれ、地支官印相生し、その清たるを知るべきです。嫌うところ、天干丙財得氣し、さらに乙木助火して尅金することです。学問難遂の所以であります。秋金有氣は喜ぶところで、異路出身です。巳運に至り、財壊印し、父母を喪いました。

〔617〕

甲　申　　大運　壬申
戊　辰　　己巳　癸酉
戊　子　　庚午　甲戌
戊　午　　辛未

戊子日元、辰月午時に生まれ、天干三戊、旺や知るべく、甲木退氣臨絶、用とならぬのみならず、反って混となるもので、その精氣は申の地支にあり、その精英を洩らすのです。惜しむらくは、春金旺ぜず、幸い子水が午を冲し、潤土養金、捐納佐貳、仕途順遂であります。

〔618〕

癸　巳　　大運　庚申
甲　子　　癸亥　己未
壬　子　　壬戌　戊午
庚　戌　　辛酉

壬子日元、子月仲冬に生まれ、また天干に庚癸透り、その勢は泛濫。甲木無根、納水できず、巳火は衆水の尅するところであり、また作用に難があります。しばしば、捐納し財を出すも、その見返りないのは、時支戌ありといえども、制水できずして庚金の洩があり、兼ねて中運の辛酉・庚申運、洩土生水、劫刃肆逞、志あれど伸ばし難いものです。

徐氏補註

諸司首領とは各司各科の長のことです。つまり、佐貳雜職の官のことです。形影とは、差等のことです。格局貴賤、すべて清濁に外なりません。貴賤の等級は、清濁中の高低・上下であります。格局清なる者は地位高く、いよいよ清いは、いよいよ高く、影の形に従うが如きもので、別に一類の格局があることではないのです。

考玄解註

諸司首領とは、台閣、兵權獬豸、分藩司牧に当たらぬ、何々の長のことで、下級官吏ではなく、上級官吏です。上級官吏と一言に言いましても、何段階かの等級差があり、その等級も、結局は清濁の有り様如何である、と言っているのです。

任氏増注はここで、清濁と形影を対照密着させせようとして、地支の気上昇するのを「影」、天干の気下降するのを「形」としています。これに反して、徐氏は、影は形に従うもので、原局が形で、実生活の地位は影であるという意に解しておりますし、「差等也」としております。他の人でここのところを詳しく論じた人はおりません。任氏の天干は本来清で、地支は本来濁とする論拠自体、突然ここで言い出しているものです。このこと自体無理ですので、そのようにひねくって解する必要はないどころか、前述の『滴天髄』の「清濁」の真義を全く解していない大謬の註となっているのです。

ではその等差・等級・段階差はどう分別するのか、ということは、既に解註で述べてあるところで、「位相」の高中低であり、忌となる干支の多寡・強弱の度合いにあるのです。

しかし、それも、格局、用喜忌を詳しく選定できてのことで、干の特性、調候、上下・左右、「始終」さえ忘れ、冲尅合局方とその解法さえ解らない命家では、全く「清濁」のセの字さえ理解できないのです。

〔613〕

壬辰	**大運**		
壬寅	癸卯	丙午	
戊戌	甲辰	丁未	
丙辰	乙巳	戊申	

戊日寅月木旺・土死令に生まれ、透丙する「偏印格」です。この丙火は調候とも助身ともなるもので、戊辰冲去し、辰・寅は移動・接近して、年支辰土は日干の根として有情となり、殺印相生でもありますが、月干の壬水を制財しなければなりませんので、用神丙、喜神火土、忌神金水、閑神木とする「源半清」となるものです。忌とする干支の

組み合わせがどのくらいありますか。大忌とする干支は丙火用神が去となる庚申・辛亥、庚子は、子辰水局半会し、丙火去となり、辰戌解冲しても、二壬接近して、水多土流、壬子も壬申も、さらに東方を全くして丙火を去とする辛卯も大忌とさえなるのです。しかし、大忌となる大運干支は巡ってきませんので、「流清」とはなるのです。

〔614〕

壬午	**大運**	
癸丑	甲寅	丁巳
甲寅	乙卯	戊午
丁卯	丙辰	己未

甲日丑月水旺生か土旺生か不明で、四柱を考証しようがありません。一応土旺・木囚令と仮定しますと、甲日丑月土旺生まれの「印綬格」となります。午火と寅中丙で、厳寒の候の調候適切となりますが、囚令の日干は強。用神は寅中生土される戊、喜神火土、忌神水木、閑神金とするものです。水旺生まれの場合、格局、用神、喜忌閑神は変わりませんが、忌の作用は大となり、喜の作用は相対的に小となるものです。

第一運甲寅、寅午火局半会しても大した喜とならず、むしろ忌の傾向性。

第二運乙卯、大忌の傾向性。

第三運丙辰、丙壬尅去し、寅卯辰東方全の大忌の傾向性。比劫争財、財と土の忌象、疾病、さらに、火の疾病も流年により発しもします。

第四運丁巳、火旺運、壬癸の印、制食傷の忌の傾向性。原局水旺であればその忌はさらに大となります。

第五運戊午、午寅火局半会して、多少は生戊された戊土の財制印して喜の傾向性ある運となりますが、三運も続いた忌運の後ですので、急に良化することなどは難しいものです。
第六運己未、大した喜も忌もない傾向性の運。
「流半濁」で大した出世など期し難いものです。

〔615〕

壬　辰	大運	
乙　巳	丙午	己酉
丙　子	丁未	庚戌
己　丑	戊申	辛亥

丙日巳月火旺に生まれる「建禄格」です。調候は、水源有情なる壬水ですが、日支子は丑と合し、天干丙己ゆえ化土し、二戊二己、年支湿土の辰が晦火晦光。壬辰から生木された乙木がよく生火するので、日干は不強不弱のやや強。火土強となって、用神は死令の庚で、喜忌定め難く、「源清」と言うべきです。この子丑合化土を多くの人は見落としがちです。忌となる干支の組み合わせは多くはありません。

つまり、甲乙は己土と合去、剋去、丙丁は壬と剋去、合去、庚辛は五行流通、壬は化殺生身、癸は己と剋去、戊は壬と剋去、己は乙と剋去し、まあ忌となるのは、己土くらいで、寅・卯は生火するものの、それほど忌とならず、辰は子丑合を解いても湿土で忌とならず、丙・巳をよく洩身、未は子丑合を解いても忌とならず、申・酉は五行流通して喜となり、戌は戌辰冲去しても忌とならず、亥は亥子丑の北方全となるが、丙火生己土の燥の傾向ある土が制水と乙とが納水してそれほどの忌とならず、子は化殺生身を化土した土が制水、丑は妬合となって化土を解いても、それほど忌とならないので、やや忌となる干の己土と組み合わせても忌となる支は丑くらいしかないが、それも大した忌とならないのです。

つまり、日干が強となり過ぎて依る辺なくなることも、日干が弱となり過ぎて依る辺なくなる、という干支は一つもないのですから、大運中忌の傾向性となる運はなく、「流清」の上になります、いわゆる、常に救応の神があるので、「位相」は高の部となるものです。子丑合を天干丙火生己土となることを見落として、合去としてしまうのは、合化・合去の理論を知らないことによるものなのです。

任氏の解命を評註することをできるだけ避けてきましたが、この解命についてはどうしても触れざるを得ません。つまり、子丑合を〈嫌うところは、丑時合去子水〉と言って合去させるから、〈壬水失勢〉と言うことになるのです。壬水は湿土辰上の壬水調候であり、さらに生乙木、乙木は日支巳と日干丙火を生火する左右・上下にして、水木火と流通するので、〈失勢〉ではありませんし、〈化助傷官するところです。〉とは、子丑合が傷官である土に化すると言っているのです。一方で〈去〉と言い、一方で〈化〉と言っており、これではいったいどちらなのか分かりません。もっとも〈化助傷官する〉とあることの意が解らず、丙火が時干の傷官を生己土すると解するなら、子丑合去で筋道は一応は通ります。しかし、子丑合は天干旺令の丙火が相令の己土を生土しているのですから、化土の理であって、化土するのは陽土陰土になるので、陽の子の蔵干戊戌、丑の蔵干己己となるのです。ここに「能知衰旺之眞機。」があるのです。

つまり、旺令の火は、辰に有気である乙から生火されて、仮数15くらいで弱とまでならず、丙火の特性、巳火の特性あり、土は相令にて20くらいで、洩身に耐えられるので、土が生ずる金を用神とする、という理になるのです。日干が運歳で強となりましても、洩身の土が有力ですので、日干強旺とはならないのです。これ以上の土は忌とはなりますが、土多とはなりません。このようになりますと、〈盗を捕らえて功ありました〉の大運と流年が何であったか、〈異路出身〉したのはいかなる運歳であり、それまでの諸環境がいかなる喜忌にあったかを全く触れもせず、さらに〈目上の人と意見合わず、ついに上進できませんでした。〉のは、いかなる運歳から始まったのかも言っていないのですから、もっともらしい事象を信じるほうがおかしいことなのです。任氏の虚偽に気が付かず、信ずる人がいるのは困ったことです。

〔616〕

乙　酉
丙　戌
癸　酉
丁　巳

大運

2才乙酉　32才壬午
12才甲申　42才辛巳
22才癸未　52才庚辰

本造も、土旺生か金旺生かが明示されておりません。一七〇五年（康熙四十四年）十月二十九日巳刻がこの四柱で、これですと、土旺にて立運約6才10ケ月、一七六五年（乾隆三十年）十月十四日巳刻もこの四柱となって、これですと金旺にて立運約2才となります。土旺・水死令か、金旺・水相令の生まれか、考証しようがありませんので、金旺生としましょう。癸日戌月金旺生の透丙する「偏財格」となります。調候丙火が月干にあって、死令とはいえ乙木生丙するので調候適切であり、酉巳金局半会して、日干は相令の癸水にて、燥土戌は湿土となって生金するも、年支酉は日干に無情、日時支酉巳金局半会は有情な印ではあるが、亥・子の水の根なく、壬水の幇身もなく、日干弱となります。用神壬と取りたくもなく、用神取るものなし、喜神水のみ、忌神木火土金とする、陰干癸水の特性を含めて、「源半濁」とするものです。

第一運乙酉、酉酉巳金局半会以上となり、印太過の忌の傾向性。

第二運甲申、申酉酉戌西方全以上となり、巳は個有の支、甲木生丙して丙火制金するものの、忌の傾向性。

第三運癸未、未は湿土となって生金して、また忌の傾向性。

第四運壬午、壬水制火するものの、喜忌参半の傾向性。

第五運辛巳、丙火巳に通根して制金するが、日干を強化できず、忌の傾向性。

第六運庚辰、丙火剋庚しても、湿土生金して、さらに印太過の忌の傾向性大となり、疾病免れません。印太過の忌となる干支が多くなり、「流濁」となります。

〔617〕

甲申	**大運**	壬申	〈旺や知るべく〉と言っていることからして、あまり信用できませんが、土旺とします。
戊辰	己巳	癸酉	
戊子	庚午	甲戌	
戊午	辛未		

戊日辰月土旺生の「建禄格」です。甲戌剋去、二戊は移動・接近。疏土の甲木を失い、支は結果として、子午冲にて水局全不成、全支個有の支となり、日干強にして、用神甲を取りたくもなく、壬を用神とし、喜神金水木、忌神火土とする「源半清」の命となります。生家環境よろしくして、立運不明ですが、第一運己巳、火旺運、己甲合にて甲戊解剋し、日干の疏土までは不及ですが、埋金することなく、喜とさえなる傾向性。

第二運庚午、火旺運、甲戌解剋はするものの、疏土の功なく、忌の傾向性。
第三運辛未、やや忌のほうが強くなる傾向性ある運。
第四運壬申、第五運癸酉、喜の傾向性となり、漸次上昇し、
第六運甲戌、甲木疏土して、忌となること少ないものです。
「流前濁後清」となって、中晩年にかけ、中流以上となりはします。

〔618〕

癸	**巳**	**大運**	庚申
甲	**子**	癸亥	己未
壬	**子**	壬戌	戊午
庚	**戌**	辛酉	

壬日子月水旺に生まれ、時支に戊土あるため「従旺格」とならず、時柱庚戌で、天干に戊己の官殺がありませんので、調候丙ある「仮の従旺格」となるものです。卯が来ますと真従となります。用神壬、喜神金水木火、忌神一応は土とはするものの、化殺生身もすれば、甲木より制されもして、土旺運以外は忌となりません。第五運己未は「建禄格」か「陽刃格」となり、喜神木火、忌神金水、閑神土となり、第四運庚申までの累積後遺あって喜も残る、喜忌参半の傾向性となるものです。

この格局は間違いやすいものです。つまり、庚戌の戌が湿土となり、制水より生庚に向かうからでもあり、巳火と無情でもあるからです。また庚金が生水するのみではなく、戌中辛金も生水する点も仮従の条件となるのです。

〈女命論〉

論夫論子要安祥。氣靜平和婦道章。三奇二德虚好語。咸池驛馬半推詳。〔闡微〕

《夫を論じ子を論ずるに安祥なるを要す。氣靜にして平和なれば婦道章らかなり。三奇二德は虚好の語。咸池驛馬半ば推詳すべし。》

女命須要論安詳。氣靜平和婦道彰。二德三奇虚好語。咸池驛馬漫推詳。〔輯要〕

論夫論子要安詳。氣靜平和婦道章。三奇二德虚好語。咸池驛馬半推詳。〔徵義〕

論夫論子要安詳。氣靜平和婦道彰。三奇二德虚好語。咸池驛馬半推詳。〔補註〕

原　注

局中に官星が明順であるなら、夫は貴にして吉であることは自然の理であります。もし、

1. 官星が太旺であるなら、傷官をもって夫とします。
2. 官星が太微であるなら、財をもって夫とします。
3. 比肩旺じて官がないなら、傷官をもって夫とします。
4. 傷官旺じて財官がないなら、印をもって夫とします。
5. 満局官星にして日主を欺く者は、印綬を喜び、夫は尅身しません。
6. 満局印綬にして官星の氣を洩らす者は、財を喜び、身は夫を尅しません。

ということになりますが、大体男命は、子を論ずるのと貴を論ずるの理は相似しております。

7. 局中傷官が清顕しているなら、子は貴にして孝であるものです。
8. もし傷官太旺であるなら、印をもって子とします。
9. 傷官太微なれば、比肩をもって子とします。
10. 印綬旺じて傷官ない者は、財をもって子とします。
11. 財神旺じて食傷を洩らすは、比肩をもって子とします。

ということになり、必ずしも官をもって夫とし、食傷をもって子となすの論に拘泥すべきではないものです。ただ、安祥順静なるを貴とするものでして、二徳三奇は論ずる必要はありません。しかし、どうかすると咸池、駅馬はたまに該当することはあります。

任氏増注

女命は、まず夫星の盛衰を観て、その貴賤を知ることができるものです。次いで、格局の清濁を推察すれば、その賢愚を知ることができます。淫邪嫉妬も、四柱の情を離れず、貞静端荘も、すべて五行の理の中にあるものです。このように、精微に審察するなら、貞婦を淫邪と誤ることもなければ、淫穢なるものを端静貞婦と誤ることはないものです。二徳とか三奇とかは全く物好きな連中の妄造でありますし、咸池、駅馬は後人の謬言であります。翁姑《おうこ》〔しゅうと、しゅうとめ〕に不孝なのは、財軽く劫重であるし、夫を敬わないのは、官弱身強によるものなのです。官星が明顕するは、夫、主共に栄えるもので、氣勢和平であるなら、婦道柔順です。

原則的には夫を官とするものですが、四柱のあり方によって、次のようになるものです。

12. 官星太旺にして、比劫なければ、印をもって夫とします。

13. 比劫があって印綬がない者は、食傷をもって夫とします。

14. 官星太弱で、傷官あるは、財をもって夫とします。

15. 財星なく、比劫旺ずるは、食傷をもって夫とします。

16. 満盤比劫にして、無印無官もまた、食傷をもって夫とします。

17. 満局印綬にして、無官無傷は、財をもって夫とします。

18. 傷官旺じて、日主衰えるは、印をもって夫とします。

19. 日主旺じ、食傷多きは、財をもって夫とします。

20. 官星軽く、印綬重いものはまた、財をもって夫とします。

21. 財は、夫である官星の恩星ですから、女命の身旺無官、財星が得令得局するは、上格であります。刑傷を論ずるなら、これも生尅の理以外にないものです。

22. 官星微かで財星がなく、日主強で、傷官重いは、必ず尅夫。

23. 官星微かで財星がなく、比劫旺ずるは、必ず夫を欺く。

24. 官星微かで財星がなく、日主旺じ、印綬重いは、必ず欺夫尅夫。

25. 官星弱く、印綬多く、財星なきは、必ず尅夫。

26. 比劫旺じ、官がなく、印旺じ、財なきは、必ず尅夫。

27. 官星旺じ、印綬軽いは、必ず尅夫。
28. 比劫旺じ、官星なく、傷官あって、印綬重いは、必ず尅夫。
29. 食神多く、官星微かで、印綬あって財星に遇うは、必ず尅夫。
このように女命の夫星は用神であり、女命の子星は喜神であり、官星を夫とし、食傷を子としてのみ論ずべきではないのです。
30. 日主旺じ、傷官旺じ、印綬なく、財星あるは、子多くして貴。
31. 日主旺じ、傷官旺じ、財印なきは、子多くして強。
32. 日主旺じ、傷官軽く、印綬あって、財が局を得るは、子多くして富む。
33. 日主旺じ、食傷なく、官が局を得るは、子多くして賢。
34. 日主旺じ、食傷なく、財星あって、官殺なきは、子多くして能。
35. 日主旺じ、印綬あり、財星なきは、必ず子少なし。
36. 日主旺じ、比肩多く、官星なく、印綬あるは、子必ず少なし。
37. 日主旺じ、印綬重く、財星なきは、必ず子なし。
38. 日主弱く、食傷重く、印綬あって、財星なきは、必ず子あり。
39. 日主弱く、食傷軽く、財星なきは、必ず子あり。
40. 日主弱く、財星軽く、官印旺ずるは、必ず子あり。
41. 日主弱く、官星旺じ、財星なく、印綬あるは、必ず子あり。

42. 日主弱く、官星なく、傷劫あれば、必ず子あり。
43. 日主弱く、傷官重く、印綬軽いは、必ず子なし。
44. 日主弱く、財星重く、印綬に逢うは、必ず子なし。
45. 日主弱く、官殺旺ずるは、必ず子なし。
46. 日主弱く、食傷旺じ、印綬なきは、必ず子なし。
47. 火災土燥、無子。
48. 土金溼滞、無子。
49. 水泛木浮、無子。
50. 金寒水冷、無子。
51. 重疊印綬、無子。
52. 財官太旺、無子。
53. 満局食傷、無子。

以上、無子者の造ですが、もし子がありますと、尅夫するか、尅夫しなければその子は夭死するものです。

また、淫邪の説は、四柱の神を究めねばなりません。つまり、

54. 日主旺じ、官星微で、財星なく、日主が官に敵するに足る者。
55. 日主旺じ、官星微で、食傷重く、財星なく、日主が官を欺く者。
56. 日主旺じ、官星弱く、日主の氣が他神を生助して、官を去らしめる者。

57. 日主旺じ、官星弱く、官星の氣が日主に合して化する者。
58. 日主旺じ、官星弱く、官星の氣が、日主の勢いに依る者。
59. 日主旺じ、財星なく、官星軽く、食傷重く、官星依倚《いい》するものなき者。
60. 日主旺じ、官が無根で、日主が官星を顧みず、財星と合して去る者。
61. 日主弱く、財星なく、食傷あって、印綬に逢い、日主が自らその主を専らにする者。
62. 日主弱く、食傷重く、印綬軽き者。
63. 日主弱く、食傷重く、印綬なく、財星ある者。
64. 食傷当令し、財官が失勢する者。
65. 官が財星の滋助なく、比劫が食傷を生ずる者。
66. 満局傷官にして、財なき者。
67. 満局官星にして、無印の者。
68. 満局比劫にして、食傷なき者。
69. 満局印綬にして、無財なる者。

等々は皆淫賎の命であります。

大体において、傷官が重いのは宜しくなく、重ければ必ず軽佻で美貌、そして多淫であります。

70. 傷官身弱有印
71. 身旺有財

（70・71）は必ず、聡明で美貌かつ貞潔であります。

およそ、女命を観るに、関係するところ少なくありませんので、軽々しく淫邪などと断じて神怒をかうようなことをしてはならないものです。そして、一例で命を云々すべきではありません。あるいは、祖宗の悪業の報いとか、あるいは家門の氣数に由るとか、あるいは夫が不肖であるとか、あるいは母や姑がよろしからずとか、幼時男女の間の躾《しつけ》がなっていなかったとか、あるいは氣性・習性善ろしからず、貞操観念なく、自由奔放、遊び呆け、男女の交際にけじめがないとか、軽々しく言うべきではありません。

〔619〕

戊申	**大運**	庚戌
甲寅	癸丑	己酉
壬寅	壬子	戊申
丁未	辛亥	丁未

壬水孟春に生まれ、土虚にして木盛んで、制殺太過して、また、寅申冲に逢う。本来これは尅木ですが、木旺金欠なること知らなくてはなりません。つまり、金は反って被傷、戊土依托する根なく、日主の壬水、性情のままに巡って、財星有勢なるを見、自然、従財して去るもので、傷夫敗業、子を棄てて他の男と駆け落ちしました。

〔620〕

丁未	**大運**	己酉
乙巳	丙午	庚戌
甲午	丁未	辛亥
丁卯	戊申	壬子

甲午日元で巳月に生まれ、支は南方全くし、天干に二丁透り、火勢猛烈、洩氣太過し、局中無水ですので、ただ用劫とすべきです。初運また火地を走り、これ早くして夫を刑する所以です。この人は極めて聡明で、かつ美貌、しかし軽佻なること異常で、節を守ることできず、戊申運に至って、木火と争戦し、言うに堪えない日々であります。

〔621〕

戊戌	大運		
己未	戊午	乙卯	
丙辰	丁巳	甲寅	
戊戌	丙辰	癸丑	
		壬子	

満局傷官で、五行無木、印星現れず、格は順局を成します。ゆえに、聡明美貌、また四柱無金で、土は燥厚に過ぎ、辛金の夫星は戊に投墓となり、かくて淫乱堪えず、夫は凶死に遭い、また男と共に他郷に行きましたが、二、三年を出でずしてまたその男を尅し、乙卯運に至って、土の旺を犯し、首を縊って死にました。

〔622〕

戊午	大運	
乙丑	甲子	辛酉
戊戌	癸亥	庚申
丙辰	壬戌	己未
		戊午

戊土丑月に生まれ、土旺用事、木はまさに凋枯《ちょうこ》して、かつ丑は金庫、辛金伏蔵、託根することできず、さらに、辰戌蔵官を沖去し、また印綬生身に逢い、日主は官を欺くに足るものです。夫を放ったらかしにして外を遊び歩き、中運の西方金地、淫賤堪えられません。

〔623〕

己亥	大運	庚午
丙寅	丁卯	辛未
丁亥	戊辰	壬申
庚戌	己巳	癸酉

丁火寅月に生まれ、木はまさに当権し、火は相旺に逢うこととなります。必ず亥水の官星をもって用とすべく、夫、明となすものです。年支亥水は寅に合して化木し、日支亥水、生扶必要ですが、時干の庚金隔絶して生扶の意なく、また戊土あって緊尅、日主の情は、必ず庚金に向かい、淫賤の極みとなる所以であります。

〔624〕

丁未　大運　丁巳
癸丑　甲寅　戊午
庚子　乙卯　己未
丁亥　丙辰　庚申

寒金は火を喜びますが、亥子丑の北方全くし、水旺、また月干癸水尅丁、未丑沖去して丁火の余氣を去らしめ、五行無木、生化の情が得られません。時干の丁火は、虚脱無根、庚金を管伏せしめることできず、日主の情、丁火を顧みず、水性楊花《ようか》たる所以です〔楊花とは、柳の花、転じて芸妓のことです〕。

〔625〕

丁丑　大運　丁巳
癸丑　甲寅　戊午
庚子　乙卯　己未
乙酉　丙辰　庚申

庚金季冬に生まれ、寒金は火を喜ぶのみならず、かつ時は陽刃に逢い、印綬当権、火を用として寒に敵するのですが、月干癸水、通根祿支、丁火を尅絶するので、官を欺くことの意となるのです。時干乙木、合を喜び、その情は財に向かって、官に向かわず、夫に背いて家を出、淫穢《いんわい》堪えられません。

〔626〕

丁丑　大運　丙辰
壬子　癸丑　丁巳
辛巳　甲寅　戊午
丙申　乙卯　己未

壬水は丁火の殺を合去し、丙火官星は日支巳に得祿、佳美に似るもので、旧家に生まれたる所以です。美貌にして、媚、賽楊妃とさえ称せられました。四、五才時、眉目秀麗、十三、四才になるに及んでますます嬌冶《きょうや》、一幅の画の中の美人の如く、十八才で士人の妻になりました。夫は醇謹《じゅんきん》で学を好みましたが、妻を溺愛するの余り、翌年学をやめ、ついに疲労し癆瘵《ろうさい》〔肺病〕にて死亡しました。これより淫穢堪えられず、後、身は敗れ、名はすたれ、依る辺なくして、自縊して死亡しました。これは合が多いゆえです。十干の合は、丙辛の合、官をもって傷官に化し、所謂、貪合忘官です。かつ、申巳の合も傷官に化し、丁壬の合は暗に財星に化し、まさに丙火は全く度外の明でしかなく、いわんや干支は皆合、往くところなく、意中の人これならざるものです。

〔627〕

戊子	**大運**		甲寅
戊午		丁巳	癸丑
癸酉		丙辰	壬子
戊午		乙卯	辛亥

癸水午月に生まれ、財官並旺し、坐下印綬、年支は祿に坐し、中和せざるはなきものですが、天干に三戊が透り、癸水と争合、日主の情は定見なく、地支両午は酉を壊金し、財官の勢、強弱分けられません。日主の情は財勢に依って行くものです。ただ、年干に正夫あっても、財の勢いがなく、その力量は月時両干の官に敵すべくもなく、かくて、正夫を置いて顧みません。乙卯運に至って、木生火旺、月時両土、生扶を得て、年干の土は化さずして受尅、夫が病を得て死亡した所以です。後、淫穢異常、美婦人は人に禍《わざわい》をもたらすとは信じるに足るものです。

〔628〕

乙未	**大運**		乙酉
辛巳		壬午	丙戌
乙亥		癸未	丁亥
丙戌		甲申	戊子

年月日の六字を観るに、乙木巳月生まれ、傷官当令、最も坐下亥印を喜び、巳を冲し、制傷、日主の滋扶を喜ぶのみならず、かつ辛金を抑えて、その養を衛ることとなって、まさに謂うところの、傷官用印に当たります。また独殺留清でもあり、美貌なるのみならず、才高く、

書画皆巧。嫌うところは戊時で、亥水を緊剋し、また、暴陽丙火一透し、辛金受傷し、夫子の宮を利せず、生平の性をも損壊せしめるものです。

〔629〕

丁　巳　　**大運**　　己酉　　庚戌　　辛亥
戊　申　　　　　　　壬子　　癸丑　　甲寅　　乙卯
癸　丑
乙　卯

この造は、官星も食神も坐祿し、印綬当令して、生に逢い、財生官旺、印綬を傷付けません。印綬当令は扶身に十分で、食神得地、一氣相生し、五行均停して、安祥純粋。夫は栄え、子は貴にして、二代にわたって一品の封を受けました。

〔630〕

己　亥　　**大運**　　甲戌　　乙亥　　丙子
癸　酉　　　　　　　丁丑　　戊寅　　己卯　　庚辰
甲　辰
丙　寅

財星が官旺令を助生する甲木酉月の寅時に生まれ、年時兩支長生と建祿、火水干透するも、相尅の勢いなく、生化の情があります。財星は得地して、四柱通根、五行悖らず、氣静和平、純粋にして生化有情、夫栄子貴、一品の封を受けました。

〔631〕

辛　酉　　**大運**　　癸巳　　甲午　　乙未
壬　辰　　　　　　　丙申　　丁酉　　戊戌　　己亥
丁　巳
甲　辰

傷官旺じるとはいえ、辰酉合して化金し、官星の元神いよいよ厚くなります。巳火拱金して、辰土へ引くこととなり、財の元神さらに固くなります。時干に印綬の甲木透り、日主の光輝を助け、辰土傷官を制し、所謂、木は枯れず、火烈しからず、水は枯れず、土燥ならず、金脆からず、氣静和平の象で、夫栄子貴、一品の封を受けました。

〔632〕

己巳
癸酉
壬辰
甲辰

大運
甲戌　乙亥　丙子　丁丑　戊寅　己卯　庚辰

秋水通源し、印星乗令して、官殺旺ずといえども、制化合宜しく、さらに妙なるは時干に甲木が透って、制殺するとともに吐秀することです。純粋の氣ありますので、人品端荘で、詩書に精通し、運途無火なるを喜ぶ。官助けず、印は傷付かず、夫星貴顕、子嗣秀美、二品の栄を受けたのです。

〔633〕

庚辰
壬午
乙亥
癸未

大運
辛巳　庚辰　己卯　戊寅　丁丑　丙子　乙亥

乙木午月に生まれ、火勢猛烈で、金は柔脆の時、壬癸が通根して制火を喜び、辰土は洩火生金し、火土燥烈ならず、水木枯涸《ここ》せず、接続して相生、清にして純粋。多くの女性の中で才子にして、三子を生み、夫は京官に任じ、家道清寒。家にあっては、子に読書を教え、二子登科、一子発甲、夫は郎中、子は御史となり、二代の封を受けました。

〔634〕

庚辰
戊寅
乙酉
壬午

大運
丁丑　丙子　乙亥　甲戌　癸酉　壬申　辛未

乙木春初寅月に生まれ、木嫩金堅、最も午時が制殺し衛身するを喜び、寒木向陽、官印双清、財生官、印綬壊れず、純粋にして安和。夫は官二品、五子二十三孫、一生無疾にして、夫婦共に偕老同穴。寿八旬を出て、無病にして終わる。後裔《こうえい》も皆顕貴。

以上の命は、皆官星を夫となすものです。

〔635〕

丙辰　大運　己丑
癸巳　壬辰　戊子
丁丑　辛卯　丁亥
甲辰　庚寅　丙戌

丁火巳月に生まれ、癸水の夫星が清透し、時干甲木、印綬独清、かくて品格端荘で、身を持すに貞潔。惜しむらくは、丙火太旺にして、傷官を生助、ゆえに夫婦離別。しかし巳丑拱金、財星が用を得、身旺は財をもって子となす。子を教えて成名、二子皆貴にして、三品の封を受けました。

〔636〕

丙寅　大運　丁亥
辛卯　庚寅　丙戌
癸酉　己丑　乙酉
戊午　戊子　甲申

癸水仲春卯月に生まれ、洩氣の地にあり、加うるに、財官並旺して、日元は柔弱、印をもって夫となすものです。清にして用を得ており、性端荘にして、紡織に勤みて、倹約。丑運に至って、洩火拱金、二子続けて生み、戊子運には、午火を冲去し、酉金不傷、夫は登科発甲。一交丁亥運、酉帰。この造の病は、財旺にあるのみです。天干辛、丙火これに合し、地支の酉、午火が破り、さらに兼ねて、寅卯が当権にして生火するのです。丁亥運、寅に合して化木、旺神を助起し、また、丁火が辛金を緊剋して、死亡したのです。

〔637〕

辛丑　大運　乙未
辛卯　壬辰　丙申
丙子　癸巳　丁酉
癸巳　甲午　戊戌

丙火仲春に生まれ、火相・木旺の時、まさに中和の象を得、年月財二辛が透出し、地支は巳丑拱金、財旺生官、官星は祿を得る。印をもって夫となすもので、謂うところの真神用を得るものです。性は勤倹、紡績を続けて佐《たす》ける、舅姑によく仕えて歓ばれました。甲午運、幇身衛印、夫は連登甲榜。酉運会金して卯を冲し、死亡す。

〔638〕

丁　酉　　大運
癸　卯　　甲辰　　戊申
丙　辰　　乙巳　　己酉
丙　申　　丙午　　庚戌　　丁未

丙火仲春に生まれ、官透財蔵、印星が乗令し、比劫幇身、旺相に似ていますが、卯酉逢冲、癸丁相尅、木火損じ、金水存、時干の丙火の助を頼みとします。その丙も申位に臨み、日元を顧みるに暇あらず、幸い辰中木の余氣蔵、一点の微苗ではありますが、春令ですので、用とはできるものです。本造を前造と較べますと、本造のほうが弱く、また印を夫となすには変わりがありません。人となり端荘優雅、書を知り、理に達し、丙午運、酉金を破し、夫は登科し、二子を生み、四品の封を受け、戊申運に至って、洩火生金し、死亡しました。

〔639〕

癸　丑　　大運
庚　申　　辛酉　　乙丑
戊　午　　壬戌　　丙寅
己　未　　癸亥　　丁卯　　甲子

戊土孟秋申月に生まれ、柱中刦印重々とあって、食神乗令し、夫となし、その菁英を洩らし、さらに癸水潤土養金して、秀氣流行するを喜ぶものです。人品端荘、大義を知って、農家に生まれはしたものの、貧に安んじて、紡績して夫を佐け、舅姑に孝養を尽くす。癸亥運に至って、夫は郷で名を挙げ、甲榜に旋登して、仕は黄堂に至りました。夫は貴とはなっても、妻は家にあって布衣を作り、四子を生み、子はみな美秀。丙運、奪食し、死亡したのです。

〔640〕

癸　未　　大運　　甲子
庚　申　　辛酉　　乙丑
戊　戌　　壬戌　　丙寅
己　未　　癸亥　　丁卯

この造と前造とは、ただ未・戌二支が換わっただけで、他は皆同じです。未丑は皆土、午と戌と換っても、用金去火を宜となすものです。大勢これを観るに、前造のほうが勝っています。

本造の前造に及ばない点は何かと言いますと、丑は北方の湿土です。よく生金晦火、また蓄水しておりますが、未土は南方の燥土で、反って、脆金助火、また水ないのです。午は火とはいえ、丑土に遇って貪生、戌は土とはいえ、蔵火にしていよいよ燥です。

幸いにも、秋金用事で貴となる所以です。出身貧寒ではありましたが、人品端謹、家を守って勤倹し、夫は中郷榜、県令となり、二子を生みました。

〔641〕

己　酉　　大運　　乙亥
辛　未　　壬申　　丙子
戊　辰　　癸酉　　丁丑
壬　戌　　甲戌　　戊寅

土栄夏令、金に逢って吐秀、さらに無木を喜び、富貴の造です。宦家に生まれたる所以です。詩書に通じ、礼教に達し、酉運に至って夫星祿旺、一子を生み、夫登科。甲戌運、刑冲丁火を出し、閨中雪舞、家道日増しに落ち、離婚し、子を教え、一人身を通し、子運に至って、子は登科、郡守に至り、柴誥の封を受ける。寅運、金絶地に亡くなりました。

〔642〕

丁	**亥**
壬	**子**
癸	**丑**
甲	**寅**

大運 癸丑 甲寅 乙卯 丙辰 丁巳 戊午 己未

癸水仲冬子月に生まれ、地支は亥子丑北方一氣、その勢い泛濫、一点丁火無根、最も寅時を喜び、納水し、その菁華を洩らす。甲木の夫星は祿に座す、ゆえに人となり聡明にして、容姿美形、端荘幽閒。さらによいことには、運走東南木火の地にて、夫栄子秀、福沢有余たるものです。

〔643〕

乙	**卯**
丙	**戌**
乙	**卯**
丁	**亥**

大運 丁亥 戊子 己丑 庚寅 辛卯 壬辰 癸巳

乙木季秋に生まれ、柱中兩坐祿旺、亥卯木局して、四柱無金、日元旺です。丙丁の並透を喜び、洩木生土、財星を夫となすものです。人となり、端荘和順、夫は中郷に榜し、琴堂に出仕しました。三子を生み、寿は壬運に至る。

〔644〕

戊	**寅**
甲	**寅**
丁	**未**
辛	**丑**

大運 癸丑 壬子 辛亥 庚戌 己酉 戊申 丁未

丁火春令に生まれ、印綬太重、最も丑時を喜び、坐下財庫、未中の比印を冲去し、財星を生起するを喜ぶ。必ず辛金を夫とし、丑土を子となす。初運北方水地、洩金生木、出身寒微。庚戌運に至って、また続く己酉・戊申運と、三十年土金の地、夫は発財し、三子を生んで皆貴。所謂、棄印就財、かつ夫は子の助けを得、後嗣栄発するものです。

〔645〕

壬辰　**大運**　乙巳
己酉　戊申　甲辰
辛丑　丁未　癸卯
癸巳　丙午　壬寅

辛金仲秋酉月に生まれ、支は金局を全くし、五行無木、巳火は化金しまして、用官の理ありません。壬癸並透するを喜ぶもので、その菁英を洩らします。人となり聡明端謹、詩礼をよく知る。惜しむらくは、十九才、運走丁未運、南方火旺、生土逼水。流年庚戌、支すべて尅水、無子にして、夭折しました。

〔646〕

甲午　**大運**　壬戌
丙寅　乙丑　辛酉
乙卯　甲子　庚申
己卯　癸亥　己未

旺木逢火、通明の象にして、妙は金水全無にあるものです。純清にして不雑、人となり端荘。丙火を夫とするものです。惜しむらくは北方水地の運を行くので、寿も長くありません。三子を生み一子のみ残り、壬運、丙火を尅し、死亡しました。前の兩造を順行たらしめるなら、ただ寿が長いのみならず、男命なれば名利兩全となり、女命なれば、夫栄子貴となるものであります。

〔647〕

丁未　**大運**　丙午
壬寅　癸卯　丁未
乙卯　甲辰　戊申
己卯　乙巳　己酉

春木森森たるもので、旺の極であり、時干の己土無根、丁火をもって夫となすものです。丁壬の合は去水して反って妙、化木は宜しからず。ゆえに出身寒微、運走南方火地を喜ぶものです。ただ、夫を幇けて家を興こすのみならず、子息もまた多く、寿は申運に至る。壬水逢生、死亡しました。これと前造と比較しますと、前造に及びませんが、本造は行運背かざるゆえに勝るのです。ですから、「命好不如運好」で男女皆然りです。

徐氏補註

女命も男命も、命としては一であり、取用看法、一にして同じであるのに、どうして特別に女命の一章を設ける必要がありましょう。「論夫論子」という如く、要は社会上女子に対する観念が同じではない時代のことであることを知らねばなりません。命理そのものは特殊な別のものはないのです。つまり、男尊女卑の時代のものと言えるのです。現在は、男女平等、機会均等の時代です。女子も夫を頼むことできず、子また恃むに足らずして、自分でその生計を立てる人もあるものです。男子とて内事を分担することもあります。女命すべて夫と子のみをもって佳命という訳にはいかない時代です。社会的経済的に成功して、たとえ名声昂ったとしても、また衆目非常の女性と目するとしても、裕福の人とは見なさないものですが、これは、社会の女性に対する観念が分かれているためです。命を論ずる者は、社会の習慣に従って、安富尊栄を専択すべきであります。「享用現成一類」であります。男命が所謂、少年公子、老対君、上々の格と称せられるのは、日主旺ずるは宜しからず、とする所以は、旺ずるは、自ら権勢を掌らんとするので、福ではないからです。その弱を嫌わないのは、弱なれば人に因《よ》って事をなすので宜しいとしているのです。つまり、過旺は宜しからず、また過弱も宜しからず、ということで、和、平を貴とするものです。干支戦尅は、風波起伏あるものですから、女命には特に宜しくないのです。そういうことから、氣静を尚ぶとは言えるのです。

用神は、利害関係の最も密切なるもので、これを我が依託する人と見ることができるのです。女命が密切に依託する者は、夫に非ざれば子ということになりますので、用神、喜神は、夫子二星です。昔は、官殺を夫となし、食神を子としていたものです。しかし『窮通寶鑑』は、用神をもって子となし、用神を生ずる者を夫としております。その説は旧説に較べてより実際的で、神にして明であります。それにしましても、それを活用するのは、その人にあるものでして、各家命書、婦女命のみを専ら論じたものはなく、片詞隻語、その全貌を知ることはできないものばかりです。陳素庵老人は、その著『命理輯要』に、各家論命の精華を載せていますが、その中に、『陰命賦』の一篇があり、これは何という人の手になるものかは分かりません。『三命通会』にも『星平會海』にも載ってはおりません。女命の看法、大体具備しておりますので、特に原文を掲げ、註を加えて参考に供します。

『陰命賦』

「凡観陰命。先観夫子興衰。欲究榮枯。次辨日時輕重。」

〔註〕　年月は祖基となし、日時は本身となすもので、喜用が年月に在るは、早年に旺じ、必ず母家在るものです。喜用が日時に在れば、中晩年に興隆し、旺じては夫家在るものです。女命は夫子が重きをなし、喜用が日時にあるのは、親にして切なるものです。

「官爲夫。財旺夫榮。食爲子。印盛子衰。」

〔註〕　官星は財が生ずるのを最も宜しとするもので、官旺の地に行くよりも有情となすものです。かつ、財旺生官格は女命身弱を嫌わず、かえって最も宜しとするものです。食神生旺を見るに、財あってこれを化するなら、官星を害することなく、最も、夫子は共に美となすものです。官印を用となす如きは、印太盛は宜しくありません。盛んなれば奪食となって、子星に害を及ぼすからです。

「日主旺相奪夫権。月令休囚安本份。」

〔註〕　日主旺相であるは、多くは女命自らが事業を始め、祖蔭の財を頼りとしないので、女命夫権を奪い掌握すと謂われるものです。旧社会にありましても、妻が夫の上位に立つは、多くは福にあらずとなすもので、尅夫と定まったことではありません。

禄刃に臨み財星を用とするは、必ず尅夫するものです。月令休囚し、身弱で人に従って進退するは、本分を安守するものです。女命身強を忌とするものではなく、奪権するを忌とするのです。身弱を美とするものではなく、本分に安ずるを美とするものです。

「有官不可見煞。有煞不可見官。」

〔註〕　官を夫とするならば、夫星は一あるが可で、二あるは不可であり、官殺混雑するのを忌とするのみならず、重官、重殺皆忌とするものです。

〔648〕

甲　寅
戊　辰
戊　辰
甲　寅

上造は、張宗昌の妾の命です。兩神成象で身強殺旺、男命であるなら必ず事を成して名を挙げるものです。女命ですので、名声高いとはいえ、客席にはべって媚を売ることとなり、宜しくはありません。所謂、舞裙歌扇の命がこれです。

「官星無尅。值二德可兩國之封。七煞有制。遇三奇爲一品之貴。」

〔註〕　二徳とは、天徳貴人、月徳貴人のことであり、三奇とは、甲戊庚、あるいは乙丙丁が天干にあることです。二徳三奇は、貴氣をこじつけるに過ぎず、虚好話でしかありません。要は、無尅有制の四字に帰するものです。財旺生官格、傷尅を見ないのは必ず貴造ですし、食神制殺格、日主太弱は不可にして、日主通根して、食神制殺するは、また必ず貴造であります。

「喜食神而制煞生才。悪傷官而尅夫盜氣。」

〔註〕　食神は制殺しますし、傷官もまた制殺できるものです。傷官は尅夫盜氣しますし、食神もまた尅夫盜氣するものです。そして、制殺と生財を並用できないものです。このことをよく分別して考える必要があります。官星を用とするなら、食傷を見るは宜しくありません。もし食傷を見るなら、財をもって化す必要があります。すなわち、食傷生財して、転じて財生官するからです。七殺あって食傷が制するを喜ぶなら、財を見る

はいけません。なぜなら、食傷は財に遇いて化し、反って助殺するからです。日主は須らく通根することが必要でして、そうでないと官殺は尅身し、食傷は日干の氣を盗洩せしめ、尅洩交集となって、尅夫に非ざれば、寿は夭となるものです。

「貪財壊印。豈是良人。用煞逢官。非爲節婦。」

〔註〕 身弱にして用神印、あるいは、官殺太旺して用神印とするに、決して財があってはならないものです。しかし、財がありましても、貪財壊印となるのは、たとえ身弱であるとしても、本分の人ではないのです。日主休囚するのは不可であり、ある命では五行循環して良くなるということがあります。ここではそういう意の、良人なのです。用殺逢官は、「有官不可見煞。有煞不可見官。」の節と同じです。

「身居旺地。雖富足。夫子刑傷。日値衰郷。縦貧寒。夫子完聚。」

〔註〕 この兩句は、日主弱は宜しく、強は宜しからず、の意を述べているところです。女命は夫子二星を重く見るためです。ですから、身旺地にいるのは宜しくなく、衰郷を福となすのです。八字の中、日主乗令し、喜用が通根する、あるいは喜用が乗令して日主通根するは、皆福となすものです。女命は専ら喜用乗令一途を取るものです。書に、「陽刃主掌重權。建祿難招祖業。」と言われてもいますし、また、「建祿生提月。財官喜通天。不宜身再旺。唯喜茂財源。」とも言われております。財官を喜とするとはいえ、我が用財用官に赴くので、祖蔭を恃むことはできないで、自ら事をなし、業を興して行くことになるのです。男命は、陽刃重々は、必ず

剋妻、女命は必ず剋夫子です。建祿また然りです。富足るとか、貧寒であるとかは、これはまた別の問題なのです。身旺だからとて、必ずしも富むものではありません。左の命造の如く、

〔649〕

甲寅　小姑あって夫なきが如くです。
丁卯
乙巳
庚辰

〔650〕

辛卯　陽刃倒戈で、必ず剋夫。
乙未
丙午
丁酉

富み足ると言いましても、何ら取るところ、良いところはなく、むしろ貧寒であっても、夫や子と長く和氣あいあいと生活できることのほうが、はるかに良いと言えるのではないでしょうか。

「日旺、而巧於婦業。日衰、而拙於女工。」

〔註〕　前述の衰は宜しく、旺じるは宜しくない意味から、日主旺なれば、精明能幹であり、日主衰なるは、懦弱愚拙となるものです。しかしながら旺も過ぎ、過旺となるのは、夫子を刑傷する患あり、また宜しくないのです。これは、日主中和するが宜しいの真意です。

「貴神一位。不富卽榮。合神數重。非尼卽妓。」

〔註〕　貴神とは、官星のことでありまして、一位貴格、富貴の徴です。官星は合を忌み、所謂、合官忘貴です。日主の合は害とはなりません。しかし、数官が日主と争合するのは、また忌となすものです。およそ用神は清透するが宜しく、閑神と相合するのは宜しくありません。合去しなくても、絆合牽制されれば、その用が顕れないのです。女命官をもって夫となすに、これが合去するは無夫、争合するは多夫、ゆえに、尼に非ざれば妓と言われているのです。

「貴人乘驛馬。決主威風。官星帶桃花。定爲貴重。」

〔註〕　貴人とは官星のことであり、駅馬とは財地であります。寅午戌火の人、申宮庚金をもって財地となすものですし、申子辰水の人、寅宮の丙火をもって財地とし、巳酉丑金の人、亥宮甲木をもって財地とし、亥卯未木の人、巳宮戊土をもって財地とするのです。官が財地に臨むは、自ずから威厳あるものです。桃花とは咸池であり、印地です。すなわち、寅午戌火の人、卯をもって印地とし、亥卯未木の人、子をもって印地とし、申子辰水の人、酉をもって印地、巳酉丑金の人、午宮己土をもって印地とするものです。官が印地に臨むは、その人は貴重いものです。また、桃花殺を考えるに、寅午戌火年生の人、干支納音が火に属し、卯を真桃花年、また卯年生まれの人、寅午戌を見るを倒挿桃花とするものです。他はこれより類推してください。

「食神獨者。安和而有子有壽。合神重者。嬌媚而多賤多情。」

〔註〕　食神傷官は、本身の精氣の流露であるゆえに、食傷により子を看、また食神は寿星ともいわれ、古く

は、食神に損なければ寿は長い、とするのです。用神は皆損ずべからず、さらに、独透して、清なるが宜しく、羈合《きごう》を忌とするものです。食神独透して用神となすものは、必ず子あって、寿は長いものです。「合神重」は、前節の「合神數重」の意より解されたい。

「四仲全、乃酒色荒淫之女。四孟備、乃聰明生發之人。未丑刑不忌。辰戌冲而非良。」

〔註〕　四仲とは、子午卯酉のことです。四孟とは、寅申巳亥のことです。女命は安静が宜しいもので、剋戦の局は、風波起伏多いもので、総じて吉とは言えません。子午卯酉は沐浴・咸池の郷で、氣勢は専一、四仲すべて備わるは、男女共に酒色荒淫であること同じであります。四孟は長生・祿旺の地であり、支中蔵する人元は、互相生剋、ゆえに聡明生発と言われるのです。そして三刑全備で、八字佳なるは、また貴氣を損じ、刑して冲を兼ねるは、「禍生不測」なる者が多いもので、格に合して福寿なる者は少ないものです。しかしながら、一、二の例ですべての傾向は決め付けられないものです。丑戌未の関係は浅く、辰を見て、刑となり、兼ねて冲となるのは、良善の人とは言えません。

「大抵夫星要値健旺。巳身須稟中和。」

〔註〕　この数語は最も精要を極めた語です。夫星は用神です。用神は得時乗令するを要し、喜用相生、中和なるは、旺に過ぎることなく、かといって弱に過ぎるでもなく、中和し得れば貴となすものです。身強はもとより宜しくありませんし、身弱とてまた宜しとは言えないものです。一般的に、世間は女命に対して身弱を専

ら良しとするのは、あまり芳しいことではないものです。

「食神不可刑傷。子星要臨生地。」

〔註〕子星とは食神のことです。刑傷するのは宜しくなく、安和なるが宜しいもので、最も長生の地に臨むを宜しとするのです。つまり、生々息まざるの意です。

「印綬生身。一位則可。財神發福。多見無傷。」

〔註〕印綬生身するは、一位あれば中和に合するもので、多く見るのは旺に過ぎるものです。財旺ずるは、暗に官星を生じますので、財多を嫌いません。身弱にして財旺ずる如きはそうは言えません。

「身弱財強、不能發福。身強財弱、安得爲良。」

〔註〕前の文は、多見でも傷意なきことで、用財は必ず身旺でなければ、その財の荷を負うに耐えられないものです。財多身弱は必ず儒弱無能の人で、良き家庭の婦人とは言えないものです。財多でどうして発福することできましょうか。これに反して、身強財弱、比劫重々、群比争財するもまたどうして良しと言えましょうか。要は日主須らく中和なるが宜しく、過旺過弱は、共に宜しくないのです。

「傷官疊見。尅夫再嫁之人。梟印重逢。死別生離之婦。」

〔註〕　官星を用とするに、傷官を重見するは、必然的に尅夫するものです。食神を用とするに、梟印重きに逢うは、必然的に尅子となります。

「刑沖陽刃。惡無知識。破害金神。血光產難。」

〔註〕　月令陽刃、身旺地に臨み、その精華を洩らすことのないものは、必ず愚蠢《ぐしゅん》の人であります。加うるに刑沖するは悪むべきことです。金神とは、暗金の殺であります。子午卯酉生人、殺は巳にあり、これあるは刑獄の災いがあります。呻吟殺と名付けられています。寅申巳亥生人、殺は酉にあり、膿血の災いあるものです。神殺は数によって起こすもので、四仲は子より順行して三十位が巳で、まさに正殺となすものです。例えば、甲子が癸巳に逢うが如きです。四孟は、子より順行して二十二位、乙酉を見ることです。辰戌丑未は子より順行二十六位、己丑を見る。すなわち、正殺となすもので、他は皆正ではありません。この殺に当たるは、夭喪刑傷、尅子、悪死、疾病の災いあるものです。しかし、吉神の救いあって貴格に入るは、害ありません。

「四柱無夫星。不作偏房定爲續室。八字皆空陷。非爲寡鵠。决是孤鸞。」

〔註〕　夫星は用神を謂うものですから、官星を夫星とするに拘るべきではないのです。すなわち、八字無官なる者多いもので、これをもって、「偏房継室」と断ずることは誤りです。まして、偏房は正式の婚によるものではなく、継室とは後妻です。後妻でも正式の婚姻によるものですので、正妻であることに変わりはありません。ですから、字義に拘執《こうしつ》すべきではないのです。要は、四柱雑乱して、用神として取るものなきは、終始依

託する人なきことであり、正式の婚姻かどうかは知ることはできません。「空陷」とは、空亡および呑陥殺のことです。空陥を挙げているのは、重要なことではなく、おおよそのことです。用神が空亡に落つるは、吉といえどもその力が得られないものです。ゆえに、孤鸞寡鵠の人と決す、と言っているのです。

考玄解註

この「女命論」および、後述の「小児論」は、『滴天髓闡微』では、「六親論」中に入れられており、その他の多くの註釈でも、「六親論」として扱われています。しかしそれが、どこにあろうが、女命と小児が別々に論じられているという点には変わりがないのです。

要は、『滴天髓』が著された時代がいかなる時代であり、その註や、解をした人々がいかなる時代であったかを知れば、女命に関する見方や考え方は、現代との比較において自ずから明白となることです。そして、特に注意すべきは、

○任氏は、「二徳三奇」は、「好事之妄造、咸池驛馬、是後人之謬言。」と言い、

○徐氏は、男女平等、機会均等の時代の人ですので、男尊女卑の時代の『滴天髓』であるとは言いながら、女命を特に論ずる必要性の急所を避け、『陰命賦』を挙げて、二徳三奇のみならず、いくつかの神殺をもっともらしく論述している。

という点に着目していただきたいのです。任氏と徐樂吾氏の時代とは、おおよそ百年の隔たりがあるにも拘らず、これは一体どうしたことなのでしょうか。また徐氏は、陳素庵相国の『命理輯要』中に、『陰命賦』が挙げ

られているとして、あたかも、陳素庵氏が『陰命賦』のみを正しいとしているかのような印象を与えているのです。ですから、陳素庵氏の命理に対する考え方、女命に対する論を読者に紹介しなければならない義務が本書にはあるのです。もちろん、陳氏の各論をここで、事細かく説明していくことは、本書の主旨に反することになるので、できませんが、少なくとも『命理約言』にある陳氏の「看女命法」は述べておかなければならないのです。「看女命法一」には、次のように言われております。

《およそ女命を看るに、柔を喜び、剛を喜ばないものです。静を喜び、動を喜ばないものです。夫子旺を喜び、衰を喜ばないものです。生を喜び、絶を喜ばないものです。財印が和するを喜び、乖戻するを喜ばないものです。貴合少なきを喜び、多いを喜ばないものです。傷刃比劫、冲戦刑害なきを喜び、有るを喜ばないものです。これが大法であります。

そして、日主過弱であるなら、日主を生じ助けるが宜しく、夫子太旺であるなら、これを損じ、これを洩らすが宜しいのです。時に、用財制印、用梟制食、用傷制官、用殺制劫、用劫制財、用合邀吉神、用刑冲去忌神、用之切当、凶反用吉があるものですし、また、局中夫星なく夫貴なるものもあれば、局中無子星なるに子多いものがあるものです。これは必ず暗生暗会となるものです。また、夫星透露していて夫賎なる者あり、子星顕れて子少なきものあり、これは必ず暗損暗破によるものです。夫多無夫、子多無子は、すなわち、不尅不化のゆえであります。さらに、「富貴貧賤吉凶寿夭」に至りましては、よく四柱八字を詳察して推すべきであります。ただし、剛健威武の局、暗冲暗合、用刃用馬の類いは女命としては（一般的に言って）宜しくありません。また、あるいは貞、あるいは邪、あるいは順、あるいは戻は、日主と所用格局を看るべきです。純静は貞であり、剛強は戻であり、五行によって考察すべきで、旧書の妄造神殺に決して拘ってはならないのです。昔は女命を論ずるに、一官に止めるべく、重見宜しからずとありますが、例えば、甲官が寅を見るは祿を得るとか、乙殺が卯を帯するに有制とかするのは、この吉たるや有力なるものです。すなわち、官殺兩遇しても、去留合によって自ずと害なきものです。印財食傷、夫とするも全く同理であります。》とあり、〈妄造神殺に決して拘ってはならないのです〉と明言しており、明らかに『陰命賦』の神殺で云々《うんぬん》しているところは誤りとしているのです。徐氏もこの点、明確にした上で『陰命賦』を挙げるべきであったのです。

また、「看女命法二」は、さらに、神殺の謬論に鉄鎚を下すとともに、「命婚法」の謬を明確にしております。これは、原文をもって参考に供します。

「舊書女命、子辰巳年生、四月爲大敗、八月爲八敗、丑申酉年生、七月爲大敗、五月爲八敗、寅卯午年生、十月爲大敗、十二月爲八敗、未戌亥年生、正月爲大敗、三月爲八敗、又巳午未年生三月、申酉戌年生六月、亥子丑年生九月、寅卯辰年生十二月、倶爲寡宿、皆毎年取一月、夫一月之中、生女幾千萬億、安有皆敗皆寡者、況不論四柱、而獨論一字、有是理乎、嘗考富貴偕老女命、犯敗與寡者甚多、其爲謬説決矣、若不亟闢之、或婚姻將諧而被破、或夫婦已配、而相怨、或翁姑因此而憎棄、其誤人豈少哉、世俗父母、往往託星家合婚、遂造種種謬説、如三元男女幾宮、雖載於歴、然理亦不確、乃以男幾宮女幾宮配成生氣福德天醫爲上、配成遊魂歸魂絶體爲中、配成五鬼絶命爲下、又有胞胎冲、骨髓破、鐵掃帚、及益財、退財、守鰥、守寡、相厄、相妨、等凶、皆以生年月取之、尤爲誕妄、卽女命亦有値敗寡及諸凶而驗者、嘗取而推之、其四柱本自不美、安可惜之以實謬說乎、總之男家擇女、女家擇夫、只照四柱常理、取其中和平順者而已、婚後吉凶、聽之於天可也。」

と徹底して神殺を否定し、「合婚説」を排しております。我が国においては、気学やその他の占いによる相性もまた謬論ですし、大安吉日に結婚して離婚している例、枚挙にいとまがないくらいです。これらは全く迷信に属するものであり、特に、気学（学と言うほどの理論的体系がなく、術と言うべきでしょう）は、空間方位現象による術であって、時間エネルギーである命理学の事象は論じられないものです。一白水星の人の相性は六白金星、七赤金星、三碧木星、四緑木星が良く、九紫火星、二黒土星、五黄土星、八白土星は凶であるという、全く幼稚園的な相生比和を吉とし、相尅を凶とする如きは、もはや迷信そのものであります。これによって不幸に陥り、泣いている人は数知れないくらいです。相性が良いと言われて離婚している例は数知れませんし、偕老同穴の夫妻にして気学で言う悪い相性の人も数知れません。現代においてさえ、これのみではなく、多くの迷信の類が横行しているのですから、昔に遡れば遡るほど迷信が氾濫していたことは想像に難くないところです。そういう時代にあって、透徹した鋭い叡智をもって、陳素庵氏は、女命を論じながら、迷信打破に言及しているのです。また、神殺に関しましても、「諸神殺論一」で、天徳、月徳、貴人、月将、空亡の類は、

「皆有義理、其餘從太歲起者、爲眞、不從太歲起者爲妄。」

とも言っております。しかし、このことは陳氏の矛盾です。

任氏は陳氏の影響を多大に受けてもおり、時代もそれほど隔たってはいないのは、本書巻一の序で見たとこ

ろですが、既に註したように、

「二徳三奇、乃好事之妄造、咸池驛馬、是後人之謬言。」

と言い切っているのです。徐樂吾氏は、理論的実証的に、陳氏や任氏の論を批判することなく、陳素庵氏以前の時代に、あたかも陳氏が神殺を認めているかのような錯覚を与えつつ、逆行している点について、正しい目をもって学問的に判断していただきたいのです。

優れた命理家であるから、その所論がすべて絶対正しいとするのは誤りです。そこには学問そのものの進歩がない、ということに外ならないのですし、その時点からまた迷言の道へ転落していく恐れさえあるのです。

それはとも角としまして、重要なことは、陳氏が『女命賦』で言っているように、正官を夫とし、食傷を子とはしているものの、実は、用神・喜神との関係においての、官であり、食であるという点です。この延長線が、任氏、徐氏の、用神は夫、喜神を子とする考えでありますし、また『窮通寶鑑』『造化元鑰』の、用神を子、用を生ずるもの妻、女命から見たなら、子を生ずるものを夫とする考え方でもあります。

昔は、親は子供を頼りとし、老いては子にかかることが、一般的鉄則のような社会的世俗的な風潮不文律でありましたが、現代、特に戦後半世紀以上たった今、これはそのまま通用しないのは事実であり、その原因が必ずしも、遺産相続法に基因するとのみ言えないのです。かと言いまして、子が親に孝養を尽くし、老いた両親をよく世話し、幸慶なる親もいらっしゃることは事実でもあります。しかし、そうしたことのほうが少なくなっているという事実から目を背ける訳にはいきません。核家族化、世帯数増加と人口増加の比率にしても、「子不足恃」のほうがより現実的なのです。もっとも、親のほうにも考え直すべき点があるのではないかとも思います。

ここで特に女命を論じるのは、それなりの必然的な理由があるのです。

男女の命が異ならないとしても、その生理は全く異なるものです。女性には、月経、妊娠、出産、授乳、育児ということがあり、いくら男女平等とはいえ、この点では不平等なのです。平等ということは、性別、体力、年齢、才智、能力の不平等に適合したものでなければならないのです。それは、食事一つに例をとりましても、一軒の家庭内で、極端に言えば、その質や量においてそれぞれ違うこと自体が平等なのです。

つまり、男女には異なる点があるからこそ、女命を論じる必要があるのです。

このことも、昔と今とでは、色々な面で大きく異なってきており、封建時代、女性が持つ職種の範囲もごく限られておりましたが、現代では、政治、経済、技術、学術、科学等々の多様な分野への女性の進出が目覚ましく、優れた女性も輩出されており、会社でも、女性が一人もいない会社などないくらいです。

また、任氏の時代と異なり、「守節」貞婦再嫁せず、とか、「淫濫不堪」とかはもう時代錯誤であります。ただ、人間としての節度の限界をどこに置くかが問題なのです。

つまり、男女平等ですので、人間としての命の見方は男女同じではありますが、女性という点においては異なるところがある、ということで、封建時代、男尊女卑の政治・経済・社会の時代における女命の見方とは違った点があるのは当然のことなのです。

純粋理論的には、女命から見た官殺は夫であるが、その命を良化する緊要なるものとしては、夫は用神であり、配偶支は日支であるということからして、運歳の喜忌の有り様によって細密すべきことになるのです。しかもここまで『滴天髄』を理解してきたのですし、任氏増注のように、日干の強弱さえ無限と言ってもよいくらいの段階差がありますから、単純に日干を強弱の二分類によって、論じること自体が誤りでさえあるのです。また、子女は、純粋理論的には食傷であり、また、時柱の喜忌ではありますが、結婚していないのに、子女を云々することは、全く非現実的なことです。さらに、結婚しても、受胎可能か否かの医学的問題さえあるものですし、体外授精さえある現代なのですから、こういった点も含めて、政治・経済・社会の環境下における、夫と子の関係を慎重に細密しなければならないのです。

ですから、挙例も、現代における命として解命しなければ何の役にも立たないのです。

〔619〕

		大運	
戊	申		30才庚戌
甲	寅	0才癸丑	40才己酉
壬	寅	10才壬子	50才戊申
丁	未	20才辛亥	60才丁未

壬日寅月木旺生、戊甲尅去し、壬丁干合、木旺ゆえ化木し、壬は甲、丁は乙となり、年月支申寅は冲去し、日時柱のみとなりますが、「仮の化木格」となるものです。用神甲、喜神水木火土、忌神金とする、一応「源半清」の命です。しかし、年月支が冲去するのは、両親の縁薄い傾向がありますので、一応両親の命を看るべきです。それは戊甲の喜神が去となっており、無印ともなっているからです。さらに実は立運も重要であるのは、結婚適齢期がいかなる大運に当たるか否かが判らないことには、細密するのに難があるか

らです。また当然、審察する時点で、その女命が何才であるかによって、大変な違いがあるのは当然だからです。ですから、本造もこれ以降の命も、現代の人とし、実際にはこの三柱がないかも知れませんが、最も近い年干支の命として、解命し審察することにします。一九六八年戊申年（昭和四十三年）寅月には壬寅日はありませんが、仮にこの四柱があるものとし、立運も一応、0才と仮定します。

第一運癸丑、丑未冲去し、「仮の化木格」の喜の傾向性ある運であり、仮に父母いずれかと早く死別することがあっても、環境は大勢的傾向として悪化することなく良化していきます。水智も相当に発し、健であります。

第二運壬子、水旺運、子申水局半会にて申寅解冲しても仮従のままで、喜の傾向性ある運。特に水智も発し、大学も一流校に入学。しかし、

第三運辛亥、辛丁の剋にて、壬丁干合が解けて、「食神格」となり、喜神金水、忌神木火土となる喜の傾向性ある運。大学卒業後、一、二流の大会社に就職。水旺運の喜ですが、配偶支そのものは忌ですので、この運中の結婚の可能性は少ないものです。

第四運庚戌、戊甲解剋しても、仮従のままの忌の傾向性ある運。30才戊寅年、31才己卯年、32才庚辰年中に結婚し、仕事も真面目に務める。この運中生子の可能性は大で、二子も可能です。

第五運己酉、金旺運にて、「建禄格」となり、喜神火土金、忌神水木となる喜の傾向性ある運であり、会社での地位上昇します。

第六運戊申、金旺運にて、前運同様「建禄格」となる喜の傾向性ある運で、同様に地位上昇。しかし、

第七運丁未、壬丁解合し「食神格」となり、喜神金水、忌神木火土の忌の傾向性ある運となります。洩身太過、食傷の忌、寿危ないことになり、木火の大病、事故もあります。最も要注意、警戒すべきは、66才甲寅年、67才乙卯年、68才丙辰年、69才丁巳年と忌の流年が続くことです。

任氏は壬丁干合、木旺ゆえ化木することを忘れているようです。

〔620〕

		大運	
丁	未		32才己酉
乙	巳	2才丙午	42才庚戌
甲	午	12才丁未	52才辛亥
丁	卯	22才戊申	62才壬子

一九六七年（昭和四十二年）五月三十日生の立運約2才5ケ月と仮定します。

甲日巳月火旺生、二丁透り、巳午未南方全くする「真の従児格」となります。用神丙、喜神一応木火土金、忌神水となる「源半濁」の命です。つまり、調候のない従格です。

第一運丙午、第二運丁未までは喜用運にて順調ですが、

第三運戊申、金旺運、申中壬水調候で湿土生金、破格とならず、大学卒後就職し、本運中に結婚し生子可能。

第四運己酉、第五運庚戌は喜の傾向性となるも、調候ないことにより、それほどの喜は得られませんが、忌となることもほとんどなく、

第六運辛亥、水旺運、「従児格」の破格、寿危ぶまれます。高血圧に起因する脳卒中とか、心筋梗塞に要注意です。しかし、西暦二〇三〇年頃には、医学の進歩は目覚ましいものがあり、どれほど発展しているのか想像も付きませんし、また地球環境もどのようになっているか分かりませんので、断定的なことは言えないのです。

〔621〕

		大運	
戊	戌	10才戊午	40才乙卯
己	未	20才丁巳	
丙	辰	30才丙辰	
戊	戌		

一九五八年（昭和三十三年）八月七日戌刻生の、立運約10才2ケ月と仮定します。丙日未月土旺に生まれ、重々の土にて、「真の従児格」となり、用神戊、喜神火土金水、忌神木となる「源清」の命です。第一運戊午、第二運丁巳と火旺運ですが、大忌となることなく、20才代で結婚し、子も得られるのは、配偶支喜神、時柱も食傷も喜神となるからで、第三運丙辰までは喜の傾向性ですが、第四運乙卯、木旺運となり、破格となる大忌の傾向性、夭凶の恐れ多大です。

火土の「真の従児格」は、土多金埋と見るのは大誤大謬です。また、配偶支も用神も戊です。

〔622〕

		大運	
戊	午		38才辛酉
乙	丑	8才甲子	48才庚申
戊	戌	18才癸亥	58才己未
丙	辰	28才壬戌	68才戊午

一九七九年（昭和五十四年）一月三十一日辰刻生の立運約8才4ケ月と仮定します。戊日丑月土旺に生まれる「月劫格」です。調候年支午、時干に丙あり、戌辰冲去、丑午接近、日干強。疏土する甲木一点もなく、乙木では疏土不能、用神やむなく癸としか取れず、喜神一応金水、忌神火土、閑神木となる「源半濁」の命です。

第一運甲子、喜用運にて、水智も発し、生家環境も良化し、大学入試もほぼ希望校に入学可能です。

第二運癸亥、喜用運にして、早婚もあり得るのは、亥中に甲木あるためです。しかし早婚しますと、第三運壬戌にて離婚の確率多大となるのは、この女命の気質と性情面での戊土、辰土、戌土の比劫の忌によるものです。またその可能性を大とさせているのが、戊辰冲去によって配偶支が去となることにあるのです。しかし、その性情の非を悟り、審察時の助言をよく実践し、自戒すれば、早婚もなく、離婚もないものです。命を知らずして離婚したとしても、生活に困窮するようなことはなく、第四運辛酉、第五運庚申は喜の傾向性ある運であり、独立自営、財利あるものです。しかし、第七運戊午は大忌の傾向性となります。

こういう女命は頭脳良く、向学心強く、日本の現状からして、たとえ地方農村の長女に生まれても、早く生家を離れ、都会の大学へ進学するものです。理科系に強く、技術・医学関係、もしくは法学関係の職を選び、医学系なれば、外科系であり、法学関係なれば、刑事関係となるのは、その気質・性情よりしてのことです。

〔623〕

己　亥	**大運**	庚午
丙　寅	丁卯	辛未
丁　亥	戊辰	壬申
庚　戌	己巳	癸酉

上記の八字は近年代にありませんので、立運は記しません。丁日寅月木旺・火相令に生まれる「傷官格」か「印綬格」です。生地によっては調候丙火が必要となります。丙火月干に透出して、有情・有力な幇身、二亥一寅合は不去不化で、日干は不強不弱のやや強とも言えるので、用神戊、喜神は一応土金水、忌神一応木火となる「源清」の命です。丁火の特性、「旺而不烈。衰而不窮。」ですので、喜忌はそれほど際立った違いはないものです。

第一運丁卯、丁火煅庚、丁火洩秀の己土にて、むしろ喜、水智も発し、生家環境も良化の傾向大。

第二運戊辰、辰戌冲去するものの、食傷生財の喜の傾向性、大学に進学します。

第三運己巳、火旺運となり、食傷生財して、また、丁火煅庚もし、配偶支は正官の喜ですので、この運中に結婚し、また生子もあり得ます。

第四運庚午、午戌火局半会しても、二亥中壬水が、午火を制して忌とはならない。こうした命は、好配偶にして何らかの職業を長く続けるものです。今後も喜の傾向性ある運が続き、夫も発展する傾向多大です。夫発展するということは、相当「源清」であり、「流清」に近い男命と結婚するということで、下格の男命とは結婚しないといった、頭の良さ、勘の良さが、亥水にあるのです。ただ問題は、夫は結婚する前の身上に何かあったかも知れませんし、あるいはこの女命にもあったかもしれません。しかし多くは、夫となる男性側にあるのですが、再婚命ではありません。

亥寅亥は妬合して、天干己丙であるのに、〈年支亥水は寅に合して化木〉など、そんなおかしな命理はないものです。理は一貫したもので、事象と合致するからこそ理論なのです。どうして〈淫賤の極み〉でしょうか。いくら時代が違うとはいえ、絶対にそのようなことはあり得ないのです。

〔624〕

丁　未	**大運**	31才丁巳	
癸　丑	1才甲寅	41才戊午	
庚　子	11才乙卯	51才己未	
丁　亥	21才丙辰	61才庚申	

一九六八年（昭和四十三年）一月三十一日亥刻生で、立運約1才5ケ月と仮定します。庚日丑月土旺生の癸水透る「傷官格」です。調候二丙くらい必要であるのに一丙もなく、年月干丁癸尅去し、丑月土旺ゆえ亥子丑北方全は不成、日時干庚丁は

年月のほうに接近。日干庚は丑に有気の土旺・金相令、日干無根で弱、食傷太過の病に戊土の「薬」なく、やむなくの用神己と取り、喜神は土のみで、金は生水の忌にて土流の憂いあり、忌神金水木火となる、金寒水冷、池塘氷結、「源濁」甚だしい凶命です。生後の翌年戊申年、戊癸合にて丁癸解剋する、戊土制水すると同時に生金、金また生水し、水の病、事故等。心臓に先天的疾患あり、消化器も悪く、その他の疾病が多発します。

第一運甲寅、木旺運で、忌が忌をよく納水して「薬」となるが、木旺金缺となって、金の疾患、生家は財に困窮し、4才辛亥年、5才壬子年、6才癸丑年と多病多疾・多災、母を頼みとしても大して力とならず、父が原因となって災害をも受ける可能性多大です。小学校に入学しますが、成績も悪く、虚弱体質のため、登校にも難があります。

第二運乙卯、発育成長期であり、やや健とはなるものの、生家の財困続き、母はますます力とならないのは、乙卯木剋己土のためです。高校もそこそこで、家計を助けるために、早く働きに出る、職業も転々として定まらず、収入多きを求めて、水商売へと向かうものです。美人型のため、客に好かれ、相当酒量多く、店の売り上げを伸ばすので、他店からの誘いも多く、転々と渡る間に、早く性的体験もすれば、同棲もあり、家を嫌って一人暮らしもするようになる傾向性多大です。

第三運丙辰、丙火調候もあり、辰土は制水の能は大してないものの、生庚もする。前運よりやや良化はしますが、結婚に至らないのは、配偶支忌の上に、婦人科疾患もあるからです。24才壬申年大忌となるのは、透壬して、子・亥に通根し、申も水源になるからです。次いで25才癸酉年、26才甲戌年と忌年が続き、一命危ういものです。こういう女命は子縁がないものです。

〔625〕

丁	丑	大運	
癸	丑	9才甲寅	49才戊午
庚	子	19才乙卯	59才己未
乙	酉	29才丙辰	69才庚申
		39才丁巳	

一九三八年（昭和十三年）一月八日酉刻生で、立運約9才2ヶ月と仮定します。庚日丑月水旺に生まれる「傷官格」です。丁癸尅去、庚乙干合乙倍力、年月へ移動、支は丑子合去し、丑酉接近、酉金の根あり、生土生庚します。調候丙火一点もなく、金寒水冷、池塘氷結、日干はやや強。用神やむなく乙、一応喜神水木火、忌神土金となる「源半濁」の命です。調候丙ない限り大して喜とはなりません。生地によって生活環境が違うのは、大東亜戦争、太平洋戦争下にあり、終戦は昭和二十年、本造の満7才時で、敗戦後の混乱、食料難続く間に成長するからです。出生時の生家環境はそれほど悪くはありません。

第一運甲寅、調候あり、生家敗戦後良化し、順調に成長。

第二運乙卯、木旺、庚乙干合を解くも二乙、卯酉冲去して、生家財困ではあるが、財への関心強く、早くに働きに出る、結婚し家庭に入り、子をもうけます。

第三運丙辰、庚乙解合し、調候運にて夫向上し、家庭も安泰となっていくものの、

第四運丁巳、丁癸解尅、巳酉丑金局全、丑子合去のまま。調候の巳は化金して調候なく、金の忌象としての疾患と財の損失等が発生する忌の傾向性大となります。

第五運戊午、調候運にて喜の傾向性とはなるものの、前運の忌の後遺もあります。

第六運己未運以降、調候なく、また金の疾患と財の損失等発生する恐れ多大です。

〔626〕

丁	丑	大運
壬	子	6才癸丑　36才丙辰　76才庚申
辛	巳	16才甲寅　46才丁巳　86才辛酉
丙	申	26才乙卯　56才戊午
		66才己未

一九三七年（昭和十二年）十二月二十日申刻生で、立運5才8ケ月、と仮定します。

辛日子月水旺に生まれ、丁壬干合、丑子合の天地徳合、辛丙干合水旺にて化水して、辛は癸、丙は壬となり、巳申合の天地徳合にて、「真の化水格」となります。調候は日支巳中に丙あり、用神壬、喜神金水木火、忌神土となる「源清」の美なる命です。

現在まで喜の傾向性ある運を一路巡って来て、まさに順風、戦中戦後も全く忌となることなく、夫に恵まれ、子に恵まれ、第六運戊午、やや忌の傾向性ではあるものの、死に至るようなことはなく。第七運庚申、第八運辛酉も寿あるものです。「流清」の高なるものです。

本造、任氏の解命は誤りで、事象虚偽も甚だしいものです。一刻前の乙未刻、あるいは一刻後の丁酉刻のいずれであっても、甚だしい「源濁流濁」の下格となります。任氏の言っている事象では、データ不足で、いずれの刻か類推不能です。

〔A〕

丁	丑	
壬	子	
辛	巳	
乙	未	

〔B〕

丁	丑	大運
壬	子	癸丑　丙辰
辛	巳	甲寅　丁巳
丁	酉	乙卯　戊午
		己未

〔627〕

戊	戊	癸	戊
子	午	酉	午

大運

4才丁巳　14才丙辰　24才乙卯　34才甲寅　44才癸丑　54才壬子　64才辛亥

一九四八年（昭和二十三年）六月十七日午刻生で、立運3才7ケ月と仮定します。癸日午月火旺に生まれる「偏財格」です。調候として水源有情なる壬水が必要なのに、子水は酉金と無情、日干は燥土の二戊から攻身され、時支午火は旺令にて、死令の酉蔵干を剋傷し、燥土不能生金。印も印の作用をなさず、日干無根、用神は無力な庚、喜神一応金水、忌神木火土とはするものの、甚だしい「源濁」の天凶命です。生家の環境は、このような凶命は良し悪しは言えないものです。生後の翌年己丑年には大運に交入せず、湿土の丑が晦火晦光し生酉金して、癸水が水源深いので、三戊が塞水して水の疾患あるも死亡することはない。2才庚寅年、寅午午火局半会の情あるものの情不専、庚金は化官生身、寅木は火源となって喜忌両面あり、3才辛卯年、四正揃っても、酉金が時支午より受剋されるのは変わらず、卯木は生火の忌です。4才壬辰年、第一運丁巳、火旺運に交入し、火旺の丁巳が生戊、剋壬する忌運。5才癸巳年、6才甲午年、疾病重く、死亡しても不思議ではない、「忌神輾轉攻」です。壬辰年に死亡することもあり得ます。5才癸巳年、6才甲午年と続いては必死と言えます。もし第五運癸丑の44才壬申年まで寿あるなれば、生時戊午刻ではありません。

いかなる時代であろうが、立運何才であろうが、第一運丁巳を無事に過ごせる理は全くないものです。壬子刻生、癸丑刻生としますと、戊癸干合化火する「月劫格」か「建禄格」となりますので、本人から細かい事象を聞かないことには、いずれの刻かの判定はできかねるものです。いずれも木火が忌となりますので、第三運

〔A〕

戊	戊	癸	壬
子	午	酉	子
	↓化火		
戊	丙	丁	壬
子	午	酉	子

〔B〕

戊	戊	癸	癸
子	午	酉	丑
	↓化火		
戊	丙	丁	癸
子	午	酉	丑

乙卯、第四運甲寅共に忌の傾向性ですから、運歳での事象を細かく聞かなくては、いずれの刻か決めかねますし、甲寅刻、乙卯刻等々もない訳ではありません。しかし、戊午刻、もしくは己未刻、いずれであろうが、第一運丁巳中必死です。

〔628〕

乙	未	**大運**			
辛	巳	8才壬午	48才丙戌		
乙	亥	18才癸未	58才丁亥		
丙	戌	28才甲申	68才戊子		
			38才乙酉		

一九五五年（昭和三十年）五月十四日戌刻に生まれ、立運約7才8ケ月と仮定します。戦後十年が経ち、経済・社会が安定しつつある時で、ガット（関税および貿易に関する一般協定）に加盟、自民党が結成され、日本経済自立五ヵ年計画が決定された年です。乙日巳月火旺に生まれ、透丙し、調候癸水ですがなく、日支亥、辛金の水源ありますが、巳亥冲去し、未も戌も燥土不能生金、年干乙も未の根もあるが、「仮の従児格」となり、用神は丙、喜神火土金、忌神水、閑神木となる「源半濁」の命となります。

第一運壬午、壬丙剋去し、巳午未南方を全くし、日支亥となるので、「傷官格」に変化し、喜神水木、忌神火土金の忌の傾向性ある運となります。環境が悪化し、木火の疾病もあり、家計を助けるため早く働きに出ます。

第二運癸未、湿土生辛して仮従に戻り結婚、生子も可ですが、夫は頼りにならず、苦労多く、第三運甲申、申巳合で巳亥解冲し「傷官格」、甲木殺印相生して幇身しても、小病多いのは、洩の火強、尅の申に根ある辛金の攻身あるためです。36才辛未年、丙火制尅辛金はしますが、庚午年の小疾の忌が残り、金と火の疾病あって、多くは関節リウマチ、肝の病源の愁訴あるものです。急きょ良医の精密検査を受けるべきで、放置しますと、38才乙酉運、一命危ういことになります。つまり、巳亥解冲し「傷官格」となり、湿土生酉金となる金旺運であり、尅洩交加は甲申運よりはるかに忌大の傾向性となるからです。さらに、こういう女命は夫縁が薄い傾向がありますので、夫命を審察する必要があるのです。「流濁」の夭凶命の恐れ多大と言えます。

〔629〕

		大運	
丁	巳		35才壬子
戊	申	5才己酉	45才癸丑
癸	丑	15才庚戌	55才甲寅
乙	卯	25才辛亥	65才乙卯

一九七七年（昭和五十二年）八月二十四日卯刻生で、立運約4才11ケ月と仮定します。癸日申月金旺・水相令の透戊する「正官格」です。戊癸干合倍力の戊土が攻身し、巳申合去し接近、調候丙火を失い、乙・卯に洩身、日干弱。用神はやむなく辛、喜神金水、忌神木火土となる「源半濁」の命です。

第一運己酉、巳申合去のまま、生家環境は悪くなく、また大病もなく、生家も発展し、温和で成績もよく、第二運庚戌、戊卯合去しても喜用運にて、大学へ進学するでしょうし、成長するに連れ美人型となり、大学卒業後就職しますが、晩婚ともならず、恋愛結婚、また子にも恵まれ、夫縁も良好です。こうした女命、家庭に入る可能性大で、それほど長くは会社勤めはしないものです。

第三運辛亥、第四運壬子、第五運癸丑も喜用運にて夫縁も長く佳で、「流清」と言えはします。しかし、第六運甲寅運以降は、木の疾患に要注意です。

一見しますと、夫の戊土正官は干合して倍力となり、攻身の忌で、夫縁が悪いように思われるかも知れませんが、土休・水相令であることと、丑土に通根して、土は生金して、さらに、生癸する配偶支の喜であり、冲去・合去することもなく、土太過する大運を巡ることなく、喜用運を巡りますので、夫縁よろしい傾向多大です。夫は夫なりの命運がありますが、そうした良夫に縁あるものです。しかし、仮に日支が本気壬水である亥ですと、そうとはならず、夫縁も芳しからず、大運も同じでありながら、位相が数段落ちるのは、亥卯木局半会となるからです。

〔630〕

		大運	
己	**亥**	7才甲戌	37才丁丑
癸	**酉**	17才乙亥	47才戊寅
甲	**辰**	27才丙子	57才己卯
丙	**寅**		67才庚辰

一九五九年（昭和三十四年）九月十九日寅刻生、立運約6才8ケ月と仮定します。甲日酉月金旺・木死令の「正官格」となります。調候丙火、寅中に根あって透出、己癸尅去、酉辰合去して、中気に甲木ある年支亥が接近して日干強となり、用神丙、喜神火土金、忌神水木と一応はするものの、金旺・木死令で強となっているので、水木必ずしも忌のみとは言えない「源清」の命です。生家良好な環境に生まれ、生後順調に発育し、第一運甲戌、己癸解尅、酉辰解合して調和よろしく、日本の経済成長に伴って、生家も財利豊かとなり、環境良化、健にして、知能もよく発達、明朗快活、万事意の如くなる傾向性の運です。

第二運乙亥、大学に進学し、卒業、ほぼ一流会社にも就職し、仕事が面白く、結婚する気になれない傾向性が多大です。

第三運丙子、子辰水局半会の情あって酉辰解合し、恐らく30才前には結婚しますが、仕事を辞められず、夫も良夫にて、妻の生き甲斐を認める。こうした女命は一生にわたって働くことを好むものです。この運中に子をもうけます。

以降、第五運戊寅から第八運辛巳まで、一路順風で財利向上するのは、既述のように、東方運に巡っても、戊己土の財が大運干にあるからですし、第七運庚辰も喜の傾向性となるからで、長寿にして、財に恵まれ、子縁も良好となるものです。

〔631〕

		大運	
辛	**酉**		39才丙申
壬	**辰**	9才癸巳	49才丁酉
丁	**巳**	19才甲午	59才戊戌
甲	**辰**	29才乙未	69才己亥

一九八一年（昭和五十六年）四月九日辰刻生、木旺にして立運約8才8ケ月と仮定します。丁日辰月木旺生にて、壬丁干合化木し、酉辰合去、巳辰は年月へ接近。「仮の化木格」となるもので、用神甲、喜神水木火土、忌神金となります。

生家まあまあの家で、立運9才の庚午年、第一運癸巳、壬丁解合して「印綬格」となり、酉辰も解合、喜神土金、忌神木火、閑神水となります。

10才庚午年やや忌ですが、丁火の特性にて、それほどの忌なく、以降の流年もそれほどの忌とはなりません。

第二運甲午、辰酉解合、「仮の化木格」に戻り、喜の傾向性。一応は大学卒業して就職し、この運中に結婚もすれば、生子もあり得ます。

第三運乙未、乙辛尅去して、この運「真の化木格」となり、順風発展します。

第四運丙申、化木解けずに、申巳合去し、まことに不安定な「仮の化木格」で、この運中は喜忌参半となります。つまり、39才庚子年は、申子辰辰水局の情にて酉辰解合もすれば、申巳も解合して、子辰水局半会残るので、申と酉金、丙火が制金はしますが、湿土生金もするので、忌が強化され忌年となる、40才辛丑年、巳酉丑金局の情にて、酉辰解合、申巳解合、二年続いて、金の忌象発生することになるのです。41才壬寅年も、寅申冲の情で、大運丙申の申金旺じ、忌。42才癸卯年、卯酉冲にて、酉辰解合して、また金の忌続くのです。この後も忌の流年が続きます。

第五運丁酉、金旺運、「建禄格」となって、喜神火土金、忌神木火となる喜大の傾向性。しかし、前運の金の後遺はあります。

「源半濁」にして、「流前清後半濁」となるものです。何かと不安定な要素が付きまとうものです。

〔632〕

		大運	
己	巳		33才丁丑
癸	酉	3才甲戌	43才戊寅
壬	辰	13才乙亥	53才己卯
甲	辰	23才丙子	63才庚辰

一九八九年（平成元年）九月二十九日辰刻生で、立運約3才と仮定します。女命として、命のままに流されるとしたら、どのようになるのかを審察することにします。

壬日酉月金旺・水相令の「印綬格」です。調候丙火年支にあり、天干己癸尅去、壬甲は年月へ移動、巳酉金局半会と酉辰合の情不専で全支個有支。二辰中の二癸は滋木培木はするものの、壬水の幇としては無力です。もしこの女命の上に兄弟あるとしたなら、その兄弟の命を看るべきです。あるいは流産等で夭折している公算は大ですし、もし健在なら、命のままに流されれば夭折の可能性があるものです。兄弟にはそれぞれの命運があるのですから、この女命が兄弟の命を支配左右することはないのです。もし健であれば、この女命にとって助とならず、縁遠いことになります。父母縁共に縁厚く長いものとなる可能性が多大です。

巳・酉・辰支は去となることなく、湿土生酉し、日干亥・子の根はありませんが、死令の甲に洩秀しても、それほどの忌とならず、命よくして、用神丙、喜神木火土、忌神は太過する金水となる「源清」の命となります。生家環境よろしく、病気らしい病気をせず、順調に発育し、知能の良さも早くから発揮し、気性も弱くはなく、防御本能と攻撃本能は調和がとれ、言語も普通の子より早く発達し、音感の良さも早くからそれと分かるもので、色彩感覚も抜群です。知能良いため、誠に多くのことに興味を示し過ぎるくらいですので、一事に専念することの習慣性を付けること、何事も粘り強く接することの教育が必要となるのです。

第一運甲戌、甲己合にて、己癸解尅する、甲木洩秀、疏土開墾、万物育成の喜の傾向性ある運、生家も環境良化し、すべて意の如くとなります。

第二運乙亥、乙己尅により己癸解尅、亥中蔵甲し、向学心あって才能発揮して、子供らの間で長の傾向さえ示し、男の子にも負けない気概をも示し、一流大学へと進み、卒業します。

第三運丙子、子辰水局半会するも甲木納水し、日本の情勢がどうであろうとも知的職業に就き、社会的貢献度は誠に多大と言えます。つまり、科学の分野に進みましたなら、世界的規模での貢献をすることになるものです。

結婚も生子も美ではありませんが、そのような女性の幸不幸を越えた、社会的・地球的規模での、人間としての将来性を頼む命と言えるものです。四運以降すべて喜の傾向性ある運にして、まことに長寿でもあります。「源清流清」の大変なるものです。

〔633〕

		大運	
庚	**辰**		40才戊寅
壬	**午**	10才辛巳	50才丁丑
乙	**亥**	20才庚辰	60才丙子
癸	**未**	30才己卯	70才乙亥

一九四〇年（昭和十五年）に上記の四柱はありません。一八八〇年（明治十三年）六月十五日未刻がこの四柱ですが、明治と昭和では、政治・経済・社会の背景が違います。実審的には全く役に立ちませんので、昭和十五年（一九四〇年）生の女命と仮定して解命します。立運は一応10才とします。

つまり、昭和十六年十二月太平洋戦争に突入する前年の生まれで、昭和二十年（一九四五年）、この女命の5才時に敗戦という時代です。生地によっても大変な違いがあります。乙日午月火旺に生まれる「傷官格」です。調候癸水の水源有情なるのを必要とするに、年月干庚生壬水となっている上、辰の湿土が晦火晦光して生庚金し、壬水が辰に有気でもあれば、日支亥中壬水、時干癸水となって、調候太過の「病」、亥中蔵甲、また未中蔵乙、日干強となり、用神やむなく戊、喜神火土、忌神水木、閑神金となる「源半濁」となるものです。

印太過の忌、母縁に問題があり、父もそれほど頼みとするものでなく、二母三母とあるような命です。養女となるとか、他に養われるとか等の可能性があります。もともとやや心臓に難あって、頑健とは言えません。

第一運辛巳、敗戦から、戦後混乱の時代、巳午未南方全くして食傷太過、大運干辛金水源となって制火するが忌の傾向性ある運。財困のため、早く働きに出るものの、水太過にて職も住も転々と変わり、安定せず、水と火の忌象を伴う。

第二運庚辰、さらに忌大の傾向性。

第三運己卯、亥卯未木局全、比劫太過して無財。比劫の忌象多発し、配偶支も忌のため、正式な結婚には難があり、仮に結婚しても離婚の可能性大です。

第四運戊寅、戊土制水しても不及、しかし独立自営は可。

第五運丁丑、50才庚午年、健康的に問題あるのは、病源水にあり、水と火の症です。

任氏解命は誤り多く、任氏の時代にあっても事象は虚偽と思われます。

〔634〕

庚　辰	**大運**	32才甲戌	一九四〇年（昭和十五年）二月十二日午刻生、立運約2才
戊　寅	2才丁丑	42才癸酉	5ケ月と仮定します。乙日寅月木旺の「月劫格」です。調候
乙　酉	12才丙子	52才壬申	丙火午中にあり、やや不及、殺印相生する月干戊土の陽干を
壬　午	22才乙亥	62才辛未	乙木では疏土できず、戊土は辰に根あって生庚金し、庚辰は
			日干には無情ではあるが、月干戊土は日支の酉を生金する反

面、午火が制酉となるも去らず、日干は弱。用神は甲、喜神は一応水木、忌神一応火土、閑神金となる「源清」となるものです。陰干弱きを恐れぬ乙木であり、かつ月令を得ているので、水木太過しない限り、それほ

ど水木を忌とするものではなく、火もそれほどは忌とはならず、土多が忌となる程度であるからです。この命も時代的背景を無視してはならないのです。生家あまり恵まれているとは言えず、立運前、生地にもよりますが、太平洋戦争から終戦、戦後の混乱期の間に成長しますが、生活は楽であったとは言えません。

第一運丁丑、丁壬合去し、丑の湿土が生金もして、常に社会的・外的圧迫もあり早く働きに出ます。

第二運丙子、壬水が丙火制しても去とならず、子水あって滋木有情にて、配偶支も忌とならず、この運中に結婚し生子、しかし職を離れず、

第三運乙亥、乙庚合去しても、亥寅合は日干乙ゆえ去らず、やや喜の傾向性となるが、常に財的余裕はなく、

第四運甲戌、甲木が多少は制財し、幇身もする、財利余裕が出てくる喜用運となるが、

第五運癸酉、癸戊合去し、日支酉、大運支酉に根ある年干庚が日干に接近、攻身尋常でなく、木の疾病、48才戊辰年、49才己巳年と続いて、51才辛未年、神経、糖尿病、夫との仲も不和となる傾向性多大です。

第六運壬申、壬戊尅去、申寅冲去する大忌の傾向性、命さえ危ういことになります。

「流濁」大となります。

〔635〕

丙辰	**大運**		
癸巳	7才壬辰	37才己丑	
丁丑	17才辛卯	47才戊子	
甲辰	27才庚寅	57才丁亥	67才丙戌

一九七六年（昭和五十一年）五月二十五日辰刻生、立運約6才6ケ月と仮定します。丁日巳月火旺に生まれる「月劫格」です。調候水源有情なる壬水必要ですが、無壬、月干癸水では調候とはならず、二辰と一丑あるので晦火晦光し生金

しますが、丑中一点の辛金のみです。時干嫡母の甲木は、丑・辰中癸水から生滋木されて助丁に有情であるとともに、日支丑土、時支辰土を疏土開墾、日干強にして、用神戊、喜神土金、忌神木火、閑神水となる「源清」の命です。丁火の特性、「旺而不烈」です。木局も火局も水局も金局も一支では不成であり、甲・丁、丙も癸も不去、無壬である点と、庚辛・申酉金ない点が惜しまれますし、「始終」よろしいとは言えないものの、一応は五行具備し、「源清」の部に入ります。生家もそれほど悪くはなく、丁文水智もよろしく、特に小児期に注意しなければならないほどのこともなく、1才丁巳年、2才戊午年も二辰一丑が納火し、健康で順調に成育し、3才己未年、4才庚申年、5才辛酉年と、喜であり、6才壬戌年に、第一運壬辰に交入します。特に大運干壬水調候ともなる大喜の傾向性、辰支喜にて智才特達し、小学校から高校、楽しき少女期となります。しかし、

第二運辛卯、木旺運、甲木の根旺じ、二辰一丑の土を破土はしないものの、制土・生火の忌の傾向性ある運であり、前運の大喜から一転、意の如く進展せず、木の疾病、木の印の忌象さえ生じます。

第三運庚寅、喜となること少なく、配偶支丑は喜であるものの、壬水ないため、夫縁芳しいとは言えず、財にも恵まれずして、健康面も芳しくありません。この第二、第三運の大運干辛庚の財は、原局の丙火の制する奪財となって、喜の用を果たし得ないのです。

第四運己丑運以降は喜の傾向性とはなるものの、第五運戊子、第六運丁亥、原局も大運も有力な金がありませんので、財利は大したことありませんし、子縁はあるものの、あまり喜とは言えません。惜しむところと述べた、無壬無金のためです。ただ女命として、第三運庚寅、日本の社会情勢にもよりますが、もし結婚しているなら、財の問題によって離婚する恐れが多大、と言えます。それも調候壬水ないためです。

〔636〕

丙　寅　大運
辛　卯　8才庚寅　38才丁亥
癸　酉　18才己丑　48才丙戌
戊　午　28才戊子　58才乙酉
　　　　　　　　　68才甲申

一九八六年（昭和六十一年）三月三十日午刻生。一九二六年三月節に癸酉日はありませんので、立運約8才と仮定します。癸日卯月木旺乙分野生の「食神格」となります。丙辛合去、日時干接近し、癸戊干合して不化、戊土倍力にて攻身し、卯酉冲は酉午尅の情により解けて、全支個有支となり、日干は弱となります。用神は無力であるものの、有情な日支酉中の庚と取り、喜神金水、忌神木火土となる「源濁」の凶命となるものです。日干癸水は寅卯に洩身大となり、〃癸水至弱〃の特性あるとはいえ、これだけの尅洩交加に有情な日支酉金があっても耐え難いものがあります。年柱の忌は生年一杯忌にして、生家環境は劣悪、土の病から水木の病多発しますが、父財の忌は母が何とか救うことになり、甲午月、心臓異常、血液循環に難が発生し、他病も誘発します。いくつかの病名が診断されても不思議ではありません。しかし、日干癸水の場合、多くは死にまでは至らないものです。翌年丁卯年も忌年、余病、後遺避けられず、続く2才戊辰年、寅卯辰東方全くはしないものの、同様に忌年。3才己巳年も忌年で、虚弱多病にて水智発せず、環境さらに悪化します。

4才庚午年、丙辛解合、火太過し、寿終わる恐れがあります。あるいは辛未年の死もあり得ます。女命として、夫・子を論ずることなどできない、「源濁流濁」の夭凶命です。第二運己丑も忌の傾向性であり、第三運戊子も忌の傾向性、いかなる時代に生まれようが、健康面、さらに寿限でもあり、結婚までできる命ではないのです。第二運己丑までに寿終わる恐れがあります。

〔637〕

辛丑	大運		
辛卯	8才壬辰	38才乙未	
丙子	18才癸巳	48才丙申	
癸巳	28才甲午	58才丁酉	
		68才戊戌	

一九六一年（昭和三十六年）三月節に丙子日はなく、一九〇一年（明治三十四年）にもこの四柱なく、一八四一年（天保十二年）三月十三日巳刻生、立運約7才8ケ月と仮定します。天保、弘化、嘉永、安政、萬延、文久、元治、慶応から明治へと大きな変動期に当たっており、昭和・平成の時代とはあまりにも時代が違います。

一応述べますと、丙日卯月の木旺甲分野生の「偏印格」となります。調候不要にして、辛丙干合不化にて辛金財は倍力となり、年月干に団結する辛金は、年支丑より生辛もされ、有気でもあり、日支子水は倍力の辛から生水され、滋木するとともに、時干癸水の根となり、子巳並んでいるので、日干丙火の根となる一面、巳中庚は生水。よって日干弱となり、用神は化官殺生身の甲、喜神木火、忌神土金水となる「源半清」の命となります。年柱忌、生家環境よろしからず、父が変わる傾向を示すものの、頼むは母印が旺じ、丙火極弱とならない点にあります。立運前は大した忌象はないものの、

第一運壬辰、辰子水局半会し、透壬して攻身の忌の傾向性。環境が悪化して、火の疾病、財困、木さえ漂木の憂いあって、父縁変わり、母も困窮の傾向多大です。

第二運癸巳、火旺運の喜の傾向性あって、漸次良化しますが、結婚には難があり、良夫の傾向なきは、日支子が忌のためです。生子は可能です。

第三運甲午、火旺運、午子冲去し、巳卯接近して、甲木生火の大喜の傾向性、順風一路。

第四運乙未、多少は喜が減じるものの、喜の傾向性ある運が続き、
第五運丙申、財利向上します。
第六運丁酉、前運ほどではないものの、忌となること少なく、
第七運戊戌、戊癸合去、戌卯合去し大忌の傾向性となり、この運中の死亡もあり得ます。「流前濁中後清」と言えるもので、夫縁はあまり良いとは言えませんが、子縁は美と言えるものです。

〔638〕

		大運		
丁	酉		37才丁未	一九五七年（昭和三十二年）三月節に丙辰日なく、一八九七年（明治三十年）にもありません。一八三七年（天保八年）三月十四日申刻生、立運約7才3ケ月と仮定します。天保八年生まれでは、昭和の女命と全く違って現代の事象に通じません。
癸	卯	7才甲辰	47才戊申	
丙	辰	17才乙巳	57才己酉	
丙	申	27才丙午	67才庚戌	

同年、打ち続く天保飢饉にて大塩平八郎の乱が起こった年です。

一応解命しますと、丙日卯月木旺・火相令の「偏印格」です。年月柱丁癸尅去、酉卯冲去し、日時柱残るのみの日干弱、用神取るものなく、喜神木火、忌神土金水の「源濁」の凶命です。父母縁は共にか、一方に薄いかで、出生時の生家環境悪く、立運前良好とは言えず、

第一運甲辰、辰酉合にて酉卯解冲して、やや良好とはなるものの、日干無根のため常に不安定。

第二運乙巳、火旺運にて、安定しつつ向上し、この運中に結婚、生子も可能です。

第三運丙午、火旺運にて前運以上に喜大の傾向性となり向上します。

第四運丁未、酉卯解冲し、前運よりの後遺あって、忌となることありませんが、

第五運戊申に巡るや、丁癸解剋して、土金の忌象、徐々に大となっていきます。
第六運己酉、さらに忌の傾向性が続きます。

言うまでもなく、妻の命に支配左右されて、夫の命運に関係なく出世することは絶対にないのです。確かに〃生命エネルギー〃の互換性はあるものの、一方の命に絶対的支配は受けないのです。〈夫は登科〉するのは、夫の命運によるもので、この命運に妻の命運がどの程度にプラスするか、マイナスするかのいずれかなのです。

〔639〕

	大運	
癸　丑		37才甲子
庚　申	7才辛酉	47才乙丑
戊　午	17才壬戌	57才丙寅
己　未	27才癸亥	67才丁卯

一九七三年（昭和四十八年）八月節に戊午日なく、一九一三年（大正二年）にもなく、一八五三年（嘉永六年）八月十九日未刻生、立運約6才6ケ月と仮定します。一応解命しますと、戊日申月金旺の「食神格」です。日時支午未合去して、調候丙と生助の印と、根を失い、日干弱、用神取るものなく、喜神火、忌神金水木、閑神土となる「源濁」の命です。年柱忌にて、出生時の生家環境悪く、
第一運辛酉、洩身太過の忌の傾向性にて、金・食傷の忌象は避けられず、
第二運壬戌、午未解合して、やや喜の傾向性に向かうも、問題は前運の後遺にあります。この運やや良好とは言っても、
第三運癸亥、水旺財旺運の、財と水の忌の傾向性、
第四運甲子、大忌の傾向性と二運続く凶運の後、第五運乙丑となっても、それほどの喜は得られないのです。

任氏の言うような事象であれば、生時丙辰刻生でなければなりません。それにしましても、〈丙運、奪食し、死亡〉は信じるべきではありません。それは、丙庚尅去はするものの、寅申冲・寅午火局半会の情不専で、金旺の申金は丑の湿土生金によって、いかなる流年でも、この申が破金されることはないからです。単純に、〈丙〉〈奪食〉としているのみで、死亡という事象は流年で発生することを無視して、大運で死亡としているのです。つまり、「休咎係乎運。尤係乎歳。」とあることの真を理解していないのです。その後に何と言われているのか、「戰冲視其孰降」さえも、任氏は忘却しているのです。しかも己未刻生としてのことです。己未刻生と丙辰刻生との相違さえ理解していないのです。つまり、

〔639〕

癸	丑
庚	申
戊	午
己	未

〔639〕′

癸	丑
庚	申
戊	午
丙	辰

陽干に対する陰干の幇は無力であるということ、乙木の藤蘿繫甲とはどういうことなのか、初歩的な干の陰陽の違いさえ理解していないのです。しかも、冲尅合の去さえも無視しての命理は命理とは言えないのです。

〔640〕

		大運	
癸	未		36才甲子
庚	申	6才辛酉	46才乙丑
戊	戌	16才壬戌	56才丙寅
己	未	26才癸亥	66才丁卯

一九四三年（昭和十八年）八月八日は戊戌日ですが、立秋節入は同日午後七時十九分ですから、この四柱とならず、一八八三年（明治十六年）八月二十二日戊刻生、立運約5才7ケ月と仮定します。明治十六年ですので、現代とは違いますが、解命

しますと、戊日申月金旺生の「食神格」です。生地により調候丙火が必要ですが、丙火なく、日支戌、時柱己未、陰干の幇は有力でなく、また陰干の根も同様に辰ほどの有力さはありませんが、日干は不強不弱、ほぼ調和がとれて、喜忌定め難く、「源清」としてよろしいものです。ただ、酉のみは西方全くするので忌となります。

第一運辛酉、金旺運にて申酉戌西方全の忌の傾向性。食傷の忌避け難く、小病、小事故。

第二運壬戌、喜の傾向性となり、

第三運癸亥、忌となること少なく、まあまあ良夫、良子に恵まれる。以降は忌となること少ないものの、

第六運丙寅、月柱は尅去・冲去して、比劫、土の忌象は避けられず、60才癸未年、63才丙戌年と、寿危ぶまれるところです。任氏は、前造の丙寅運より、本造の丙寅運のほうが忌の傾向性が大であるのに、一言も触れておりません。

〔641〕

己　酉	**大運**	36才乙亥
辛　未	6才壬申	46才丙子
戊　辰	16才癸酉	56才丁丑
壬　戌	26才甲戌	66才戊寅

一九六九年（昭和四十四年）七月節に戊辰日なく、一九〇九年（明治四十二年）七月節にも戊辰日ありません。一八四九年（嘉永二年）七月二十一日戊刻生、立運約5才9ケ月と仮定します。戊日未月土旺の生まれの「月劫格」です。調候壬水と湿土とさせる水必要であるのに、辰戌冲去し、未酉接近、壬水は湿土生金、年干己土は無情・無力、日干は不強不弱のやや強となり、甲木の疏土開墾なく、用神庚、喜神金水木、忌神火土となる「源半清」となります。出生時の生家環境は悪くなく、立運まで、大した忌なく、

第一運壬申、申酉戌西方全くしても、日支辰が戻るので、喜の傾向性。

第二運癸酉、また辰戌解冲して喜の傾向性となり、よく才能発揮し、生家も財利に恵まれる二運。

第三運甲戌、辰戌解冲して、甲木疏土開墾する大喜の傾向性にて、万事意の如く進展し、結婚、生子。

第四運乙亥、辛うじて任財し、忌となること少なく、
第五運丙子、辰戌解冲して、さらに喜の傾向性進み、
第六運丁丑、丑未辰戌四庫揃い、辰戌解冲して、やや忌の傾向性に転じて下降します。

第七運戊寅、同様にやや忌の傾向性ある運となります。

以上より、「流前中清後半濁」となります。

〔642〕

	大運	
丁　亥		38才丙辰
壬　子	8才癸丑	48才丁巳
癸　丑	18才甲寅	58才戊午
甲　寅	28才乙卯	68才己未

一九四七年（昭和二十二年）十二月節に癸丑日なく、一八八七年（明治二十年）十二月十四日寅刻生の、立運約7才8ケ月とします。これも明治二十年で、現代の女命とは大きく違います。一応解命しますと、癸日子月水旺に生まれ、亥子丑北方全くし、寅中調候丙火ある「潤下格」です。用神壬、喜神金水木火、忌神土となる「源清」となります。いかなる時代に生まれようが、その時代なりの吉幸を得られるものです。健にして、常に環境よく、水智と才能発揮し、夫も子も良く、忌となることほとんどなく、「流清」の上の命運と言えるものです。第六運戊午の忌の戊土も甲木の制土するところで忌の傾向性となること全くなく、財利

特達します。第七運己未、土旺運はやや忌の傾向性となるものの、寅に根あって生滋木される甲木が疏土して忌少なく、第八運庚申さえ喜の傾向性ですので、長寿この上ないものであります。

任氏が〈その勢い泛濫〉と言っていることは、格局も誤っているのです。

〔643〕

		大運	
乙	**卯**		31才庚寅
丙	**戌**	1才丁亥	41才辛卯
乙	**卯**	11才戊子	51才壬辰
丁	**亥**	21才己丑	61才癸巳

一九七五年（昭和五十年）十一月五日亥刻に上記の四柱あり、立運約10ケ月と仮定します。解命しますと、乙日戌月土旺生の「食神格」です。支は結果として、年月支卯戌合は、天干乙丙にて化火し、日時支卯亥木局半会します。

木囚・火休令で、調候は洩身太過により、有病無薬、用神取るものなく、喜神は水、忌神火土金、閑神忌に近い木となる「源濁」の夭凶命です。年月柱の大忌は出生時の生家環境が悪いのではなく、先天的に心臓異常の疾患の上、手足にも異常があります。水智甚だしく欠けるのは、火太過による水沸の憂いがあることによります。いかなる時代に生まれようが、「源濁・流濁」の夭凶命であって、事実この四柱であれば、生まれたその年、もしくは1才丙辰年、2才丁巳年、3才戊午年の間に確実と言ってよいくらい死亡するものです。虚偽も甚だしい例です。〈亥卯木局〉を言いながら、卯戌合を無視するのは、命理ではありません。

結婚などできるまで存命するのは難しいものです。

〔644〕

戊　寅	**大運**	
甲　寅	3才癸丑	33才庚戌
丁　未	13才壬子	43才己酉
辛　丑	23才辛亥	53才戊申
		63才丁未

一九三八年（昭和十三年）二月節に丁未日なく、また一八七八年（明治十一年）二月節にも丁未日なく、一八一八年（文政元年）二月十三日丑刻生、立運約2才9ケ月と仮定します。丁日寅月木旺生の「印綬格」です。戊甲尅去、未丑冲去し、二干二支となりますが、天干地支共に接近し、年支寅中に丙火調候あって、日干強。用神やむなく辛、喜神土金水、忌神木火、「源半清」となるのは、丁火の特性によるものです。

立運前には大した忌なく、

第一運癸丑、未丑解冲しての癸丑運の喜の傾向性。

第二運壬子、また未丑解冲しての壬子運の喜の傾向性にて、丁文、水智発し、

第三運辛亥、水旺の喜の傾向性、夫子あり得ますが、夫命に問題あるかも知れません。未丑冲去は夫縁が薄い傾向性を含んでいるからです。

第四運庚戌、戊甲解尅し、庚金劈甲引丁、丁火煅庚の佳運で直上し、

第五運己酉、未丑解冲し、戊甲解尅する喜の傾向性。

第六運戊申、戊甲解尅する土金の食傷生財の喜の傾向性が続き、

第七運丁未、未丑解冲して、それほどの忌ではありませんが、

第八運丙午、丙火壊辛となる、大忌の傾向性となります。

一応「流清」の命です。

〔645〕

壬　辰
己　酉
辛　丑
癸　巳

大運
4才戊申　34才乙巳
14才丁未　44才甲辰
24才丙午　54才癸卯
　　　　　64才壬寅

一九五二年（昭和二十七年）九月節に辛丑日なく、一八九二年（明治二十五年）九月節にも辛丑日なく、一八三二年九月二十一日巳刻生、立運約4才5ケ月と仮定します。これも天保三年の生まれとなり、現代女命論とは全くかけ離れております。

一応解命しますと、辛日酉月金旺辛分野生まれの「建禄格」です。辰酉合にて金局不成、全支個有支にて、調候丙火巳中にあるものの、やや不及。日干強となり、用神甲と取りたくもなく、やむなく乙、喜神水木、忌神土金、閑神火となる「源半清」の命です。出生時の生家環境悪くはなく、立運まで大きな忌なく、恐らくは長女として過不足なく健に育ち、

第一運戊申、金旺・印の忌運にて、生家父母の関係良好ならず、土金の疾病も多発する忌の傾向性大。

第二運丁未、前運の後遺・累積あって、なお忌の傾向性が続くものの、

第三運丙午、第四運乙巳、火旺運にて、徐々に喜の傾向性に転じるものの、財利は伴わず、この二運中結婚、生子はありはするものの、夫縁は芳しいとは言えません。

第五運甲辰、五行流通する佳運にて、財利・環境が向上していき、

第六運癸卯、第七運壬寅と一路順風佳運に巡り、寿もまた長いものです。

「流前濁中後清」となります。

〔646〕

甲　午　大運
丙　寅　8才乙丑　38才壬戌
乙　卯　18才甲子　48才辛酉
己　卯　28才癸亥　58才庚申
　　　　　　　　　68才己未

一九五四年（昭和二十九年）二月二十八日卯刻生、立運約7才11ケ月と仮定します。乙日寅月木旺生の「月劫格」です。午寅火局半会して月干に透丙、日干は二卯に根あって、木火共に強、用神己、喜神土金、忌神木火、閑神水となる「源清」と言うべき命です。

出生時の生家環境良好とは言えないものの、それほど悪くもないと言ったところで、立運前は忌年なく、昭和二十九年生まれですので、敗戦後の混乱も徐々に落ち着いてはきたものの、自由主義と親の教育方針が不安定となっていった時期でもあります。

第一運乙丑、一応は五行具備するも、それほど喜・忌大なることないのは、午寅火局半会しても、丑の湿土が晦火晦光して、金水木と生木することによります。

第二運甲子、子午冲にて火局半会を解くが、生木し、比劫奪財にて、生家環境悪化、高校卒業後働きに出て、この運中に結婚するとも、良夫でない傾向大なるのは、日支卯であり、庚金が原局にないからです。

第三運癸亥、亥中蔵甲する水旺生木の忌の傾向性、離婚する可能性大です。32才丙寅年、33才丁卯年と、比劫と食傷の忌は財の困窮・紛争と、土と金の疾患となって、これが34才戊辰年、寅卯卯辰の東方全以上の比劫争財につながり、情緒不安定、消化器、水縮の水が血流の疾病となります。35才己巳年も忌、36才庚午年も忌にて、何らかの疾患、異常がある37才辛未年です。

第四運壬戌、38才壬申年、申寅冲にて午寅火局半会を解き、二壬が制丙火し、湿土となった戌が生申金し、徐々に喜に転じ、39才癸酉年、壬丙尅去し、一酉二卯を冲し、やや喜となっていきます。40才甲戌年、既病再発の憂いあります。この運、喜忌交集するも、喜の傾向性とはなりません。

第五運辛酉、第六運庚申は徐々に喜が増大していきます。二十一世紀の世界の中での日本がどうなっているかは不明ではあるものの、おおよそ48才以降はほぼ良好とはなっていく、「流前濁後清」となるものです。しかし、48才前までの忌の後遺・累積が一辺になくなるものではありません。

〔647〕

		大運	
丁	**未**		35才丙午
壬	**寅**	5才癸卯	45才丁未
乙	**卯**	15才甲辰	55才戊申
己	**卯**	25才乙巳	65才己酉

一九六七年（昭和四十二年）二月二十日卯刻生、立運約4才10ケ月と仮定します。乙日寅月木旺生にて、丁壬干合化木する「月劫格」です。用神丙、喜神火土金、忌神水木となる「源濁」甚だしい命です。

第一運癸卯、卯未木局半会して、癸水生木する忌大の傾向性、疾病多発します。

第二運甲辰、甲己干合して、前四年木旺運は合去、後六年土旺運は化土するも、寅卯卯辰東方全以上となり、用神去となって、また忌大の傾向性、前運からの後遺・累積あって、とても寿保ち得られません。夭凶の命であって、結婚できるまで存命するのが難しいものです。

〔648〕

甲寅	大運	32才甲子
戊辰	2才丁卯	42才癸亥
戊辰	12才丙寅	52才壬戌
甲寅	22才乙丑	

〈張宗昌の妾の造です〉はよくても、〈兩神成象〉は誤りです。一九一四年（大正三年）四月十二日寅刻生の木旺の「正官格」で、立運約2才。甲戊尅去し、戊甲接近。死令戊土、二寅と二辰に根ある旺令の甲に破土され、日干弱。用神丙、喜神火土、忌神金水木となる「源濁」の命です。生家環境劣悪にして、第一運丁卯木旺運、寅寅卯辰辰の東方全以上、この運中破土されて必死と言うべきで、生時は誤りです。

〔649〕

甲寅	大運	35才癸亥
丁卯	5才丙寅	45才壬戌
乙巳	15才乙丑	55才辛酉
庚辰	25才甲子	

〈小姑あって夫なきが如く〉とありますが、このようなことは現代には全く通用しないことです。一九一四年（大正三年）三月二十日辰刻生、立運約4才6ケ月と仮定します。

第一運丙寅、第二運乙丑、第三運甲子、第四運癸亥と巡り、大正から昭和初期にあっては、〈小姑多く夫なきが如く〉でも我慢はしていたこともありましたが、現在も今後も通用しません。本造、木旺の「建禄格」ですが、乙庚干合し、不化倍力化、寅卯辰東方全の「薬」あり、用神庚、喜神火土金、忌神水木の「源濁」の命です。

一九七四年（昭和四十九年）甲寅年生の女命には、右四柱はありませんが、たとえあったとしても、今時小姑の多いところに嫁には行きません。しかし、こうした命は夫縁悪くして、再婚命ではあります。

〈小児論〉

論財論煞論精神。四柱和平易養成。氣勢攸長無斲喪。關星雖有不傷身。〔徴義・補註〕

《財を論じ煞を論じ、精神を論じるに、四柱平和なれば養成にやすく、氣勢攸長なれば斲喪《たくそう》なく、關星あるといえども身を傷めず》

論財論殺論精神。四柱和平易養成。氣勢攸長無斲喪。殺關雖有不傷身。〔闡微〕

原　注

財神が七殺に加担することなく、日干が強くして、精神貫足、干支安頓にして、和平であるとしても、また氣勢の如何を看ることが必要です。氣勢が日主にあって、しかも雄壮であれば、氣勢が財官にあって、しかも財官が日主に叛かなければ、また、氣勢が東南にあって、五、七才まで西北に行かないとか、氣勢西北にあって、五、七才まで東南に行かないとか等々は、行運中斲喪には逢わないものです。こうしたのを氣勢攸長というのでして、關殺がたとえあったとしても、身を傷付けることはないのです。

任氏増注

小児の命は、清奇で愛らしいものは養育するのに難しいところがあり、混濁して憎むべきは養いやすいもので、関家門の氣数ありといえど、また、根源の深浅を看る必要があります。かつ小児の命は、果苗の初出の如きもので、培植の宜しきを得るべきは言うまでもないことです。そして、まだ当人出生する以前に、父母が房事を禁ぜずして胎中に毒を受けるなら、生まれた後、愛情過ぎたり、あるいは食べ物の好き嫌いがあったり、寒暖不調であったりして、疾病多端の因となるし、常に成すことないことになるものです。さらにまた、積悪の家には余慶ないもので、小児の命にさえも、たとえその小児の命が清奇純粋であったとしても、養い難い報いがあるものです。その外、墳墓、陰陽の忌とか、遷移、改築、築造等により夭亡することがあるのです。ですから、小児の命は大変難しく看やすいものではありません。

しかし、そういった色々なことがあるにしても、四柱和平、不偏不枯、無沖無尅、月支に通根し、氣が生時に貫通し殺旺ずるなら印があり、印が弱なれば官があって生印し、官衰えるなら財があり、財が軽ければ食傷があり、その生化有情で、流通して悖ることなく、あるいは、一神用を得て始終相託するとか、あるいは両意情通し、相互に庇護し合うとかして、立運前の流年が平順であり、立運後も運途安祥であるのを氣勢攸長と謂うのです。そうした小児は自然養いやすく成人するものでして、そうでないのは養い難いものです。その他小児の関殺などは、ことごとく皆謬妄の論であります。

どうしてこんな神殺を捏造して人を惑わす必要がありましょうか。一切の神殺など掃除して、将来の謬を絶すべきであります。

〔651〕

辛　丑　　大運
癸　巳　　壬辰　己丑
丙　子　　辛卯　戊子
丁　酉　　庚寅　丁亥

丙火巳月に生まれ、建祿といえども五行無木、木の生助なく、天干に財官が透り、地支に再び酉子を見るは宜しからず。さらに巳酉丑の金局を全くし、巳火建祿も実は、日干の建祿ではなくなっているのです。丁火幇身とはいえ、癸水傷丁し、所謂、財多身弱の命である上に、さらに兼ねて官星も旺じ、日主虚弱の極みであります。初交壬運は、逢殺、流年辛亥、天干壬癸が丙丁を尅し、地支は亥巳冲、巳火破祿、連根抜尽、疳疾《かんしつ》〔小児に起こる慢性消化器障害〕にて死亡しました。

〔652〕

癸　丑　　大運
己　未　　戊午　乙卯
丙　寅　　丁巳　甲寅
辛　卯　　丙辰　癸丑

前造は、財官太旺によって夭亡となったものですが、本造は、日坐長生、また夏令に生まれて財官を用となすもので、傷官を喜として食傷生財、財また生官、生化有情であるかの如く見えるものです。しかし前造は財多身弱で、官は殺となるものであり、本造は財絶官休で、厚享に難あるを知るべきです。癸水官星は、未月火旺に生まれ、火土熯乾、丑は蓄水蔵金し、余氣癸水です。しかし、己土が月干にあって癸水を尅傷し、未丑冲去して金水の根源なく、時上の辛金はまた絶地に坐し、有るといえ無きが如く、遠隔の水を生ずることもできなければ、遠隔の己土生金もできないのです。しかも東南木火の地を巡り、断じて守業の人ではないのです。

〔653〕

庚 戌　**大運**　丙戌
壬 午　癸未　丁亥
丙 寅　甲申　戊子
己 亥　乙酉

丙用壬殺で、身強殺浅、殺をもって権に化し、さらに財滋弱殺を喜ぶものです。一見名利双全と断定しやすい命ですが、よく観ますと、支は火局を全くし、寅亥は化木し生火していますし、年月の庚壬は無根で、生扶すること少なく、立運以前、丁巳年、巳亥冲去し、丁火は壬水の用を合去して疳症《かんしょう》にて死亡しました。

〔654〕

壬 申　**大運**　壬子
戊 申　己酉　癸丑
壬 申　庚戌　甲寅
戊 申　辛亥

壬水申月秋令に生まれ、地支は皆申の長生に坐し、しかるに天干に二戊二壬、大勢これを観るに、支全一氣、兩干不雜で殺印相生する大喜の格と思うのが普通ですが、金多水濁、母多子病、四柱無火にて尅金するものなく、金は反って生水不能。戊土の精華はことごとく金に洩らすのみで、偏枯の象であるを知らないのです。こうした命、当然養い難くして、名利皆虚、果たして甲戌年三才で死亡しました。

〔655〕

壬 申　**大運**　戊申
甲 辰　乙巳　己酉
壬 申　丙午　庚戌
戊 申　丁未

壬水季春に生まれ、殺印相生に似ていて、地支申長生三支あり、食神制殺為権、貴格と思われ勝ちですが、全く違います。春土氣虚にして、月に甲木透り、辰土受制するのみならず、時干の戊さえその制を受け、しかも五行無火、生々の妙を得られません。また、母多子病、偏枯の象で、必然的に難養、生後痘症で死亡しました。

〔656〕

癸丑　**大運**
壬戌　辛酉　戊午
丁亥　庚申　丁巳
壬寅　己未　丙辰

この造は、丁火陰にして柔なるに、深秋に生まれ、殺官重疊、一見して養い難し、と見られ勝ちですが、そうではないのです。官殺旺ずるといえども、妙は戊月にあって、通根身庫、制水するに足るし、さらに無金なるを好しとし、時支寅木を傷付けませんので、氣は生時に貫かれ、また納水に足るのですから、養いやすいのみならず、学問の道に志します。しかし、官殺一類、官を喜とし、殺を忌とすることではないのです。身弱は、官は皆殺、身旺は殺は皆官となります。ただ、無財有印を佳造とするのです。丁火は寅に死と言うは、謬論の極みであります。寅中の甲木は、すなわち丁の嫡母で、どうして死などと言えましょう。陰干生地を死地とし、死地を生地とするは、正論ではありません。果たせるかな、幼年無病、聡慧過人、甲戌年入泮後、運走南方火土、制殺扶身し、発展大なるものがあります。

〔657〕

壬戌　**大運**
甲辰　乙巳　戊申
丁酉　丙午　己酉
己酉　丁未　庚戌

この造、木透月干、春木火を生ずるに足るし、年干の壬水は、また生木し、日時酉長生に坐するので、旺と考えられるのですが、惜しむらくは、地支土金太重、天干の水木の根浅く、水木の氣がありません。すなわち、丁火の蔭固からず、甲木季春に生まれるは、退氣の神、辰酉合化金。すなわち、甲木の余氣絶し、戌土を隔てて、生水不能の酉金、戌土制水、壬水受剋して生木不能です。辰酉合の化金は必ず剋木し、日主根源固からざるを知るべきです。酉は丁火の長生であるとするは謬で、五行顚倒しているのです。酉中辛金のみで、他氣を雑えず、金生水して、生火の理など全くないのです。酉は火の死絶の地にあり、さらに嫌うは時干の己土が命主元神を弱めるのみならず、生金洩火するのです。水木火は、皆虚であります。果たせるかな、癸酉年、死亡しました。

このように、小児の命は決して看やすくはないのです。

徐氏補註

小児の命は、成人の命とその理は同じであります。どうして二種の看法などありましょうか。ただ、小児の命は父母の蔭庇の下にあって、まだ本身の命の用が顕れないものです。貧寒の命にして、富貴の家に生まれ、贅沢三昧、享用太過するは、その福力これに当たるに足らざるもので、必ず夭となります。富貴の命にして、貧寒の家に生まれ、家世積徳、鮮薄に過ぎ、その恩沢を留めるに不足しますので、また必ず夭であります。要するに、その命とその環境が適合しないのは、夭折しやすいものです。ですから、子供の命は看やすくないのです。そのように看やすくありませんので、ここに別に簡単な方法を立てる必要があったのです。所謂、「論財論煞」これであります。大抵の小児の命は、太旺するは宜しからず、また、太弱宜しからずなのです。太旺は多災、太弱は難養であります。中和をもって貴となすものです。四柱和平で、氣勢攸長であれば、成長しやすいこととなるのです。印綬が日主を生ずるを喜び、財が破印するを忌とするものです。すなわち、災い少ないものです。正官、七殺、陽刃、傷官、均しく太旺するのは宜しくありません。忌を見るに、また歳運がその忌を助けるは、必ず災殃起こるものです。財旺大忌にして、四柱財多なるは、庶子の生まれに非ざれば、必ず親縁薄いものです。財多は損印するものですので、父母を尅すものです。幼時、財旺の運に行くも然りと言えます。財官が清く正しく、年月に見て、日主が通根有氣するは、必ず、富貴の家に生まれ、偏官は平常の家に生まれるものです。傷官、劫財は貧賤の家に生まれ、偏官、偏印、偏財は後妻の子、あるいは偏生庶子、継母の蔭庇を受けるので理の然らしむるところです。

旧説、小児の命を見るに、まず先に関殺を看、次いで格局を看たものです。関殺とは、財殺のことです。偏官をもって関となし、偏財を殺とするのです。年時を重んじ、日月を論ぜず、水一、火二、木三、金四、土五とするのです。例えば、甲日庚金を見るのは、四才、九才が関、丙日壬水を見るは、一才、六才が関、戊日甲木を見るは、三才、八才が関、庚日丙火を見るは、二才、七才が関、壬日戊土を見るは、五才、十才が関であるとし、陰干もこれに倣うというもので、全く笑止に耐えないものです。ですから、関星ありといえども身を傷めず、と言っているのです。

小児は大運に交わる以前は、まさに小運をもって推すべきであります。現在普通、時をもって主とし、陽男陰女は順行し、陰男陽女は逆行するもので、『子平眞詮評註』に詳述してあります。この説は、醉醒子に初まり、『三命通會』にも見えております。大運交入後は、小運は捨てて談じません。しかし、この根拠は分かりません。古人、小運を言うに、男一才丙寅に起こし、二才丁卯と順行、女一才壬申に起こし、二才辛未と逆行し、陰干陽干を論じないものです。これは六壬奇門の中での行年であります。およそ運程を論ずるに、大運、小運、流年、太歳を参合して休咎を決していたもので、別に小児だけと限ったものではなかったのです。つまり、諸書に次の如く言われているのです。

宋曇瑩註『珞琭子三命消息賦』に、

「占除望拜。甲午以四八爲期。口舌文書。己亥愼三十有二。」

とあり、王延光註に、

「甲午四八爲期者。四八乃三十二歳。是年太歳乙丑。小運丁酉。金人見乙丑。正印貴人。丁酉天官暗印也。己亥愼三十有二者。是太歳庚午。小運丁酉。木至午死酉絶也。」

また、煞會五期註に、

「譬如癸亥生、辛酉月、壬戌日、庚子時。四十歳。大運丁巳。小運乙巳。太歳壬寅云云。」

と云われています。これによって見ますと、一才丙寅に起こし、丁酉三十二才、乙巳四十才となるもので、大歳が甲午生人、三十二才乙丑となり、己亥生人は三十二才庚午、癸亥生人は四十才壬寅となるのです。古法はこのように、大小歳運を合参して見たもので、小児の専用のものではなかったのです。

小運は小児専用のものではなく、大運に交入する前は、小運を流年と一緒に見て決するを妨げるものではありません。重んずるところは流年にあり、小運にはありません。大運は本氣推行の序で、月令より出るものです。大運交入以前は、月令干支をもって大運とす、という説もありましたが、これも古法であります。宋雲瑩註『珞琭子三命消息賦』に、

「譬如戊辰木人九月生。大運作五歳。起於壬戌。六歳交癸亥。十六歳交甲子。」

と言っているのは、九月月建壬戌であるからです。このように交入前の大運と太歳と合参し、行年小運と比較するは、根拠あるものです。

男命行年表（小運）

丙寅一才　丁卯二　戊辰三　己巳四　庚午五　辛未六

壬申七　癸酉八　（中略）……　甲子五九　乙丑六十

女命行年表（小運）

壬申一才　辛未二　庚午三　己巳四　戊辰五　丁卯六

丙寅七　乙丑八　（中略）……　甲戌五九　癸酉六十

考玄解註

人の命を審察するのに、男女、年齢によってそれぞれ全く別の理論がある訳ではなく、命理は一であって、二、三あるものではないのですが、『滴天髓』の作者が、すべての理論から事象論までを述べ尽くした後、敢えて前論のように、女命に一文を設け、ここで小児について一文を設け立論していることは、まことに常識的であるべきことを逸脱して、命理は一であるからいかなる命も同理である、と断定し切ることの危険性を危惧しての老婆心から、この二文を附したのです。そのまことに常識的なこととは、

(1)　政治・経済、社会の歴史的背景

です。このことは、言われなくとも解っている、と言われるかも知れませんが、実はこのことはあまりにも軽

視されがちなことなのです。この点につきまして述べ始めましたなら、切りがないくらいですので省略しますが、要は、

〝いかなる歴史的背景・時代に生まれ、いかなる歴史的変遷の中で育ち、生き、そして死んでいくか。〟

です。このことは当然のこととして、

(2) 出生地の地域的環境

を、(1)との関連の中で無視してはならないということです。さらに

(3) (1)(2)の関連の中での男女の性別の違いであります。

いかなる時代であろうが、男女の違いはあるものですが、その上に(1)(2)の違いが加わってもくることは常識論なのです。さらにこの常識は、男女にかかわらず、

(4) 生まれたその年月日時から客観的時間経過を経ながら生育・成長していくのですから、

(5) 生家のあらゆる環境

も、選択できないことは言うまでもないことです。これがその人の一生の間で大きな影響を及ぼすことも言うまでもないことですが、この重要性を多くの場合軽視あるいは無視しがちなのです。しかも生まれたその年中に、あるいは1、2才で、あるいは20才にもならずに、死亡する例さえ少なくはないのですから、そういう点となりますと、

「何知其人夭。氣濁神枯了。」

ということになり、成人と同様に年齢による違いはないのです。しかもこの夭折はほとんどの場合、病死によ

るものですが、中には事故死さえも含まれますので、その未来に発生する病死、事故死が避けられるものであるなら、その方法を助言するのが命家の責任でもあれば、命理学の存在価値でもあるのです。しかしながら、命理学の及ばない、医者の及ばないような先天的疾患、異常さえもある場合があります。そうした極端な場合をも含めて、『滴天髓』の作者は、

「四柱和平易養成。」

育てやすいか、育て難いかを分別細密すべきである、と言っているのです。このことと、育てやすいか、育て難いかということは、両親の側からの見方であるのですから、逆に育てられるその命から言えば、両親が作ったその環境こそ、大きくその命の将来に影響を与えるという重要な点を無視し軽視することは許されないのです。例えば、食べ物の好き嫌いの強い子供になった、ということは、実は母親がその子を好き嫌いの強い子に育てた、ということになるのです。つまり、離乳期において、その子供に何でも食べるよう母親が配慮しなかったことに原因があるのです。これは単に、食事、栄養価の問題だけにとどまらず、その他のあらゆる点に繋がるものと言えるのです。そうしたあらゆる諸環境の有り様を、

「論財論殺論精神。四柱和平易養成。氣勢攸長無斷喪。」

と言っていると解すべきであって、昔からよく言われる「小児関殺」などは、〝全く無関係なことである〟と、

「關星雖有不傷身」

と断定しているのです。ですから、任氏増注にあるような、

〈まだ当人出生する以前に、父母が房事を禁ぜずして胎中に毒を受ける〉などという非科学的なことなど全く関係ないことですし、さらに、

〈積悪の家には余慶ないもの〉

ということなども、全く無関係なことなのです。そうしたことで小児の養いやすいか、養い難いかを、四柱八字で細察できないような命家が、その誤りを弁解する具にしているに過ぎないのです。関殺を〈謬妄の論であります〉と言っている以上に、謬論として〈絶すべき〉ことなのです。

さらに否定すべきことは、徐樂吾氏の註にある小運の法です。理論的にも実証的にも小運など全く当てにならないものであります。これを用いるものも、命理不知のゆえでしかありません。原局さえも正しく格局を選定もできず、調候や干の特性、冲剋合局方とその解法、用神・喜神・忌神さえも誤って、どうして小運を用いることができましょうか。『滴天髓』を否定するかのような小運など、どうしてここに持ち出す必要がありましょうか。古書に云われているから正しいのではなく、命理の理論が試行錯誤していた時代の、弁解の具として小運という不合理なものを考え出した人がいたに過ぎないのです。

さらに、何才までをもって小児とするかですが、これは前にも述べましたように、「何知章」も「小児論」中に含まれるものであり、何才といった明確な分界はないのです。行事として、日本の現在、成人式はありますが、これは法的、医学的節目でしかないのです。

次に挙例ですが、生まれて一週間前後で審察したものとして、述べることにします。

〔651〕

辛　丑　**大運**　己丑　丙日巳月火旺に生まれる「建禄格」です。調候壬水の水源有情なる
癸　巳　壬辰　戊子　を必要とするのに、また日支子水が時支酉金から生水されて十分以上
丙　子　辛卯　丁亥　であるのに、巳酉丑金局全くして、かつ年干辛金、月干癸水にて、丑
丁　酉　庚寅　中二辛、巳中二庚も生水有情となり、「天道有寒暖」の「不可過」に当
たる「病」です。「薬」である生火する甲木も、制水する戊土もなく、

日干無根の弱となり、用神取るものなく、喜神木火、忌神土金水となる「源濁」の甚だしい命です。

この命は、生まれながらにして、心臓に先天的疾患、異常あるもので、分娩にも異常あり、生まれても呼吸に難あったとか、体重も平均より甚だしく少な過ぎるとか、種々なる問題が生じたはずです。つまり、生後翌日、丁丑日、種々なる異常が再確認もされ、そのまま二日目戊寅日、三日目己卯日、急変悪化することなく、四日庚辰日、五日辛巳日、六日壬午日、七日癸未日と小康を保ちつつ過ぎているのです。一刻も早く、小児科の優秀なる医師の診察を受けるよう助言する以外方法はないものです。しかし、生後の翌月が甲午月ですので急変の恐れはありませんし、さらに乙未月から丙申月もそれほどのことはないものの、丁酉月、戊戌月の後、己亥月から庚子月に至って、明らかなる病変生じる恐れが多大となります。庚子月、辛丑月に死亡する恐れもあるのは、生年が大忌であるのみではなく、用神取るものなく、喜が喜の作用全くない凶命であるからです。

心臓疾患、異常がどの程度のものかの具体的病名までは判りません。軽いものではない、という程度しか判らないのです。しかも、水太過の忌は、血液の病気であり、血液は循環するものですので、肺、心臓に係わり、

心臓はまた、水腎にも影響もし、さらに無甲は木、肝にも係わってもくるのですから、その症状も単純なものではないのです。生後の翌年が壬寅年であり、さらに2才癸卯年、3才甲辰年、4才乙巳年、5才丙午年と喜の流年が続くので、大運交入が何才かで違いはしますが、丙午年前に死に至ることはまずありません。しかし、大運壬辰に交入して、もし8才己酉年、9才庚戌年、10才辛亥年、11才壬子年を巡るようなことがありますと、心臓により死亡するものです。手術等によって完治できない以上、死を免れない「氣濁神枯了」です。

〔652〕

	大運	
癸丑		乙卯
己未	戊午	甲寅
丙寅	丁巳	癸丑
辛卯	丙辰	

〈夏令に生まれて〉とあることを信用しての一週間後辺りの審察とします。丙日未月火旺に生まれる「陽刃格」です。調候は、水源有情なる壬水を必要とするのに、癸己尅去し、丑未冲去して二十二支となり、丙辛干合する倍力の辛も壬水なく、湿土の丑もなく、寅・卯木が生火して日干強。用神取るものなく、喜神土金水、忌神木火とはするものの、「源濁」の命です。つまり、生後一日目丁卯日、二日目戊辰日、三日目己巳日、四日目庚午日か、五日目辛未日かの間に、呼吸器系の異常発生するものです。あるいは、生日その日に、分娩後に異常認められていることもあり得ますし、あるいは、足の骨の異常となっているかもしれません。つまり、旺令の丙火が死令の辛金を熔金しているからです。もし現在異常がなくても、呼吸器系の精密検査を受けるよう助言すべきであり、母乳不足、カルシウム不足を厳に注意すべき命なのです。カルシウム不足は、骨、歯に影響を与えること多大です。

もし一週間後の精密検査で、どこにも何ら異常が認められないという良医の診断を得たとしましても、年内は毎月健康診断は受けるべきです。年内全く異常ないとしましても、翌年甲寅年、必ず疾病現れるものです。火旺生の男児ですから、早ければ0才立運、遅くとも4才立運で、第一運戊午、1才甲寅年、一番弱い剋金の金の疾病、癸己解剋される土の疾病、2才乙卯年と続いて、異常がないわけはありません。つまり、審察時において、

(1) 栄養価のバランス

(2) 健康保持、増進のあらゆる日常生活上の注意

を懇切丁寧に助言することが命家の責任なのです。これができない以上、命家ではありません。知っただけでは何の役にも立たないのです。

〈断じて守業の人ではないのです。〉で済ましているような命理なら、そんな人は命家ではないのです。生後一週間くらい後の審察としましたが、もしこの命の人が、第一運戊午中の何才か、あるいは第二運丁巳中の何才か、の審察時によって違ってくるものです。しかし、第一運戊午中にもし甲寅年、乙卯年、丙辰年、丁巳年、戊午年がありましたなら、まず夭折と断じてよいくらいなのです。これもまた「氣濁神枯了」の命ではありますが、生後、一週間前後の良医の診察によって、完全に治病し、「審察書」の助言通りに養育したならば、戊午運中の死亡を免れることもあり得る、という限界の命とも言えます。しかし、何才立運かも分からない、いい加減な八字では、細密な助言などできるものではありません。

〔653〕

庚　戌
壬　午
丙　寅
己　亥

大運

丙戌		
癸未	丁亥	
甲申	戊子	
乙酉		

これも出生一週間後の審察とします。丙日午月火旺に生まれる「建禄格」か「陽刃格」です。調候年月干の壬および水源庚あって、戌午火局半会、寅亥は個有支にて、日干強となり、用神壬、喜神土金水、忌神木火となる「源半濁」の命です。

この命もまた、一刻も早く良医の精密検査を受けるべきと助言する命です。というのも生後一日目が丁卯日、二日目戊辰日、三日目己巳日、四日目庚午日、五日目辛未日となるからで、病源は心臓にあるからです。別に〈支は火局を全くし、寅亥は化木し生火〉という大謬の解命によるものではありません。寅午戌の〈支は火局を全く〉しているこの寅が〈化木す〉などという馬鹿気た理はあり得ないのです。私が言っている医師の診察を必要とする理は、調候と火局半会の「病」に対する「薬」は年月干庚壬でよいのですが、この壬水は、寅中休令の甲木を生甲し、寅中戊丙甲と蔵干丙火のみではなく、午火が、日干丙火を生火する構造となっている、上下・左右の火太過によるからです。しかし、一週間くらいでは、症状明らかでないかも知れません。さらに、翌月癸未月の後、甲申月、乙酉月となるので、異常が出るとするなら、10月丙戌月にあるのです。しかし、その後が丁亥月、戊子月、己丑月となるので、急変はないものです。

さらに立運不明ではあるものの、生後翌年が1才辛亥年、2才壬子年、3才癸丑年と異常なく健康に育ちますが、4才甲寅年は生木生火する大忌の流年で、消化器の土金の疾病ではとても済まされないのです。つまり、金水の疾病が火の心臓との係わりの中で症状を発することになるのです。こうした疾病にかからないための、命理による審察なのです。早期発見、早期治療をも含めてのことで、一病が治ってもさらに他病が発する恐れも大であり、5才乙卯年も要厳戒の年です。これも立運全く不明ですので、これ以上の大運癸未に関わる細密なことは言えません。

しかし、〈立運以前、丁巳年、巳亥冲去し、丁火は壬水の用を合去して、痞症にて死亡〉ということは絶対にありません。そんな滅茶苦茶な理など全く成立しないものです。どうして、化木した亥が巳と冲去するのでしょうか。どうして壬丙の尅があるのに、〈丁火は壬水の用を合去〉するのでしょうか。そんな命理は任氏だけの命理なのでしょう。四柱八字を捏造して、勝手に殺してしまう、そんなものは命理に非ず、です。

もしこの四柱八字であれば、立運前丁巳年に死亡することなく、金水の疾患はあるものの、戊午年また忌で小疾あり、病弱体質をつのらせ、大運何才交入かは不明ではありますが、己未年より庚申年、10才大運交入するとしても、

第一運癸未、徐々に健となるのは、7、8才成長期にも当たって健となっていき、この運には忌象ほとんどなく、むしろやや喜の傾向性とさえなります。

第二運甲申、喜の傾向性にて、社会人となっていき、

第三運乙酉も喜の傾向性、第四運丙戌は大忌の傾向性となり、甲午年、乙未年、丙申年と大忌の流年で、寿危ぶまれます。つまり、第四運丙戌は午戌戌の火局半会以上の透丙にて、金熔となり、水沸の傾向多大なるところへ、甲午年となるからです。しかしそれでも「審察書」の助言をよく守って、病気の原因を増強させることなく、十二分なる健康管理を実践し、かつ早期発見、早期治療を忘れず、丙戌運前より年一回の健康診断を受けておりましたなら、丙戌運を無事乗り切れるものなのです。つまり、病気の原因さえ作らなければ、病気

になる訳がないのです。このことさえも常識であり、事実現実でもあります。そこにこそ、命理学の存在価値があるのです。病因がどこにあり、発病の部位がどこであるか、そしてそれを未病の内にどう防ぎ、既病体にさせないことが、命理学であるのですから、「疾病論」を熟知すべきなのです。しかし残念ながら『滴天髓』には「疾病論」は述べ尽くされてはおりません。

〈疳症〉という用語は、中国では、甘い物を食べ過ぎて起こる病気とされていて、「有五」、心・肺・肝・脾・腎なりとされ、こんな漠然とした病気で死亡というのもおかしなことなのです。漢方には〈疳症〉の用語は使われておりません。

〔654〕

		大運		
壬	**申**		壬子	
戊	**申**	己酉	癸丑	
壬	**申**	庚戌	甲寅	
戊	**申**	辛亥		

これも生後一週間くらいの審察と仮定します。壬日申月・金旺・水相の生まれの「偏印格」か「正官格」「偏官格」です。調候丙火なく、天干は結果として、年月干の壬戊尅去、日時干壬戊接近。日干強、用神戊、喜神木火土、忌神金水となる「源濁」の命です。つまり、調候の丙なく、四申にて木火二行が欠け、子が来ると全支水局を成し、水多土流となるためです。生後一日目癸酉日、二日目甲戌日、三日目乙亥日、四日目丙子日にて、この間かこの後、急変、異常が発する可能性多大です。呼吸器系、心臓の循環系。これも一刻も早く良医の精密検査を受けるよう助言しなければならない命であり、そこまでが命理の分野で、それ以上は医学の分野です。検査の結果により適切な助言をすべきです。ただ先天的機能障害はなく、遺伝的疾患があるものですから、両親の命およ

び疾患を聞く必要があります。この年必ず異常あり、早期治療すれば完治可能です。翌年1才癸酉年は隔月くらいの定期健診を受けるべきで、金の病である呼吸器系であり、消化器も悪く、神経系にも波及します。甲戌年、前二年の間に治癒しても、この年、木の疾患へと移行する恐れ多大です。立運不明ではこれ以上は細密できないものの、仮に命のまま流されるとしても、甲戌年は急変あるとも死亡することはなく、男命であり大運は、第一運己酉、忌大の傾向性、第二運庚戌はさらに忌大の傾向性となります。第三運辛亥の大忌の傾向性の後、第四運壬子にて、命のまま流されるなら必死と言えます。

任氏解命は大誤で、事象は虚偽です。

「何知其人夭。氣濁神枯了。」

で、「源濁」ではあるものの、この原局では、戊土尅壬、湿土となって生金しても、相令の壬水が四申中にあり、日干極弱で無依とも、日干旺強で無依ともなってはいないのです。どうして甲戌年、日干極旺無依となる理があるのでしょうか。生時が己酉刻であるなら、申申申酉戌の全支西方にて、金多土変、金多水濁、金多木折にて、死亡はあり得ます。

〔655〕

		大運	
壬	**申**		戊申
甲	**辰**	乙巳	己酉
壬	**申**	丙午	庚戌
戊	**申**	丁未	

これも生後一週間後の審察とします。〈季春に生まれ〉とありますので、土旺・金相・水死・木囚・火休令の透戊する「偏官格」です。年柱壬申は日干に無情であるし、尅洩交加ですが、日時の二申に有情、辰中癸水、湿土生金し、日干は強、用神戊、喜神木火土、忌神金水と

なる「源濁」の命です。この命も腎系、血脈系を主としての精密検査を勧め、その結果によって適切なる健康管理の助言を必要とするものです。前造と同様に遺伝因子としての、父母命および父母の既往症も併せて聞く必要があります。

決して〈母多子病〉の四柱構造でもなければ、〈生後痘症で死亡〉もあり得ません。生時が何刻かを命理家の責任として言うべきです。その年内の死亡であるなら、生時庚子刻です。つまり、申申子辰、全支水局全以上を成し透壬、時干に透庚して用神取るものなく、水多木漂、水多火滅、水多土流の大忌です。

〔656〕

		大運	
癸	**丑**		33才戊午
壬	**戌**	3才辛酉	43才丁巳
丁	**亥**	13才庚申	53才丙辰
壬	**寅**	23才己未	

戌月金旺か土旺か不明では審察のしようがありません。仮に一九七三年（昭和四十八年）十月十八日寅刻生の男命とし、生後一週間後の審察とします。立運は約3才1ケ月と仮定します。

丁日戌月の金旺・水相・木死・火囚・土休令の生にて、二壬一丁の妬合にて、亥寅合は天地徳合とならず合去し、二壬は接近する丑に有情な根があり、戌中四令の丁火では日干の根として無力です。日干は丑に根ある相令の二壬から攻身されるので、「仮の従勢格」とし、用神は旺令の辛金、喜神土金水、忌神木火となる「源半清」となるものです。生後翌年甲寅年、2才乙卯年年、この二年、木の疾患に要注意です。やや多病にして育て難く、重篤となるようなことはないものの、健康管理の助言多くを要します。

第一運辛酉、順調に成長し、水智もよく発達しますが、第二運庚申、亥寅解合して、「偏財格」に変化し、喜神木火、忌神土金水と喜忌が変わりますので、血脈系・血行などの疾患、腎系の疾病には特に注意を要します。そのための「審察書」中の助言です。13才丙寅年、14才丁卯年は問題ありませんが、15才戊辰年以降が要注意で、19才壬申年、20才癸酉年、この二年特に厳戒です。しかし、丁火の特性、「衰而不窮」でもありますし、亥寅有情でもあるので、死亡するようなことはありません。

第三運己未、また「仮の従勢格」となり、順調。

第四運戊午、「偏財格」となる調候火旺運にて、戊土制水の喜の傾向性、相当なる発展も可能です。

任氏解命は格局を誤ってのこじつけです。格局を誤りますと、事象に合わせるべく、このような無用な誤魔化しをすることになります。

〔657〕

壬　戌	**大運**		
甲　辰	乙巳	己酉	
丁　酉	丙午	庚戌	
己　酉	丁未		

大運：戊申（壬戌の行）

丁日辰月木旺に生まれる「偏印格」です。支は戌辰冲・辰酉合にて解冲解合して全支個有の支。木旺・火相令ではあるが、丁火の根はなきに等しく、日干弱、用神は嫡母の甲、喜神木火、忌神土金、閑神水となる「源半清」の命です。庚・己にて甲木去となるも、辰中旺令の乙木弱とは言っても助身するので、大忌となることありません。しかし、今までの命のように一刻も早く良医の精密検査を必要とするほどのことはないものです。「審察書」には健康管理、育児上の諸注意を細述すべきです。弱い箇所は、消化器、骨および歯です。

任氏、途中から〈季春〉などと言い出しておりますが、土旺生であって格局、用喜忌は変わりありません。

ただ丁火休令、甲木囚令となることも、疏土洩身する嫡母では、やや病気の心配がありはします。〈辰酉合の化金は必ず尅木〉とありますが、化金の理はなく、万歩譲って化金しても、天干の甲を〈尅木〉する理なく、金は生壬して、生甲となることさえも分かってはいないようです。何を〈知るべき〉なのでしょうか。しかも〈果たせるかな、癸酉年、死亡しました〉。満齢11才癸酉年、立運も言ってはおりませんが、第一運乙巳の火旺運か、第二運丙午の火旺運かで、乙巳火旺運としても喜用運で、癸水は滋木し、甲乙生丁火、生巳火、酉金は甲乙天干を尅傷もできず、火土金水木火と流通するのみであるのに、死亡するのでしょうか。

命理の真髄が理解できず、〈小児の命は決して看やすくはないのです。〉と言っているのでしょうか。

終

後　記

『滴天髄真義』全四巻をもって、『滴天髄』に対する解釈の軌跡を辿ってまいりました。

省みますと、まことに多くの説明不足の箇所もあり、浅学非才をかこつのみではありますものの、『滴天髄』に対する諸家の註や解をも含めつつ、その全容と軌跡をまがりなりにも明らかにできたものとは思います。また、単なる訳としてではなく、各所に新しい角度からも照明を当て、問題提起した点も少なくございません。

文中諸家の註解をいろいろと批判いたしましたが、これはあくまで学問上のことでありまして、個人的に含むところあってのことではない、という点、巻一の冒頭でも述べた通りです。

また、挙例命の「考玄解註」は、一貫した秩序体系ある定理をもとにしたもので、前後矛盾したり、ある命ではAをBとしたり、ある命ではAを無視したりはしなかった、という点はご理解いただきたく、Aについてはあくまで、Aとして論じたつもりであります。そのため、巻一から巻四に至る約七百近くの命造中、幾例かは疑問ありと申し上げた命造もでてきているのです。

終わりに鑑み、命理学を学ばれる方々の発展を祈って止みません。

武田考玄識

八字索引（巻一〜巻四）

◆甲 日

乙丑　甲申　甲辰　己巳　〈二七三〉②三四五
癸巳　庚申　甲申　壬申　〈三六四〉③一六二
庚戌　甲申　甲戌　乙丑　〈三七二〉③一八七
癸巳　庚申　甲申　壬申　〈三六四〉③四一一
癸未　庚申　甲申　乙亥　〈五九〇〉④三〇八
己巳　壬申　甲寅　戊辰　〈五九六〉④三二〇
庚戌　乙酉　甲寅　庚午　〈四四〉①二四六
壬午　己酉　甲申　甲子　〈一四五〉②六四
壬辰　己酉　甲申　甲子　〈一四六〉②六五
癸未　辛酉　甲申　丙寅　〈一四七〉②六六
己亥　癸酉　甲辰　丙寅　〈六三〇〉④四〇七
丁亥　庚戌　甲辰　壬申　〈五〉①一〇九
甲申　甲戌　甲寅　甲戌　〈一二二〉②八
甲戌　甲戌　甲寅　甲戌　〈一三〇〉②二三
戊辰　壬戌　甲辰　己巳　〈二七四〉②三四六
己卯　甲戌　甲子　己巳　〈二八七〉②三七九
甲子　甲戌　甲寅　乙亥　〈三四五〉③一一七
戊子　壬戌　甲寅　庚午　〈四三七〉③三五二
癸巳　癸亥　甲寅　壬申　〈一九〉①一九九
壬子　辛亥　甲寅　甲子　〈五三〇〉④一八〇

壬寅　辛亥　甲寅　己巳　〈五三一〉④一八二
丙戌　己亥　甲戌　庚午　〈五六七〉④二六二
癸未　癸亥　甲午　丁卯　〈五七七〉④二九〇
甲子　丙子　甲申　己巳　〈二八八〉②三八〇
壬辰　壬子　甲寅　戊辰　〈三二四〉③六八
壬戌　壬子　甲子　戊辰　〈三二五〉③六九
③二三七
辛酉　庚子　甲子　丙寅　〈三七三〉③一八八
庚寅　戊子　甲寅　丙寅　〈四一三〉③二七四
丁未　癸丑　甲辰　甲戌　〈一八二〉②一六六
丁亥　癸丑　甲子　辛未　〈一八三〉②一六七
甲寅　丁丑　甲戌　己巳　〈二八九〉②三八一
甲午　丁丑　甲午　丙寅　〈二九八〉②四〇二
壬午　癸丑　甲寅　丁卯　〈六一四〉④三五六

◆乙日

丙辰　庚寅　乙卯　丁亥　〈五四〉①二七五
辛亥　庚寅　乙未　己卯　〈六七〉①三〇二
③三二六
癸未　甲寅　乙亥　己卯　〈一一八〉①四三三
戊午　甲寅　乙卯　己卯　〈三五〇〉③一二九

癸巳　壬戌　乙巳　戊寅　〈五六〉①二七六
甲戌　甲戌　乙卯　丙戌　〈ʼ二三〇〉②二三
癸巳　壬戌　乙卯　戊寅　〈五八九〉④三〇七
庚午　丙戌　乙卯　丁丑　〈五九七〉④三二一
乙卯　丙戌　乙卯　丁亥　〈六四三〉④四二二
丙子　己亥　乙丑　壬午　〈一一〉①一二四
甲寅　乙亥　乙卯　癸未　〈五七〉①二八〇
甲寅　乙亥　乙卯　庚辰　〈A〉①二八一
丙子　己亥　乙亥　丙子　〈一一二〉①四一五
丙子　己亥　乙酉　壬午　〈一三二〉②二九
壬子　辛亥　乙亥　丙子　〈三九五〉③二三一
乙丑　丁亥　乙未　己卯　〈四八四〉④七一
己亥　丙子　乙丑　壬午　〈一三三〉②三〇
甲申　丙子　乙酉　丙戌　〈三二九〉③七九
戊寅　甲子　乙亥　甲申　〈三六七〉③一七二
辛巳　辛丑　乙酉　乙酉　〈二六七〉②三二一
壬申　癸丑　乙丑　辛巳　〈三三二〉③八二
③二七九
③三九九
丙子　辛丑　乙巳　乙酉　〈四一二〉③二六七

◆丙日

辛亥　庚寅　丙子　乙未　〈三七〉①二三四
②一三五
丁亥　壬寅　丙午　丁酉　〈三九〉①二三六
丁丑　壬寅　丙申　壬辰　〈二八一〉②三六〇
壬申　壬寅　丙子　乙未　〈四二七〉③三二三
④三三一
辛卯　庚寅　丙戌　己丑　〈四三二〉③三三九
甲午　丙寅　丙午　丁酉　〈四五五〉③四一四
丙辰　庚寅　丙午　壬辰　〈四六九〉④三六
丙辰　庚寅　丙午　癸巳　〈ʼ四六九〉④三七
乙亥　戊寅　丙子　甲午　〈四七三〉④五一
辛巳　庚寅　丙辰　己丑　〈四七四〉④五三
丁亥　壬寅　丙子　丁酉　〈五〇六〉④一二五
癸酉　甲寅　丙午　癸巳　〈五二六〉④一七二
甲辰　丙寅　丙寅　壬辰　〈五五一〉④二二三
癸巳　甲寅　丙戌　庚寅　〈六〇〇〉④三二四
庚辰　己卯　丙申　戊戌　〈四八〉①二五一
癸未　乙卯　丙午　辛卯　〈一六四〉②一二八
丁巳　癸卯　丙辰　癸巳　〈一七一〉②一三六

癸巳	戊午	丙午	庚寅	〈五〇七〉	④一二六
丙戌	甲午	丙午	己丑	〈五一三〉	④一四二
辛巳	甲午	丙子	甲午	〈五一四〉	④一四四
丙寅	甲午	丙午	己丑	〈五二四〉	④一七〇
丁卯	丙午	丙午	庚寅	〈五二五〉	④一七一
壬戌	丙午	丙寅	己丑	〈五三四〉	④一八八
丙寅	甲午	丙申	壬辰	〈五三八〉	④二〇〇
丙申	甲午	丙寅	壬辰	〈五三九〉	④二〇一
戊子	戊午	丙辰	戊戌	〈五四〇〉	④二〇二
庚戌	壬午	丙子	壬辰	〈六〇三〉	④三三七
丁卯	丙午	丙子	壬辰	〈六〇七〉	④三四〇
庚戌	壬午	丙寅	己亥	〈六五三〉	④四四三
己丑	辛未	丙寅	己丑	〈二二〇〉	②二五五
戊申	己未	丙戌	己丑	〈二三一〉	②二六八
丙子	乙未	丙辰	乙未	〈二三六〉	②二七四
癸酉	己未	丙午	癸巳	〈二四〇〉	②二七九
己未	辛未	丙戌	戊戌	〈二九七〉	②四〇一
己卯	辛未	丙子	辛卯	〈三六五〉	③一七〇
戊戌	己未	丙子	庚寅	〈三九一〉	③二二一
己巳	辛未	丙午	丁酉	〈四〇一〉	③二四四

癸亥	己未	丙午	己丑	〈四五二〉	③四〇九
丙戌	乙未	丙子	甲午	〈五一二〉	④一三七
壬寅	丁未	丙申	甲午	〈五五〇〉	④二二二
戊戌	己未	丙辰	戊戌	〈六二一〉	④三九八
癸丑	己未	丙寅	辛卯	〈六五二〉	④四四一
丙戌	丙申	丙申	壬辰	〈A〉	①一一五
壬寅	戊申	丙寅	癸巳	〈二八〉	①二一三
戊寅	庚申	丙申	丙申	〈三一七〉	③三五
丙子	丙申	丙子	丙申	〈三七六〉	③一九〇
戊辰	辛酉	丙午	癸巳	〈四九〉	①二五九
丁丑	己酉	丙午	己丑	〈一二〇〉	①四三四
己巳	癸酉	丙寅	庚寅	〈一五〇〉	②七六
戊子	辛酉	丙申	己丑	〈二九三〉	②三八六
乙丑	乙酉	丙辰	辛卯	〈四八六〉	④七八
辛卯	戊戌	丙辰	己亥	〈二一二〉	②二二〇
辛卯	戊戌	丙辰	壬辰	〈二一三〉	②二二一
丙午	戊戌	丙午	戊戌	〈三一二〉	②四三一
癸丑	壬戌	丙午	庚寅	〈三八三〉	③二〇四
辛酉	戊戌	丙午	庚寅	〈四二五〉	③三一一
乙丑	丙戌	丙午	庚寅	〈五三三〉	④一八七

◆丁日

戊申	丙辰	丁卯	甲辰	〈四〇〇〉③二四三
壬午	甲辰	丁巳	己酉	〈五九一〉④三一〇
丁酉	甲辰	丁巳	丙午	〈，五九一〉④三二一
辛酉	壬辰	丁巳	甲辰	〈六三一〉④四〇八
壬戌	甲辰	丁酉	己酉	〈六五七〉④四四八
丁卯	乙巳	丁卯	乙巳	〈三一一〉②四三一
乙亥	辛巳	丁巳	庚戌	〈三四〇〉③一〇六
壬午	乙巳	丁丑	丙午	〈三六六〉③一七一
癸巳	丁巳	丁卯	丙午	〈三八五〉③二〇六
丁酉	乙巳	丁丑	丙午	〈四〇九〉③二六五
丁未	乙巳	丁酉	癸卯	〈四九三〉④九三
丙辰	癸巳	丁丑	甲辰	〈六三五〉④四一三
丁巳	丙午	丁酉	丙午	〈，C〉①二五八
丁未	丙午	丁巳	丙午	〈D〉①二五八
庚寅	壬午	丁卯	癸卯	〈五〇〉①二六〇
戊申	戊午	丁巳	乙巳	〈二四一〉②二八〇
甲申	庚午	丁亥	壬寅	〈三六一〉③一五九
甲申	庚午	丁亥	癸卯	〈，三六一〉③一六〇
丁丑	丁未	丁酉	丁未	〈一二一〉①四三五
壬申	丁未	丁未	癸卯	〈二〇三〉②二一一

壬申	丁未	丁未	己酉	〈二四八〉②二八八
丁巳	丁未	丁卯	癸卯	〈三八六〉③二〇七
戊辰	己未	丁巳	丙午	〈三九二〉③二二一
丙申	乙未	丁未	庚戌	〈五四九〉④二二〇
己丑	壬申	丁未	丙午	〈一六三〉②一二七
辛未	丙申	丁亥	壬寅	〈三六三〉③一六一
辛巳	丁酉	丁酉	辛丑	〈七八〉①三五九
己未	癸酉	丁巳	丁未	〈一三四〉②三一
				②一三七
庚辰	乙酉	丁丑	乙巳	〈四六三〉④二二
癸未	壬戌	丁未	戊申	〈二一八〉②二二七
丙申	戊戌	丁卯	乙巳	〈二二四〉②二六〇
甲子	甲戌	丁未	甲辰	〈二四九〉②二八九
戊午	壬戌	丁卯	癸卯	〈三八二〉③二〇三
丙寅	戊戌	丁酉	乙巳	〈六〇九〉④三四六
癸丑	壬戌	丁亥	壬寅	〈六五六〉④四四七
己丑	乙亥	丁巳	辛丑	〈一五七〉②八八
癸亥	癸亥	丁卯	癸卯	〈一九四〉②二〇三
戊寅	癸亥	丁未	辛亥	〈四二一〉③三〇五
癸卯	癸亥	丁卯	辛亥	〈四六四〉④二八

◆戊日

己未	己巳	戊午	乙卯	〈三九六〉	③二三一
辛酉	癸巳	戊申	丁巳	〈四四五〉	③三七一
辛丑	癸巳	戊申	丙辰	〈四四一〉	③三七四
乙未	辛巳	戊戌	丁巳	〈四九七〉	④一〇五
戊辰	戊午	戊申	己未	〈八〇〉	①三六一
戊子	戊午	戊戌	戊午	〈一二三〉	②一〇
戊申	戊午	戊子	戊午	〈一二四〉	②一〇
甲申	庚午	戊戌	丙辰	〈一三一〉	②二四
戊午	戊午	戊午	甲寅	〈三四八〉	③一二二
丁酉	丙午	戊午	乙卯	〈三九七〉	③二三二
庚寅	壬午	戊午	丁巳	〈四四三〉	③三七五
甲寅	庚午	戊寅	甲寅	〈五四七〉	④二一六
己丑	庚午	戊申	癸亥	〈五九八〉	④三二二
丁亥	丙午	戊寅	甲寅	〈六一一〉	④三四八
庚子	癸未	戊寅	壬子	〈一七三〉	②一四一
戊戌	己未	戊戌	丙辰	〈四〇七〉	③二五五
丁酉	丁未	戊戌	丁巳	〈五〇〇〉	④一〇八
己巳	辛未	戊戌	己未	〈五五九〉	④二四五
己酉	辛未	戊辰	壬戌	〈六四一〉	④四二〇
丁酉	戊申	戊申	戊午	〈二五三〉	②二九三

壬子	戊申	戊戌	辛酉	〈四五八〉	④一八
癸丑	庚申	戊午	己未	〈六三九〉	④四一八
癸丑	庚申	戊午	丙辰	〈’六三九〉	④四一九
癸未	庚申	戊戌	己未	〈六四〇〉	④四一九
辛卯	丁酉	戊子	戊午	〈二〇〉	①二〇〇
丁亥	己酉	戊子	丁巳	〈一四四〉	②五六
辛酉	丁酉	戊午	辛酉	〈二二一〉	②二五六
戊子	辛酉	戊午	丁巳	〈二二六〉	②二六二
癸亥	辛酉	戊申	己未	〈二二八〉	②二六五
己未	癸酉	戊戌	庚申	〈二二九〉	②二六六
壬戌	己酉	戊戌	乙卯	〈二三七〉	②二七六
戊戌	辛酉	戊戌	辛酉	〈三一三〉	②四三二
己亥	甲戌	戊寅	丙辰	〈四〇〉	①二三七
己巳	甲戌	戊寅	丙辰	〈四一〉	①二三七
戊辰	壬戌	戊辰	己巳	〈’二七四〉	②三四七
甲辰	甲戌	戊子	甲寅	〈四五〇〉	③三九八
辛未	戊戌	戊戌	丁巳	〈五六五〉	④二六〇
壬辰	辛亥	戊子	癸丑	〈八二〉	①三六二
癸酉	癸亥	戊子	丁巳	〈一七四〉	②一四二
戊戌	癸亥	戊戌	癸亥	〈三一四〉	②四三三

◆己日

③三一〇
④一五〇
戊辰　庚申　己卯　戊辰　〈四八三〉④七〇
丁亥　庚戌　己巳　庚午　〈二五四〉②二九三
③五五
壬午　庚戌　己酉　庚午　〈二五五〉②二九三
③五七
甲子　乙亥　己巳　丁卯　〈二〇九〉②二一七
甲寅　丙子　己酉　己巳　〈三四九〉③一二三
丙寅　庚子　己亥　甲戌　〈三五七〉③一四六
戊戌　甲子　己巳　戊辰　〈五〇八〉④一二七
癸卯　乙丑　己亥　己巳　〈一七六〉②一四四
丙戌　辛丑　己卯　甲子　〈三五八〉③一四七
庚辰　己丑　己亥　壬申　〈五六〇〉④二四五
己丑　丁丑　己亥　乙丑　〈五六六〉④二六一

◆庚日

辛卯　庚寅　庚午　己卯　〈一三〉①一三六
②六八
己酉　丙寅　庚申　庚辰　〈一八八〉②一九七
丙申　庚寅　庚申　辛巳　〈一八九〉②一九八

壬寅　壬寅　庚寅　戊寅　〈二六四〉②三一九
丁卯　壬寅　庚午　丙戌　〈二六六〉②三二一
己亥　丁卯　庚寅　丙子　〈八七〉①三六五
己亥　丁卯　庚申　庚辰　〈一一四〉①四二七
④三三二
己酉　丁卯　庚辰　甲申　〈一一五〉①四二九
乙亥　己卯　庚辰　丁丑　〈一七二〉②一四〇
丙辰　辛卯　庚申　丁丑　〈二〇五〉②二一三
癸酉　乙卯　庚戌　戊寅　〈五六九〉④二六三
甲子　戊辰　庚申　壬午　〈一〇〉①一二二
戊午　丙辰　庚寅　丙戌　〈一九三〉②二〇二
庚辰　庚辰　庚申　庚辰　〈三九三〉③二二九
壬辰　甲辰　庚午　丙戌　〈五五四〉④二三五
乙卯　庚辰　庚申　丁丑　〈六一二〉④三四九
乙巳　辛巳　庚辰　甲申　〈四六七〉④三〇
丁卯　丙午　庚午　己卯　〈一四〉①一三七
壬申　丙午　庚午　庚辰　〈一五四〉②八六
壬午　丙午　庚申　戊寅　〈一五五〉②八七
壬申　丙午　庚午　丙戌　〈一九八〉②二〇七
癸酉　戊午　庚寅　丁丑　〈三五六〉③一四五

癸酉　甲子　庚辰　甲申　〈三九四〉③二三〇
己卯　丙子　庚寅　辛巳　〈四一九〉③二九三
乙未　戊子　庚辰　丁丑　〈四三四〉③三五〇
壬申　壬子　庚辰　丙子　〈五二一〉④一六一
甲子　丙子　庚辰　庚辰　〈五四五〉④二〇六
甲戌　丙子　庚子　丙戌　〈五六三〉④二五八
丁亥　壬子　庚子　辛巳　〈五七三〉④二七七
己亥　丙子　庚子　辛巳　〈五八〇〉④二九二
辛巳　辛丑　庚申　辛巳　〈五五〉①二七五
④一二七
丙辰　辛丑　庚辰　丙子　〈一〇八〉①四〇二
癸卯　乙丑　庚申　丁丑　〈四九二〉④九二
丁未　癸丑　庚子　丁亥　〈六二四〉④四〇〇
丁丑　癸丑　庚子　乙酉　〈六二五〉④四〇二

◆辛日

丁卯　丙寅　辛亥　庚寅　〈二八三〉②三六一
丁卯　壬寅　辛亥　庚寅　〈′二八三〉②三六一
己卯　丙寅　辛亥　庚寅　〈″二八三〉②三六一
甲午　丙寅　辛酉　己丑　〈四六六〉④二九
丙子　庚寅　辛巳　戊子　〈六一〇〉④三四七

壬子　癸卯　辛亥　甲午　〈七〇〉①三二六
辛卯　辛卯　辛卯　辛卯　〈一二五〉②一一
戊辰　乙卯　辛丑　丁酉　〈四二二〉③三〇六
己巳　丁卯　辛卯　乙未　〈四二三〉③三〇七
壬子　甲辰　辛亥　甲午　〈′七〇〉①三二六
戊子　丙辰　辛酉　壬辰　〈二六二〉②三〇一
癸丑　丙辰　辛亥　戊子　〈二九二〉②三八五
己巳　戊辰　辛酉　己亥　〈三二六〉③六九
戊戌　丙辰　辛丑　戊戌　〈三三四〉③九一
丁卯　甲辰　辛亥　癸巳　〈四七〇〉④三八
己丑　戊辰　辛亥　戊戌　〈四八七〉④七九
壬辰　甲辰　辛酉　丁酉　〈六〇一〉④三二五
己卯　庚午　辛卯　甲午　〈八六〉①三六四
庚申　壬午　辛酉　癸巳　〈一一六〉①四三〇
庚申　壬午　辛酉　甲午　〈一一七〉①四三二
丁酉　丙午　辛酉　戊子　〈二一七〉②二二六
丁未　丙午　辛卯　甲午　〈二七二〉②三二七
辛卯　乙未　辛酉　庚寅　〈三七九〉③一九二
戊子　己未　辛亥　戊子　〈五八六〉④二九九
丁酉　戊申　辛丑　己丑　〈四〇六〉③二五五

◆壬日

壬寅	癸卯	壬寅	癸卯	〈B〉②三九六
戊午	乙卯	壬子	庚子	〈二五八〉②二九七
				④一七一
己卯	丁卯	壬午	甲辰	〈二七五〉②三四七
己卯	丁卯	壬午	癸卯	〈二七六〉②三四八
甲辰	丁卯	壬辰	辛亥	〈二九一〉②三八四
戊辰	乙卯	壬寅	甲辰	〈三〇四〉②四〇七
丙子	壬辰	壬申	乙巳	〈八〉①一一六
癸巳	丙辰	壬寅	丙午	〈七一〉①三二七
甲寅	戊辰	壬辰	壬寅	〈二一五〉②二二三
壬申	甲辰	壬寅	癸卯	〈C〉②三九七
壬申	甲辰	壬申	戊申	〈六五五〉④四四六
壬寅	乙巳	壬午	乙巳	〈二七〉①二一二
癸酉	丁巳	壬午	丙午	〈四一一〉③二六六
癸卯	戊午	壬寅	丙午	〈九一〉①三六六
丁亥	丙午	壬寅	己酉	〈一七〇〉②一三二
丁亥	丙午	壬寅	戊申	〈一七〇〉②一三四
戊辰	戊午	壬辰	甲辰	〈一九五〉②二〇三
癸亥	戊午	壬午	己酉	〈二〇七〉②二一六
壬子	丙午	壬子	丙午	〈三七八〉③一九二

癸丑	戊午	壬寅	庚戌	〈五五五〉④二三五
丙辰	乙未	壬午	癸卯	〈九〇〉①三六六
丙午	乙未	壬午	辛亥	〈九六〉①三七一
己巳	辛未	壬午	乙巳	〈一四〇〉②五一
戊午	己未	壬申	辛亥	〈二一一〉②二二〇
丁巳	丁未	壬寅	壬寅	〈二七八〉②三四九
丙辰	乙未	壬辰	甲辰	〈三三〇〉③八〇
己酉	辛未	壬寅	壬寅	〈四七九〉④六五
戊子	庚申	壬寅	辛丑	〈三八〉①二三五
辛巳	丙申	壬寅	庚戌	〈四一八〉③二九〇
癸巳	壬申	壬寅	庚戌	〈’四一八〉③二九二
庚辰	甲申	壬辰	壬寅	〈四七五〉④五四
癸亥	庚申	壬申	甲辰	〈五二二〉④一六七
癸亥	庚申	壬子	丙午	〈五二三〉④一六八
癸亥	庚申	壬子	庚子	〈’五二三〉④一六九
丁丑	戊申	壬戌	庚子	〈五二七〉④一七二
戊申	庚申	壬申	甲辰	〈五九三〉④三一二
壬申	戊申	壬申	戊申	〈六五四〉④四四五
戊戌	辛酉	壬寅	辛丑	〈三三七〉③九二
己亥	癸酉	壬申	戊申	〈五九四〉④三一三

◆癸日

壬午 丙午 癸巳 甲寅 〈二八五〉②三六四
壬申 丙午 癸亥 戊午 〈四五七〉④一二
戊子 戊午 癸酉 戊午 〈六二七〉④四〇四
戊子 戊午 癸酉 壬子 〈A〉④四〇五
戊子 戊午 癸酉 癸丑 〈B〉④四〇五
丙申 乙未 癸酉 癸亥 〈九五〉①三七一
甲寅 辛未 癸亥 戊午 〈二九〇〉②三八二
癸亥 己未 癸亥 己未 〈三一五〉②四三三
丁卯 丁未 癸巳 癸丑 〈五八八〉④三〇〇
甲寅 壬申 癸巳 癸亥 〈一八〉①一九七
戊戌 庚申 癸亥 乙卯 〈一五九〉②九七
辛卯 丙申 癸卯 壬戌 〈一六五〉②一二九
辛卯 丙申 癸卯 甲寅 〈一六六〉②一三〇
辛丑 丙申 癸巳 庚申 〈四六二〉④二一
丁巳 戊申 癸丑 乙卯 〈六二九〉④四〇六
庚辰 乙酉 癸卯 庚申 〈A〉②三三三
〈三五二〉③一三〇
庚辰 辛酉 癸卯 庚申 〈’A〉②三三三
癸亥 辛酉 癸丑 壬戌 〈五三五〉④一九一
壬辰 己酉 癸卯 乙卯 〈五七八〉④二九一

癸巳 壬戌 癸酉 壬戌 〈一八四〉②一六八
癸亥 壬戌 癸丑 癸亥 〈一八五〉②一六九
③四一三
丙戌 戊戌 癸巳 壬戌 〈二七七〉②三四八
癸亥 壬戌 癸丑 癸丑 〈五九五〉④三一四
乙酉 丙戌 癸酉 丁巳 〈六一六〉④三五九
壬子 辛亥 癸丑 壬子 〈三〇九〉②四二一
丁丑 辛亥 癸亥 癸亥 〈五三六〉④一九二
癸酉 甲子 癸亥 辛酉 〈四〉①一〇三
己酉 丙子 癸未 戊午 〈九八〉①三八〇
丁酉 壬子 癸亥 壬子 〈三五五〉③一三六
甲申 丙子 癸亥 癸亥 〈三六〇〉③一五八
甲子 丙子 癸亥 乙卯 〈五四八〉④二一六
丁亥 壬子 癸丑 甲寅 〈六四二〉④四二一
甲辰 丁丑 癸亥 癸酉 〈九四〉①三七〇
辛丑 辛丑 癸丑 癸丑 〈一〇五〉①三九七
②三三
癸丑 乙丑 癸丑 癸丑 〈三六二〉③一六〇
辛丑 辛丑 癸酉 癸丑 〈四八九〉④八〇
（全七〇二造）

著者略歴

武田考玄

日本命理学会前会長

大正５年12月１日午前８時頃、横浜に生まれる。

早稲田大学政治経済学部卒業。中国に７年間。俳優座、新東宝を経て、ＮＥＴ（現テレビ朝日）開局時より、演出家、プロデューサーとして活躍。脚本も手掛ける一方、中国の古書により、四柱推命学、奇門遁甲学、漢方、家相、姓名学、観相学などを研究。昭和46年、同局を退職後、四柱推命学の通信講座を開講するとともに、多くの人のために実審を行う。昭和49年、日本命理学会設立。

著書に『四柱推命学詳義』（全十巻）『滴天髄和解大全』（全四巻）『造化真髄』（上･中･下巻）『奇門遁甲個別用秘義』『命理姓名学』『２１世紀の家相』他、多数。

滴天髄真義　巻四

限定版

二〇一九年五月三十日　初版第1刷発行

著者　武田考玄

発行者　土屋照子

発行所　秀央社

〒一七七-〇〇四五

東京都練馬区石神井台八-十三-一

TEL　〇三-三九二九-三五八一

FAX　〇三-三九二九-三三三八

振替　〇〇一四〇-〇-七九六二二六

http://www.meirigaku.com

発売元　星雲社

〒一一二-〇〇〇五

東京都文京区水道一-三-三〇

TEL　〇三-三八六八-三二七五

FAX　〇三-三八六八-六五八八

印刷　モリモト印刷株式会社

函装丁　板谷成雄

©秀央社 2019 本書の一部、あるいは全部を小社の許諾なしに無断で複写・複製（コピー）、ソフト化、ファイル化、また教授することは、著作者・出版社の権利の侵害となります。

武田考玄著作目録

秀央社
〒177-0045 東京都練馬区石神井台8－13－1
TEL 03（3929）3581
FAX 03（3929）3331

通信講座（全十巻）
四柱推命学詳義 七巻
事象論(1)(2)(3) 三巻
B五判上製

「武田命理学」の全貌を余すところなく論述・解説した、『四柱推命学詳義』全七巻、および『事象論』全三巻をテキストとする本格的な四柱推命の「通信講座」です。テーマは厖大ですが、理解されるまで解答することによって、具体的な事象審察に至ることができるようになります。受講者の都合で、半年で終了することも、三、四年かけて修了することも自由です。また、本講座の受講生の希望者を対象として特別講義も行なっております。修了されますと、「日本命理学会」の、正会員・準師範・師範になることができます。ご希望の方には、**案内書**を無料でお送りいたします。

増補改訂 未来予知学としての 四柱推命学入門
四六判上製
定価二、六〇〇円＋税

全く初歩の方でも理解できるよう、四柱推命の基礎から新理論「南半球干支論」に至るまで平易に解説。改訂に際し、干支暦他、多数の早見表を付け、未来の事象を的確に知ることができる一書です。

増補改訂 目的達成法としての 奇門遁甲学入門
四六判上製
定価二、六〇〇円＋税

命運良化を図るための、最も積極的かつ効果的な奇門遁甲について解説した入門書。増補改訂により、目的別活用法の他、より実践的な活用例を掲載し、わかりやすく解説しています。

四柱推命による 姓名学入門
四六判上製
定価二、一九〇円＋税

巷間に流布される姓名判断の矛盾をご理解いただき、生命と姓名の係わりの見方をわかりやすく解説。実例も豊富で、命名・改名の参考となるよう一万余例の名前の一覧表が付いた便利な一書です。

家族が幸せになる 21世紀の家相
四六判上製
定価二、〇〇〇円＋税

〈家族の絆〉によって少年犯罪を防ぐとともに、天災や環境汚染から身を守り、家族が安心して暮らせる家造りを、モデルハウスの平面図によって解説。さらに、地鎮祭の方法などについても詳細に説明した、全く新しい視点による家相の本です。

あなたの生命エネルギー 四柱推命
新書判
定価九七一円＋税

難解と言われる四柱推命学を、「生じる」「尅する」の二つの視点のみによって解説した画期的な書です。著名人の実例も多く、性情、病源、適職、相性、そして財、社会的地位等々の見方まで大変わかりやすく説明されております。

天中殺をブッタ斬る
新書判
定価七〇〇円＋税

愛と怒りを込めて、天中殺、空亡をもって世を欺瞞する輩を、完璧なまでにブッタ斬った必読の快著です。

秀央社のホームページ ⇒ http://www.meirigaku.com

命理・遁甲 万年暦

一八〇〇年～二〇四〇年　B五判上製
定価一三、〇〇〇円＋税

一八〇〇年から二〇四〇年までの二四一年間にわたる年・月・日干支、年・月・日盤局数・九宮、時盤三元を一目でわかるよう明示するとともに、天文計算により求めた精度の高い節気入り・土旺の入りの日時分をも掲載した、命理学のみならず奇門遁甲学にも活用でき得る、便利にして正確無比な万年暦です。また暦法、均時差・経度差表、等々の多くの資料も掲載されており、『奇門遁甲万年盤』と共に、命理家、遁甲家必携の書と言えるものです。

命学秘本 造化元鑰和訳

B五判上製
定価一五、〇〇〇円＋税

『欄江網』なる一書から『窮通寶鑑』『造化元鑰』なる二書に分かれたものを、ここに再び一書として集結し、相違する所、前後矛盾する所、また、徐樂吾氏の両書の評註の異なる所、等々を一貫した理論のもとに統一し、真意を、正確、かつ平易・丁寧に解説・和訳した、一生座右を離すことのできない書であります。本書を知らずして、命を云々すること全く不可能、とも言える書であります。

造化真髄　全三巻

（造化元鑰和訳補註）　B五判上製
上・中巻一八、〇〇〇円＋税
下巻二〇、〇〇〇円＋税

『造化元鑰和訳』の全挙例を、その後十年以上の命理研究の成果の上に立って刻明に解命し、ここに『造化真髄』と題して、整然とした秩序ある一貫した理論体系に基づき、克明に解説しつつ、一年十二ヶ月の調候的視点を論じた大著です。『造化元鑰和訳』を底本として、命理学の真髄を展開し、考証可能なものは、できる限り考証もしてあります。また各十干の三春・三夏・三秋・三冬の後に設問を附し、これによって、どの程度理解できたのかの自己勉学の目安ともなるよう配慮してあります。『造化元鑰和訳』と共に、一生座右を離すことのできない必読の書と確信いたします。

滴天髓和解大全　全四巻

B五判上製
各巻一五、〇〇〇円＋税

『滴天髓』は、難解なものとされて来ましたが、これをここに、初学の人にも理解・納得し易いよう、説きほぐしたものであります。先賢の論を掲げつつ、平易かつ正確に意のあるところを訳出し、解註として、その相違点を分析・整理し、各所に新視点からの解釈を克明に加えた、現時点における、命理の聖典『滴天髓』の一大集約書であります。命理学の深奥をさらに極めるための、初学の方も、練達の士も、必読の大著であります。

子平真詮考玄評註

上・下巻　B五判上製
定価　上下二巻セット
三〇、〇〇〇円＋税

『子平眞詮』が命理学の入門書として、今からおよそ二百六、七十年前に沈孝瞻氏によって著されたということは、まさに偉業であると言えます。これを私どもが入手できるのは、徐樂吾氏が『原本子平眞詮評註』を出刊したことによるものです。本書は、各所に宝石をちりばめたような原本の優れた点を掘り起こしつつ、実造を挙げながら、その矛盾点を現代命理学の立場から理論的・実証的に評註した書であります。『滴天髓』『造化元鑰』とともに、命学三大書として必読の書と確信いたします。

考玄命稿集

巻一《現代編》

巻二《明治維新編》

B五判上製

巻一　一五、〇〇〇円＋税

巻二　二〇、〇〇〇円＋税

巻一《現代編》

政治・経済・芸術・学術などの各界の一流人、著名人、また、事件によって名を知られた方、故人となられた方々の命を詳細に解命するとともに、その方の経歴・事跡を大運、流年、年齢順に細かく摘出・説明し、個人を通しての、大正・昭和の現代史とも言える、命稿・命譜の書であり、また、著者の実審や研究成果をも併録した命理学研究の貴重な資となるものであります。

巻二《明治維新編》

本書は、幕末から明治にかけての疾風怒濤の時代に生き、歴史にその名を残した人々の生きざまを追求・解命した命譜であります。

明治を知らずして現代を語ること不可能とさえ言えるもので、その歴史的背景のもとに、個人の生命エネルギーの互換性に照明を当てた大著であります。

命理姓名学

B五判上製

定価二〇、〇〇〇円＋税

『四柱推命姓名学』を発刊してより十七有余年が経過し、この間、生命エネルギー学としての命理学はより高度なものへと向上発展して来ました。それに伴い、命運との関連において、姓名とはいかなるものかを完全に理解する段階に至りました。前著において、「前人未発の書」と申し上げましたが、その点は本書においても同様であり、姓名学における終極の書と言えるものです。

さらに、五百数十人の現代有名人の姓名、命運を無作為に掲げるとともに、「常用漢字表」「人名用漢字表」をも併録、実用性も高く、姓名学を志す者の座右の書となるものと確信いたします。

極意 奇門遁甲玄義

B五判上製

定価二〇、〇〇〇円＋税

太公望、諸葛孔明がこれを用いて百戦百勝したという奇門遁甲の原理・原点から「戦闘の機」の吉凶の方位現象のあり方に至るまで、先賢の業績を踏まえて、詳細かつ平易に、現代的照明のもとにその「玄の義」を論述し尽くし、これを現代の日常生活の種々様々なる目的や期待や願望に、的確に活用出来るように、立向盤作盤法、五層の意義、等々について懇切丁寧に説いたものです。併せて易理的遁甲命理、四柱推命的遁甲命理、紫微斗数的遁甲命理をも徹底的に追究・解明した、遁甲研究家は言うに及ばず、命理学を学ぶ方々にとって、必読の大著であります。

改訂 奇門遁甲個別用秘義

B五判上製

定価二〇、〇〇〇円＋税

本書は、旧来の奇門遁甲の曖昧。不明瞭なる諸点を分析し、その真髄を解明。かつ、気学が奇門遁甲の〝愚かなる息子〟であることを歴史的に明らかにするとともに、時間と空間、すなわち、命理学と遁甲学が不即不離の関係にあることを「エネルギー理論」の元に証明。さらに、奇門遁甲による造命開運法の真髄を一点も秘し隠すことなく公開した前人未発の書であります。また、「九天星歌訣」の解釈は正に白眉たるもの。遁甲家はもとより、すべての命理学の研究家にとって、必読不可欠の書と言えるものであります。

池宮秀湖著作目録

奇門遁甲 万年盤

B五判四分冊
定価一三、〇〇〇円＋税

遁甲盤一〇八〇局をいちいち作盤することは、大変時間のかかる作業ですので、この繁雑さをとり除き、即座に求める盤を引けるようにした、遁甲家必携の書であります。
○凡　例　○順日盤　○陰遁局　○陽遁局
の四分冊からなり、文字通り万年活用できるものであり、遁甲活用に欠かすことのできない一書です。

滴天髄真義 全四巻【限定版】

B五判上製
《全巻一括》
定価五〇、〇〇〇円＋税

命理学の聖典ともいうべき『滴天髄』の優れた点と矛盾点を整理しつつ、著者の到達した「武田理論」によって詳細に解説した命理家必読の大著です。

『滴天髄』の原文をもとに、原註、任註（任鐵樵氏註）、徐註（徐楽吾氏補註）を忠実に和訳し、さらに解註を加え、より体系的に理解できるようまとめてあります。各巻末には、七〇〇造にも及ぶ命造を一覧できる索引を付しております。

色彩分布図による 最新 四柱推命

定価二、〇〇〇円＋税

「武田理論」に色彩分布図で迫る革新的四柱推命の書!!四柱八字と大運によるカルテを作成、それを五色のカラーで塗ることによって、その人の一生の命運の起伏の有り様や、他の人との生命エネルギーの合わせ性、その他が視覚的に理解可能となる、画期的な本です。

運命を切り開くための 四柱推命学入門

定価二、五〇〇円＋税

四柱推命の原点から始まり、ご自分や大切な人の命運を『命運カルテ』に記入し、理解できるまでを懇切丁寧に解説した、独学書的意味合いを含んだ画期的な入門書です。四柱推命学の奥深さに触れるとともに、これからの時代をどう生きていくのか、どう運命を切り開いていくのかの方法を知ることができます。付録に多くの図表や干支暦を満載し、初歩の方でも大変理解しやすくなっています。常に座右をはなすことのできない、人生の医学書です。

奇門遁甲カレンダー

アルバム二冊（陰・陽遁）
本体15，000円＋税
包装送料（別途）

２年目以降において、ケース不要の場合は中身のみ10，000円＋税で購入することができます。包装送料（別途）

「奇門遁甲カレンダー」は、一年間の万年盤の組み合わせを陰遁（夏至から冬至まで）、陽遁（冬至から翌年の夏至まで）それぞれ一冊ずつ、計二冊のアルバムにまとめたものです。

一日毎に、曜日・祝日とともに、日盤と十二刻の時盤が一頁に掲載されております（下記見本例参照）。

日盤に使用できる盤があれば、一目でその日の時盤を確認することができ、ご自身にとって最高の盤を見つけやすいようになっています。かなりの時間短縮と、遁甲盤を探す上での間違いもなくなり、大変便利で優れたアイテムです。

ご自身やご家族の皆様の命運良化や希望、願望、目的達成における遁甲活用のために、お手元に置かれることをお勧めいたします。

《奇門遁甲カレンダーの見方》

一日毎に、その日の日盤と12刻の時盤が一頁に掲載されていますので、一目でご自身の最高の盤を見つけやすいようになっています。

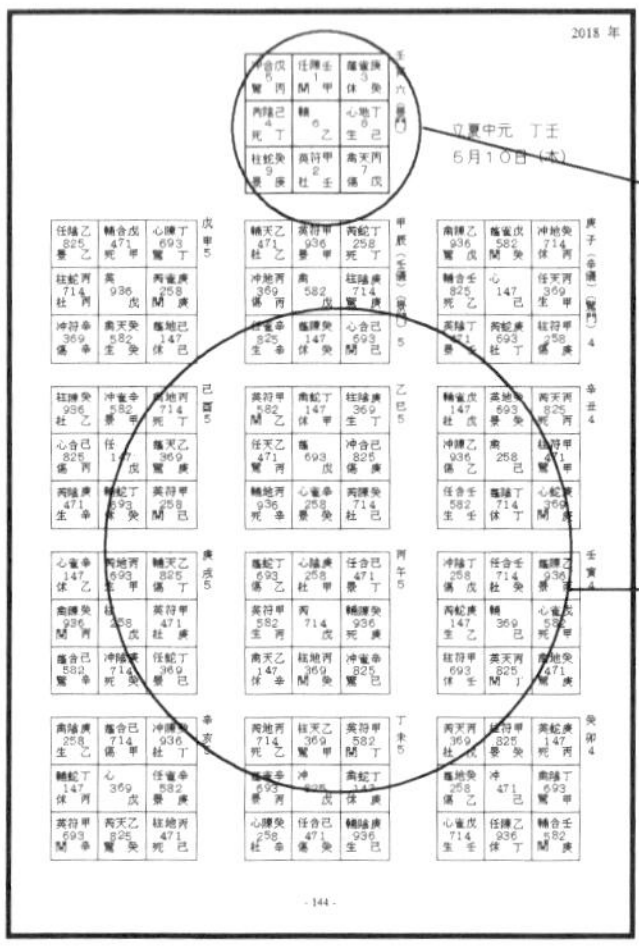

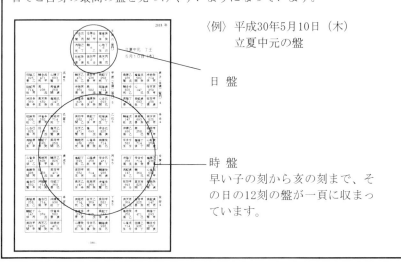

〈例〉平成30年5月10日（木）
立夏中元の盤

日　盤

時　盤
早い子の刻から亥の刻まで、その日の12刻の盤が一頁に収まっています。

日本命理学会とは

占術としてではなく、あくまでも学術として、科学的方法論に基づき命理学、奇門遁甲学・姓名学・命理学漢方を研究する日本における唯一の学術研究団体です。日本各地および諸外国にも、本部・支部を設置し、真の命理学、奇門遁甲学の向上発展のために寄与し、社会にこれを還元することを目的としております。

当会は、『四柱推命学詳義』『事象論』を修了し、命理学、奇門遁甲学、命理姓名学、漢方等々を学んだ師範・準師範・正会員より成り立っております。また、会誌『天地人』を出刊し、命理学向上発展の一助ともしております。

※師範・準師範・正会員は、必ず期限付きの極印入り身分証明書を所持いたしております。この身分証明書を所持することなく、「日本命理学会」の名を名乗る者が横行しておりますので、ご注意ください。また、ご不審な点がありましたなら、日本命理学会総本部までご照会ください。

日本命理学会総本部

〒177-0045 東京都練馬区石神井台八―十三―一

TEL 〇三（三五九四）一二一五

FAX 〇三（三五九四）一二一五

振替 〇〇一〇〇―六―四三六六六

日本命理学会会誌

天地人

年間購読料

年一回（十二月）発行

前納六、〇〇〇円

B五判 本文六十四頁

前会長 武田考玄先生による「古書研究」「病症別・命理学漢方」を連載するとともに、各地区研究会からの「研究会報告」、「奇門遁甲による大気造命」の結果報告、また、師範・準師範・正会員、受講者からの研究発表。命理・遁甲・姓名・命理学漢方等、毎号多くの実造が掲げられ、「武田命理学」を学ぶ同学の士の共同・協力・参画によって成立しているところの、運命学の世界における一級の研究誌であります。

○購読をご希望の方は、総本部にお問い合わせください。なお、バックナンバーは年度別にお分けしております（平成三十一年の時点で84号まで発刊されております）。

2019・3